U0521811

地方院校创新创业教育体系研究与实践

马英红 满宝元 ◎ 著

中国社会科学出版社

图书在版编目（CIP）数据

地方院校创新创业教育体系研究与实践/马英红，满宝元著．—北京：中国社会科学出版社，2022.10

ISBN 978-7-5227-0886-7

Ⅰ.①地… Ⅱ.①马…②满… Ⅲ.①地方高校—创业—教育研究—中国 Ⅳ.①G647.38

中国版本图书馆 CIP 数据核字（2022）第 178946 号

出 版 人	赵剑英
责任编辑	黄 晗
责任校对	朱妍洁
责任印制	王 超

出　　版	中国社会科学出版社
社　　址	北京鼓楼西大街甲 158 号
邮　　编	100720
网　　址	http://www.csspw.cn
发 行 部	010-84083685
门 市 部	010-84029450
经　　销	新华书店及其他书店
印　　刷	北京君升印刷有限公司
装　　订	廊坊市广阳区广增装订厂
版　　次	2022 年 10 月第 1 版
印　　次	2022 年 10 月第 1 次印刷
开　　本	710×1000　1/16
印　　张	22
字　　数	350 千字
定　　价	118.00 元

凡购买中国社会科学出版社图书，如有质量问题请与本社营销中心联系调换
电话：010-84083683
版权所有　侵权必究

目　录

绪　论 ·· (1)
  第一节　创新创业的国家宏观政策 ································ (2)
  第二节　创新创业的师资团队和示范平台政策 ···················· (13)
  第三节　大学生创新创业竞赛项目与政策 ························· (16)
  第四节　本书概要 ·· (19)

第一编　地方院校创新创业教育第一课堂教育体系

第一章　地方院校创新创业教育第一课堂的现状与不足 ·········· (25)
  第一节　地方院校创新创业教育第一课堂的现状 ················· (26)
  第二节　地方院校创新创业教育第一课堂的不足 ················· (34)

第二章　不同层级的地方院校创新创业第一课堂教育体系构建 ······ (51)
  第一节　地方重点院校创新创业教育第一课堂体系构建 ········· (52)
  第二节　地方普通院校创新创业第一课堂教育体系构建 ········· (63)
  第三节　地方职业院校创新创业第一课堂教育体系构建 ········· (71)

第三章　基于学科特征的创新创业教育体系 ························ (82)
  第一节　基于学科特征的大学生创新创业教育理念 ·············· (83)
  第二节　人文学科创新创业教育体系 ······························· (86)
  第三节　经管法类创新创业教育体系 ······························· (97)
  第四节　理工科创新创业教育体系 ································· (110)

第五节　农学类创新创业教育体系 …………………………………（120）
第六节　医学类创新创业教育体系 …………………………………（128）
第七节　艺术类创新创业教育体系 …………………………………（136）
本编结语　地方院校创新创业教育第一课堂发展大趋势 ………（146）

第二编　地方院校创新创业教育第二课堂教育体系

第四章　地方院校创新创业教育第二课堂发展现状 ……………（151）
第一节　创新创业教育的第二课堂 …………………………………（151）
第二节　地方院校创新创业第二课堂现状 …………………………（161）

第五章　地方院校创新创业教育第二课堂体系重构 ……………（186）
第一节　地方院校创新创业教育协同机制 …………………………（186）
第二节　创新创业教育保障体系 ……………………………………（203）
第三节　地方院校创新创业教育资源建设与调度 …………………（210）
第四节　地方院校创新创业教育师资团队建设 ……………………（214）

第六章　成果产出导向（OBE）的创新创业教育实践 …………（225）
第一节　竞赛主导的第二课堂模式 …………………………………（226）
第二节　大学生创新创业训练计划导向的教育实践 ………………（236）
第三节　社会实践导向的第二课堂实践 ……………………………（240）
本编结语　地方院校创新创业教育第二课堂发展趋势 …………（247）

第三编　多方共建创新创业教育社会大课堂

第七章　创新创业教育社会大课堂现状 …………………………（253）
第一节　创新创业教育社会大课堂要素与功能 ……………………（253）
第二节　创新创业教育社会大课堂建设的历程 ……………………（260）
第三节　创新创业教育社会大课堂发展中的问题及成因
　　　　分析 ………………………………………………………（270）

第八章 三螺旋理论与创新创业教育社会大课堂的构建 …………（279）
  第一节 三螺旋理论模型 ……………………………………（279）
  第二节 三螺旋视角下三大主体职能定位 …………………（284）
  第三节 三螺旋视角下U-G-E协同创新创业教育模式 ………（292）
  第四节 三螺旋理论视角下创新创业教育协同机制
      构建与实施 …………………………………………（304）

第九章 地方院校、政府和企业的协同实践 ………………………（319）
  第一节 宁波大学的U-G-E协同实践分析 …………………（319）
  第二节 大连东软信息学院创新创业人才社会大课堂模式 ……（324）
  第三节 德州职业技术学院的创新创业人才培养社会
      大课堂 ………………………………………………（328）
  本编结语 高校—政府—企业协同建设社会大课堂趋势 ………（331）

参考文献 ……………………………………………………………（334）

绪　　论

创新是一个时代进步的灵魂,是一个社会前进发展的不竭动力。创新创业教育是中国各级各类高校承担的一项重要任务,而地方院校以培养适应地方区域经济和社会发展的高素质人才为目标,是中国创新创业教育体系的主体部分。中国的地方院校是相对于部属高校来讲的,指隶属省、自治区、直辖市、港澳特区,由地方财政划拨经费的大学,承载着较多的育人任务。地方院校在创新创业教育实施过程中,对本地区创新创业人才培养、地域经济发展有着举足轻重的作用。

地方院校在对接国家重大战略需求方面以培养创新型人才为突破口、对接区域经济发展和以培养应用型人才为己任,体现了地方院校人才培养学术性和应用性的深度融合。地方院校服务于地方经济和社会发展的同时,其人才培养也受制学校所处的层级、教学资源、学科特点以及区域文化等先天因素的限制。因此,地方院校应结合自身特点、区域经济发展的实际需求以及区域自然资源等优势,为区域经济的可持续发展培养创新创业人才。因而,地方院校需要结合自身专业学科和区域经济特色的融合度、学校办学层级与区域资源条件的支持度、创新创业人才培养与社会需求的契合度等方面做好顶层设计,发挥地方院校的学科、地域优势,为地方经济和社会发展培养高素质的创新创业人才。

与教育部所属高校的创新教育环境和资源相比,地方院校财力和外部环境明显居于劣势,地方院校在创新教育方面也无法与部属高校媲美,在创新创业教育的顶层设计和课程建设方面与双一流高校差距显著。在软件上,地方院校的学科建设水平、学科梯队建设、学科优势等方面都没有明显优势,高层次创新性师资队伍相对较少;在硬件上,由于财政体制原因和自身创收能力的影响，地方院校办学经费来源单一的现象可能会持续下去，办学经费和资源短缺等因素可能会导致优秀创新教育师资队伍继续相对匮乏。在这种形势下，地方院校可能会耗散现存的创新教育资源，导致一些地方院校大学生创新创业能力缺乏竞争力。此外，地方院校在开展创新教育的过程中，同质化现象比较普遍，地方院校缺乏差异化发展的意识①。

本部分首先介绍国家通过深化高等教育教学改革、培养学生创新精神和实践能力而出台的各种宏观政策或措施，尤其是从党的十七大到党的十九大，国家实施创新驱动发展战略，高校创新创业教育和大学生自主创业工作被提到国家战略发展层面的各种宏观政策和决策；其次，介绍了国家开展的几类创新创业实践平台和示范高校选拔等项目，以及国家各部委发起的大学生创新创业竞赛活动等；最后是本书主要内容概要。

第一节　创新创业的国家宏观政策

大学生是最具创新、创业潜力的群体之一。在高等学校开展创新创业教育，积极鼓励高校学生自主创业，培养学生创新精神和实践能力是国家实施创新驱动发展战略、促进经济提质增效的迫切需要，也是推进高等教育综合改革、促进高校毕业生更高质量创业就业的重要举措。

早在1989年11月底到12月初，联合国教科文组织在北京召开的"面向二十一世纪教育国际研讨会"上就提出了创业教育。1998年12月24日，教育部制定了《面向21世纪教育振兴行动计划》②，提出了全面推进教育的改革和发展、提高全民族的素质和创新能力的计划方针。1998年，清华大学举办首届创业计划大赛和同期开设的创业教育类课程为标志的高校创新创业教育开始实施③。2006年5月，《十四部门关于切

---

① 马英红、赵湘轶：《高校创新教育理论与实践》，清华大学出版社2022年版。
② 《面向21世纪教育振兴行动计划》，http://www.moe.gov.cn/jyb_sjzl/moe_177/tnull_2487.html。
③ 杨冬：《我国高校创新创业教育政策变迁的轨迹、机制与省思》，《高校教育管理》2021年第15期。

实做好2006年普通高等学校毕业生就业工作的通知》①，要求切实加大对高校毕业生自主创业和灵活就业的扶持力度，各地要积极组织开展创业培训、开业指导、政策咨询、项目论证和跟踪辅导等"一条龙"服务，搭建毕业生自主创业"绿色通道"；要求各高校加强对毕业生的创业指导、创业培训和创业实践活动，培养学生的创业观念和创业能力；高校要把就业、创业理念引入教学环节，大力加强实践教学，切实提高学生的就业和创业能力。国务院办公厅在2009年1月出台了《关于加强普通高等学校毕业生就业工作的通知》②，提出一系列鼓励大学生自主创业和就业的措施，如鼓励高校积极开展创业教育和实践活动、鼓励和支持高校毕业生自主创业；有创业意愿的高校毕业生参加创业培训的，按规定给予职业培训补贴；强化高校毕业生创业指导服务，提供政策咨询、项目开发、创业培训、创业孵化、小额贷款、开业指导、跟踪辅导等服务；各地要建设完善一批投资小、见效快的大学生创业园和创业孵化基地，并给予相关政策扶持；鼓励支持高校毕业生通过多种形式灵活就业。同年6月教育部开展的"蓝火计划"③首先在江苏省常熟市、福建省漳州市作为试点实施，蓝火计划的目的是推动高校与地方开展产学研合作，促进区域经济及地方产业发展与高校人才培养的紧密结合。

党的十七大提出"提高自主创新能力，建设创新型国家"和"促进以创业带动就业"的发展战略。为统筹做好高校创新创业教育、创业基地建设和促进大学生自主创业工作，2010年5月，教育部发布《关于大力推进高等学校创新创业教育和大学生自主创业工作的意见》④，提出四个方面的重点内容，包括大力推进高等学校创新创业教育工作；加强创业基地建设，打造全方位创业支撑平台；落实和完善大学生自主创业扶持政策，加强创业指导和服务工作；加强领导，形成推进高校创业教育

---

① 《十四部门关于切实做好2006年普通高等学校毕业生就业工作的通知》，http://www.moe.gov.cn/srcsite/A15/s3265/200605/t20060529_80071.html。

② 《国务院办公厅关于加强普通高等学校毕业生就业工作的通知》，http://www.moe.gov.cn/jyb_xxgk/moe_1777/moe_1778/tnull_44272.html。

③ 《"蓝火计划"助推江苏区域经济社会发展》，http://www.moe.gov.cn/jyb_xwfb/s6192/s222/moe_1741/201310/t20131021_158598.html。

④ 《教育部关于大力推进高等学校创新创业教育和大学生自主创业工作的意见》，http://www.moe.gov.cn/srcsite/A08/s5672/201005/t20100513_120174.html。

和大学生自主创业的工作合力等。为推进上述四个方面的工作，教育部与财政部于 2011 年 7 月出台《关于"十二五"期间实施"高等学校本科教学质量与教学改革工程"的意见》[①]，针对大学生实践能力和创新创业能力不强等问题，提出了支持在校大学生开展创新创业训练、支持高等学校与科研院所以及社会各方力量合作共建共享共用国家大学生校外实践教育基地、资助大学生开展创新创业训练等办法和措施，进一步推动了高校的创新创业教育的落地实施。到 2012 年 1 月，教育部根据《教育部 财政部关于"十二五"期间实施"高等学校本科教学质量与教学改革工程"的意见》总体安排，决定批准实施 2012 年"高等学校本科教学质量与教学改革工程"建设项目[②]。批准北京大学等 109 所高校实施 16300 个大学生创新创业训练计划项目，每个大学生创新创业训练计划项目支持建设经费 1 万元。为落实《教育部 财政部关于实施高等学校创新能力提升计划的意见》，教育部、财政部在 2012 年 5 月联合印发了《"高等学校创新能力提升计划"实施方案》[③]，要求各地方、高校以及相关部门加强顶层规划，做好统筹部署，围绕国家、行业以及区域的重大需求，结合自身优势与特色，积极组织开展多种形式的协同创新，努力营造协同创新的环境和氛围。

为贯彻落实《国家中长期教育改革和发展规划纲要（2010—2020 年）》《教育部关于全面提高高等教育质量的若干意见》精神，2012 年 8 月，教育部办公厅制定了《普通本科学校创业教育教学基本要求（试行）》[④]，明确了普通本科学校创业教育教学目标是通过创业教育教学，使学生掌握创业的基础知识和基本理论，熟悉创业的基本流程和基本方法，了解创业的法律法规和相关政策，激发学生的创业意识，提高学生的社

---

① 《教育部 财政部关于"十二五"期间实施"高等学校本科教学质量与教学改革工程"的意见》，http://www.moe.gov.cn/srcsite/A08/s7056/201107/t20110701_125202.html。

② 《教育部关于批准实施"十二五"期间"高等学校本科教学质量与教学改革工程"2012 年建设项目的通知》，http://www.moe.gov.cn/srcsite/A08/s5664/moe_1623/s3845/201201/t20120120_130542.html。

③ 《教育部 财政部关于印发"高等学校创新能力提升计划"实施方案的通知》，http://www.moe.gov.cn/srcsite/A16/kjs_2011jh/201205/t20120504_172764.html。

④ 《教育部办公厅关于印发〈普通本科学校创业教育教学基本要求（试行）〉的通知》，http://www.moe.gov.cn/srcsite/A08/s5672/201208/t20120801_140455.html。

会责任感、创新精神和创业能力，促进学生创业就业和全面发展。并规定了教育教学内容以教授创业知识为基础，以锻炼创业能力为关键，以培养创业精神为核心。教学方法以课堂教学为主渠道，以课外活动、社会实践为重要途径，充分利用现代信息技术，创新教育教学方法，努力提高创业教育教学质量和水平。要求高校把创业教育教学纳入学校改革发展规划，纳入学校人才培养体系，纳入学校教育教学评估指标，建立健全领导体制和工作机制，制订专门教学计划，提供有力教学保障，确保取得实效。根据文件中对创业教育教学基本要求，制定"创业基础"教学大纲，对创业基础课的课程性质与教学目标、课程内容与教学要点等作出明确要求。

党的十八大以来，中国不断深化高等学校创新创业教育改革，修订人才培养标准、改革教学育人机制、加强师资队伍建设、强化创业实践训练、构建创业帮扶体系，把创新创业教育融入人才培养，为建设创新型国家提供源源不断的人才智力支撑。

抓创新就是抓发展，谋创新就是谋未来。创新驱动已成为决定中国发展前途命运的关键、增强中国经济实力和综合国力的关键、提高中国国际竞争力和国际地位的关键。2015年3月，国务院办公厅出台了《关于发展众创空间推进大众创新创业的指导意见》[1]，提出加快构建众创空间、降低创新创业门槛、鼓励科技人员和大学生创业、支持创新创业公共服务、加强财政资金引导、完善创业投融资机制、丰富创新创业活动和营造创新创业文化氛围等方面的重点任务；推进实施大学生创业引领计划，鼓励高校开发开设创新创业教育课程，建立健全大学生创业指导服务专门机构，加强大学生创业培训，整合发展国家和省级高校毕业生就业创业基金，为大学生创业提供场所、公共服务和资金支持，以创业带动就业。党的十八大对创新创业人才培养作出重要部署，国务院对加强创新创业教育提出明确要求。近年来，高校创新创业教育不断加强，取得了积极进展，对提高高等教育质量、促进学生全面发展、推动毕业生创业就业、服务国家现代化建设发挥了重要作用。但也存在一些不容

---

[1] 《国务院办公厅关于发展众创空间推进大众创新创业的指导意见》（国办发〔2015〕9号），http://www.gov.cn/zhengce/content/2015-03/11/content_9519.htm。

忽视的突出问题，如有些地方政府和高校重视不够，创新创业教育理念滞后，与专业教育结合不紧密，与实践脱节；教师开展创业教育仍停留在传统的课堂理论讲授，实践环节缺乏平台，实效性弱。因此，为加大推动大众创业、万众创新的力度，国务院办公厅于2015年5月提出了深化高等学校创新创业教育改革的实施意见①，其指导思想是：全面贯彻党的教育方针，落实立德树人根本任务，坚持创新引领创业、创业带动就业，主动适应经济发展新常态，以推进素质教育为主题，以提高人才培养质量为核心，以创新人才培养机制为重点，以完善条件和政策保障为支撑，促进高等教育与科技、经济、社会紧密结合，加快培养规模宏大、富有创新精神、勇于投身实践的创新创业人才队伍，不断提高高等教育对稳增长、促改革、调结构、惠民生的贡献度，为建设创新型国家、实现"两个一百年"奋斗目标和中华民族伟大复兴的中国梦提供强大的人才智力支撑。主要任务和措施是：完善人才培养质量标准，创新人才培养机制，健全创新创业教育课程体系，改革教学方法和考核方式，强化创新创业实践改革教学和学籍管理制度，加强教师创新创业教育教学能力建设，改进学生创业指导服务，完善创新创业资金支持和政策保障体系。

推进大众创业、万众创新，是国家和社会发展的动力之源，也是富民之道、公平之计、强国之策，对于推动经济结构调整、打造发展新引擎、增强发展新动力、走创新驱动发展道路具有重要意义，是稳增长、扩就业、激发亿万群众智慧和创造力，促进社会纵向流动、公平正义的重大举措。根据2015年政府工作报告部署，为改革完善相关体制机制，构建普惠性政策扶持体系，推动资金链引导创业创新链、创业创新链支持产业链、产业链带动就业链，国务院在2015年6月为推进大众创业万众创新提出若干政策和措施②，包括高校、政府要支持大学生创业，发展创新型创业；整合发展高校毕业生就业创业基金，深入实施大学生创业

---

① 《国务院办公厅关于深化高等学校创新创业教育改革的实施意见》（国办发〔2015〕36号），http：//www.gov.cn/zhengce/content/2015-05/13/content_9740.htm。
② 《国务院关于大力推进大众创业万众创新若干政策措施的意见》（国发〔2015〕32号），http：//www.gov.cn/zhengce/content/2015-06/16/content_9855.htm。

引领计划；引导和鼓励高校统筹资源，抓紧落实大学生创业指导服务机构、人员、场地、经费等；引导和鼓励成功创业者、知名企业家、天使和创业投资人、专家学者等担任兼职创业导师，提供包括创业方案、创业渠道等创业辅导；建立健全弹性学制管理办法，支持大学生保留学籍休学创业。8月，国务院又批准同意建立推进大众创业万众创新部际联席会议制度①。为大力推进大众创业万众创新和推动实施"互联网+"行动的有关部署，9月，国务院再次发布关于加快构建大众创业万众创新支撑平台的指导意见②，在意见中提出全面推进众创，释放创业创新能量，大力发展专业空间众创，鼓励推进网络平台众创，培育壮大企业内部众创；立体实施众扶，集聚创业创新合力，积极推动社会众扶，加快公共科技资源和信息资源开放共享，提高各类公益事业机构、创新平台和基地的服务能力，推动高校和科研院所向小微企业和创业者开放科研设施，降低大众创业、万众创新的成本。10月，时任国务院副总理刘延东在高校创新创业教育改革座谈会上作了《深入推进创新创业教育改革 培养大众创业万众创新生力军》的重要讲话③，指出加快实施创新驱动发展战略、加快推动高等教育改革发展、推动高校毕业生更高质量创业就业，迫切需要深入推进创新创业教育改革。要求高校要牢固树立科学的创新创业教育理念，加快推进教育教学改革，大力推进协同育人，着力提升教师创新创业教育教学能力。邱勇在《创新创业教育融入培养体系》④一文中介绍了清华大学打造"兴趣团队""创客空间"和"x-Lab"的"三创"平台，并提出深化创新创业教育改革的"融合"计划，将创新创业教育融入人才培养体系，提出了学科交叉的跨院系"融合"辅修专业、与传统专业融合、第一课堂融合和第二课堂融合等实施措施，探索跨院系培养创新人才的新机制，推进创新创业教育可持续发展。

---

① 《国务院办公厅关于同意建立推进大众创业万众创新部际联席会议制度的函》（国办函〔2015〕90号），http：//www.gov.cn/zhengce/content/2015-08/20/content_10109.htm。
② 《国务院关于加快构建大众创业万众创新支撑平台的指导意见》（国发〔2015〕53号），http：//www.gov.cn/zhengce/content/2015-09/26/content_10183.htm。
③ 《深入推进创新创业教育改革 培养大众创业万众创新生力军》，http：//www.moe.gov.cn/jyb_xwfb/moe_176/201510/t20151026_215488.html。
④ 邱勇：《创新创业教育融入培养体系》，http：//www.moe.gov.cn/jyb_xwfb/moe_2082/zl_2015n/2015_zl50/201510/t20151022_214926.html。

在 2016 年 1 月的全国科技工作会议上，以营造创新创业生态、进一步激励大众创新创业①为主题的研讨活动，形成了加快建设专业化众创空间和星创天地、促进科技服务业发展、构建普惠性创新支持政策体系、深化科技和金融结合以及加强科学技术普及和创新文化建设 5 项有关创新创业共识。同年 10 月，教育部办公厅为促进高校科技成果转移转化等工作，印发了《促进高等学校科技成果转移转化行动计划》的通知②，要求深入实施创新驱动发展战略，充分发挥高校在科技成果转移转化中的突出作用，推进高校科技成果转化体制机制改革，理顺科技成果转移转化各环节，优化资源配置，充分调动高校科技人员积极性，促进科技成果向现实生产力转化，提升高校科技成果转移转化水平，切实增强高校服务经济社会发展能力。行动计划的重点任务是：加强制度建设，营造成果转化良好环境；创新服务模式，形成技术转移服务体系；加强平台建设，服务国家发展战略实施；立足以人为本，助力学生创新创业；实施专项计划，促进科技成果转移扩散；开展项目筛选，挖掘科技成果转化潜力；产学研用结合，促进创新资源开放共享；拓展资金渠道，加强科技与金融的结合；建立报告制度，完善成果转化评价体系。

经过国家层面的各类政策措施的推进，创新创业的各项工作突飞猛进。但在创新创业生态环境、政策供给等方面还存在发展瓶颈。为充分释放全社会创新创业潜能，在更大范围、更高层次、更深程度上推进大众创业、万众创新，国务院在 2017 年 7 月出台《关于强化实施创新驱动发展战略进一步推进大众创业万众创新深入发展的意见》③，明确要求加强科研机构、高校、企业、创客等主体协同，促进大中小企业优势互补，推动城镇与农村创新创业同步发展，形成创新创业多元主体合力汇聚、活力迸发的良性格局；引导众创空间向专业化、精细化方向升级，支持

---

① 《营造创新创业生态，进一步激励大众创新创业》，http://www.most.gov.cn/ztzl/qgkjgzhy/2016/2016zw2016/201601/t20160111_123676.html。

② 《教育部办公厅关于印发〈促进高等学校科技成果转移转化行动计划〉的通知》（教技厅函〔2016〕115 号），http://www.moe.gov.cn/srcsite/A16/moe_784/201611/t20161116_288975.html。

③ 《国务院关于强化实施创新驱动发展战略进一步推进大众创业万众创新深入发展的意见》（国发〔2017〕37 号），http://www.gov.cn/zhengce/content/2017-07/27/content_5213735.htm。

龙头骨干企业、高校、科研院所围绕优势细分领域建设平台型众创空间；高校和科研院所要鼓励科研人员与创业者开展合作和互动交流，建立集群思、汇众智、解难题的众创空间。依托企业、联合高校和科研院所，建设符合发展需求的制造业创新中心，开展关键共性重大技术研究和产业化应用示范。

党的十九大报告提出，要坚定实施创新驱动发展战略，加快建设创新型国家。创新已经成为全社会的共识，党的十九大报告把"加快建设创新型国家"纳入"建设现代化经济体系"的组成部分，并强调"创新是建设现代化经济体系的战略支撑"。

2018年8月，为深入贯彻落实党中央、国务院有关决策部署，推动创新创业在实现高质量发展过程中不断取得新进展，在总结现行"小微企业创业创新基地城市示范"工作经验基础上，财政部、工业和信息化部、科技部联合制定了《关于支持打造特色载体推动中小企业创新创业升级实施方案》[1]，支持优质实体经济开发区打造不同类型的创新创业特色载体，着力提升各类载体市场化专业化服务水平，提高创新创业资源融通效率与质量，促进中小企业专业化高质量发展，推动地方构建各具特色的区域创新创业生态环境。2018年9月，国务院在《关于推动创新创业高质量发展 打造"双创"升级版的意见》[2]中指出，推进大众创业万众创新是深入实施创新驱动发展战略的重要支撑、深入推进供给侧结构性改革的重要途径。随着大众创业万众创新蓬勃发展，创新创业环境持续改善，创新创业主体日益多元，各类支撑平台不断丰富，创新创业社会氛围更加浓厚，创新创业理念日益深入人心，取得显著成效。与此同时，还存在创新创业生态不够完善、科技成果转化机制尚不健全、大中小企业融通发展还不充分、创新创业国际合作不够深入以及部分政策落实不到位等问题。打造创新创业升级版，推动创新创业高质量发展，有利于进一步增强创业带动就业能力，有利于提升科技创新和产业发展

---

[1]《财政部、工业和信息化部、科技部关于支持打造特色载体推动中小企业创新创业升级工作的通知》（财建〔2018〕408号），http：//www.most.gov.cn/xxgk/xinxifenlei/fdzdgknr/fgzc/gfxwj/gfxwj2018/201808/t20180810_141177.html。

[2]《国务院关于推动创新创业高质量发展 打造"双创"升级版的意见》（国发〔2018〕32号），http：//www.gov.cn/zhengce/content/2018-09/26/content_5325472.htm。

活力，有利于创造优质供给和扩大有效需求，对增强经济发展内生动力具有重要意义。文件中要求，持续推进创业带动就业能力升级，鼓励和支持科研人员积极投身科技创业，强化大学生创新创业教育培训，在全国高校推广创业导师制，把创新创业教育和实践课程纳入高校必修课体系，允许大学生用创业成果申请学位论文答辩。支持高校、职业院校（含技工院校）深化产教融合，引入企业开展生产性实习实训。大力促进创新创业平台服务升级，提升孵化机构和众创空间服务水平。

2019年2月，中共中央、国务院印发了《中国教育现代化2035》[①]，聚焦教育发展的突出问题和薄弱环节，立足当前，着眼长远，重点部署了面向教育现代化的多个战略任务，如提升一流人才培养与创新能力、建设高素质专业化创新型教师队伍、开创教育对外开放新格局等一系列措施。为深入贯彻落实全国教育大会精神和《中国教育现代化2035》，全面落实立德树人，围绕学生忙起来、教师强起来、管理严起来、效果实起来，深化本科教育教学改革，培养德智体美劳全面发展的社会主义建设者和接班人，2019年9月，教育部发布《关于深化本科教育教学改革 全面提高人才培养质量的意见》[②]，指出要严格教育教学管理，深化创新创业教育改革；挖掘和充实各类课程、各个环节的创新创业教育资源，强化创新创业协同育人，建好创新创业示范高校和万名优秀创新创业导师人才库；持续推进国家级大学生创新创业训练计划，提高全国大学生创新创业年会整体水平，办好中国国际"互联网+"大学生创新创业大赛，深入开展青年红色筑梦之旅活动。

创新创业教育不断从高校理论探索走向社会实践，积极应对各种不确定因素，提升大学生创新能力和创业质量。2020年7月，国务院办公厅发布《关于提升大众创业万众创新示范基地带动作用 进一步促改革稳就业强动能的实施意见》[③]，要求积极应对疫情影响，巩固壮大

---

① 《中国教育现代化2035》，http：//www.gov.cn/xinwen/2019-02/23/content_5367987.htm。
② 《教育部关于深化本科教育教学改革 全面提高人才培养质量的意见》（教高〔2019〕6号），http：//www.moe.gov.cn/srcsite/A08/s7056/201910/t20191011_402759.html。
③ 《国务院办公厅关于提升大众创业万众创新示范基地带动作用 进一步促改革稳就业强动能的实施意见》（国办发〔2020〕26号），http：//www.gov.cn/zhengce/content/2020-07/30/content_5531274.htm。

创新创业内生活力；发挥多元主体带动作用，打造创业就业重要载体，提升高校学生创新创业能力。支持高校示范基地打造并在线开放一批创新创业教育优质课程，加强创业实践和动手能力培养，依托高校示范基地开展创新创业园建设，促进科技成果转化与创新创业实践紧密结合。推动高校示范基地和企业示范基地深度合作，建立创业导师共享机制。支持区域示范基地与高校、企业共建面向特色产业的实训场景，加快培养满足社会需求的实用型技能人才。促进大学生加强数理化和生物等基础理论研究，夯实国家创新能力基础。教育部牵头负责实施创新创业示范基地"校企行"专项行动，充分释放岗位需求，支持将具备持续创新能力和发展潜力的高校毕业生创业团队纳入企业示范基地人才储备和合作计划，通过职业微展示、创业合伙人招募等新方式，拓宽创业带动就业的渠道。2021届高校毕业生就业形势复杂严峻，就业工作任务艰巨，为贯彻落实党中央、国务院"稳就业""保就业"决策部署，教育部决定实施"2021届全国普通高校毕业生就业创业促进行动"，进一步完善高校毕业生就业支持体系，全力促进高校毕业生更加充分更高质量就业，服务加快构建以国内大循环为主体、国内国际双循环相互促进的新发展格局。2020年11月20日，教育部就推进2021届高校毕业生就业创业工作下发通知①，要求各地各部门积极拓展就业岗位，持续推进创业带动就业；加大创新创业支持力度，会同有关部门落实大学生创业优惠政策；继续举办中国国际"互联网+"大学生创新创业大赛；组织开展"高校毕业生创业服务专项活动"，发挥创业孵化基地作用，推动各类创新创业大赛获奖项目成长发展、落地见效，带动更多毕业生实现就业。

为提高创新创业教育的体系化，教育部在2021年2月将"创业管理"列入普通高等学校本科专业目录的新专业名单，归属于工商管理类，授予管理学学位②。同年6月，全国就业创业工作暨高校毕业生就业创业

---

① 《教育部关于做好2021届全国普通高校毕业生就业创业工作的通知》，http：//www. moe. gov. cn/srcsite/A15/s3265/202012/t20201201_502736. html。

② 《教育部关于公布2020年度普通高等学校本科专业备案和审批结果的通知》，http：//www. moe. gov. cn/srcsite/A08/moe_1034/s4930/202103/t20210301_516076. html。

工作电视电话会议在北京召开,国务院总理李克强作出重要批示[①],把高校毕业生就业创业工作摆在突出位置,提升就业指导服务针对性,引导毕业生树立正确的就业观,到基层一线就业创业,实施好"三支一扶""特岗教师""西部计划"等基层就业项目。要拓宽市场化就业渠道,用好国家减负稳岗扩就业政策,鼓励企业吸纳就业,通过税费减免、创业贷款等政策支持毕业生创业,促进毕业生更加充分更高质量就业。2021年6月,国务院总理李克强主持召开国务院常务会议[②],部署"十四五"时期纵深推进大众创业万众创新,更大激发市场活力促发展、扩就业、惠民生;更好贯彻新发展理念的要求,坚持创业带动就业,营造更优创新创业发展生态,强化创业创新政策激励。

在国家各项政策鼓励和引导下,越来越多的大学生投身创新创业实践,但也面临融资难、经验少、服务不到位等困境。为此,教育部需要会同各个相关部门加强协调指导,督促支持大学生创新创业各项政策的落实,加强经验交流和推广。地方各级人民政府也要加强组织领导,深入了解情况,优化创新创业环境,积极研究制定和落实支持大学生创新创业的政策措施,及时帮助大学生解决实际问题。2021年9月国务院办公厅发布《关于进一步支持大学生创新创业的指导意见》[③],就支持大学生创新创业提升大学生创新创业能力、增强创新活力等提出了一系列的措施:要求将创新创业教育贯穿人才培养全过程、提升教师创新创业教育教学能力、加强大学生创新创业培训,提升大学生创新创业能力;降低大学生创新创业门槛、便利化服务大学生创新创业、落实大学生创新创业保障政策,优化大学生创新创业环境;加强大学生创新创业服务平台建设,推动落实大学生创新创业财税扶持政策,加强对大学生创新创业的金融政策支持,促进大学生创新创业成果转化,办好中国国际"互

---

① 《李克强对全国就业创业工作暨普通高等学校毕业生就业创业工作电视电话会议作出重要批示强调提供更多市场化就业创业机会 支持和规范发展新就业形态 努力完成全年就业目标任务》,http://www.moe.gov.cn/jyb_xwfb/s6052/moe_838/202106/t20210603_535458.html。

② 《李克强主持召开国务院常务会议 部署"十四五"时期纵深推进大众创业万众创新 更大激发市场活力促发展扩就业惠民生等》,http://www.gov.cn/premier/2021-06/23/content_5620380.htm。

③ 《国务院办公厅关于进一步支持大学生创新创业的指导意见》,http://www.gov.cn/premier/2021-06/23/content_5620380.htm。

联网+"大学生创新创业大赛,加强大学生创新创业信息服务等。2021年10月,国务院办公厅又出台《关于进一步支持大学生创新创业的指导意见》①,要求进一步加大对高校创新创业教育的支持力度,让学生在创新创业中巩固专业知识,在创新创业实战中锤炼品质、增长才干;瞄准大学生创新创业过程中的堵点和难题,精准施策、优化大学生创新创业环境、加强服务平台建设、落实财税扶持政策、加强金融政策支持、促进大学生创新创业成果转化等方面狠下功夫,推动各项政策落实落地;坚持协同联动,建立常态化联系机制,搭建更便捷、更高效的资源共享平台,全方位支持大学生创新创业。2021年11月24日,教育部召开支持大学生创新创业部际工作座谈会②,贯彻落实国务院办公厅《关于进一步支持大学生创新创业的指导意见》,研究推进大学生创新创业工作,会议强调要从坚持人才自主培养之路、推进创新创业工作纵深发展的高度认识和把握大学生创新创业工作,推进大学生创新创业工作高质量发展。

国家政府、教育部等各部门推动的创新创业教育及各项落地政策,促进各级省市政府和企业团体等深入开展创新创业改革措施,促进各级政府、企业和高校之间建立起常态化多方联动机制,搭建更便捷、更高效的资源共享平台。所有这些政策和措施都是以推进高等教育综合改革为目的,在优化大学生创新创业环境、加强服务平台建设、落实财税扶持政策、加强金融政策支持、促进大学生创新创业成果转化等方面加大政策供给,着力解决大学生创新创业过程中的堵点和难题。

未来,国家还将持续实施创新驱动发展战略,推进高校创新创业教育政策的顶层设计和政策落实实施,营造良好的创新创业环境,继续加大对高校创新创业教育的支持力度,为大学生创新创业教育提供有力支撑。

第二节 创新创业的师资团队和示范平台政策

为深入推进创新创业教育改革,形成一批可复制可推广的创新创业

---

① 《关于进一步支持大学生创新创业的指导意见》,http://www.moe.gov.cn/jyb_xwfb/s5147/202110/t20211013_571832.html。
② 《教育部召开支持大学生创新创业部际工作座谈会》,http://www.moe.gov.cn/jyb_zzjg/huodong/202111/t20211126_582669.html。

模式和典型经验,切实发挥示范引领,政府部门相继开展全国高校实践育人创新创业基地、大众创业万众创新示范基地、全国万名优秀创新创业导师人才库、深化创新创业教育改革示范高校、全国创新创业典型经验高校等建设项目。

教育部主导建设的全国高校实践育人创新创业基地自2015年①开始到2017年②连续遴选三批共计152家包括学校主导型、政府主导型以及企业主导型三类全国高校实践育人创新创业基地,其中高校主导型基地建设占多数。实践育人创新创业基地宗旨是要坚持育人为本、德育为先、以文化人,积极推动高校实践育人深入开展,形成党委统筹部署、政府扎实推动、社会广泛参与、高校着力实施的实践育人新格局,推动实践育人工作制度化常态化科学化。

为推动大众创业万众创新在更深程度上发展,引导创新创业要素投入,有效集成高校、科研院所、企业和金融、知识产权服务以及社会组织等优势资源,建设一批创新创业示范基地、支持建设一批创新创业支撑平台,探索形成不同类型的示范模式,凝练一批可复制可推广的创新创业模式和典型推广经验,在创新创业重点改革领域开展试点示范工作,国务院办公厅于2016年出台《关于建设大众创业万众创新示范基地的实施意见》③,公布建设首批28个创新创业示范基地,随后,分别于2017年6月、2020年12月公布了第二批④、第三批各92个创新创业示范基地⑤。首批和第二批示范基地建设都是以区域示范基地、企业示范基地、高校和科研院所示范基地三种类型建设,其中以区域示范基地建设为主,企业示范基地、高校和科研院所示范基地仅占总量的半数左右。在国务

---

① 《教育部办公厅关于公布"全国高校实践育人创新创业基地"入选名单的通知》,http://www.moe.gov.cn/srcsite/A12/moe_1407/s6870/201507/t20150729_196582.html。

② 《关于第三批"全国高校实践育人创新创业基地"遴选结果的公示》,http://www.moe.gov.cn/jyb_xxgk/s5743/s5745/A12/201712/t20171220_322082.html。

③ 《国务院办公厅关于建设大众创业万众创新示范基地的实施意见》,http://www.gov.cn/zhengce/content/2016-05/12/content_5072633.htm。

④ 《国务院办公厅关于建设第二批大众创业万众创新示范基地的实施意见》,http://www.gov.cn/zhengce/content/2017-06/21/content_5204264.htm。

⑤ 《国务院办公厅关于建设第三批大众创业万众创新示范基地的通知》,http://www.gov.cn/zhengce/content/2020-12/24/content_5572999.htm。

院办公厅遴选第三批示范基地时，细分为"创业就业""融通创新""精益创业"三个方面的功能定位进行遴选，其宗旨是强化区域覆盖、功能布局、协同发展，增强示范功能和带动效应。要求这些示范基地依托创新创业资源集聚的区域、高校和科研院所、创新型企业等不同载体，支持多种形式的创新创业示范基地建设，进一步推动大众创业万众创新向纵深发展，更大程度激发市场活力和社会创造力，以新动能支撑保就业保市场主体。

在创新创业专家团队建设方面，教育部贯彻《国务院办公厅关于深化高等学校创新创业教育改革的实施意见》精神，在各地各高校创新创业导师人才库的基础上建设全国万名优秀创新创业导师人才库。2016年11月，教育部办公厅启动全国万名优秀创新创业导师人才库建设[①]。2017年10月，教育部办公厅公布全国万名优秀创新创业导师人才库首批入库导师名单[②]，确定4492位创新创业教师为首批入库导师，并要求各高校要结合实际，充分利用全国万名优秀创新创业导师人才库资源优势，切实发挥入库导师作用，不断提升创新创业教育工作水平，全面提高人才培养质量。

高校作为创新创业人才培养的主阵地，为发挥创新创业教育的示范模式和典型经验，2017年1月，教育部办公厅遴选出首批深化创新创业教育改革示范高校[③]，认定北京大学等99所高校为"全国首批深化创新创业教育改革示范高校"，要求这些入选示范高校要进一步深入推进创新创业教育改革，切实发挥好示范引领作用；各省级教育行政部门和各高等学校要认真学习借鉴"示范高校"的好做法、好经验，扎实推进本地本校创新创业教育改革工作，努力增强学生的创新精神、创业意识和创新创业能力，全面提高教育教学水平和人才培养质量。

2016—2019年，教育部办公厅每年遴选50所全国创新创业典型经验

[①] 《教育部办公厅关于建设全国万名优秀创新创业导师人才库的通知》，http://www.moe.gov.cn/srcsite/A08/s5672/201611/t20161129_290306.html。

[②] 《教育部办公厅关于公布全国万名优秀创新创业导师人才库首批入库导师名单的通知》，http://www.moe.gov.cn/srcsite/A08/s5672/201711/t20171102_318271.html。

[③] 《教育部办公厅关于公布首批深化创新创业教育改革示范高校名单的通知》，http://www.moe.gov.cn/srcsite/A08/s5672/201702/t20170216_296445.html。

高校，四年共有200所高校入选①。要求入选高校要发挥典型引领作用，推动全国高校进一步深化创新创业教育改革，不断提升创业指导服务工作质量和水平，有效促进以创新引领创业、以创业带动就业。同时要求其他高校要借鉴典型经验高校的经验和模式，结合自身实际，不断改进工作方式，推进大学生创新创业工作。

科技部、财政部在2022年3月出台《地方创新驱动发展和科技创新能力提升评价办法》，拟推荐浙江、山东、湖北、江苏、安徽作为2021年创新驱动发展和科技创新能力提升成效明显的激励省份。②

各级政府部门通过开展全国高校实践育人创新创业基地、大众创业万众创新示范基地、全国万名优秀创新创业导师人才库以及深化创新创业教育改革示范高校和全国创新创业典型经验高校等建设项目，最终是为推动大众创业万众创新在更大范围、更高层次、更深程度上发展，为加快发展新经济、培育发展新动能、打造发展新引擎，发挥创新创业对促改革、稳就业、强动能的带动作用。

第三节　大学生创新创业竞赛项目与政策

为激发大学生的创造力，培养大学生的创新创业能力，国家各部委发起了一系列针对大学生的创新创业竞赛活动，并以此为契机，推进创新作品的成果转化。其中，中国国际"互联网+"大学生创新创业大赛、大学生创新创业训练计划、"挑战杯"全国大学生课外学术科技作品竞赛和"挑战杯"中国大学生创业计划竞赛等竞赛活动覆盖面广、影响力大，在全国乃至世界范围引起关注，推动着高校创新创业教育全面开展。

中国国际"互联网+"大学生创新创业大赛，由教育部会同国家发展和改革委员会、工业和信息化部、人力资源和社会保障部、共青团中

---

① 《教育部办公厅关于公布2018年度全国创新创业典型经验高校名单的通知》，http：//www.moe.gov.cn/srcsite/A15/s7063/201807/t20180723_343639.html；《教育部办公厅关于公布2019年度全国创新创业典型经验高校名单的通知》，http：//www.moe.gov.cn/srcsite/A15/s7063/201908/t20190822_395517.html。

② 《关于2021年创新驱动发展和科技创新能力提升成效明显地方的名单公示》，https：//www.most.gov.cn/tztg/202203/t20220325_180008.html。

央以及各省市人民政府、各高校共同主办的一项全国性技能大赛。宗旨是进一步激发高校学生的创新创业热情和创造力，培养造就"大众创业、万众创新"的主力军；展示高校的创新创业教育成果，推动赛事成果转化，促进"互联网+"新业态形成，服务经济提质增效升级；以创新引领创业、创业带动就业，推动高校毕业生更高质量创业就业。中国国际"互联网+"大学生创新创业大赛每年举办一次，自2015年开始至今已经举办7届。国务院总理李克强对2015年的首届中国"互联网+"大学生创新创业大赛活动高度重视，并专门作出重要批示，国务院副总理刘延东参加了吉林大学的总决赛活动。2020年，大赛更名为中国国际"互联网+"大学生创新创业大赛，时至今日，"互联网+"大学生创新创业大赛已成为全国最有影响力的创新创业类比赛[①]。国务院办公厅在许多重要文件通知中强调要办好中国国际"互联网+"大学生创新创业大赛。如，2021年10月，国务院办公厅印发《关于进一步支持大学生创新创业的指导意见》[②]中提出，要完善中国国际"互联网+"大学生创新创业大赛可持续发展机制，鼓励各学段学生积极参赛等。坚持政府引导、公益支持，支持行业企业深化赛事合作。

大学生创新创业训练计划源起于教育部2007年启动的国家大学生创新性实验计划，到2012年在全国推广实施国家级大学生创新创业训练计划[③]。2019年7月，教育部出台《国家级大学生创新创业训练计划管理办法》[④]，要求各地各高校秉承"兴趣驱动、自主实践、重在过程"的原则，深化高校创新创业教育教学改革，加强大学生创新创业能力培养，全面提高人才培养质量。截至2022年，国家大学生创新创业训练计划已有十五年的发展历程，累计资助35万多个项目，支持经费近58亿元，覆盖全部学科门类，吸引了全国千余所高校140余万名学生参与，是历史最

---

① 《教育部关于公布首届中国国际"互联网+"大学生创新创业大赛获奖名单的通知》，http://www.moe.gov.cn/srcsite/A08/s5672/201512/t20151218_225415.html。
② 《国务院办公厅关于进一步支持大学生创新创业的指导意见》，http://www.moe.cn/jyb_xwfb/s5147/202110/t20211013_571832.html。
③ 《教育部关于做好"本科教学工程"国家级大学生创新创业训练计划实施工作的通知》（教高函〔2012〕5号），http://www.moe.gov.cn/srcsite/A08/s7056/201202/t20120222_166881.html。
④ 《教育部关于印发〈国家级大学生创新创业训练计划管理办法〉的通知》（教高函〔2019〕13号），http://www.moe.gov.cn/srcsite/A08/s5672/201907/t20190724_392132.html。

长、覆盖最广、影响最大的创新创业教育项目之一，已经成为面向全体大学生的一项创新创业人才基础培育工程，成为高校培养大学生创新创业能力的重要载体，在激发学生的创新思维和创新意识中发挥了重大作用。通过实施国家级大学生创新创业训练计划，促进高等学校转变教育思想观念，改革人才培养模式，强化创新创业能力训练，增强高校学生的创新能力和在创新基础上的创业能力，培养适应创新型国家建设需要的高水平创新人才。

"挑战杯"是"挑战杯"全国大学生系列科技学术竞赛的简称，是由共青团中央、中国科协、教育部和全国学联共同主办的全国性大学生课外学术实践竞赛，也是全国较早举办的具有重要影响力的创新创业类比赛。"挑战杯"竞赛在中国共有两个并列项目，一个是"挑战杯"中国大学生创业计划竞赛，另一个则是"挑战杯"全国大学生课外学术科技作品竞赛。这两个项目的全国竞赛交叉轮流开展，每个项目每两年举办一届。

"挑战杯"中国大学生创业计划竞赛又称商业计划竞赛，是借用风险投资的运作模式，要求参赛者组成优势互补的竞赛小组，提出一项具有市场前景的技术、产品或者服务，并围绕这一技术、产品或服务，以获得风险投资为目的，完成一份完整、具体、深入的创业计划。作为大学生创新创业活动载体，创业计划竞赛在培养复合型、创新型人才，促进高校产学研结合，推动国内风险投资体系建立方面发挥出越来越积极的作用。

"挑战杯"全国大学生课外学术科技作品竞赛，始终坚持"崇尚科学、追求真知、勤奋学习、锐意创新、迎接挑战"的宗旨，在促进青年创新人才成长、深化高校素质教育、推动经济社会发展等方面发挥了积极作用。竞赛从最初的19所高校发起，发展到1000多所高校参与；从300多人的小擂台发展到200多万名大学生的竞技场，在广大青年学生中的影响力和号召力显著增强。"挑战杯"竞赛已经成为大学生参与科技创新活动的重要平台和推动现代化建设的重要渠道。高校以挑战杯竞赛为龙头，不断丰富活动内容，把创新教育纳入教育规划，通过科技创业、技术转让等，让"挑战杯"竞赛从象牙塔走向社会，推动了高校科技成果向现实生产力的转化，为经济社会发展作出了积极贡献。自1989年首届竞赛举办以来,"挑战杯"竞赛在广大高校乃至社会上产生了广泛而良好的影响,被誉为当代大学生科技创新的"奥林匹克"盛会[①]。

除了上述国务院和教育部等推动的国家级全国竞赛活动,其他组织和团体也相继组织开展了各类专业创新创业活动。如,全国大学生电子商务"创新、创意及创业"挑战赛(简称"三创赛")是2009年教育部高校电子商务类专业教学指导委员会主办的全国大学生学科竞赛。"三创赛"是激发大学生兴趣与潜能,培养大学生创新意识、创意思维、创业能力以及团队协同实战精神的学科性竞赛[②]。自2009年至2022年,"三创赛"已成功举办了12届,2021年参赛队伍超过10万多支。大赛的目的是强化创新意识、引导创意思维、锻炼创业能力、倡导团队精神。宗旨是大赛促进教学,大赛促进实践,大赛促进创造,大赛促进育人。

第四节 本书概要

大众创业、万众创新是深入实施创新驱动发展战略的重要支撑,大学生是大众创业万众创新的生力军,高校是大学生创新教育和创业能力培养的主战场,深化高校创新创业教育改革,将创新创业教育贯穿人才培养全过程,建立以创新创业为导向的新型人才培养模式,是推进高等教育综合改革、促进高校毕业生更高质量创业就业的重要举措,是提升大学生创新创业能力、增强创新活力、提高大学生综合素质的重要保障。地方院校作为人才培养的主力军,在提升创新创业人才培养能力方面,需要紧密结合区域经济发展实际特点、学校自身优势以及区域自然资源禀赋等,发挥学科专业优势、地域独特需求以及区域经济等优势,构建与自身发展和人才培养相适应的创新创业教育体系。

本书正是基于地方院校的办学层次和学科特征等特点,构建地方院校创新创业教育的第一课堂、第二课堂、第三课堂教学体系。针对地方院校创新创业教育体系的构建和实践成效开展研究,以创新创业教育第

---

① 《"挑战杯"全国大学生课外学术科技作品竞赛和中国大学生创业计划竞赛》,http://www.tiaozhanbei.net/focus。

② 《全国大学生电子商务"创新、创意及创业"挑战赛》,http://www.3chuang.net/single/1。

一课堂、第二课堂和社会大课堂为主线，以高校、政府、企业为三大主体，将国家宏观政策、不同类型地方院校案例、学科特点等贯穿其中，按照地方院校创新创业教育的第一课堂、第二课堂以及多方共建创新创业教育的社会大课堂三个篇章撰写。

第一编以构建地方院校创新创业第一课堂教育体系为核心，由地方院校创新创业第一课堂教育现状分析、不同层级的地方院校创新创业第一课堂教育体系以及基于学科特征的创新创业教育体系三个章节内容组成。第一章地方院校创新创业教育的第一课堂现状、问题分析部分，从第一课堂概念的界定到创新创业教育的课堂资源、课堂教学内容建设等不同维度综述现状，将地方院校与部属院校进行了适度对比，从地方院校层级和学科等角度归纳创新创业教育第一课堂存在的问题和短板。第二章主要介绍不同层级的地方院校创新创业第一课堂教育体系。首先将地方院校划分为"地方重点院校、地方普通院校、职业及其他类型院校"三种类型，再根据不同类型的地方院校构建创新创业教育的人才培养体系。第三章构建了基于学科特征的创新创业教育体系，按照学科差异构建创新创业教育的第一课堂教育体系，具体的学科划分为文史哲、经管法、农学、医学、理工、艺术等类型。

第二编是以地方院校创新创业第二课堂教育体系的剖析和重构为重点，主要包含地方院校创新创业教育第二课堂发展现状、创新创业教育第二课堂体系构建和基于成果导向的创新创业教育第二课堂实践三个章节构成。第二课堂是沟通传统第一课堂与社会大课堂的桥梁，学生通过第二课堂的实践训练，巩固第一课堂的相关知识与技能，在实践中锻炼能力，同时为进入社会大课堂做好训练和准备。由此，第四章分析了地方院校创新创业教育第二课堂发展现状。从第二课堂的概念辨析，界定第二课堂的范围、共识以及创新创业教育第二课堂所包含的内容，然后按照地方院校的差异，分析当前地方院校创新创业教育第二课堂的现状、发展趋势以及存在的问题。第五章探讨了地方院校创新创业教育的第二课堂体系构建，从各方协同、建设保障、教育资源、师资团队等方面展开讨论。第六章分析了成果产出导向的创新创业教育实践，主要从竞赛主导的第二课堂模式、大学生创新创业训练计划导向的实践和社会实践导向的第二课堂实践三方面展开，对比讨论了不同层级地方院校、学科等的特征，以案例呈现第二课堂的创新创业教育模式和实践。

第三编多方共建创新创业教育社会大课堂由多方参与创新创业教育社会大课堂现状分析，"三螺旋"理论与创新创业教育社会大课堂，不同层次地方院校、政府和企业三方协同实践三个章节内容组成。创新创业教育需要社会资源的广泛参与和支持，因此，政府、高校、企业（U、G、E）三者成为创新创业教育社会大课堂的必然主体。在第七章，首先界定创新创业教育社会大课堂的要素构成与功能，梳理创新创业教育社会大课堂建设的历程，剖析了创新创业教育社会大课堂发展中的障碍及成因分析。第八章探讨"三螺旋"理论及其在创新创业教育社会大课堂中的应用。根据三螺旋理论，重新界定高校、政府和企业在创新创业教育实施过程中的职责和边界，构建U-G-E协同机制，包括政策支持、环境营造、平台建设、成果转化、资源共享、合作共建等。探索U-G-E协同机制下的U-U、G-U、E-U以及U-G-E协同模式等。第九章从实证研究的视角，选取不同层级地方院校作为案例剖析，介绍不同层次地方院校与政府、企业的协同实践。

创新创业第一、二课堂教育体系是以提升地方院校大学生创新创业能力为目标，将创新创业意识、知识、实践能力等贯穿人才培养全过程，提升教师创新创业教育教学能力，创建创新创业实践平台，优化创新创业环境等。关于多方共建创新创业教育社会大课堂的探索，可为推进创新创业教育实施过程中高校、政府和企业三方的职责边界、协同机制、引导社会资本支持大学生创新创业等方面营造良好的创新创业条件和环境，形成全社会协同创新创业人才培养的社会大课堂，全方位支持大学生创新创业，切实推进大众创业、万众创新。

本书是从高校课堂教育教学体系构建的视角，探索地方院校创新创业课堂教育体系构建的模式或示例。引用了大量典型高校案例，尤其是在分析地方院校在组织创新创业教育实践活动的案例中，能够展示每所地方院校的独特之处。而从课堂建设的视角，大多数地方院校出台的宏观政策和实施措施都可以归结到第一、二、三课堂教育体系中。以期为探索和研究地方院校创新创业人才培养体系、创新创业人才培养体制机制等方面提供借鉴和参考。

本书内容纲要撰写由马英红、满宝元和李阳共同完成。参与本书内容撰写的学者和具体分工按照篇章顺序如下：绪论由路振勇和马英红完成；第一编由孙曙光、袁书华和张静执笔初稿，张静和马英红修订。本编各章节初稿和修订等完成情况如下：第一章初稿由袁书华和龙行源完成，第二章初稿由张静完成，第三章的第一、三、四、五、六、七节初稿由孙曙光和张静完成，第二节初稿由袁书华和孙源完成。第二编由陈会征和代海岩执笔初稿、陈会征和马英红修订完成，本编各章节初稿和修订等完成情况如下：第四章的第一节，第五章的第一、二、四节以及第六章的第三节和结语部分由代海岩完成初稿，第四章第二节，第五章第三节，第六章第一、二节等的初稿由陈会征撰写，本编的所有案例和数据整理均由陈会征完成。第三编的全部初稿由李阳编写、李阳和贾斐修订完成。部分地方院校的典型案例由赵湘轶收集整理、部分院校的政策文件等资料由贾斐整理。全书由满宝元、赵湘轶审核。

作者所在单位山东师范大学是山东省属重点高校、省部共建高校。近年来，结合国家和山东省出台的创新创业教育政策，积极开展相关教育教学改革，全面推进创新创业教育，实施了设置创新创业课程、高校创新教育理论与实践设计创新创业实践活动及科技创新活动等一系列改革举措。学校在 2016 年获评首批全国"深化创新创业教育改革示范高校"称号，获得包括"互联网+"大学生创新创业竞赛在内的国家级奖励 400 余项，是山东省内唯一获得大学生课外学术科技作品竞赛、创业大赛最高荣誉"挑战杯"和"创青春杯"双冠王的高校。

本书是山东省教育厅教学改革重点课题"创新驱动、聚焦育人、深度融合的创新创业人才培养体系构建与实施（Z2016Z025）"成果之一，获得山东师范大学教材规划项目资助。

本书的出版得到中国社会科学出版社的鼎力支持，在此致以诚挚的谢意。书中选取的很多案例和数据来源于教育部创新创业工作网站、竞赛网站以及多个省市教育厅网站等，这些案例数据丰富了本书的内容、为理论研究找到了实证依据，在此对撰写这些案例、数据以及新闻宣传的单位和个人表示诚挚感谢。

由于作者水平所限，书中难免存在疏漏之处。敬请读者和同行提出宝贵意见，以便对本书做进一步改进。

第一编

地方院校创新创业教育第一课堂教育体系

第一课堂也称为班级授课，是学校依据相应学科专业的人才培养方案、教学计划和教学大纲所进行的班级教学活动，包括讲课、实验、作业、考试、实习和毕业设计等。近年来，国家出台了诸多有关创新创业教育的文件，明确提出相关措施和实施办法，要求修订人才培养方案、调整专业课程设置、挖掘各类专业课程的创新创业教育资源，推进专业教育与创新创业教育的有机融合，从而进一步确立了第一课堂在创新创业教育过程中的主导地位。

当前，以第一课堂为主的创新创业教育体系还不够完善，课程设计相对单一、专业知识传授和创新创业教育融合度不高以及保障措施和资源建设都相对薄弱，导致创新创业教育体系不完善，理论知识传授与创新创业实践活动不能紧密结合，制约了学校创新创业教育质量的提高。这就要求学校根据自身的特点以及外部环境，设计适合不同专业和学科领域，不同机构和群体相互支撑、融合发展的第一课堂教学体系。因此，本篇主要工作是围绕如何构建基于学校层级差异或学科特征的创新创业教育体系。

第一章

地方院校创新创业教育第一课堂的现状与不足

高等学校创新创业教育是实现国家创新驱动经济高质量发展战略的必要支撑,而第一课堂永远是高校创新创业教育的主阵地。截至2021年9月30日,全国高等学校共计3012所,其中普通高等学校2756所(本科1270所、专科1486所),成人高等学校256所[①]。其中,地方院校有2500多所,它们是中国高等教育体系的主体部分,以服务区域经济社会发展为目标,着力为地方培养高素质人才。地方院校作为专业理论和实践传承、创新思想和意识培养的重要平台,在资源禀赋远远不如教育部直属和中央高校的情况下任务艰巨。既然在资源有限的情况下开展创新创业教育,就极其需要加强地方院校专业教育与创新创业教育的深度融合,积极开展创新创业第一课堂教育体系的改革,这是提升创新创业教育质量的有利基础保障。

所谓第一课堂,即班级授课制,是依据高等教育各类各级院校相应学科专业的人才培养方案,按照教学计划和教学大纲所进行的班级教学活动,包括讲课、实验、作业、考试、实习和毕业设计等。[②] 第一课堂于17世纪30年代由捷克教育家夸美纽斯提出,19世纪德国的教育学家赫尔巴特对其进行了发展,逐渐形成以课堂为中心、以教师为中心、以教科

[①] 教育部:《2021年度全国高等学校名单》,http://www.moe.gov.cn/jyb_xxgk/s5743/s5744/A03/202110/t20211025_574874.html。

[②] 蔡克勇、冯向东:《第二课堂的产生是教育思想上的一次变革》,《高等教育研究》1985年第4期。

书为中心的"三中心"教学体系。第一课堂是针对个别教学进行的一次重大变革，其显著特征是正规化、标准化、专业化和集中化，通过相对比较稳定的课程体系和规范化的教学程序，对学生进行系统的专业知识传授和技术技能的训练，解决大学生人才培养中的共性问题。

2012年，教育部办公厅在《普通本科学校创业教育教学基本要求（试行）》中提出，创业教育要"遵循教育教学规律和人才成长规律，以课堂教学为主渠道"。针对有些地方和学校对创新创业教育改革重视不够、创新创业教育理念滞后、与专业教育结合不紧密等突出问题，国务院办公厅在《国务院办公厅关于深化高等学校创新创业教育改革的实施意见》中提出"要根据人才培养定位和创新创业教育目标要求，促进专业教育与创新创业教育有机融合，调整专业课程设置，挖掘和充实各类专业课程的创新创业教育资源，在传授专业知识过程中加强创新创业教育"。该文件明确，要将创新精神、创业意识和创新创业能力作为评价高校人才培养质量的重要指标，进一步确立了第一课堂在创新创业教育过程中的主体地位。

第一节　地方院校创新创业教育第一课堂的现状

在中国高等教育事业蓬勃发展的过程中，地方院校逐步成为促进地方经济社会发展、培养优秀应用型人才的主力军，所培养的人才将会对地方经济社会发展产生直接影响。与部属院校相比，地方院校缺乏资源优势，为了适应国家战略发展需求和地方经济社会发展需要，地方院校需要制定具有地方特色和自身特点的培养目标，打造出符合自身发展特点的教学特色。创新创业教育在地方院校中逐步成为教学体系中的重要组成部分，成为创新型人才培养的重要方式和途径。目前，地方院校在创新创业教育的目标定位、第一课堂的课程设置以及教学实施等方面，已经形成了各具特色的创新创业教育教学培养体系，有效保障了创新创业教育有序开展。

一　地方院校创新创业教育第一课堂的目标定位

2012年教育部办公厅印发的《普通本科学校创业教育教学基本要求

（试行）》中明确提出，使学生掌握创业的基础知识和基本理论，熟悉创业的基本流程和基本方法，了解创业的法律法规和相关政策，激发学生的创业意识，提高学生的社会责任感、创新精神和创业能力，促进学生创业就业和全面发展。创新创业教育不是新增教育，而是原有课程的增值教育。[①] 创新创业教育课程体系的目标可以分为总体目标、基础目标和核心目标。高校开展创新创业教育的总体目标是培养具有创新意识和精神、创业素质和潜能的开拓型人才，而不是仅局限于解决就业问题。[②] 创新创业教育课程体系的基础目标是培养创新创业意识，核心目标是创新创业知识转化及技能养成。创新创业知识的获取是创业及技能养成的基础，这就需要为学生搭建知识网络并促进知识内化，第一课堂作为创新创业教育实施的主要载体，肩负着创新创业教育知识传授的主要任务。

地方院校创新创业人才培养的目标重点在于服务于区域经济发展，满足相关行业的需求。地方院校基本都做到了因地制宜制订培养方案和合理的人才培养目标，充分发挥高校第一课堂教育的优势。首先，地方院校基本明确了创新创业人才培养目标是服务地方经济发展任务。地方院校创新创业教育的人才培养定位区别于双一流高校，以培养地方应用型人才为方向，以服务地方经济发展为任务，以创新创业教育为出发点，以发展地区特色经济为落脚点。第一课堂创新创业教育具有系统性，地方院校充分考虑到地方特色和学校类型，制定了具有地域特色和符合学校类型的人才培养目标。其次，地方院校明确了培养学生创新创业综合素质的目标。地方院校基本由省属、市属本科院校和职业院校组成，生源的综合素质参差不齐，不同类型的高校对学生的培养目标也不尽相同。第一课堂教育以创新创业的理论知识学习为主，根据学生生源素质、院校类型制定符合本校实际的培养目标，注重学生综合素质的提升。

二 地方院校创新创业教育第一课堂课程设置

创新创业教育已经成为地方院校教学课程体系中重要的组成部分。

[①] 滕智源：《"双创"环境下高校创新创业教育课程体系构建初探》，《中国成人教育》2017年第6期。

[②] 李德丽、刘俊涛、于兴业：《融入与嵌入：创新创业课程体系建设与模式转型》，《高教探索》2019年第3期。

随着各地区经济社会发展所带来的变化，地方院校的创新创业教育都做出适时调整与转变，在发展中创新人才培养模式与目标，目的是提升大学生的创新创业意识、能力和专业水平。大学生第一课堂课程设置是高等教育最微观、最普通的问题，其要解决的是教育中最根本的问题——培养人。① 在创新创业教育实施过程中，课程设置是关键载体和主要渠道，对于促进创新创业教育的顺利实施发挥着重要作用。目前，地方院校设置的创新创业教育课程类别丰富，包括"通识型"创新创业教育和"融入型"创新创业教育，其核心理念是面向全体学生、结合专业实践，将创新创业教育融入人才培养全过程。② "通识型"创新创业教育包括面向全体学生开设的创新创业必修课程和选修课程，"融入型"创新创业教育是将创新创业理念融入专业课程中，主要是面向各学科专业学生开设。目前各高校逐渐形成以下三类创新创业教育课程体系。

（一）以基础素质教育为根本开设创新创业教育基础性课程

目前，许多高校已经将创新创业课程作为大学生的必修课程，目的是使在校生都要接受第一课堂的创新创业课程教育，通过第一课堂创新创业课程的开设，系统地向学生传授专业知识和提升学生的能力。根据对全国31个省份普通本科院校所做的调查结果显示，开设创新创业教育必修课程的高校高达84.2%。③ 创新创业第一课堂课程的开设形式多样，如有些院校把原有的课程进行了梳理和归整，将一些必修课程中与创新创业教育相关的内容提取出来，在二次加工的基础上形成创新创业教育必修课程。这些必修课程具有普适性，是针对全校学生开设的，而不是局限于某个专业，是一种普适性教育。例如，重庆邮电大学将创新创业教育课程作为必修课，使每个学生都要接受创新创业教育；并大力实施"大学生创新创业训练、本科生科研训练、研究生创新成果奖励计划、文峰创新创业和ICT产教融合等创新创业能力提升五项计划"，打通了相近学科和专业的基础课，强化了学科专业间的交叉课。有些高校在第一课

---

① 吴岩：《建设中国"金课"》，《中国大学教学》2018年第12期。

② 周颜玲：《"第一课堂+第二课堂+基地实践"创新创业教育体系构建探析》，《中国大学生就业》2017年第6期。

③ 朱恬恬、舒霞玉：《我国高校创新创业教育课程建设的调研与改进》，《大学教育科学》2021年第3期。

堂和第二课堂中都融入创新创业教育并将其作为必修课。如南京工业大学将创新意识渗透到学校教学、管理等诸多环节，以培养学生创新意识，引领大学生创业。

（二）以专创融合为抓手开设创新创业训练类课程

随着地方院校越来越重视创新创业教育，各学科基于专业培养目标，根据课程体系设置和实践考核环节安排，开设创新创业类选修课程。据对全国31个省份普通本科院校所做的调查结果显示，开设创新创业教育选修课程的高校高达94.5%。[1] 创新创业教育属于多学科、相互交叉的综合学科，离不开跨学科的课程设置。[2] 创新创业选修课不仅包括专业内的限选课程群，还包括全校性或跨院系的选修课程。例如，山东师范大学将新创业类课程设置为全校选修课，规定学生必须从"创新创业与拓展实践"课程群中选修课程，包括职业生涯与就业指导类课程和创新创业类课程。同时，各专业在开设学校要求的通识课和专业基础课的前提下，要根据学生多元化发展不同需要、面向不同产业岗位需求和专业的不同研究方向等合理科学设定专业方向选修模块课程，并且规定专业自主发展课程学分不低于总学分的25%。目前，地方院校开设的专创融合课程在不同类型和不同地区高校之间存在显著差异，相关调查结果显示，财经类高校专业课程融入创新创业教育内容的比例显著高于综合类和理工科高校，东北地区高校专业课程融入创新创业教育的比例显著高于中国东部、中部和西部地区高校。[3]

（三）以兴趣通识教育为契机开展创新创业实践课程

创新创业实践类课程是将第二课堂的教学成果第一课堂化，在第一课堂上认定学生第二课堂的一些成果。如大学生创新创业训练计划项目、创青春等大学生课外活动作品、大学生社会实践成果等，都可以作为第一课堂的教学案例支撑。山东师范大学的实践教学除了包括技能训练、

---

[1] 朱恬恬、舒霞玉：《我国高校创新创业教育课程建设的调研与改进》，《大学教育科学》2021年第3期。

[2] 何李方：《创新创业教育融入人才培养全过程的思考》，《中国高校科技》2018年第7期。

[3] 何李方：《创新创业教育融入人才培养全过程的思考》，《中国高校科技》2018年第7期。

见习、研习、实习、毕业论文（设计）、第二课堂等传统形式外，还进一步创新实践教学方式，倡导相关课程把自学、读书、项目等课外学习实践纳入课程内容，实现以课堂教学为主向课内外相互融合的转变，有条件的课程可按照课内、课外两部分分配学时和学分，实现理论与实践有效融合。同时规定将专业实践和社会实践纳入毕业要求，本科生四年间必须利用寒/暑假期完成至少一次专业实践和社会实践。

三　地方院校创新创业教育第一课堂实施路径

（一）地方院校创新创业教育创新多轨道并存教学模式

为了满足学生创新创业多层面知识和能力的需求，各地方院校在创新创业教育方面不断推陈出新，形成了多轨道的教学模式。

1. 分类施教

部分地方院校针对有创新创业高层次需求的学生开设创新创业能力提升班、精英班等，旨在通过将理论学习与项目训练、创业实践等进行结合，使学生综合素质与能力全面提高。如浙江财经大学开设创业精英班，招生对象面向全校全日制本科生、研究生或毕业五年内校友中具有较强烈创业意愿的学生，已经注册创业项目或有创业计划书者优先，通过创业基础课程、导师团队指导、创业项目推动和孵化等，将学生培养成为创业引领者。山东理工大学开设的"精创班"面向有正式学籍的全日制在校大学生进行选拔，对创新创业有浓厚兴趣并有较成熟创业想法或正在运营创业项目者优先，在"互联网+""挑战杯"和"创青春"等创新创业项目中表现突出的学生骨干优先，为学员配备校内外创业导师，对学员提供个性化指导和定制式资源对接。

2. 开设双学位课程

近几年，一些地方院校开始探索开设创新创业双学位课程。与其他专业双学位不同的是，创新创业双学位更加侧重学科交叉，注重培养学生的创新精神、创新意识、创新思维和创新能力，具有实践性强、开放度高的特点。例如，浙江海洋大学探索本科生双专业双学位教育，创新人才培养模式改革。

3. 成立创新创业学院

随着国家对创新创业教育重视程度不断提高，各地方院校纷纷建立创新创业学院，负责全校学生的创新创业教育教学工作。例如，温州大学立足于区域独特地域文化，将创新创业教育作为重要的办学特色贯穿人才培养全过程；其于2000年开始探索创新创业教育，2007年建成大学生创业园，2009年组建了全国最早一批实体运作的创业学院，2019年更名为创新创业学院。该校以大学生创新创业能力发展为核心，以创业教育与专业教育深度融合为主线，积极利用温州创业资源，将创新人才培养模式、优化课程体系、贯通人才培养环节作为重点，构建分层分类、深度融合、协同递进的创新创业教育新体系。此外，浙江财经大学、浙江海洋大学、山东理工大学等众多地方院校也都成立了创新创业学院。

（二）地方院校创新创业教育第一课堂教育资源的建设

加强创新创业教育示范课程及精品在线开放课程建设是深化教育教学改革的重要抓手。随着"互联网+"教育的蓬勃发展，混合式课程为高校创新创业教育的开展提供了更多可能性。混合式课程通过线上、线下相结合的方式融合课堂资源、网络资源、国内外资源等，可以突破传统课堂的封闭性和局限性，利用慕课、微课等在线课程，重塑师生关系，激发大学生学习的主动性和创造性。[①] 2019年出台的《教育部关于一流本科课程建设的实施意见》中指出，聚集"四新"融合，建设一批培养创新型、复合型人才的一流本科课程，同时，以服务于区域经济社会发展为目的建设一批培养应用型人才的一流本科课程。

据对全国31所省属普通本科院校所做调查的结果显示，高校创新创业教育必修课程、通识选修课程和"专创融合"课程以线下、线上混合方式进行教学的占43.7%—51.4%。[②] 2020年11月，教育部公布的《关于首批国家级一流本科课程认定结果的通知》中，有88门创新创业类一流课程，其中线上和混合式一流课程36门，占40.9%，接近全国地方院校双创课程开设的调查情况。其后，各省也先后开始进行省级创新创业课程建设，如四川省从2016—2020年陆续公布四批省级创新创业教育示

---

① 陈靖：《论基于混合式教学的高校创新人才培养模式》，《中国人民大学教育学刊》2022年第1期。

② 朱恬恬、舒霞玉：《我国高校创新创业教育课程建设的调研与改进》，《大学教育科学》2021年第3期。

范课程,其中,首批共有124门课程、第二批59门、第三批77门、第四批114门,省级创新创业教育示范课程的数量呈现逐年增加趋势。同时,各地方院校也在培育本校的创新创业教育一流课程。

根据一流本科课程/示范课程建设要求,这些国家级、省级和校级创新创业课程,均结合学生实际,在满足人才培养需求的基础上,优选课程内容,整合教学资源,推进创新创业教育与专业教育的紧密结合,体现现代信息技术与高等教育教学的深度融合,促进优质教育教学资源应用共享,切实提高高等教育人才培养质量,这很大程度上拓展了创新创业教育课堂资源。同时,有些地方院校还自主开发或引入慕课,通过开设创新管理、新技术创业、创新思维与方法、创新工程实践等创新创业课程及学科交叉课程等满足不同层次、不同兴趣爱好学生的学习需要。

(三) 地方院校创新创业教育突破传统的理论讲授模式

《国家中长期教育改革和发展规划纲要(2010—2020年)》指出,要"注重学思结合。倡导启发式、探究式、讨论式、参与式教学,帮助学生学会学习"。《教育部关于一流本科课程建设的实施意见》中指出,要确立学生中心、产出导向的教学理念,提升课程的高阶性和创新性,增加课程的挑战度。探究式学习是以学生的兴趣为出发点,不再局限于课堂教学,学生可以利用图书馆、网络、实地调查等方式,最大限度地收集资料,把课内与课外、学校与社会有机地结合起来,允许学生根据自己的实践操作过程得出不同的结论。① 山东师范大学在现行人才培养方案修订办法中对教学方法做出了要求,启发式、研讨式、案例式等教学方法将成为创新课堂教学方法的主要手段,处理好教师教授与学生自主学习的关系,建立起学生主动参与的研究性学习模式。

四 地方院校创新创业教育第一课堂课程教学评价

(一) 地方院校规定了创新创业教育学分要求

2012年,教育部办公厅在《普通本科学校创业教育教学基本要求(试行)》中,规定将《创业基础》作为高校必修课并纳入教育计

---

① 袁书华、王红丽:《研究性学习中的心理学思想探析》,《高等职业教育》(天津职业大学学报)2005年第2期。

划。2015年，国务院办公厅颁发《关于深化高等学校创新创业教育改革的实施意见》指出，"各高校要根据人才培养定位和创新创业教育目标要求，促进专业教育与创新创业教育有机融合"，将创新创业教育的"必修课和选修课，纳入学分管理，建设依次递进、有机衔接、科学合理的创新创业教育专门课程群"。面向全校学生开设创新创业教育课程是高校创新创业教育发展的大趋势，这也是推动"大众创业、万众创新"的内在要求。创新创业教育的基本目标是实现"全覆盖""分层次"和"差异化"，即面向全体学生、结合专业教育、融入人才培养全过程。[①] 全面开展创新创业教育的理念已在中国地方院校深入人心。据相关调查显示，中国普通本科院校的专业人才培养方案中都规定了创新创业教育课程学分的修读要求，这个比例高达75%。[②] 教育部发布的《全国普通高校本科教育教学质量报告（2018年度）》显示，截至2018年年底，452所高校增加了创新创业学分。在人才培养方案修订中要求，不断丰富创新创业通识教育课程，有针对性地引进一批优秀创新创业类在线课程；不断增强专业课程的创新创业教育功能，积极开设研究方法、学科前沿、创新思维等创新创业课程，将创新创业元素融入专业课程。同时规定，所有学生必须从"创新创业与拓展实践"模块课程中选修4个学分，其中职业生涯与就业指导类2个学分，创新创业类2个学分。

（二）地方院校建立了创新创业教育课程学分转换制度

2015年，国务院办公厅印发《关于深化高等学校创新创业教育改革的实施意见》，指出要建立创新创业学分积累与转换制度，探索将学生开展创新实验、发表论文、获得专利和自主创业等情况折算为学分，将学生参与课题研究、项目实验等活动认定为课堂学习。据相关调查显示，中国普通本科院校规定将学生发表论文、自主创业等创新创业实践活动折算为创新创业教育课程学分的比例为84%，其中本科阶段的比例

[①] 王占仁：《"广谱式"创新创业教育的体系架构与理论价值》，《教育研究》2015年第5期。
[②] 朱恬恬、舒霞玉：《我国高校创新创业教育课程建设的调研与改进》，《大学教育科学》2021年第3期。

高达 89.1%。① 山东师范大学在 2019 年版专业人才培养方案修订中，要求规范创新创业教育活动组织管理模式，设立创新创业学分，规定通过课外创新实践活动、发表研究论文、申请专利等方式均可获得创新创业学分，创新创业学分全部计入成绩单，最高 10 学分可置换相关自主发展课程学分或通识教育相关选修模块课程学分。浙江财经大学创业精英班采取模块化课程结构，修满 16 学分可获得结业证书，所修学分可以部分替代原培养方案学分。

第二节　地方院校创新创业教育第一课堂的不足

从目前各地方院校开展创新创业教育的现状来看，地方院校都意识到创新创业教育的重要性和必要性。在国家创新创业教育相关政策指导下，根据地方经济发展和高校自身的特点，对创新创业教育第一课堂的目标定位、课程设置、课程实施和评价都取得了一定进展。但是，在创新创业教育第一课堂课程体系建设方面仍存在一些问题和不足。

一　创新创业教育理念未全面深入人才培养质量观

随着创新创业上升到国家战略层面，高校创新创业教育便成了深入实施"大众创业、万众创新"的关键枢纽，是落实教育高质量发展、人才高质量培养的主要平台。当前创新创业教育已经成为高等教育人才培养改革的重要突破口，是高校履行社会责任、推动经济结构调整、实现创新驱动战略发展的重要阵地。② 然而，根据《全球创业观察（GEM）中国报告（2019/2020）》的数据显示，24—34 岁的青年是参与中国创业活动最活跃的群体；与 G20 创新驱动经济体相比，中国高学历创业者比例低于 G20 经济体的平均水平，中国技术创业比例与 G20 其他国家仍存在较大差距；创业活动的产业布局分布不均衡，其中占比超半数为批发

---

① 朱恬恬、舒霞玉：《我国高校创新创业教育课程建设的调研与改进》，《大学教育科学》2021 年第 3 期。

② 马永霞、孟尚尚：《高质量发展背景下创新创业教育质量提升路径研究——基于 50 所高校的模糊集定性比较分析》，《高教探索》2022 年第 2 期。

零售业（55%）。① 《2020年中国本科生就业报告》通过对历届大学生毕业创业企业存活率的追踪调查结果显示，2016届毕业生三年内终止创业活动的占比为55.6%，与2015届和2014届（分别为45.0%和46.9%）相比呈现了上升趋势，这从侧面反映出中国本科毕业生的自主创业能力不足、创新水平较低，② 这种落差表明高校创新创业人才培养的质量有待进一步提升。

当前，高校人才培养模式和教育教学改革理念中创新创业教育理念仍存在贯彻不彻底、不深入的问题。高校教育教学改革主要是专业教学模式和人才培养模式，课程体系等系统性、完整性层面的改革，融入创新创业教育质量的核心要素的新人才质量观和教学质量观理念还有待于进一步构建、完善。对于中国高校创新创业教育的相关研究也多聚焦于创新创业教育理念、教育体系和政策比较等方面，较少关注创新创业教育质量提升的有效路径，难以满足创新创业教育高质量、可持续发展的时代使命。③ 地方院校作为全国高校创新创业教育的主要力量，如何根据地方经济发展需求来稳步推进高校创新创业教育高质量发展，培养更高质量的创新创业人才以提升高校创新创业教育质量、助力教育高质量发展这一问题仍待解决。

（一）地方院校创新创业教育内生动力不足

对于地方院校而言，创新创业型人才培养更多是在各级政府的主导推动下展开的，而非来自地方院校自身内生发展需要的驱动，这必然导致以高校为供给侧和以社会经济发展为需求侧的创新创业型人才培养在供求上出现矛盾。④ 高校创新创业型人才培养的供给要素主要包括培养理念、培养方式、培养主体和培养资源等。在这些方面，地方院校的创新创业型人才培养缺乏学校教学要素的有效合理供给，因而难以精准满足

---

① 清华大学二十国集团创业研究中心、北京华普亿方教育科技有限公司：《全球创业观察（GEM）中国报告（2019/2020）》，2021年12月。
② 王伯庆：《就业蓝皮书：2020年中国本科生就业报告》，社会科学文献出版社2020年版。
③ 王伯庆：《就业蓝皮书：2020年中国本科生就业报告》，社会科学文献出版社2020年版。
④ 徐伟明、肖洒：《供给侧结构性改革视域下高校创新创业型人才培养路径》，《科技管理研究》2022年第6期。

在国家经济高质量发展阶段日益增长的地方创新创业型人才培养需求，具体表现在如下几个方面：

1. 创新创业培养理念相对滞后

从培养理念看，国务院办公厅 2015 年印发的《关于深化高等学校创新创业教育改革的实施意见》指出，高等院校普遍存在创新创业教育理念滞后、与专业教育结合不紧、与实践脱节等不容忽视的突出问题；且仍存在以专业为主、创业为辅的问题，专业教育和创新创业教育相互脱节，缺乏层次递进、衔接灵活的课程模块。部分地方院校关注创业行为端的形式内容，而忽略创业理念端的基础内容，相对落后的培养理念使地方院校创新创业型人才培养难以摆脱过去传统教育思想的束缚。①

2. 创新创业教育体系尚不健全

高校创新创业型人才培养旨在培养大学生的创新精神、创业意识和创新创业能力。地方院校创新创业型人才培养基本是在地方教育主管部门的主推下进行，在地方院校对创新创业教育理念认知不够深入、师资队伍参差不齐和办学资金资源相对有限的情况下，尚未形成体系化的组织结构，导致部分地方院校创新创业型人才培养的效果并不明显。

3. 创新创业教育协同性不够

在一些地方院校，创新创业型人才培养主要由创业学院或依托商学院来实施教学，这必然会导致地方院校内部不同组织部门和院系间的创新创业教育的合作协同性不够。有些地方院校甚至没有把创新创业教育纳入主体教学规划，使人才培养体系中缺失了对创新创业型人才培养的内容；在教学方式上主要以开设公选课、讲座和创业竞赛等形式来展开，使创新创业型人才培养易被边缘化，创新创业人才培养效果不理想。

4. 教育资源的结构性浪费

为了满足创新创业型人才培养的实践要求，部分地方院校投入大量财力、物力建设创业大街、众创空间和文化长廊等。但是，由于地方院

---

① 徐伟明、肖洒：《供给侧结构性改革视域下高校创新创业型人才培养路径》，《科技管理研究》2022 年第 6 期。

校创新创业人才培养在学校学科发展规划和教育功能定位方面并不明确，创新创业人才培养仅仅停留于表面工程，难以形成具有创新潜力的创业项目，致使实践基地使用效益比较低，造成资源严重浪费。据艾媒咨询的调查报告结果显示，2016年中国孵化器实践发展中表现为发展迟滞、经营亏损甚至濒临倒闭的孵化器占比接近20%。① 从孵化器区域分布情况上来看，据中国科技部火炬高技术产业开发中心编撰的《2020年中国创业孵化发展报告》中显示，2019年中国孵化器数量最多的五个地区均位于经济发达和科创实力强劲地区，包括广东、江苏、浙江、山东和河北，总数量占比超过54%。② 与经济发达的沿海地区创新创业教育具备各方面的资源优势相比，由于地理环境和交通欠发达，资金链不稳定，高效技术企业数量少等原因，很多中西部地区的地方院校存在硬件资源欠缺、师资力量匮乏、欠缺孵化器社会资源等问题。③ 因此，从整体上看，地方院校面临资源有限和分配不均等造成的资源结构性浪费问题。

5. 创新创业教育的保障力度不够

自2015年以来，中国出台了一系列政策法规鼓励和支持高校创新创业发展，如《中华人民共和国促进科技成果转化法》《教育部科技部关于加强高等学校科技成果转移转化工作的若干意见》《教育部关于规范和加强直属高校国有资产管理的若干意见》等，从目前政策的执行效果看，由于在资金、技术和成果转化等方面缺乏生产要素的整合，高校科技成果转化效果并不理想。④ 同时，部分地方院校与企业的协同不够，从而导致实践平台建设不到位。加之，创新创业实践网络平台建设和服务体系建设相对滞后，地方院校与企业合作的机制尚未形成或者落实不到位，在很大程度上影响了地方院校创新创业型人才培养的效果。⑤ 与发达国家及中国知名高校相比，地方院校创新创业型人才培养在资金支持、政策

---

① 艾媒咨询：《2016年中国孵化器市场发展概况》，广州艾媒集团2016年。
② 中国科技部火炬高技术产业开发中心：《2020年中国创业孵化发展报告》，科学技术文献出版社2020年版。
③ 王健：《基于科技园平台高校创业孵化器建设探索》，《中国高校科技》2021年第5期。
④ 袁传思、贾晓、袁俪欣：《高校科技成果转化实施模式与路径的探索研究》，《科技管理研究》2020年第3期。
⑤ 徐伟明、肖洒：《供给侧结构性改革视阈下高校创新创业型人才培养路径》，《科技管理研究》2022年第6期。

保障和师资队伍供给方面存在不足。

（二）地方院校创新创业教育制度建设不完善

1. 创新创业型人才培养出现制度建设"误区"

推进高等教育创新创业型人才培养需要不断理清和完善相关的配套制度法规。为此，近年来中国政府部门陆续出台相关政策法规，然而部分地方院校未能深刻领会配套政策法规的精神和要求，导致其学校在制度建设过程中容易陷入"误区"；有些高校在建立创新创业育人评价制度体系方面，往往忽视大学生创新创业的实际需要，把大学生的实践实训考核作为参照标准。

2. 创新创业型人才培养存在制度建设"偏区"

近年来，国家出台的创新创业型人才培养的相关法规政策所涉及的领域越来越广泛，从创新创业型人才培养的育人体系制度建设到创新创业管理机制建设，为高校创新创业教育的发展奠定了制度基础，然而这些制度侧重于创新创业型人才培养主体的权责，而在创新创业的协同机制和支持机制方面略显不足，如教师组织支持机制建设，政府、高校和企业的协同运作机制等还有待完善。

3. 创新创业型人才培养存在制度建设"盲区"

教育部出台鼓励大学生自主创新创业的方针政策，但部分高校缺乏通过建立相应制度去落实相关文件精神，对一些创新创业型人才培养制度建设还存在"盲区"，甚至一些高校对相关政策文件理解存有偏差。例如，创新创业型人才培养的引导机制、支撑体系等还存在转化过程中的产权归属、成果定价评估和收益分配激励等制度性困境。高校难以真正从学生实际需要的角度去建立相应制度，这也导致很多创新创业型人才培养的相关政策难以落地。

二 创新创业课程设置系统性不强

从中国地方院校创新创业教育课程设置现状来看，在创新创业基础类课程、训练类课程和实践类课程等方面都有相应的制度安排，在创新创业类课程实施和评价方面也都有相应的制度设计，但与其他通识类课程相比，创新创业类课程安排仍有诸多不合理的地方。具体表现如下：

(一) 创新创业教育课程目标定位不清晰

创新创业教育课程体系是开展创新创业教育的重要载体和途径。自清华大学1997年开设创新创业相关课程，历经二十多年的探索和发展，在相关政策的推动下，高校创新创业教育改革已呈现良好的发展态势。无论是高校管理者、高校一线教师还是学生，在创新创业意识方面都有所提升。然而，在高校创新创业教育课程设置方面却存在定位不清，尤其是地方院校限于资源和院校本身的类型，这方面的问题尤为突出。创新创业课程定位不清晰主要体现在两个方面：

1. 没有明确创新创业教育的学科属性

大部分地方院校并没有将创新创业教育看作独立学科，更多的是将其设在经济学、管理学等学科下，因此还没有按照学科思路进行系统的规划。[①]

2. 课程目标还没有明晰

创新创业教育的基本目标是"以创新创业带动就业创业"，通过多种途径解决就业问题，以此为目标的创新创业教育课程就是要具有实用性，满足学生创新创业需求。而目前多数地方院校将创新创业教育相关课程放在通识（公共）选修课程模块中，这导致课程目标缺乏专业针对性。

(二) 创新创业课程设置缺乏系统规划

中国大多数地方院校创新创业教育的课程设计，从整体上来看缺乏系统规划，具体表现在以下几个方面：

1. 创新创业课程开设随意性较大

如很多院校没有针对学生创新创业教学设计相关的课程，仅仅借助创新演讲、创新讲坛、创业设计比赛等活动对学生进行创新创业发展的教学训练；有的院校只为学生开设1—3门创新创业通识课程，将大学生职业规划与就业指导也包含在创新创业通识课程中，创新创业课程缺乏核心内容支撑；有的院校只是将创新创业教育当作一种业余教育，没有为其设计必要的学时；有的院校简单地将创新创业教育课程体系与公修

---

① 李德丽、刘俊涛、于兴业：《融入与嵌入：创新创业课程体系建设与模式转型》，《高教探索》2019年第3期。

课、第二课堂创业活动等相等同。这种不成体系的课程设置无法满足学生创新创业对知识多样化、专业化的需要，更无法培养出科技创新驱动所需要的知识型创新创业专门人才。

2. 创新创业课程与实践脱节

目前，尽管各地方院校在创新创业基础课程、训练课程和实践课程方面都不同程度地涉及，但在创新创业课堂教学中，仍以创新创业基础课程为主。大多数的创业课程内容主要面向全校学生传授创新型企业发展方面的知识，局限于讲述怎样实现自我创业；而创新型教学则只停留在理解创业、培养学生创新意识的初级阶段。有的院校在就业指导课程中会涉及部分创新理论知识，但以讲授创新定义、企业家精神等内容居多，对于创新创业课堂上的教学效果往往无法在短期内做出合理评估。地方各类院校一直都在"摸着石头过河"，还没有找到可以复制的、经典的成功案例，因此往往很难提高学生创新创业能力。① 相比于其他教学，创新创业课程的教学目标更应注重实践应用能力的提升。但在实际实施过程中，课程内容往往缺乏实践引导，缺少案例分享、创业训练等实践指导，学生参与的积极性不高，课堂教学流于形式，教学效果较差。同时，各地方院校在开设创新创业教育课程中，多以大班授课形式讲授基础类、普及类的相关课程，缺少针对具有个性化需求的提升类、实操性等课程，这会导致学校供给侧与学生需求侧之间错位，难以达到创新创业教育的最终目标。虽然有些院校为本科生设立了创新孵化平台或创新实验平台，但由于时间、资源等方面的问题，部分本科生仍然缺乏实验实践机会。②

以理工科院校为例，工科创新创业教育需要紧跟行业发展。但从现实情况来看，尽管新理论、新科技层出不穷，但在"科学范式"导向的工科教学惯性下，部分地方院校的研究创新工作往往过度重视技术创新，对市场和企业发展的需求变化感知不够敏锐，反应速度也较慢，没有准确把握产业与科技发展的变化趋势，与产业的互动还不够密切，这在一

---

① 仇存进:《我国高校创新创业教育课程体系研究》，《江苏高教》2018年第4期。
② 高志刚、战燕、王刚:《论高校创新创业教育课程教学体系构建》，《黑龙江高教研究》2016年第3期。

定程度上忽略了产业、行业的发展需要。① 不少地方的工科院校在创新创业课程设置上存在过于重视理论、实践教学偏少的现象，课程以职业规划与就业指导为主，缺乏与创新有关的公司管理、财务、审计等教学内容，学生掌握的知识不符合现代制造业要求的工程技术创新能力和可持续发展能力，难以满足现代企业对技术人才培养的要求。

3. 创新创业教育课程与专业课程分离

大学开设专业教育的目标是培养学生成为某些特定职业领域的从业者；② 大学开展创新创业教育有两个主要目标，一个是培养学生的创新意识和创新思维，另一个是培养学生创办企业的能力。这两类教育的目标都包含着应用性和实践性，即都是面向某一行业培养创新应用型人才，两者之间融合具有必然性。③ 许多院校并没有把创新创业课和学生所学专业课教学相结合，面对不同学科、不同基础的学生上了同样的创新创业课，这种没有系统化和针对性的课程体系就很难取得预期的教学效果。从总体上来看，创新创业教育课程设置相对分散，并不能构成系统的创新创业教育教学课程体系。与学科专业的理论知识课程相区别，大学生科技创业课应该以实践性教学为基本特征，该课的内容与教学方法都要区别于理论知识教学，需要以大量的实践教学活动为基础。但是，由于大多数院校创新创业课堂的实际活动资料不足，往往采用邀请企业高管与有关专家、学者以开展演讲与互动的方法来开展创业课堂的实践，学生实际操作性和参与度不够。

同时，在片面理解"以创业带动就业"的情况下，各地方院校创新创业教育的理念集中于给学生传授创业基础知识、提高学生创立企业数量的教育活动，从而忽略了对学生创新意识、创新思维等综合素质的培养。受此认知偏差的影响，各地方院校出现了创新创业教育与专业教育分离的现象。部分地方院校将创新创业教育课程作为公共基础课程或通识选修课，侧重于给学生传授创业知识、基本技能，专业课程则重视对

---

① 宋明顺、孙卫红、赵春鱼：《地方工科高校创新创业教育：困境与突破》，《中国大学教学》2017年第12期。
② 余东升、郭战伟：《专业教育：概念与历史》，《高等工程教育研究》2019年第3期。
③ 黄兆信、王志强：《论高校创业教育与专业教育的融合》，《教育研究》2013年第12期。

学生专业知识的传授，两类课程体系处于割裂状态，① 具体表现如下：

（1）以理工科院校为例。不少理工科地方院校专门成立创新创业学院推动创新创业教育，然而在实践中，许多院校在创新创业课程设置上出现碎片化现象。一方面，由于没有充分考虑创新创业课程之间的关联性，各任课教师往往按照自身的教学经验和知识储备自主安排教学内容，课程内容之间缺乏横向联系和纵向衔接，难以形成多专业融合、阶梯式的课程体系；另一方面，多数地方工科院校开展创新创业教育以大班教学为主，不能根据学生的专业特色设置相应课程，难以将创新创业目标和专业知识进行有效融合。学校在指导各学科制度培养方案时，只是规定每个学生应该选够相应学时的创新创业课程，并没有严格按照各学科特色确定他们需要学习哪些创新创业课程、要掌握哪些创新创业知识、具备怎样的创新创业能力，选择的自主权完全交给学生自己。学校只是通过相应的学分来把关学生是否达到毕业要求，创新创业课程游离于专业课程体系之外，致使创新创业教育存在一定的形式主义倾向。②

（2）以职业院校为例。目前职业院校创业教育课程设置存在两种不同的声音，一是聚集于案例即"创业事例"教育，主张通过模拟创业构建课程体系，但这种课程设置会忽略创业的本质而形成一种表象创业；因为，创业活动只能被启发无法被模仿，很难找到一个具有普适性的创业案例。二是致力于从"创业训练"的角度构建课程体系，侧重创业实践课程，关注创业的实践性，将创业融入学生的职业生涯中，实现"学习—实践—再学习—再实践"的创业教育目标；但是，在这种培养模式下，难以将传统的培训课程与创新创业课程区别开来。③ 上述争端暴露出一个本质问题，即当前职业院校开展创新创业教育存在理念与实践"两张皮"现象。究其原因，在于创新创业教育没有实现与专业教育的深度融合，导致创新创业教育面临师生认同度低、资源分散、创业理念难落

---

① 李德丽、刘俊涛、于兴业：《融入与嵌入：创新创业课程体系建设与模式转型》，《高教探索》2019年第3期。

② 王传涛、姚圣卓、田洪森：《新工科视域下地方工科高校创新创业课程体系探析》，《教育与职业》2020年第21期。

③ 韦联桂：《我国职业院校开展创业教育的障碍及有效突破》，《教育理论与实践》2018年第12期。

地等困境。①

职业院校创新创业教育与专业教育融合难,难在创业教育具有多层次性,它既需要融合经济学、管理学、社会学和心理学等多种学科知识,又需要融合不同商业形态,还需要融合各种创业观点。有些职业院校根据专业教育构建创业教育理论课程,设置"理论课程+专业课程"的课程模块,但这并没有跳出原有的专业课程体系,只是在原来的专业课基础上增设了创业理论课程。创业课程仍以通识课程和开展各类学生创业竞赛为主,无法兼顾各类创业人群的需求,也不能体现不同专业的创业教育特色。高职院校本身兼具高教性和职教性的双重属性,高教性决定了专业教育的理论性和专业性,职教性强调创业教育以市场为导向、以能力培养为核心。②因此,将专业教育和创业教育相融合实现专创融合是其必然趋势,创业教育的职教性是其固有的优势和特色,这也是其区别于普通本科高校创业教育的特点。

因此,无论是普通本科院校,还是高职院校,创新创业教育都不仅是解决就业问题的权宜之计,也应成为培养创新型人才的突破口。只有将创新创业教育与专业教育有机融合,才能培养出既具有创新意识和能力又具有专业知识背景的综合性人才。

三　创新创业师资力量不足

高校教师是高等教育人才培养过程中的主要引导力量。地方院校在开展创新创业教育过程中,教师在学生创新创业观念塑造、创新创业意识培养和创新创业能力提升方面都发挥着重要作用,尤其在创新创业教育第一课堂中的作用更重要。然而,从中国地方院校开展创新创业教育的现有师资来看,从事创新创业教育的专业师资力量缺失,主要表现为师资队伍专业结构不合理、教学团队体系结构不科学、创新创业教师开展工作动力不足等问题,这在很大程度上成为阻碍地方院校创新创业教育发展的主要瓶颈。

---

① 徐峰、樊丽娜:《专创融合理念下的高职院校创业教育:理性反思与实践探索》,《高等工程教育研究》2022年第2期。

(一) 师资队伍专业化程度不高

目前，中国地方各类院校基本都把创新创业课程作为高校的必修课程或选修课程，但是承担创新创业教育的教师队伍却存在职业化和专业化供给不充分的缺陷。缺乏既具备创新创业理论知识，又拥有实践经验的双师型教师是地方院校创新创业教育中面临的普遍问题。地方院校的创新创业教师大多由本校的行政部门教师兼任，如辅导员、招生就业处教师、学工部和思政部门的教师等。此类"双肩挑"型教师在创新创业教育过程中可能会存在以下问题：

1. 对创新创业教育重视程度不够

由于创新创业教师只是一个"兼职"工作，他们在创新创业教育第一课堂的讲授中投入的时间和精力都比较有限，在创新创业教育实施过程中也可能会出现任务导向、走过场的情况，导致教学效果和创新创业能力培养成效欠佳。

2. 难以将创新创业教育与专业教育相结合

因为地方院校的许多创新创业课程授课教师通常不是专业课教师，造成与学生专业相结合的指导性较低，所以很难使学生所学专业课程内容与教师讲授的创新创业知识有效融合。在这种情况下，学生所学的创新创业知识难以通过实践得到培养与提升，因此以专业为导向的创新创业项目发展可能会受到阻碍，将导致学生在校和毕业后的创业项目无法顺利落地，使创新创业课程开设陷入"徒有其表"的尴尬境地。造成这种现象的原因主要包括：

（1）对创新创业教育课程的定位不明确。在地方院校的课程建设中，创新创业课程没有明确的学科划分，很多地方院校仍然把创新创业教育当作一种公益性质的课程，尽管规定学生必须选修一定的学分，但是往往缺乏专业对口的专任教师，教务处需要从全校调动师资来开设相关课程，在地方院校师资力量不足的情况下，最终往往由熟悉和从事学生工作的行政人员来兼职担任。

（2）缺少专门机构作为支撑。大学常以学科为门类建设各个学院，创新创业教育作为大学生的通识课程，在学校内部得不到应有的重视，经常游离于各个学院的夹缝之间，教学力量比较分散。尽管中国许多地方院校组建了实体型的创新创业学院，但始终存在师资规模小、专业课教学负担重以及"从校门到校门"的师资结构性矛盾等问题。①

（3）创新创业教师的准入制度不完善。目前高校对创新创业教师应该具备什么样的资质和能力还没有形成明确的标准，从事创新创业教育的教师准入门槛比较低，这就难免会出现教师队伍专业背景、能力等存在参差不齐的现象，难以胜任创新创业教育对教师知识、能力等方面的要求。

（二）教学团队结构不合理

高校开展创新创业教育需要建立一个系统的教育体系，涉及的领域十分广泛，既需要具备深厚理论知识的专业教师，也需要实践经验丰富的实践导师。目前，中国地方院校现有的创新创业教育主要以第一课堂教育为主，教师的授课能力对学生掌握创新创业知识、提升创新创业技能起着决定性作用。但是，地方院校从事创新创业教育的教学团队主要由"身兼数职"的行政人员和少量专职教师组成，缺乏具有实践经验的校外导师。这种教学团队的构成就不可避免地会出现以下不足：

1. 将理论与实践结合不深

一些高校从事创新创业教育的教师，一方面缺乏与创新创业教育相关的系统理论知识，在授课过程中只能通过简单地教授教材中的基本理论，或通过网课视频授课；另一方面缺乏实际的创新创业实践，授课教师主要是从高校到高校进行学习和工作，基本没有进入社会从事实践工作的经历，这就会使他们缺乏创新创业的实践经验，因此很难做到将理论与实践进行有效结合。同时，由于中国高校开展创新创业教育的时间比较短，目前从事创新创业教育的教师多是"半路出家"，他们只能采取"现学现讲"方式，教学内容更多地束缚于课本，难以形成系统性的课程内容。相关研究调查结果表明，从事创新创业教育的教师的工作年限在"2年及以内"的占比39.5%，工作年限为"3—5年"的占比26.2%，两者合计达65.7%。② 该比例表明，接近三分之二的创新创业教师的从教

---

① 苏克治、宋丹、赵哲：《大学创新创业教育的逻辑构成、现实困阻与长效机制》，《现代教育管理》2022年第3期。

② 黄兆信、黄扬杰：《创新创业教育质量评价探新——来自全国1231所高等学校的实证研究》，《教育研究》2019年第7期。

年限不足五年，限于教学水平不够和实践经验不足的局限，很难将创新创业教育需要的学科专业理论与实践相结合。

2. 教学团队自身的创新性不足

创新创业教育更需要创新性的教育，这就对任课教师自身的创新意识和创新思维提出了更高的要求。目前，中国高校从事创新创业教育的教师队伍呈现年轻化的现象，如相关调查结果显示，年龄在"30 周岁及以下"的占比为 39.1%，年龄在"31—35 周岁"的占比为 23.4%，且以硕士学位为主体（54%）。对于青年教师来说，虽然他们具有思维活跃和工作热情高的特点，但是由于工作时间短，社会经验、知识累积和教学水平有限，在一定程度上可能会制约他们形成系统的知识储备和创新思维。

美国高校创新创业的教师团队中不仅有经验丰富的专任教师，还会聘请高成长性公司的创始人、投资人、风险投资家和法律专业人士等担任实践导师。① 这样的教学团队可以通过短期讲学的方式为大学生提供创新创业教育，既可以让学生具备扎实的理论基础，又可以使学生从团队成功的创业经验中获益。对于服务于地方经济发展的地方院校来说，在开展创新创业教育过程中，需要进一步优化教学团队。除了可以通过对现有任课教师进行培训提高他们的教学质量外，对于一些专业性、技能性较强的部分，也可以邀请当地成功的公司创始人、投资人等作为专家进行讲座或短期授课，以弥补地方院校创新创业外聘教师不足的缺陷。同时，地方院校除了要重视对现任教师的理论培训，也可以选派现任教师到相关的（创业）公司去进行实践和体验，从理论和实践相结合、校内和校外导师制等多种方式和途径优化创新创业师资团队。

（三）创新创业教师动力不足

对于高校的教师来说，开展创新创业教育的目的，一是使学生获取理论知识，二是使学生掌握实践技能。但在实际开展创新创业教育过程中，许多地方院校的第一课堂教学仍然停留在理论知识的传授上，课堂中与学生互动和实践环节较少，造成大学生对创新创业课程学习的积极

---

① 郑国凤：《美国创业教育的主要特征及对我国的启示》，《教育理论与实践》2018 年第 18 期。

性不高,甚至出现大量学生逃课的不良现象,这在一定程度上影响了创新创业课程教师的授课热情。造成这种现象的原因主要包括:

1. 对于创新创业教育的考核机制不完善

许多地方院校的创新创业教育游离于核心学科之外,创新创业教育工作易被忽视,授课教师的工作成绩得不到充分认可和肯定。尤其是对地方高职院校来说,学生生源质量导致的学习能力参差不齐,给教师授课带来很大的挑战和难度,使该问题更是雪上加霜。即便是在教师对课程规划和教学设计付出大量时间和精力的情况下,也有可能会出现在学校的绩效考核中创新创业课程教师的教学业绩难以量化,造成教师教学付出与回报不成正比的现象,影响着教师教学积极性的发挥。

2. 对创新创业教育的激励机制不足

目前,不少地方院校对教师的考核仍采用重科研、轻教学的评价方式,这种传统的评价导向使教师将更多精力放在科研上,而在教学中投入的精力相对不足,这不利于激发地方院校教师投身于创新创业教育。不少地方院校还没有将创新实践活动和创业培训成果纳入教师评价体系和评价激励机制,或者对创新实践活动和创业培训成果的评价没有放到与科研同等的重要地位。如果不改革激励机制来提高评价创新创业教师的绩效,就很难激发教师参与创新创业教育的内生动力。

3. 对创新创业教育存在认知偏差

在地方院校中,大多数教师认为学生一般不会直接从事创业活动,即使参与创业实践活动也很难成功,因此许多教师对将创新创业教育融入高等教育体系持怀疑态度。因此,会出现教师既不从事有关创新创业教育的学术研究,也不重视培养学生的创新创业意识和能力。对于大多数从事创新创业的教师来说,在既缺乏足够的教学资源和相关学科专业背景,又对创新创业教育无明确目标的前提下,他们在开展创新创业教育活动中一般不涉及实践活动,更多的是采用传统的教学实施和评价手段,不利于教师队伍建设和创新创业教育的开展。

因此,地方院校在开展创新创业教育过程中,如果能健全绩效评价和考核制度,在充分考虑到各个二级教学单位、学科专业之间的差异的情况下,如能够将创新创业教师的绩效考核与在校学生参加创新创业比赛的成绩、毕业生创业的效果挂钩,将会在一定程度上提高教师参与创新创业教育的积极性，从而从根本上提高地方院校创新创业教育的人才培养质量。

四 创新创业社会资源分散，没有形成聚合效应

地方院校在构建创新创业课程体系时要充分引入校外资源，提升创新创业课程的实践效果。① 但许多地方院校在创新创业教育实施过程中，存在没有充分利用社会资源或缺少社会资源等情况，导致创新创业教育更多的是停留在理论学习层面。

（一）"第二课堂"隐性课程融入不足

"第一课堂"是指被学校根据各学科专业人才培养方案列入教学计划、有明确教学任务与安排的课程，主要是构成创新创业课程体系的显性课程。"第二课堂"一般是没有被列入教学计划和教学体系，但同样对培养学生具有重要效用的课程，往往以校园文化、制度、榜样等隐性形式存在，这些隐性课程构成创新创业课程体系建设的有益补充。② 从系统论的视角来看，需要将第一课堂与第二课堂有机融合，第一课堂是将创新创业教育课程化，第二课堂则是将创新创业教育活动化。③

目前，各地方院校开展的创新创业教育主要依托第一课堂，通过创新创业必修课程和选修类课程等形式面向全体学生展开，目的是使学生获得创新创业基础知识，训练学生的创新思维，提升学生的创新意识，同时试图根据不同学科的特点，将创新创业教育理念"融入"各学科教学中。从第二课堂开展的现状来看，当前大学生创新创业训练计划项目已受到各类高校的普遍重视，大学生主要根据学科专业知识确定选题，任课教师积极参与到学生的选题及指导过程中，这也成为各高校开展创新创业实践和专创融合的主要渠道。获得创新创业立项的学生通过发表科研论文或参加竞赛进一步展示项目成果，同时可以实现将第二课堂成

---

① 滕智源：《高校"两融四合"创新创业实践课程体系建设》，《社会科学家》2021 年第 2 期。
② 李德丽、刘俊涛、于兴业：《融入与嵌入：创新创业课程体系建设与模式转型》，《高教探索》2019 年第 3 期。
③ 周颜玲：《"第一课堂+第二课堂+基地实践"创新创业教育体系构建探析》，《中国大学生就业》2017 年第 6 期。

果嵌入第一课堂中。然而，参与"挑战杯"和"互联网+"等高层次的创新创业大赛的学生数量相对来说较少。学校为了营造创新创业氛围，还通过开展讲座、沙龙、论坛、工作坊等活动鼓励各类各级大学生积极参与。但是，据相关研究表明，在参与创业的大学生中，有近2/3的学生没有听过创业讲座，1/2以上的学生没有听过创业讲座，2/3以上的学生没有参加过创业竞赛，接近4/5的学生没有参加过创业类社团。① 这意味着创业讲座、论坛和工作坊等活动在高校创业教育中的作用没有得到充分发挥，也可以认为这些第二课堂的相应活动基本没有满足学生创业的需求。在第二课堂和第一课堂融合过程中，尽管有些地方院校进行了改革探索，如进行学分制和弹性学制改革，但由于创新创业教育具有学时与学制的双重限制，仍面临理论与实践课程学分难以转化的困境。②

（二）校外合作平台利用不充分

目前，很多地方院校的创新创业教育课程设置仍处于单打独斗状态，缺少与企业、行业等大学外部资源的互动沟通与知识衔接。许多地方院校教师虽然具备扎实的理论知识，但缺乏创新创业实践经验，这很容易成为创新创业教育开展的短板。地方院校与企业之间合作不充分的原因，一方面，可能是受当地经济发展水平和地域限制，缺乏能够建立联系的相关企业，因此有些地方院校与企业联系较少，甚至很多地方院校与企业没有合作关系，使创新创业课程教育与实践相脱节，也缺少企业管理者对学生进行直接指导的机会；另一方面，也因为有很多企业出于自身利益考虑，对地方院校提出的合作教学兴趣不高，这也会造成学校与企业之间的合作流于形式，很多"挂名式"合作使校企合作很难有实质性的创新创业能力培养实效。

针对企业开展校企合作积极性不高的现象，学校可以进行换位思考，基于企业立场出台一系列配套措施吸引企业进行合作，提高企业在校企合作中的获得感，从而实现校企双方的互惠共赢。在校企合作的过程中，

---

① 郑刚、梅景瑶、何晓斌：《创业教育对大学生创业实践究竟有多大影响——基于浙江大学国家大学科技园创业企业的实证调查》，《中国高教研究》2017年第10期。

② 陈晓红、刘国权、胡春华：《地方商科院校创新创业教育课程质量提升路径研究》，《中国大学教学》2018年第3期。

一方面，地方院校可以委派优秀教师到企业进行理论和技术指导，为企业提供智库咨询；同时，地方院校派出一部分从事创新创业的专任教师到企业进行实践学习，找准理论与实践之间的差距，并尽可能探索将理论转化为实践的途径。另一方面，地方院校也可以聘请当地的企业家代表到学校开展演讲或座谈，为学校营造创新创业氛围提供支撑。除了校企合作之外，地方院校还应加强与国内外高校的协同与合作，深入探讨创新创业人才培养中的共性问题和特殊情况，充分发挥不同类型高校在理论研究、技术研发、实践创新等方面的优势，开展跨高校、跨学术群体的新型教育模式，为创新创业教育拓展更为丰富的教学资源。

第 二 章

不同层级的地方院校创新创业
第一课堂教育体系构建

在"大众创业、万众创新"新浪潮下，根据国务院办公厅颁发的《关于深化高等学校创新创业教育改革的实施意见》和教育部《关于印发教育部高教司2018年工作要点的通知》等文件的要求，全国高校全面部署深化创新创业教育改革。地方院校作为专业理论和实践传承、创新思想和意识培养的重要平台，在资源禀赋远远不如教育部直属高校的情况下任务艰巨。在资源有限的情况下开展创新创业教育，就极其需要加强地方院校专业教育与创新创业教育的深度融合，积极开展创新创业第一课堂教育体系的改革，是提升创新创业教育质量的有利基础保障。就目前而言，以第一课堂为主的创新创业教育体系还不够完善，课程设计相对单一；专业知识传授和创新创业教育融合度不高，高校师资、教材建设、硬件设施和资金配套等均满足不了融合教育发展要求；创新创业教育课程体系建设进展缓慢，忽略了创新创业的整体性，需要不同专业、不同学科、不同领域间的相互渗透，互动交流等。这些问题的普遍存在，不利于大学生创业能力和创新思维的锻炼和培养，亟须进行创新创业教育体系改革的探索。

另外，由于地方院校所处地区经济社会发展对不同层次人才培养需求和高校自身发展基础存在较大差异，已有省份对省属地方院校实施了分类考核，如山东省为进一步激发办学活力，推动高校科学定位、特色发展、创先争优，更好地服务和支撑山东省高质量发展出台了《山东省人民政府办公厅关于推进新时代山东高等教育高质量发展的若干意见》，对省属公办本科高校的创新创业教育实施了分类考核。然而，高校的创新创业教育需要众多校内外单位共同参与，地方院校资源禀赋的相对缺乏，导致创新创业教育体系还没有建立或者完善，这必然导致理论与创新创业实践不能紧密联系，影响创新创业教育的培养质量。高校创新创业教育第一课堂既然是创新创业教育的主战场，那么，结合地方院校分类考核要求和院校发展基础分层化差异，创新创业教育体系构建才能够有效满足现实社会和经济发展对新时代高等教育人才培养的需求，这对相关院校高等教育人才培养体系完善和育人质量提升具有积极意义。

因此，根据分层分类创新创业高等教育人才培养和高校分类考核的相关要求，本章拟创新性对地方院校创业创新第一课堂教育体系进行分层构建，以更好地满足教育规律，提升创新创业教学质量，以期为地方院校的创新创业教育改革和人才培养质量提升提供具有借鉴意义的参考。

第一节 地方重点院校创新创业教育第一课堂体系构建

高等教育创新创业教育的培养目标是教育体系构建的逻辑起点和终点，既决定了人才培养的方向和规模，又涉及第一课堂课程设置和第二课堂的具体周密安排。在培养目标上，地方重点院校一般以培养精英型人才为导向，侧重培养兼具创新创业思维和高超专业能力的卓越复合型专业化人才，计划在毕业后5—10年能够成长为学术型拔尖人才、行业精英和中高层管理者。该类型高校绝大多数专业应该能够直接为地方输送高素质专门人才，以应用型为主兼顾部分强势学科能够培养创新型拔尖专业人才。

一 精英型创新创业人才培养目标

（一）创新创业教育第一课堂教学目标

因为不同层次学生的教育目标具有显著差异，因此创新创业教育第一课堂的教学目标应该以学生为中心，因材施教。具体从开设课程层次看，针对本科生的创新创业第一课堂教学主要应以介绍创新创业实务为主，来激发学生的创新创业意识和热情。针对研究生的创新创业第一课堂主要目标为：创业课堂应以创业实践能力教育为目标，培养成功创建和管理创业企业所需能力和技巧；创新课堂应重点加强基础理论和系统专业学识教育，培养学生从事科学研究创新工作的能力和素质，以具备一定/独立从事科研工作的能力。

另外，针对创业教育第一课堂的教学目标，还得区分学科是否与相关学科的创业实践联系紧密。比如，从课程对象看，针对商科类专业开设的创业课程主要培养学生成为受过良好训练和创业思维的实践家和创业领袖，针对非商科类专业开设的创业课程主要为满足学生的创业兴趣，激发创业意识和热情。

广州大学将本科人才培养的主体目标定位为"创新性应用型人才"，以应用型为主，兼具创新教育。根据毕业生主要面向珠三角地区就业的实际，将本科人才培养目标定位为：为地方经济社会发展培养建设、管理、服务第一线人才，基础教育和政府与社会基层组织的业务骨干、管理骨干以及中小企业的创业人才。[①]

山东师范大学通过多元融合的创新创业教育，认真贯彻落实国家"创新驱动发展战略"深刻内涵，将促进科技成果转化和服务区域经济发展为主要目标，以提升学校人才培养质量。以立足山东，面向全国，服务国家，特别是服务面向山东省的教育事业和经济社会发展，培养德才兼备、国家和社会需要的应用基础型优秀人才和引领教育发展的专门人才作为该校人才培养目标定位。

（二）修订专业人才培养方案，将创新创业教育融入第一课堂教学

专业人才培养方案是落实国家创新创业人才培养总体要求，以地方精英培养目标导向组织开展创新创业教学活动、安排具体教学任务的指导性文件，是实施创新创业人才培养和教育质量评价的基本依据。地方重点高等院校应该根据精英人才培养导向，修订人才培养方案，将创新创业教育融入第一课堂。

山东师范大学以"创新驱动、聚焦育人、建立深度融合的创新创业课程体系"为起点，构建与学科、专业有机融合的创新创业课程体系，以提升创新创业能力为目标，充实并优化第一课堂内容修订了人才培养方案，在课程

---

① 肇庆学院：《创新性应用型人才：地方重点建设高校培养目标定位》，https://news.zqu.edu.cn/info/1089/6835.htm。

体系构架中,强化基础课、专业课在创新创业人才培养中的主导作用。

二 完善创新创业教育第一课堂教育体系

(一)创新创业教育第一课堂组织系统

构建高等院校创新创业教育第一课堂体系的前提条件是必须要厘清课堂教育的参与要素,才能更好地融合资源,实现第一课堂教育活动的良好组织和开展。基于有关理论研究,构建了地方院校创新创业教育第一课堂的组织架构图,以生态化的教育系统来更好地指引创新创业教育活动。当前的创新创业第一课堂教育的参与主体以教师和学生为主,学校、企业和政府提供相应政策指引和资源为辅,具体的创新创业第一课堂教育组织系统如图2-1所示:

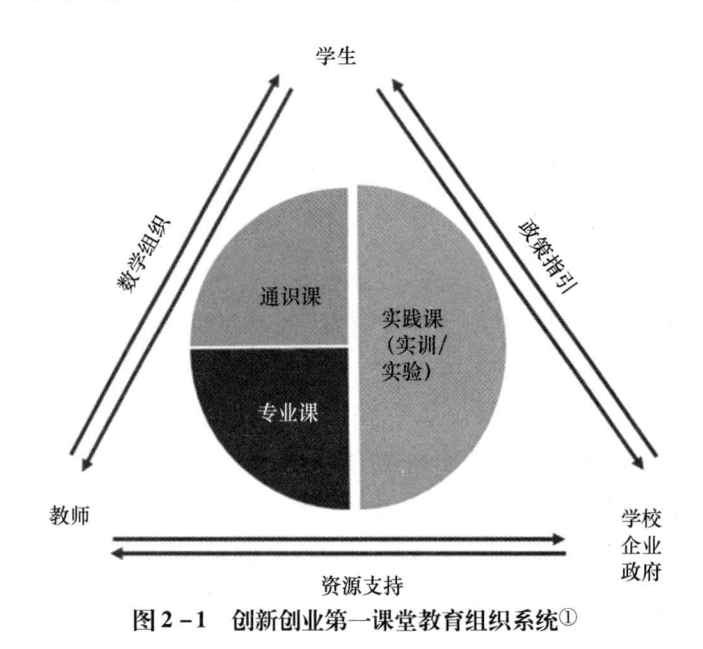

图2-1 创新创业第一课堂教育组织系统[①]

(二)创新创业教育第一课堂教育体系

根据地方重点院校的资源禀赋和办学基础,地方精英培养导向的创

---

① 笔者认为地方普通/高职院校在创新创业教育第一课堂教育组织系统各参与要素及其关系的问题上与地方重点院校并没有显著差异,故在后面进行其他分层院校创新创业教育第一课堂教育体系构建时,限于篇幅对该问题不再进行赘述。

新创业课堂应构建"一目标、二面向、三课程、四模块、五结合"的教育体系。具体地,"一目标"就是该类院校地方精英人才培养的总体目标,其既要面向专业领域进行创新精英拔尖人才培养,又要面向社会市场需求进行创业精英人才培养。地方重点院校的第一课堂应该主要包括通识课程、专业课程和实践课程课堂教育。融合创新创业教育活动的目标,主要通过专业认知、实践实训应用、创新思维及方法和创业情境模拟四个模块,通过理论教学与科学研究、专业知识与实际实践、创新实验与实践尝试、实践尝试与创业实践以及创业实践与理论指导"五结合"途径来实现创新创业能力培养。具体的地方重点院校创新创业教育第一课堂教育体系详见图 2-2。

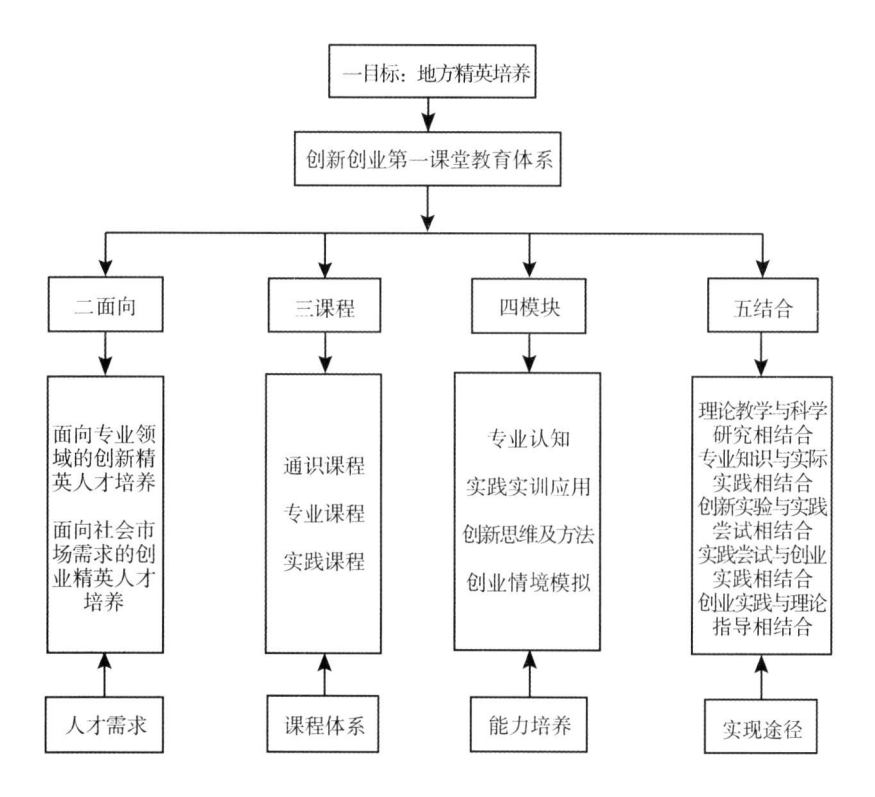

图 2-2 地方重点院校创新创业教育第一课堂教育体系

(三)创新创业教育第一课堂体系的优化

融合创新创业能力培养目标的创新创业第一课堂教育及其课程体系是

地方重点院校创新创业教育的基础，为此我们构建了创新创业教育第一课堂的教育体系，具体详见图2-3。地方重点院校创新创业教育第一课堂教育课程体系主要基于理论传授和实践能力培养两条主线展开。创新创业教育第一课堂教育体系包括：

1. 理论课程

要根据地方重点院校人才培养定位和创新创业教育目标要求，促进专业教育与创新创业教育有机融合，调整专业课程设置，挖掘和充实各类专业课程的创新创业教育资源，将创新创业教育贯穿到每一门理论课程的讲授和活动过程中，在传授专业知识过程中加强创新创业教育。地方重点高校理论课程主要包括通识课程和专业课程两大类。

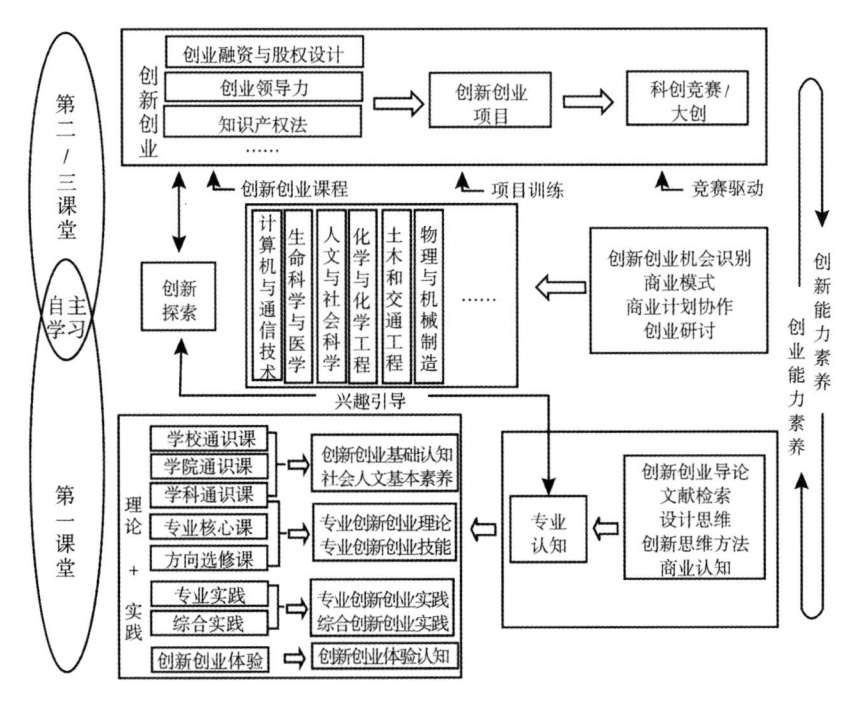

图2-3 地方重点院校创新创业第一课堂教育及其课程体系

（1）通识课程分为学校通识课、学院通识课和学科通识课三个层次，以培养创新创业基础认知和社会人文基本素养为目标。比如，作为教育部认定的全国首批深化创新创业教育改革的示范地方重点院校，山东师范大学学校通识教育选修课程，设置中华传统与当代中国、经典文学与人文修养、科学思维与现代科技、艺术欣赏与审美体验、教师教育与师德修养、创新创业与拓展实践 6 个模块课程；然后，各个学院设置了与专业相关的学院通识课，比如"经济学""管理学""心理学""法学""哲学""人文社会科学""公共关系学""美学"等都融入创新创业教育理念，作为创新创业教育的公共基础课；各个学科又设置了学科通识课程，实现创新创业人才三位一体式培养。通过培养模式与课程体系的优化，在全校课程体系中融入创新创业教育模块的专业课程数量超过了 1000 门次。

（2）专业课程分为学科通识课、专业核心课和方向选修课，以夯实专业创新创业理论和专业创新创业技能。各专业原则上应该按照通识教育、学科专业核心课、专业自主发展课等类别将创新创业教学融入第一课堂教学。

2. 实践课程

地方重点院校实践课程主要包括实践课和体验课两类，其中，实践课程分为专业实践和综合实践，以培养专业和综合的创新创业实践能力；创新创业体验课程，是为了增加学生有关创新创业的体验性认知。在融合创新创业和专业实践课程的过程中，要加大实践实验课程学时学分，拓宽实践教学课程模块。

3. 创新创业教育精英课堂

针对各专业学习成效好、学习主动性高的学生，开展创新创业兴趣课堂，以提升专业认知，通过创新创业导论、文献检索、设计思维、创新思维方法和提高专业认知方面的课程设计，提升优秀学生创新创业能力，开展拓展性教育。

比如，山东师范大学以管梅谷先生的名讳开设了"梅谷学堂"，目的是开展卓越人才培养计划。管梅谷先生是数学问题中的中国邮递员问题的提出者和推广者，在运筹学界有较高国际知名度的数学科学家、教育家，曾任山东师范大学校长。该学堂计划是学校探索新时期拔尖创新人才培养模式、机制创新的一次尝试。学堂着眼于未来社会发展对于科技创新与顶尖人才的需求，坚持人为本、德为先、业于精的教育理念，进一步创新教育教学模式，旨在培养学生的科研素养和创新能力，为中国经济和社会发展输送更多优秀创新人才。

创新创业第一课堂教育是第二课堂及后续社会创新创业活动的基础。

在经过第一课堂理论和实践教学构建的专业认知基础，以创新创业兴趣班的方式进行引导，通过学生课堂外的自主学习进行有关专业领域的创新探索，进一步通过第二/三课堂教育、创新创业项目及竞赛驱动的方式，提升学生创新创业能力，从而提升地方重点院校的人才培养质量。山东师范大学出台了《创新创业教育改革实施意见》《本科生创新创业学分暂行管理办法》等一系列支持创新创业教育的文件，为了更好地实施本科生科研训练计划，制定出台了《本科生科研训练计划暂行办法》《本科生科研基金项目管理办法》《山东师范大学大学生创新创业训练计划项目管理办法》，将创新创业教育融入本科教育教学综合改革和建设高水平大学整体方案，并纳入学校"十四五"发展规划。通过优化人才培养方案，设置创新创业学分，将创新创业教育融入人才培养全过程；实行多学科交叉融合培养，打破学科和专业界限，构建学科专业交叉融合、互通集成的多层次立体式创新创业课程育人体系。

三　专创融合更新专业课程教学内容

（一）创新创业教育第一课堂专业课程涵盖内容

高等教育的主要任务是培养具有创新精神和实践能力的高级专门人才，作为高级专门人才的大学毕业生不能仅仅是求职者，还应在创新精神的引领下成为工作岗位的创造者。目前，很多高校仍然普遍存在创新创业教育与专业教育严重脱节的现象。因此，在构建地方重点院校创新创业第一课堂教育体系的过程中，要根据人才培养定位和创新创业教育目标要求，挖掘和充实各学科专业课程的创新创业教育资源，在传授专业知识过程中加强创新创业教育，应该在全校各专业课程体系中融入创新创业教育内容，实现专业课程与创新创业教育的交融，把创新创业教育潜移默化地融入人才培养全过程。其中，专业课程教学中融合的创新教育内容应包括：讲授专业基础理论的创新教学内容、讲授专业前沿理论的创新教学内容、讲授专业创新思维和方法的创新教学内容及以科技论文写作、科技创新实验及研发、软件设计和专利申请等为主的创新教学内容。专业课程教学融合的创业教育内容应包括：讲授专业知识的创业教学内容、讲授专业技能和实践的创业教学内容、体验性的创业教学内容和以商业计划书写作为主的创业教学内容。更进一步，可以通过建立一定的科学的评价机制，将学生参与课题研究、项目实验等活动认定为课堂学习,并通过一定的转换机制可以让学生在达到较高水平后折算成一定学分。

除了通过创新创业教育第一课堂教育组织系统与课程体系的优化,还要积极推进专门的创新创业第一课堂教育。如许多院校加强创新创业教育课程资源建设,设置的创新创业理论课程有《创新思维与创新创业发明创造》《创新创业教育》《KAB 创业基础》和《职业生涯规划》等;还将创业实战类、就业创业指导类、创新海外课程和创新创业类竞赛纳入课程体系,并开设网络视频课在线课程,以满足学生选课需求。

(二)分层分阶段组织第一课堂教学

1. 分层组织第一课堂

(1)普通专业教育:对于大部分学生通过必修课程和限选课程实施标准化专业教育,通过公共选修课程、学院/学科选修课程和专业方向课程实施符合学生个人发展需求的个性化专业教育。

(2)精英化专业教育:针对具有较高发展需求的学生,采用拔尖人才培养模式,具体包括全英文国际化培养、创新创业学堂及与国外大学合作培养 2+2 多种方式,以培养国际化、能力强、高素质和善创新的精英人才。有条件的地方重点高校还可以实行本硕、本硕博贯通式培养,让更优秀的学生及早获得优秀师资和教育资源,有更多的机会参与到相应的科技创新和创业项目,以期能够培养专注于并愿意从事相关学科基础研究的拔尖人才,也能紧贴社会发展需求培养以应用为主的行业优秀人才。通过精英化培养,可以基于学科专业和科技领域的未来新发展方向,以培养适应国家战略发展所需,能够解决"卡脖子"技术难题的实践能力强、创新能力强、具备国际竞争力的高素质复合型科技拔尖人才。

2. 分段组织第一课堂教学

按照大学生的培养规律,按年级顺序组织创新创业能力的第一课堂教学。对大学一年级学生进行创新创业意识培养、创新创业品德的熏陶;大学二年级学生应将创新创业教育与专业知识融会贯通;对大学三、四年级学生进行创新创业思维与技巧的指导,通过各学科实践平台对学生进行创新研究、成果转化及创业实战等能力的培养。

作为"首批全国深化创新创业教育改革示范高校"和"全国高校实践育人创新创业基地"的西南石油大学,是四川省重点建设的特色高水平大学。该校通过修订人才培养方案和学位标准，把创新创业能力作为人才评价的重要指标，形成了行业特色鲜明的人才培养方案和进阶式分层次创新创业教育体系。通过"第二课堂"设置创新创业必修学分（含"创新能力、社会实践、职业能力、专业品牌"四个部分），实现了面向全体学生的创新创业"普及教育"；依托创新创业学院，面向有创新创业意愿、有创业项目和已经创业的学生分别开展"重点教育""精英教育"和"实践教育"，实现个性化培养。①

（三）融合创新创业和专业实践课程

由于创新创业课程体系并不是创新教育和创业教育的简单相加，而是包括却不限于创新教育、创业教育、通识教育、专业教育有机融合的创新创业课程体系。所以要把提升大学生创新精神、科研能力和就业创业能力作为人才培养方案的重点，增设创新创业课程模块，设置创新创业教育学分，在全校课程体系中融入创新创业教育模块的专业课程，在专业课程中增加科技成果转化、学科发展前沿和研究方法、科学技术发展瓶颈问题/社会热点问题的教学内容，加大实践实验课程学时学分，拓宽实践教学课程模块。

比如，山东师范大学积极推进创新创业课堂教育，把创新创业教育融入人才培养全过程，加强创新创业教育课程资源建设，将创业实战类、就业创业指导类、创新海外课程和创新创业类竞赛纳入课程体系，满足学生选课需求。通过建立多层次、立体化的创新创业教育课程体系，夯实学生创新创业知识基础，打造创新创业潜力。

中国石油大学（华东）挖掘和充实各类专业课程的创新创业教育资源，将创新精神、创业意识和创新创业能力培养潜移默化地渗入专业课程，促进专业教育与创新创业教育有机融合。打造通专结合的创新创业课程群，设置涵盖学科前沿、创新创业管理、研究方法和跨学科交叉等多个模块96门课程，其中核心课程26门，《科技创新实践》课程获评社会实践国家级一流本科课程。②

---

① 西南石油大学：《双创"种子"生根发芽》，https：//www.swpu.ch/news/info/2520 6950.htm。

② 教育部：《中国石油大学（华东）"四位一体"推进创新创业人才培养》，http：//www.moe.gov.cn。

经过融合创新创业教育和专业教育,进一步更新课程内容,地方重点院校创新创业教育形成了一套更为完整的课程体系及学时设计,如表2-1所示。

表 2-1　地方重点院校创新创业教育课程体系及学时设计一览

教学课程模块	课程类型		课程性质	创新创业课程/课程内容	建议学时	开设年级
创新创业认知	第一课堂	学校通识课	必修	创新创业理论与实践	2	一
			必修	科学思维开发与发明创造	2	二
			必修	职业发展规划	1	三
		学院通识课	必修	各学科专业可借鉴第三章设定	>2	二—三
		学科通识课	必修	各学科专业可借鉴第三章设定	>2	二—三
		通识选修课	公共限选课	限选	创业机会识别与创业管理、技术创新管理和技术商业化、创意设计及表达、企业家精神与中国式创业、工程能力创新与实践、电子技术创新实践等课程	>2	二—三
			公共任选课	任选	国际化精英领导力与沟通能力培养、可拓展创新思维与方法、数学建模、科技理论前沿与工程进展、工程思维入门、创业法律指南	>2	二—三
创新创业进阶	第二课堂	专业核心课	必修	各学科专业可借鉴第三章设定	>16	二—四
		专业选修课	专业限选课	限选	各学科专业可借鉴第三章设定	>4	二—三
		方向选修课	方向选修课	选修	学科发展前沿和研究方法 各学科专业可借鉴第三章设定	>4	二—四
		论文专利类	任选	科技论文写作	1—4	贯穿人才培养全过程
			任选	专利申请和软件设计	1—2	
		技术研发服务类	任选	技术研发与其他社会服务	1—4	
		创新创业类	任选	学科创新竞赛实践	1—4	
			任选	基于ERP的大学生创业模拟实训	1—4	
			任选	创新创业报告书写	1—2	

续表

教学课程模块	课程类型	课程性质		创新创业课程/课程内容	建议学时	开设年级
创新创业实践	第一课堂	创新创业实践课	基础实践	限选	各学科专业可借鉴第三章设定	>2	二—三
			专业实践	限选	科学技术发展瓶颈问题/社会热点问题	20	三
					毕业论文写作		
	第二课堂	综合实践	选修	各学科专业可借鉴第三章设定	1—2	四
	社会课堂	创新创业体验	综合实践	任选其一	毕业实习	1—2	四
					真实项目运营	6—10	四

山东中医药大学聚焦专创融合，构建教学实践一体的课程体系。把创新创业教育融入人才培养全过程，构建适应中医药创新型人才培养的课程体系，做到创新创业教育进方案、进课堂、进教材、进实践，在课堂教学和实训实践中出创意、出创新、出发明、出人才。坚持分层施教和分类施教，将创新创业课程融入通识课程、专业课程和实践课程，做到人才培养方案中有特色创新创业课程，专业核心课程中有创新创业内容，实现创新创业教育精准育人。学校共面向全体学生开发建设了一批涵盖中医药研究方法、学科前沿、创业实践、企业管理、财税管理等专创融合和创新创业教育课程140门，建设和引进"创造性思维与创新方法""创新创业大赛赛前特训""创业管理实战"等创新创业在线课程16门，为学生在线学习、模拟实战、创业体验提供条件保障，取得了良好的教学效果。编写《大学生创新创业》《创业基础》《医药市场营销学》《中医药科研基本思路与方法》等18种创新创业类教材，丰富了创新创业课程资源。[①]

（四）建设创新创业优质在线/平台课程

针对地方院校创新创业教育优秀师资不足的问题，启动优质创新创

---

① 山东中医药大学：《"三"台"联动，四创融合 山东中医药大学推动"双创"教改培养中医药人才》，https://www.sdutcm.edu.cn/info/1003/9739.htm。

业在线/平台课程建设工程,通过优质在线课程(群)对学生进行定制性+个性化培养,采取"网络自主学习"+"线下教师指导"混合式教学模式,达到普适性和精英式高等创新创业能力培养,以形成或完善立体式的创新创业人才培养体系。

山东师范大学通过开设网络视频课在线课程,每年选课人数超过8000多人;引入10门创新创业教育优质在线课程,聘请校外创业导师为学生开设"创业实战"6门实践课程;与优质创业教育企业进行合作,推出"创业致胜"系列直播课程,聚焦就业、创新创业和职业生涯规划等领域,累计推出直播课程60余期,共计2300余名学生参加学习,为开展学校就业指导、创新创业教育工作,引导广大同学做好职业生涯规划提供有力支撑。

中国石油大学(华东)实施"在线开放课程提升工程",打造一键可及的"石大云课堂",引入高水平创新创业通识教育网络课,普及"网络自主学习+线下教师指导"学习模式。开展优秀本科生"三进"计划,开设实践课程及综合设计类项目,依托院系科研资源,开放各级专业实验室、虚拟仿真实验室、创业实验室和训练中心等,推动学生早进实验室、早进团队、早进项目,深度赋能专创融合。[1]

第二节 地方普通院校创新创业第一课堂教育体系构建

地方普通院校应以地方应用型人才培养为主责,实施应用型的专门人才教育。该类高校的人才培养应以"立德树人"为根本,以学生素质和能力培养为导向,主动适应地方区域社会经济发展和产业转型升级的需要,培养"素质高、能力强、善创新"的技术应用型、工程应用型、服务应用型和管理应用型等各类高水平创新应用型人才。

肇庆学院创新创业人才培养以"立德树人"为根本,以学生素质和能力培养为导向,以协同创新、协同育人和培养高水平应用型创新创业

---

[1] 教育部:《中国石油大学(华东)"四位一体"推进创新创业人才培养》,http://www.moe.gov.cn。

人才为核心，主动适应区域社会经济发展和产业转型升级的需要，围绕"综合素质、应用能力、创新精神"三个维度，培养"素质高、能力强、善创新"的高水平应用型创新创业人才。该校各教学单位根据学校人才培养的总体目标，结合学科和专业特点，提炼和确定具体的创新创业人才培养目标。①

一　明确应用型创新创业教育培养目标

地方普通院校的学生群体差异性较大，与地方重点院校的教育目标也存在一定的差异，该差异也应该反映在创新创业教育第一课堂的教学目标上。地方普通院校创新创业教育第一课堂的教学目标应该因材施教，一方面既要关注学生较为系统、扎实的基础理论知识的传授，为学生未来职业生涯的可持续发展打好坚实基础；另一方面要以"能力为本"，突出实践应用能力培养，为学生就业、创业和创新做好全方位的准备。

地方普通院校应该根据地方应用型人才培养导向，修订人才培养方案，将创新创业教育融入第一课堂。以地方应用型培养目标导向组织开展创新创业教学活动、安排具体教学任务的指导性文件，这也是地方普通院校实施创新创业人才培养和教育质量提升的基本保障。地方普通院校的人才培养方案应该服从学校的办学定位和发展目标，打造适应高水平应用型综合大学的人才培养体系，以培养综合素质为重点，以提升应用能力、创新创业能力为核心，专业建设对接地方经济社会发展需要和产业转型升级需求，课程体系对接行业、企业、职业对人才素质和能力的要求，进行课程结构和教学内容的整体优化，将教学过程质量对接职场实践环节和职业岗位标准。

二　应用型创新创业教育第一课堂教育体系

（一）创新创业教育第一课堂教育体系

根据目前地方普通院校的办学基础，本书提出了基于地方应用型培养导向的"一目标、二对接、三能力、四模块、五结合"的第一课堂教育体

---

① 肇庆学院：《实践育人创新创业人才培养方案》，https://iec.zqu.edu.cn/info/1004/1127.htm。

系。"一目标"就是该类地方院校创新创业教育第一课堂应该基于技术、工程、服务和管理应用型人才培养的总体目标,"二对接"是要对接地方社会经济发展和地方产业升级转型应用型人才需求。当前,地方普通院校的第一课堂应该紧紧围绕素质教育、应用能力和创新精神培养"高素质、强实践、善创新"的"三能力",课程体系主要包括通识教育、专业教育、实验实训和就业创业教育"四模块",通过通识教育与素质教育、素质教育与专业教育、专业教育与多元实践、多元实践与创新创业模拟以及创新创业实践与能力培养"五结合"途径来实现地方普通院校大学生创新创业能力培养。具体的地方普通院校创新创业教育第一课堂教育体系如图2-4所示。

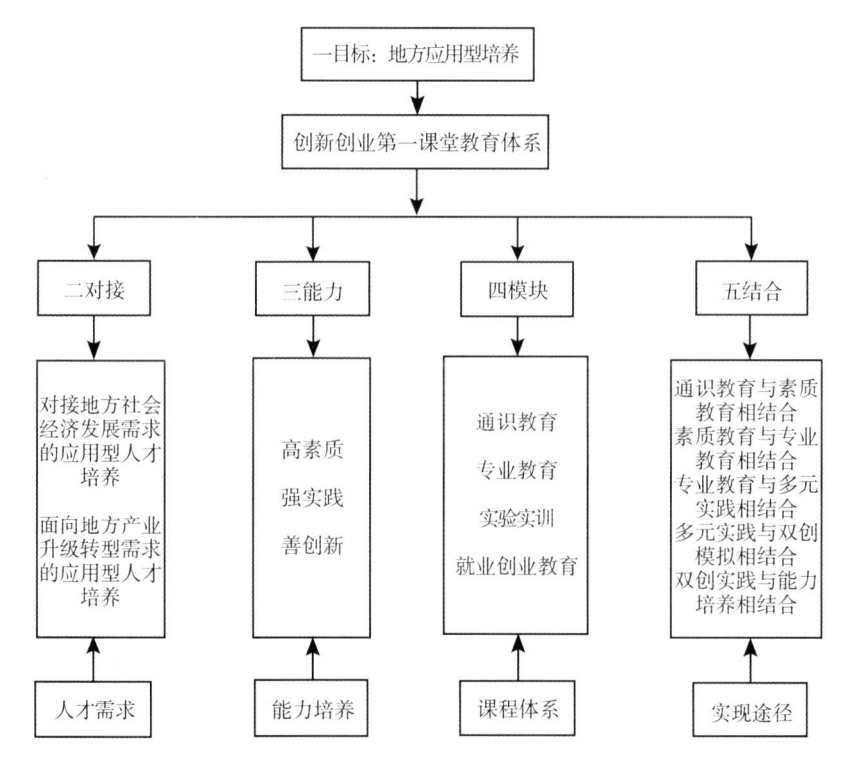

图 2-4 地方普通院校创新创业教育第一课堂教育体系

湖北理工学院自2010年启动创新创业教育,经历了学生自创、师生同创、产教领创三个发展阶段,确立了将培育创新精神与思想政治教育、提升创业能力与专业教育深度有机融合的"两融入一贯穿"创新创业教育总体思路，探索构建了组织体系、教学体系、师资体系、服务体系、项目体系、孵化体系"六位一体"和"师生同创"的创新创业人才培养模式。在创新实践模式上，首创从"认知→方法→问题→目标→项目→合作→实践→产品→呈现"的 9P 专创融合结合、专创融合生成性教学体系，实现创新创业教育落地生根、开花结果，取得了具有较高推广应用价值的成果和经验。①

（二）地方普通院校创新创业教育第一课堂体系的优化

积极整合全校教育教学资源，融合创新创业能力培养的第一课堂教育及其课程体系是地方普通院校创新创业能力培养的基本途径，为此构建了地方普通院校创新创业教育第一课堂的教育体系，见图 2-5。地方普通院校创新创业教育第一课堂教育课程体系主要基于"厚理论传授"和"重实践能力培养"两条主线展开。

1. 理论课程

地方普通院校要根据该校的人才培养定位和创新创业教育目标要求，促进专业教育与创新创业教育有机融合，调整专业课程设置，在专业理论传授过程中融入创新创业教育。该类院校的理论课程主要包括通识课程和专业课程两类。

（1）通识课程分为通识必修课、通识选修课和学科通识课，以培养创新创业基本认知和社会人文基本素养为目标。比如：三亚学院作为 2017 年全国创新创业典型经验高校 50 强、国内唯一民办高校，入选央视专题片《教育强国》专题报道的地方应用型院校，本着通识教育是学校教育中一种共同的、核心的、综合的基础性教育，加大通识核心课程建设，面向创新创业教育而开设有文学与艺术、历史与文化、哲学与伦理、经济与社会和科技与自然五个板块课程。2020—2021 学年，又新增《学科史》《学科比较史》等通识核心课程 15 门，通识课程总数达 146 门。

（2）专业课程分为学科通识课、专业核心课和方向选修课，以传授专业创新创业理论。各专业原则上应该按照学科通识教育、学科专业核心课、专业自主发展课等类别将创新创业教学融入第一课堂教学。学科

---

① 湖北理工学院：《"两融入一贯穿" 深化创新创业教育》，《中国大学生就业》2020 年第 24 期。

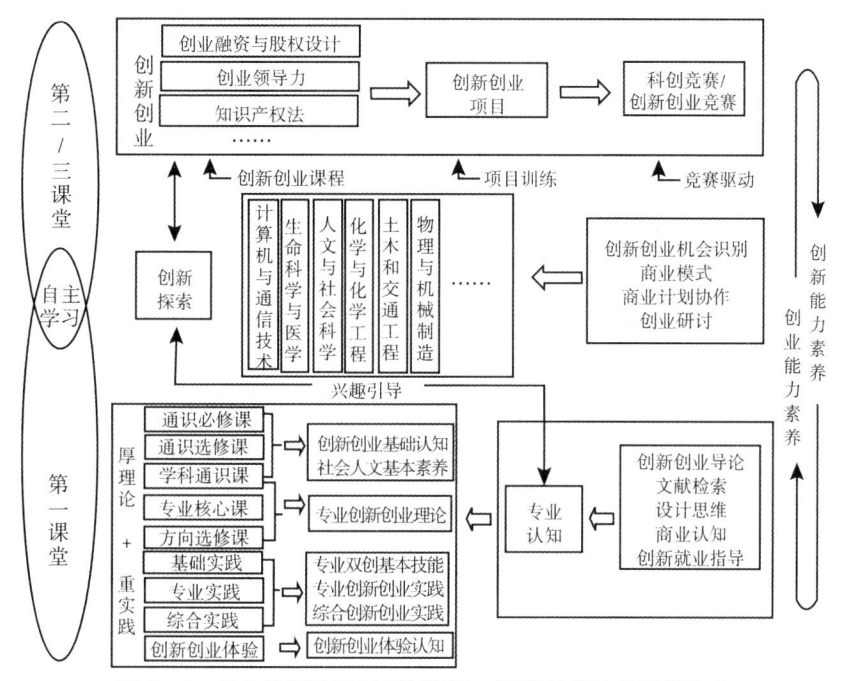

图 2-5　地方普通院校创新创业第一课堂教育及其课程体系

通识教育课程是按照一级学科门类设置的各专业共同执行的基础课程，能支持学生进行后续专业课程学习及毕业后职业可持续发展。专业核心课程是培养学生扎实的专业知识、专业技能和创新精神的课程，一般可以按照10—15门的数量进行设置。专业方向课程往往作为选修课程，包括同一专业不同方向的专业选修课程、同一学院不同专业的专业选修课程，是为了达到高等教育专业应用型创新人才的个性化培养目标。

德州学院作为全国高等学校创业教育研究与实践先进单位，2021年获批山东省应用型本科高校建设首批支持单位。该校的创新创业课程设计由三类课程构建了"1+1+N"模式，1门创新创业教育公共必修课《大学生创业教育》，1门"SYB"培训课程，多门创新创业类专业选修和通识课程。低年级通过开设的《大学生创业教育》公共必修课程、通识选修课程，初步培养创新创业意识，激发创新创业精神；高年级着重专业教育与创新创业教育的交互，在通识选修课程、专业选修课程的基础上，利用创新平台、创业孵化基地，将专业理论传授与创新创业实践和教育相结合。

湖北理工学院是地方应用型普通本科高校，该校积极落实立德树人根本任务，立足应用型办学定位，创新应用型人才培养理念、路径和方法，凸显创新创业教育在应用型人才培养质量提升中的作用，办学质量和育人质量明显提升。该校的人才培养方案由"通识教育＋专业教育＋创新创业教育＋素质拓展"四大模块构成，落实将思想价值引领融入创新创业教育，将创新创业教育融入专业教育，贯穿人才培养全过程。①

2. 实践课程

地方普通院校实践课程主要包括实践课和体验课两大类，其中实践课程分为基础实践、专业实践和综合实践，以培养专业创新创业基本技能、专业创新创业实践能力和综合创新创业实践能力。创新创业体验课程是为了增加学生有关创新创业的体验性认知，包括创新实践体验和创业实践体验。创新实践体验课程包括科研训练与课程论文、科研助理、开放实验室项目、科技创新项目、大学生科技竞赛、毕业论文（设计）等；创业实践体验课程包括创业教育、创业计划竞赛、创业实践等。

辽宁工业大学将创新创业教育深度融合人才培养全过程，注重夯实创新创业知识理论，以学生实践、创新、创业能力培养为主线，在培养计划中专门建构了创新创业课程体系，增设专业前沿与特色选修课程、设置创新创业教育模块、构建"基础＋专业＋综合（设计）＋创新"四层次实验体系。强化实践环节，以企业实际问题为题目来源，各专业毕业设计题目中解决实际问题的论文比例达到85%以上。②

聊城大学在制定2022级本科专业人才培养方案时，提出为推进应用性强的学科专业建设，鼓励文理专业加强实践教学体系优化，将实践能力培养和创新创业教育融入人才培养全过程，统筹推进实践教学内容和方法改革，大力加强探究性课程、开放实验、创新创业训练、项目化课程、产教融合课程的建设。鼓励各专业结合专业特点按需开展社会调查、现场实践等实践教学活动，增强实践性教学环节的系统性、整体性和综合性，促进教育教学与生产实践、社会实践、科研训练相结合，突出对

---

① 湖北理工学院：《"两融入一贯穿" 深化创新创业教育》，《中国大学生就业》2020年第24期。

② 辽宁工业大学：《辽宁工业大学打造全方位创新创业教育体系》，https：//difahg.gmw.cn/ln/2019－12/08/conten33384353.htm。

学生工程意识、创新精神、实践能力的培养。

三　融合创新创业教育和专业教育课程

地方普通院校应把提升大学生创新创业精神和就业创业能力作为人才培养方案的重点，在全校课程体系中融入创新创业教育模块的专业课程，在专业课程中增加创新创业的相关教学内容，加大实践实验课程学时学分，拓宽实践教学课程模块，增设创新创业课程模块，设置创新创业教育学分。

聊城大学修订的本科专业人才培养方案设立"创新创业教育"通识教育课程模块，开设"创新学""创业基础"等10门课程供学生自主选择，设立6个创新创业学分，鼓励大学生积极参加学科竞赛、考取职业资格证书等，并把大学生创新创业教育理念融入专业教育全过程。

湖北理工学院通过建设"通识教育+实践教育+融合教育"课程体系，面向全体学生开设"大学生职业发展与创新创业基础""大学生就业创业指导"两门必修课，自建"功能性化工材料创新创业"等5门专创融通、思创融通课程，引进"创业思维与创业逻辑"等20余门在线开放课程，面向有创业意愿的学生开设SYB、KAB等课程。

辽宁工业大学注重夯实创新创业知识理论，以学生实践、创新、创业能力培养为主线，在培养计划中专门建构了创新创业课程体系，增设专业前沿与特色选修课程，设置创新创业教育模块，构建"基础+专业+综合（设计）+创新"四层次实验体系，在创新创业教育中加强与思想政治教育的结合，确保培养出政治立场坚定和思想品质过硬的创新创业型人才，服务国家创新驱动发展战略和社会创新引领型人才需求。①

宜春学院"以生为本、三深三合、三融三创"，打造创新创业教育校政企共融范式，对接社会发展需求，优化课程体系设计，以普识创业概念，树立创新意识，激发创业热情为主，全面推进通识教育课程建设，夯实理论基础；结合专业特色，开设专业相关的创新创业课程，或系列专题教学，或在多门专业课程中设置创新创业单元模块，促进专创融合；专设创新实

---

① 辽宁工业大学：《打造全方位创新创业教育体系》，https://difang.gmw.cn/ln/2019-12/08/content_33384353.htm。

践活动模块和创新创业学分，引导学生积极参加课外创新创业活动。①

基于上述案例分析和地方普通院校特点，本书设计了地方普通院校创新创业与专业教育相融合的人才培养体系，如表2-2所示。

表2-2　地方普通院校创新创业教育课程体系及学时设计一览

教学课程模块	课程类型		课程性质	创新创业课程/课程内容	建议学时	开设年级
创新创业认知	第一课堂	通识必修课	必修	创新创业基础理论	2	二
			必修	创新创业实践	2	三
			必修	职业生涯规划	1	三
		学科通识课	必修	各学科专业可借鉴第三章设定	>4	二—三
		通识选修课	公共限选课 限选	商机识别与创业决策、创业管理基础、企业家精神与中国式创业、大学生沟通与交际、专业实验/技术创新实践等课程	>2	二—三
			公共任选课 任选	区域创新创业实践、创新创业思维、创业设立等	>2	二—三
创新创业进阶	第二课堂	专业核心课	必修	各学科专业可借鉴第三章设定	>16	二—四
		专业选修课 专业限选课	限选	各学科专业可借鉴第三章设定	>4	二—三
		方向选修课 方向选修课	选修	各学科专业可借鉴第三章设定	>4	二—三
		论文专利类	任选	科技论文写作	1—4	贯穿人才培养全过程
				专利申请和软件设计	1—2	
		创新创业设计	任选	专业创新设计	1—4	
				专业应用项目设计		
		创新创业类	任选	创新创业大赛	1—4	
				创新创业类实践	1—4	
				创新创业报告书写	1—2	

---

① 宜春学院：《三主体、三层次、三课堂教育模式　推进创新创业教育实践转型升级》，https://www.sohu.com/a/341992862_387136。

续表

教学课程模块		课程类型	课程性质	创新创业课程/课程内容	建议学时	开设年级
创新创业实践	第一课堂	创新创业实践课	基础实践 限选	各学院/系结合实际自行设定	>2	二—三
			专业实践 限选	专业前沿问题/社会热点分析	1—2	二—三
				毕业论文写作		
	第二课堂		综合实践 选修	各学科专业可借鉴第三章设定	1—2	四
	社会课堂	创新创业体验	综合实践 任选其一	毕业实习	1—2	四
				真实项目运营	6—10	四

第三节 地方职业院校创新创业第一课堂教育体系构建

地方高等职业院校创新创业教育的培养目标是职业教育体系构建的逻辑起点和终点，既决定了职业技术技能型人才培养的方向和规模，又涉及职业教育第一课堂课程设置和第二课堂的具体周密安排。根据2019年国务院印发《国家职业教育改革实施方案》（职教20条），在培养目标上，地方高职院校应该以地方技术技能型人才培养为导向，侧重培养适应经济社会发展需要，德技并修，既掌握相关专业知识，又具有一定创新思维和高超技术技能的复合型人才，计划在学生毕业后5—10年能够成长为行业技术技能型专业人才、工匠及技术技能型专家。

教育部和天津市人民政府在2022年伊始发布了关于深化产教城融合打造新时代职业教育创新发展标杆的意见，要求在2021年天津市与教育部共建职业教育示范区升级版圆满收官的基础上，开启新一轮部市共建工作。立足天津、服务京津冀、辐射全国，紧扣"产教城"和"高质量"两个关键，充分激发各类办学主体活力，以深化产教城融合为主线，以职业教育体制机制改革为重点，制定完善职业教育基本制度和重要政策，建立健全纵向贯通、横向融通的现代职业教育和培训体系，探索建立具有天津特点、中国特色、世界水平的职业教育发展模式,部市携手共同打造新时代职业教育创新发展标杆,为中国特色职教创新发展提供"天津方案"。①

一 明确技术技能型创新创业教育培养目标

高等职业院校与高等本科院校的教育目标具有显著差异。地方职业院校创新创业教育第一课堂的教学目标应该因材施教,将大国工匠精神融入学生创新创业培养整个过程,注重培养学生严谨专注、敬业专业、精益求精和追求卓越的品质,通过第一课堂进行"工匠工坊"传承式培养,实施现代学徒制和书证融通培养模式,锻造具有"匠气、匠心、匠技"的技术技能人才②。

地方职业院校应该根据技术技能型人才培养导向,修订人才培养方案,将创新创业教育融入第一课堂。这是落实教育部和各省职业教育要求,以地方技术技能型培养目标导向组织开展创新创业教学活动、安排具体教学任务的指导性文件,是地方职业院校实施创新创业人才培养和教育质量提升的基本保障。

义乌工商职业技术学院坐落在世界小商品之都、国际商贸名城义乌,是浙江省第一所由县级市举办的公办职业院校。义乌是创新创业的沃土,其战略优势和产业优势为学校开展创新创业教育提供了得天独厚的条件。自办学以来,学校紧密依托地方市场优势,坚定走以"创"立校的特色办学之路,在培育创新创业人才、服务地方经济等方面成效显著。学校历来坚持厚植市场,同频共振促双赢,构建了义乌市场嵌入式的一体化创新创业实践育人体系。作为全国最早开展创新创业实践的高校之一,学校以"创"文化为牵引,以培养具有创新精神和创业能力、德才兼备的学生为目标,以电商创业、创意创业为发展重点,构建了"市场共舞、师生同创、专创融合"创新创业人才培养体系,形成了与地方发展产业

---

① 陈欣然:《教育部天津市共建新时代职教创新发展标杆》,《中国教育报》2022年1月5日第1版。

② 山东商业职业技术学院:《山东商业职业技术学院2020年高等职业教育质量年度报告》,2021年。

互融共享，辐射助力国家战略的创新创业特色，于2017年被教育部授予"全国高校实践育人创新创业基地"称号。①

二 完善技术技能型创新创业教育第一课堂教育体系

（一）职业创新创业教育第一课堂教育体系

根据地方职业院校的专业特色，本书提出了基于地方技术技能型培养导向的"一目标、二面向、三能力、四课程、五结合"教育体系。"一目标"就是该类院校地方技术技能型人才培养的总体目标，要面向社会需求的地方技术型和技能型人才培养。当前，高等职业教育的第一课堂主要包括思政教育、专业教育、实验实训和就业创业教育四个模块，主要进行职业素养教育、专业培养和工匠打造三种核心能力，通过思政教育与职业道德教育、专业知识与实验实训、实验实训与劳动教育、劳动精神与工匠精神传承以及工匠精神与就业创业"五结合"途径来实现地方高等职业院校创新创业能力培养。具体的地方职业院校创新创业教育第一课堂教育体系。

山东商业职业技术学院优化人才培养体系，将思想政治教育与专业教学、实验实训和就业创业相融合，将思想政治教育、职业道德、劳动精神和工匠精神培育融入创新创业教育教学全过程，实现职业技能和职业精神高度融合，创建了"五位一体"全方位育人格局，促进学生德技并修、全面发展，人才培养质量高，涌现出董大鹏、刘显旭等一大批全国创业典型，其"五位一体"的人才培养体系，见图2-6。

（二）技术技能型创新创业教育第一课堂体系

融合创新创业能力培养目标的创新创业第一课堂教育及其课程体系是高职院校创新创业能力培养的基本保障，为此我们构建了地方高职院校创新创业教育第一课堂的教育体系，见图2-7。地方高职院校创新创业教育第一课堂教育课程体系主要基于"浅理论传授"和"重实践能力培养"两条主线展开：

---

① 义乌工商职业学院：《以创立校，打造全省优质高职院校建设义乌样本》，https://www.ywicc.edu.cn/info/1017/8944.htm。

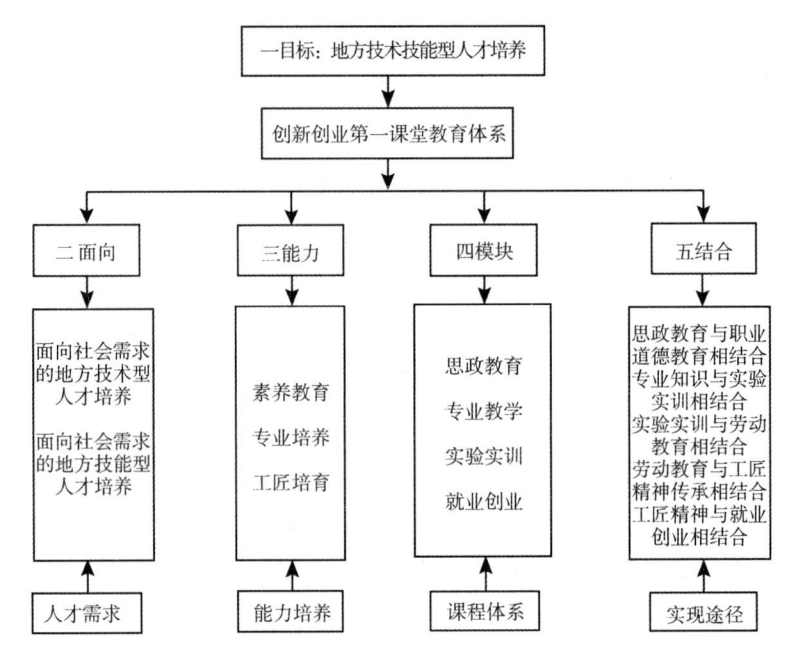

图 2-6 职业院校创新创业教育第一课堂教育体系

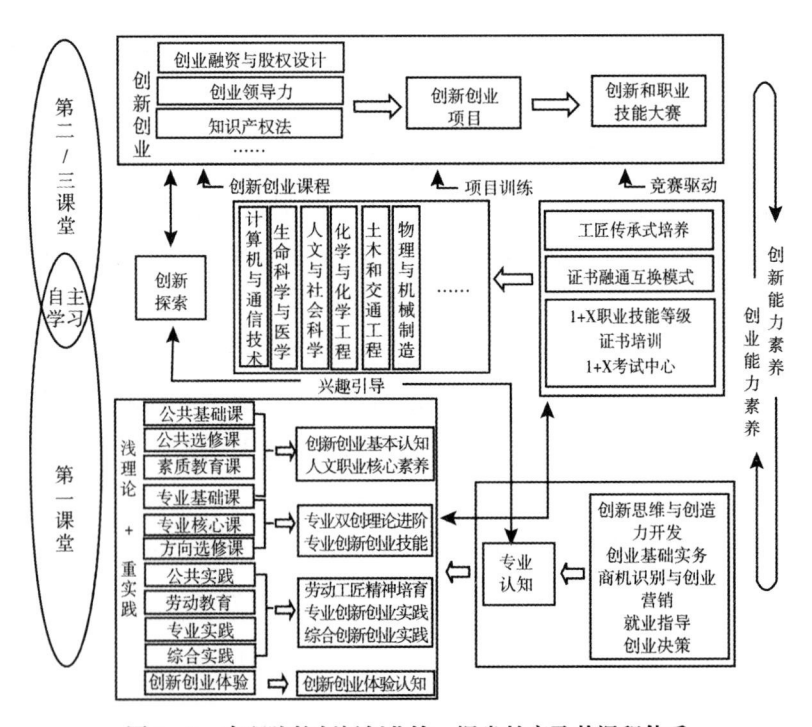

图 2-7 高职院校创新创业第一课堂教育及其课程体系

1. 理论课程，高职院校理论课程主要包括基本素养课程和专业课程两类

（1）基本素养课程分为公共基础课、公共选修课、素质教育课和专业基础课，以培养创新创业基本认知和人文职业核心素养为目标

公共基础课程是由学校按照上级教育部门精神，统一制定的必修课程，通常包括思政类、国防教育、心理健康教育、大学体育、高职英语、计算机应用基础、高等数学、就业指导类和应用文写作等。公共选修课包括国学和大学生美育素质教育方面的课程，用来拓展学生的知识面，而为培养学生的社会人文素质以更好地适应时代和社会发展要求开设的课程，通常包括文学、传统文化、艺术、法律、科学普及、科学史、生态环境和现代高科技介绍等课程。素质教育课程是培养和提高学生职业素养（包括劳动素养、社会适应能力、交流沟通和团队协作能力）的课程，包括素质拓展课程和创新创业认知类课程。

创新创业教育可以将当地文化融入职业院校学生素养培育过程。以"温州模式"和"浙商模式"等为代表，浙江省温州区域文化中具有强烈的创业文化基因，成为企业家是大学生们的追求目标和梦想。结合温州人在艰苦创业历程中体现出的吃苦、创新、冒险、合作、诚信、敬业的创业精神，以及丰富的创业经验和案例，编制案例库和教材，进行温州经济模式下职业学校创新创业教育的实践探索。①

（2）专业课程分为专业基础课、专业核心课和方向选修课，以传授专业创新创业进阶理论和专业创新创业技能

专业基础课程是各专业必须掌握的学科基础知识和基本技能课程，各专业应根据其专业特点，明确其专业及专业方向共有的基础课程，建立专业（群）平台课程，促进学生掌握专业基本理论知识，具备良好的学科基础。专业核心课程是各专业（方向）课程的核心，各专业应根据技术技能领域和职业（岗位）的任职要求，以国家职业标准、职业技能鉴定标准为指导，根据岗位具体的工种或新技术、新工艺变化来设置。方向选修课程属于依据就业导向进行专业培养方向的选择性课程，通过学生的人性化人才成长和社会经济发展需求，培养学生获取新知识和专

---

① 胡日：《温州经济模式下创业教育的实践探索》，《中国职业技术教育》2006年第12期。

业技能的课程，用来拓展学生的专业技术技能以提高就业及创新创业能力，可根据情况设置4—6门课程供学生进行选择。

2. 实践课程

地方高职院校实践课程主要包括实践课和体验课两类，其中实践课程分为公共实践、劳动教育实践、专业实践和综合实践，以培育劳动工匠精神，培养专业和综合的创新创业实践能力。

公共实践课程是培养和提高学生职业素养，包括社会适应能力、交流沟通和团队协作能力。劳动教育实践课程是贯彻教育部《关于全面加强新时代大中小学劳动教育的意见》要求，培养学生热爱劳动、自觉劳动和劳动光荣的意识，学习基本的劳动知识和技能，增强社会责任感和实践能力。专业实践是指根据各专业人才培养需求，依据多门课程的专业实训实验和考证培训等，培养学生综合运用专业知识技能完成专业实践任务和训练环节。综合实践课程包括跟岗/顶岗实习和毕业设计，培养学生完成综合性实践工作能力。

创新创业体验课程是根据创新创业型人才成长规律，增加学生有关创新创业的体验性和认知，如真实项目运营体验课程等。

湖南工艺美术职业学院通过建设智能化实训工厂、共享型实训中心，与企业共建校外实习实训基地，打造了"校内+校外、真实+虚拟、传统+智能"的一流专业群实训基地；通过校企共建培训制度、共建培训场所、共建培训师资和共建培训课程，共同制定了《湖南工艺美术职业学院培训管理办法》等系列制度，建设了刺绣设计与工艺等23个专业的校内培训基地以及56个教师顶岗实践基地；坚持创新创业实践活动与非遗保护传承融为一体，基于非遗保护传承打造创新创业实践活动，显著提升了学生的创新创业能力。①

3. 证书融通互换课程

通过建设"1+X职业技能等级证书培训中心"和"1+X考试中心"（1+X是指学历证书+若干职业技能等级证书），设置课证融通互换模式。对接职业技能等级证书标准，将"1+X"证书内容融入人才培养方

---

① 湖南工艺美术职业学院：《湖南工艺美术职业学院2020年高等职业教育质量年度报告》，2021年。

案，用 1+X 证书所采用的教材替代相关课程教材，用"1+X"证书制度试点成绩置换相关课程成绩，用"1+X"证书置换课程学分。

山东商业职业技术学院对接现代服务业、战略新兴产业和山东省"十强"产业集群，进一步优化专业群，形成专业集群发展的良好态势。实施现代学徒制、书证融通等人才培养模式改革。天津市将突出职业学校终身学习服务功能，落实职业学校学历教育和职业培训并举并重。推进学分银行在天津落地运行，推动创立京津冀跨区域资历框架，建立职业教育与普通教育课程互认、学生学习成果等值互换制度。推进 1+X 证书制度试点，率先落实"三同两别"要求和试点任务走在全国前列，落实职业技能等级证书质量监管要求。推进职业教育、高等教育、继续教育机构试点实施完全学分制，建立弹性学制与自主选课制度，实现学习者职业经历、工作能力和培训经历等的等值转化。[1]

济源职业技术学院全面推行学分转换制度、弹性学制、创新创业奖励机制，将学生参与创新创业活动的成果折算为学分，计入学业成绩，将学生创新创业成果和奖励纳入奖学金体系，给创新创业成绩突出的学生颁发专项奖学金。例如，机械制造类专业尝试"岗证赛课，理实一体，前训后创，协同创新"的模式，艺术设计类专业推出"专业+项目+工作室"的模式等，均取得了良好的育人效果。[2]

三 专创融合更新专业课程教学内容

(一) 创新创业教育第一课堂专业课程涵盖内容

通过创新创业教育第一课堂教育组织系统与课程体系的优化，在全校专业课程体系中融入创新创业教育模块。山东商业职业技术学院创新创业教育课程由创新创业认知、创新创业进阶和创新创业实践等环节构成。

---

[1] 陈欣然：《教育部天津市共建新时代职教创新发展标杆》，《中国教育报》2022 年 1 月 5 日第 1 版。

[2] 济源职业技术学院：《弘扬愚公移山精神，培养高端技术技能人才》，https：www.jyvtc.edu.cn/jyvtc/585756/1010083/index.html。

1. 创新创业认知课程

面向学校全体学生开设创新思维与创造力开发、创业基础与实务、就业指导务实等创新创业认知课程，以进行学生创新创业精神培养和认知培育，夯实创新创业基本能力。

2. 创新创业进阶课程

建立由专业核心必修课、公共选修课、专业选修课和第二课堂等构成的创新创业进阶课程，形成依次递进、有机衔接、科学合理的创新创业教育专门课程群。各专业在人才培养方案制订过程中，可以安排不少于一定学分的创新创业类课程，形成由公共必修课程（创新思维与创造力开发、创业基础与实务、就业指导务实）、公共限选课程（管理学基础、经济学基础、商务谈判与礼仪、沟通与表达、中华商文化概论、个人形象设计、商机识别与创业营销、创业决策）、公共任选课程、专业必修课程、专业选修课程等课程构成的创新创业课程。

（二）实施专业现代学徒制人才培养的路径

专业现代学徒制人才培养模式，把传统师徒制与现代职业专业教育深度结合，是一种新型的技能人才培养模式，其参与的主体包括院校及老师、企业及师傅，通过联合传授的形式培养学生。现代学徒制是中国职业教育改革的一项重大举措，对完善中国职业教育制度体系将起到重要作用，其成功实施离不开学校和企业共同发挥的主体作用以及政府的政策引导。① 随着新技术、新材料、新工艺的出现，技术科学化的趋势日益明显，技术技能应用的复杂性和创新性日益提升，实施现代学徒制，使企业、行业参与职业教育人才培养全过程，将专业技能培养、工匠精神培养和创新创业教育融合在一起，有利于提高具备创新创业能力技术技能型人才培养的质量，解决企业用工、招工难的问题。

江苏农林职业技术学院在 2015 年被教育部列为首批现代学徒制试点项目建设单位，宠物养护与驯导、木材加工技术、现代农业技术和园艺

---

① 孔德兰、蒋文超：《现代学徒制人才培养模式比较研究——基于制度互补性视角》，《中国高教研究》2020 年第 7 期。

技术四个专业为试点专业。通过 3 年试点，创新了各具特色的"定向培养、分段教学、农学结合"的学徒制人才培养模式，构建"双证融通、情境教学、模块化"课程体系，共同开发专业教学标准 4 个、核心课程标准 24 个、岗位标准 20 个、师傅标准 17 个、质量监控标准 4 个，共同制订学徒制管理办法、双导师聘用培养考核管理办法等管理制度，探索了联合招生、联合育人、联合就业的校企协同育人机制。

通过创建校园文化标志符号，以文化为载体传递工匠精神，并通过开展"大国工匠进校园"活动，建立大师工作室，聘请企业技术骨干和业务主管走进课堂授课、参与课程开发、宣传企业文化，将匠心文化融入教育教学过程中。扬州工业职业技术学院是中国非物质文化遗产职业教育专业委员会首批委员单位，秉持厚植文化底蕴、精湛一技之长、锻造大国工匠的理念，不断加强学生艺术实践体验，传承扬州非遗文化和地方优秀文化。学校在扬州八怪艺术实践基地设立诗词、绘画、书法、篆刻四个大师工作室，引进传统工艺大师，采用学徒制模式将"诗、书、画、印"四种艺术技法进行实践传承，集教学、科研、雅集、文化展示交流于一体，营造良好的人文艺术文化和创新创业氛围。

(三) 融合创新创业和专业实践课程

地方高等职业院校应根据人才培养定位和创新创业教育目标要求，促进专业教育与创新创业教育有机融合，调整专业课程设置，挖掘和充实各类专业课程的创新创业教育资源，将创新创业教育贯穿到每一门课程讲授和活动过程中，在传授专业知识过程中加强创新创业教育。坚持以赛促学、以赛促教、赛教结合，促进学生个性化成长，完善"创新创业+"培养模式，实施就业质量提升计划，促进学生优质就业。

江苏高等职业院校深化教学改革，紧密对接行业和岗位能力需求，将行业和岗位最新技能标准融入课程教学，通过实验实训、社会实践和技能比赛，加强学生职业能力和创新创业能力培养，使学生在实践中体验工匠精神。

柳州职业技术学院作为国家示范性高职院校和国家"双高计划"建设单位,荣获全国高职院校创新创业教育工作先进单位称号,入选全国高职院校创新创业示范校50强,是广西唯一一所连续20年获"广西普通高校毕业生就业创业工作突出单位"荣誉称号的国家示范性高职院校。该校将创新创业融入学生成长全过程,使学生创新创业能力素养与职业成长相融合,带动就业基础能力提升,具体措施包括:一是坚持开展创新创业启蒙教育。早在2006年,该校就将创新创业启蒙教育融入各专业人才培养方案,从大一开始贯穿始终,成为较早开展创新创业启蒙教育的高职院校。"就业与创业"入选国家级精品课程、国家精品资源共享课,《大学生职业生涯规划与就业指导》入选国家级规划教材,"创新创业基础"入选国家文化产业资金支持媒体融合重大项目。二是坚持提升学生综合素质能力的育人初心。通过举办创新创业大赛、讲座、论坛、工匠会客厅、模拟实践等方式,丰富学生的创新创业知识和体验,提升学生的创新精神和创业能力。三是坚持就业创业竞争力的可持续提升。[①]

在明确了创新创业教育第一课堂培养目标,完善了课程教育体系并更新专业课程教学内容后,可以按照融合、创新、复合式教育的原则,分别对地方高职院校各专业教学的课程体系进行系统设计,做到"底层知识共享、中层专业分设、顶层高阶融合",让创新创业教育能够根植学校特色,依托专业基础知识和通用技能,融合创新创业理念和思维,达到专业创新创业教育的能力培养要求,实现现代学徒制人才培养模式,打造具有工匠精神的技术技能型人才。

结合上述案例分析,考虑到地方职业院校特点,本书进一步更新课程涵盖内容,设计并构建了地方职业院校创新创业与专业教育相融合的人才培养课程体系,见表2-3。

---

① 柳州职业技术学院:《打造"三融合"创新创业育人生态圈》,www.moe.gov.cn/jyb_xwfb/mone_2082/2021/20211-2172/202111/6202/1126_582515.html。

表2-3 地方职业院校创新创业教育课程体系及学时设计一览

教学课程模块	课程类型		课程性质	创新创业课程/课程内容	建议学时	开设年级
创新创业认知	第一课堂	公共基础课	必修	创新思维与创造力开发	2	一
			必修	创业基础与实务	2	一
			必修	就业指导实务	1	三
		专业基础课	必修	各学科专业可借鉴第三章设定	>2	一—二
		公共选修课	公共限选 限选	经管学科基础、商务谈判与礼仪、沟通与表达、中华商文化概论、个人形象设计、商机识别与创业营销、创业决策等	>2	二—三
			公共任选 任选	创新思维、创业设立等	>2	一—二
创新创业进阶	第二课堂	专业选修课	专业限选 限选	各学科专业可借鉴第三章设定	>2	二—三
		创新创业就业类活动	任选	创新创业就业类大赛	1—25	贯穿人才培养全过程
				创新创业类实践	1—10	
				创新创业就业报告	1—15	
		技术研发社会服务类	任选	技术研发	1—20	
				具创新创业性质的社会服务	1—20	
		论文专利类	任选	具创新创业性质的论文和著作	1—25	
				专利申请和软件设计	1—25	
		其他类	任选	各学科专业可借鉴第三章设定	1—10	
创新创业实践	方向课	专业方向课	限选	创新创业课程	20	三
	实战课	毕业实习	任选	真实项目运营	20	三

第三章

基于学科特征的创新创业教育体系

　　大学生是实施创新驱动发展战略和推进大众创业、万众创新的生力军，既要认真扎实学习、掌握更多知识，也要投身创新创业、提高创新创业的实践能力。各学科专业知识和技能是大学生创新创业的基石，如果没有扎实的专业基本功，创业创新就是空中楼阁。

　　地方院校创新创业教育体系建设应以学校办学特色和学科专业优势为基础，坚持推进创新创业教育教学改革，构建创新创业课程体系，以提高创新创业人才培养质量。时任上海财经大学校长樊丽明曾在第二届全国创业学院院长论坛上阐述，创新创业教育要和学科建设紧密结合，要注重课程和教材建设，要区分不同类别学生的教育，既涵盖以创业企业家人才为目标的学生的创新创业精神和能力的个性化培养，也包括应用型和学术型人才的创新创业精神和知识的普及教育。

　　在"四新"建设的教育新时代背景下，把创新创业教育与学科专业教学结合起来，能更好地实现高校的人才培养目标。创新创业教育与专业教育相融合，是高等教育发展整体化、体系化和综合化趋势的标志。基于此，构建基于学科特征的大学生创新创业教育理念，并依据各学科专业建立创新创业教育体系是非常必要的。借鉴中国课程思政建设实施纲要具体的学科分类，本章将分门别类地对地方院校创新创业第一课堂教育体系按照学科差异进行构建，具体包括文史哲、经管法、农学、医学、理工、艺术等学科的创新创业教育体系。

第一节 基于学科特征的大学生创新创业教育理念

一 对学科特征与创新创业教育关系的理性思考

（一）思维培养视角

创新思维是进行创新创业活动必备条件，是大学生突破常规思维界限，以独特视角思考问题，最终形成与众不同的创新创业方案的必备要素。创新创业思维的培养，不能仅通过短期训练来速成，而必须在基于不同学科特征的教学体系中经过长期系统地培养才能达成。在不同学科专业高等教育的第一课堂中，遵循学科特征差异，注重创新思维训练，把"知识、技能与思维"三者有机融合，才能更好地提高高等教育人才培养的质量。

（二）知识技能培养视角

系统化知识和技能培养是人类创造力塑造的必备条件。创新创业所需的不仅包括学科专业知识和技能，也包括人文社科、企业管理、市场营销等从事开拓性活动所需的综合素养。广博深厚的学科专业理论知识和熟练的技能是提升创新创业能力的关键。而创新创业能力的形成要以具体学科的专业知识和技能为载体和核心，因为没有一定的专业背景和基础知识，大学生对相关领域的发展了解不深入，就不可能准确把握相关行业的发展脉络。只有重视基于学科特征的专业教育和创新创业教育的有机融合，通过教师富有创造性的教学活动引导，才能充分满足大学生专业理论知识和技能发展对创新创业能力塑造的客观教学需求。为更好地完成大学生创新创业教育的目标和任务，地方院校须提倡重视学科差异化的教学过程，不断加强创新创业教育与不同的学科知识、技能的相互渗透，使大学生创新创业能力通过不断累积产生质的提升和突破。

（三）人格培养视角

大学生个体的创造性活动是其创造性人格的外部表现。心理学表明"内隐道德人格与一般创造力有正相关"[①]。因此，大学生个体人格发展越

[①] 赵辉、张建卫、张振:《心智模式及其与创造力相关概念关系研究评述》,《科技进步与对策》2020年第11期。

完善，其创新创业的原动力就越强。同时，所有创造性活动，并不仅仅由某一方面的能力促成，而是由创造性人格在推动。大学生创新创业需要的人格品质涵盖责任心、意志力、协作精神、逆商以及稳定的情绪等，这些心理因素不可能通过短期培训或论坛讲座式教育养成，均须围绕不同学科的专业教育来进行长期系统性的培养。设置与专业结合的创新创业教学课程体系，可以通过长期的课程课堂教育，既能促使大学生创新创业能力各因素的生成与发展，又能培养大学生的责任感、自信心、创新性和冒险精神等相关的创造性人格。

二　基于学科特征的大学生创新创业教育理念构建

当前，创新创业教育经常脱离学科专业特色，这不利于高等教育创新创业型人才的培养。要想改变这一现状，地方高等院校的大学生创新创业教育就必须与第一课堂的学科专业教育相融合，构建以创新创业思维训练为核心、基于不同学科分类的创新创业教育体系，方法和特点总结如下。

（一）实现专业课程与创业课程融合

创新创业课程要转化为教育实践，需要依托学科专业课程教育作为有效载体。地方院校既要注重学科发展前沿，又要注重创新创业知识与专业知识的相互融合，从教学内容与教学方法等多个层面来实现创新创业培养要求，把学科专业知识和技能传授转化成大学生长期可持续发展的创新创业能力培育。

一些高校专业课程与创新创业课程存在不同程度地相互独立的情况。要实现两者的有机融合须重视以下几点：第一，开设面向全体学生的创新创业必修课程，以培养大学生的创新创业意识及激发创新创业动力，这类必修课程建立在学科专业课程的基础上并与大学生创新能力发展相适应。第二，为使课程教学内容更切合社会和经济发展的实际，要设置系列以现代企业案例探究为核心的选修类课程。通过对创业成功或失败案例的分析，引导学生对创新创业宏观环境和背景进行理性思考，帮助大学生树立创业的信心，以帮助他们在创新创业过程中能够理性决策。第三，要强化创新创业相关通识课程建设以拓宽大学生的知识面，增加创业教育相关通识课程的比重。如企业管理、互联网创业、市场营销等通识课程。此外，还要增设促进人文精神与科学精神培养的创新创业通识课程，促进学生的思想解放、理念更新与思维方法的创新，增强创新创业基本素养培育。在教学方法上，将传统的灌输式讲授变为问题式、探究式和互动式教学等，通过丰富的教学法训练学生从新的视角、用新的方法观察问题和分析解决问题，激发学生的创新创业潜力。

（二）加强创新思维训练

在不同学科特征的专业教育教学过程中，为培养思维的灵活性，要围绕各学科引导学生进行多方面的联想并提出解决问题的新办法，以帮助学生突破惯性思维的束缚。不同的学科专业在教学内容编排上要遵循严密的逻辑性，前面知识与后面知识应互相联系，前者是后者的前提和基础，后者是前者的扩展和深化。知识的传授过程要严格遵循学科专业思维发展的规律，启发大学生通过反复思考加深理解，最终达到知识的深层迁移运用。长此以往，学生的思维能力会产生质的飞跃，不仅易于理解和接受学科知识，也能逐步养成通过分析问题来解决现实问题的能力。总之，在不同的学科专业教学过程中强化大学生创新思维训练，引导他们积极主动地学习、灵活地思考，就能够培养出具备把各学科理论知识和技能转化成创新创业成功范式的终极能力。

（三）强化第一课堂实践教学

所谓"第一课堂实践教学"是指理论课堂上的实践教学内容，以专业课教学为依托，为学生理论联系实际提供了接入口。地方院校可以借鉴第二课堂与第三课堂实践性突出的特点，将实践教学的思想与组织形式引入理论教学，从而丰富第一课堂实践教学。加强第一课堂实践教学环节，把大学生的创新思维转换成各种创新创业能力是实现大学生创新创业教育目标的重要措施。第一课堂实践教学必须根据不同专业所需职业岗位的能力要求，遵循大学生专业知识和技能的培养规律，因材施教并循序渐进。

创新创业课程体系并不是创新教育和创业教育的简单相加，其包括却不限于创新教育、创业教育、通识教育、专业教育的有机融合。分学科的创新创业第一课堂实践教学，应明确各学科人才培养方案的重点，增设相应的创新创业课程模块与创新创业教育学分，在学科人才培养体系中融入创新创业教育的专业课程，在专业课程中视学校层次及学科特征确定科技成果转化的教学内容，加大实践实验课程学时学分，拓宽实践教学课程模块，以强化创新创业实践。

（四）注重非智力因素的培养，引入个性化教学

心理学表明创造力与某些非智力因素具有高相关性。非智力因素可通过调节情绪、排除干扰等更好地激发创造的灵感，为创造活动提供动力。因此，非智力因素会直接影响大学生对创业环境和条件的适应性。也曾有心理学家对创业成功人士进行研究，发现他们在兴趣、性格、意志和世界观等方面异于常人。在区分学科特征的创新创业教育过程中，要注意结合创新创业训练来加强非智力因素的培养，引导学生养成良好的行为习惯，增强他们克服困难、经受挫折的能力，培养良好人格品质。此外，由于个体人格经常寓于富有创造性的个性之中。为此，在创新创业教育中必须开展个性化教学，尊重学生的求知兴趣，可通过设置不同授课类型的课程供大学生自由选择。

第二节　人文学科创新创业教育体系

人文类学科专业是指文学、历史学、哲学和艺术类等专业在内。本书界定的人文学科保留了文学、历史、哲学，外加了教育类等相关的专业，把艺术类作为另外一个专题单独讨论。有时候，用"文史哲"来代表人文学科是一种习惯性的用法。[1]

2018 年，教育部在产学合作协同育人项目对接会上提出"新文科"这一概念，与新工科、新医科、新农科共同构成新时代"四新"建设内容，其后进入政策实施阶段。高校新文科建设，一方面受到中国高等教育改革的推动，另一方面顺应构建中国特色哲学社会科学话语体系和技术体系的发展需求。新文科建设并不是割裂传统文科的发展脉络，而是以传统人文社会科学为根基、以外部世界变化为背景进行的自我更新与调适。[2]

---

[1] 叶朗：《当前文史哲系科改革和发展的几个问题》，《大连大学学报》1997 年第 1 期。
[2] 权培培、段禹、崔延强：《文科之"新"与文科之"道"——关于新文科建设的思考》，《重庆大学学报》（社会科学版）2021 年第 1 期。

与传统人文社会科学类所具有的规范性、稳定性和传承性相比，新文科更注重突破性、发展性和创新性。新文科建设致力于改变传统人文社会学科与经济社会发展相对脱节的现状，通过对高等教育既有改革进行深化与拓展，强力支撑中国构建中国特色哲学社会科学体系。因此，新文科建设对学科布局、专业和课程设置、平台建设等都提出了新的要求：在学科布局上，要形成"实践导向、学以致用"的学科集群；在专业和课程设置上，要形成"问题导向、跨越边界"的专业集群、课程集群；平台建设方面，要以"文科实验室"为载体搭建创新育人平台；同时要营造国际化的"知识共同体"氛围。①

　　目前，就人文学科创新创业教育发展的现状来看，由于创新创业教育起步较晚、发展尚未成熟，地方院校将人文学科和创新创业教育融会贯通的能力比较欠缺，不利于新文科建设目标的顺利推进。因此，人文学科创新创业教育必须回应时代变革提出的挑战，更好地将人文学科专业教育与创新创业教育融合，提高知识生产和知识利用的效率。

一　人文学科的社会功能

当前，与人文学科相关的专业，通常具有以下五个方面的社会功能。

（一）为社会提供正确的价值导向

人文学科研究人的精神世界和文化世界，回答"我是谁？我从哪里来？我到哪里去？"的问题，具有价值导向性，可以为社会发展及大学生创新创业活动提供一种正确的价值观和意义体系。

（二）提升民众人文教育水平

人文学科最主要的功能是通过对民众尤其是青少年进行人文教育，不仅能够提升国民的文化素养和文化品格，更重要的是能够塑造具有文明开放、科学民主特征的民族精神和文化自信。地方院校应以不断发展、不断进步的民族精神和文化素养教育作为大学生的精神支柱，从而不断增强整个民族的生命力、创造力和凝聚力，推动国家和社会的整体性进步。

---

① 尹飞：《新文科背景下高校人才培养的四个面向》，《中国社会科学报》2021年11月30日第12版。

(三) 训练人文逻辑思维

大学教育除了注重专业教育，也就是科学技术教育，也要注重文化素质和文化品格的教育。而且，从长远来看，国民的文化素质和文化品格是影响现代化建设和科学发展的最大"瓶颈"。文史哲等人文社会科学包括一般性的人文表达，无论源于理论还是源于实践，人文逻辑思维都是第一位的。逻辑思维是人文表述和科学研究的灵魂，没有逻辑的人文社会和科学研究会缺少可信度和说服力，也可能会使研究者失去判断力，从而把握不住学术研究的方向。因此，大学生创新创业教育也需要提升他们的文化素养和文化品格，通过人文逻辑训练，解决一般概念、判断和推理问题，从而培养他们的创新创业思维和逻辑。

(四) 提供人文社科咨询

当前在国家现代化和经济建设的发展进程中，人文学科能够对决策进行科学设计、提供相关社科咨询并进行人文论证。国家现代化和经济建设不单纯是科技和物质问题，它还包括精神、文化和价值层面的发展。所以，国家建设需要将技术因素和人文社会因素放在同等重要的位置，忽视人文社会因素可能会造成决策的重大失误。

(五) 推动中国文化走出国门

人文学科在推动中国文化走出国门、走向世界的进程中发挥着重要作用，主要体现在：人文学科能够对中国文化进行更加透彻和全面的解释和研究；用过去所没有过的广度和深度将中国文化推广到世界；为中国接受并培养国外留学生创造更多机会和条件，促进人文学科和中国文化的发展。

二　基于 ADDIE 模型的人文类专业创新创业教育模型

(一) ADDIE 模型的发展

ADDIE 模型是由分析（Analysis）、设计（Design）、开发（Develop）、实施（Implement）和评价（Evaluate）五个环节构成。最早产生于 20 世纪 50 年代早期，由佛罗里达州立大学专为美国陆军设计和开发，在当时得到广泛应用。这一模型着重突出教学工作的核心，明确教学任务的关键，通过"关键点"设计促进整个教学工作的后续开展，以实现更好的教学效果。ADDIE 模型建立在建构主义理论基础之上，以"学"为中心，具体体现为将教学内容、方式和评价贯穿学生学习的全过程。

(二) ADDIE 模型的特征

1. 非线性模型

ADDIE 模型是一个闭环式的教学模式，五个环节之间紧密相连，且相互影响、相互制约。① 在教学过程中，教育工作者可以进入任意一个环节，且不受其他环节的影响和制约；在五个环节之下又细分为若干具体环节，整体根据"分析—设计—开发—实施—评价"的顺序形成一个动态循环的模型，如图 3-1 所示。

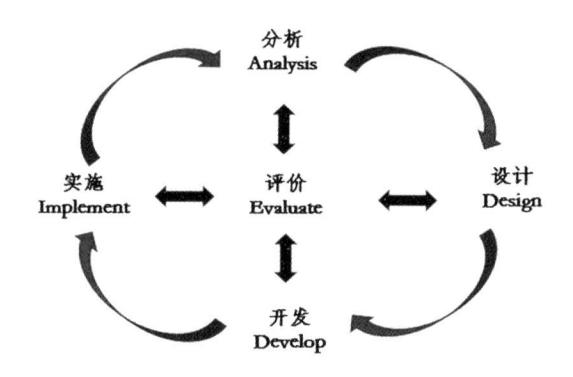

图 3-1 ADDIE 模型示意

2. 各环节之间环环相扣

在 ADDIE 动态循环模型中，分析环节是首要环节也是基础环节，开发环节与实施环节是核心环节，评价环节作为最后一个环节是其他各环节的保障。评价环节既是独立的，也贯穿并渗透于其他四个环节之中，其余四个环节都需要对本身环节的效果和可行性进行评价。

3. 用途广泛

在具体的教学过程中，研究者通过对 ADDIE 模型在课程设计中的应用分析得出，该模型既可以用于教材编写，也能够用于课程教学的设计和开发。

---

① 吴杨伟、李晓丹:《基于 ADDIE 模型的智慧课堂教学模式设计研究》，《安顺学院学报》2021 年第 6 期。

4. 各环节都包括相应步骤

在 ADDIE 模型中，每个环节都包含相应的步骤，而每一步骤又含有具体的子步骤。因此，在具体的教学实践中要注重系统性和整体性，并结合不同的应用情境保持灵活性和动态性，具体体现为：无论在什么具体应用情境中，分析环节并不必须是起点；每一环节下的子环节都坚持因地制宜的原则，根据不同情境变化，子环节也需有所变更。

(三) ADDIE 模型实施人文学科创新创业教育教学设计的可行性

新文科建设注重发挥人文社会科学知识创新和文化传承等基本功能，同时更强调提出新理念、激发新思维。在国家大力推进高校进行创新创业教育的新时代背景下，构建人文学科创新创业教育体系，是促进人文学科和创新创业教育相互融合的过程。从人文学科专业教育角度看，引入创新创业教育能够实现基础学科与应用学科的相互交叉，打通理论研究向实践应用转化的路径，使学科教育改革和发展更好地适应高等教育变革的步伐。从创新创业教育角度来看，创新创业教育不能脱离专业学科教育独立进行，必须紧密依赖人文学科教育，为创新创业教育提供理论支撑。

运用 ADDIE 模型开展人文学科创新创业教育，能够不断优化教学内容和教学方式，使教学设计更加科学合理。以该模型为基础的教学模式既符合人文学科的专业特征，又具有创新创业教育的特征，因此能够将人文学科教育和创新创业教育有机结合。另外，该模型还能够通过五个环节将人文学科创新创业教育的教学内容进行贯通，并突出教学设计中的关键点。因此，该模型能够为高校课程教学设计提供方向性和针对性的指导，从而为人文学科创新创业教育服务，以更好地提升教学和人才培养的质量。

三 人文专业创新创业教育设计路径

(一) 第一环节：分析阶段 (A)

分析环节是人文学科创新创业教育模式设计的前提，设计、开发、实施和评价各环节的顺利开展都需要建立在科学合理的分析基础上，只有对教学过程中可能遇到的问题提前进行分析，才能够保证 ADDIE 模型的设计和应用符合实际情况。分析环节又包括多个子环节，分别是对教学对象的特征、教学对象的需求、教学条件和教学内容四部分进行分析。

1. 教学对象特征分析

教学对象特征分析是基础性环节和起点,是进行其他分析的主要依据,包括教学对象的学习基础、一般特征和学习风格分析。教学对象的学习基础是教学对象所具备的人文学科基础知识及创新创业技能,是教学对象学习课程内容的重要基础。教学对象的一般特征包括教学对象的认知发展水平、创新创业经验等。人文学科的学生一般不学物理、化学等理科课程,他们与计算机信息处理技术等有着天然的距离感,学生知识素养明显存在着偏差和欠缺。不同认知水平的教学对象,对教学方法和导师指导方法的要求也不一样。此外,教学对象的创新创业经验也是人文专业类创新创业教育需要考虑的特征。

2. 教学对象需求分析

人文学科创新创业教育从教学对象的需求出发,希望通过对教学内容和教学过程中所存在问题进行分析,以更好地提升地方院校创新创业教学效果。教学对象的需求可以通过三个方面来获取:

(1) 来自授课教师本身的教学经验,授课教师将自身的创新创业经验和社会需求进行结合以确定教学对象的需求;

(2) 对教学对象的学习情况进行反馈,根据学生所展示的创新创业作品、现场讨论和实践效果进一步分析教学对象的具体需求;

(3) 通过调查问卷和个别访谈反馈的信息,更加深入和全面地了解创新创业教育教学对象的个人发展需求。

比如,汉语言文学专业学生的创新创业能力体现在专业能力和创新创业实践能力两个方面。专业能力是企业中具体岗位所必备的岗位能力及接受行业内不断产生的新知识和新技术的能力。创新创业实践能力是学生面临当前的创新创业环境,在了解与之相关的工商、税务、金融、保险等政策的基础上,充分运用各种渠道,采取多种方式确保创业目标实现的能力。

3. 教学条件分析

教学条件是人文学科创新创业教育的支撑,能够为教育教学的有效开展提供可利用的条件,主要包括教学环境、师资队伍和教学资源等。教学环境在文史哲创新创业教育开展前期是十分重要的,创新创业教学环境包括课堂教学环境和创新创业氛围。课堂教学环境指创新创业园、创新创业孵化基地等；创新创业氛围主要是由高校、教师、学生三大主体共同营造出来的，良好的创新创业氛围能够调动教师和学生参与创新创业的积极性。师资队伍既包括校内导师，也包括校外聘请的专业人员和企业人员及创新创业者，专业性强的师资队伍能够为高校学生提供更直接的指导和建议。教学资源主要指教师提前设置好的学习资源和创新创业实验器材，充足的教学资源有利于高校学生更好地理解知识，并转化到实践中。

从人文学科现有的创新创业条件来看，尽管学科建设任务清晰，但容易形成专业壁垒，人才培养难以做到博通，这会制约人才的全面发展。从现有的师资力量来看，由于目前的培养体制中存在专业过细的局限，高校教师往往知识储备较为单一，知识结构方面存在一定的偏差，无论是教师还是学生在营造创新创业氛围方面都缺乏热情。同时，传统人文学科缺乏将成果转化成实践的平台和途径。

4. 教学内容分析

教学内容是人文学科创新创业教育环节的核心，也是整个教学设计成功与否的关键所在。在充分了解并明确教学对象特征和需求的基础上，要根据所具备的教学条件确定教学内容，尤其是确定教学内容所要达到的广度和深度，进一步明确各部分教学内容之间的相互关系。在开展人文学科创新创业教育的过程中，对教学内容进行分析具有重要作用，通过分析教学内容，教师能够把握教学过程中的重点和难点，以采用针对性教学方式促进学生吸收知识。传统人文学科教育学术原创力往往不强，研究重点不突出，与现实的联结度不够，因此在某些领域传统文史哲很难实现超越和创新。如传统的汉语言文学专业注重语言和文学知识的系统性，忽视知识能力与业界岗位的对接。

（二）第二环节：设计阶段（D）

设计环节是人文学科创新创业教育课程开展的基础和关键。ADDIE模型的设计阶段是以分析为基础，对教学目标、教学内容、教学策略、教学过程、教学资源等几个方面进行设计。

1. 教学目标设计

教学目标是开展整体教学活动的依据，同时也是整个教学要达到的理想状态。地方院校的人文学科相关专业的培养目标，一般定位于应用型专业人才的培养。因而，创新创业教育需遵循"实践导向、学以致用"的原则，超越现有专业和学科的局限性，培养出有较高专业素养、较强综合实力、具有创新视野的创新型人才。如沈阳城市学院汉语言文学专业依托辽河文化研究院的科研优势，旨在培养具备扎实的汉语言文学基础知识、浓厚的中国传统文化积淀，具备良好的语言文字运用能力、公共关系能力、文化创意与传播能力，具备一定的创新精神和团队意识，在文化传播领域以树立地方文化品牌、推动文化产业发展为己任的创业人才。

2. 教学内容设计

人文学科创新创业教育的教学内容包括学科基础知识、创新创业知识和技能等。针对传统人文学科存在的研究方向不集中、重点不突出、对现实关注不够等短板，将文史哲等基础学科与现代应用学科进行结合，打通理论研究向实践应用转化的通道，关注与国计民生、人类命运等息息相关的研究课题。如在"互联网+"的时代背景下，汉语言文学专业学生的专业能力有了更丰富的内涵，包括办公事务管理能力、选题策划能力、融媒体采编能力、活动策划公关能力、影像创意与制作能力、文化品牌推广与传播能力等。对专业能力的重新审视需要确保学校教学与业界需求的无缝对接。

3. 教学策略设计

教学策略按照功能包含组织策略设计和管理策略设计。组织策略设计是根据所选择的教学范围确定如何组织教学内容，关键在于如何合理分配时间、结合最佳的教学内容取得最佳教学效果。管理策略设计是专门针对人文学科开展创新创业教育相关制度安排、人员安排和使用工具的设计等。人文学科对社会问题的关注要打破常规思维和原有学科的局限，实现文史哲等基础学科之间的融通、人文科学与社会科学之间的融通，甚至是人文学科和生物、信息等之间的交叉研究。[①]如沈阳城市学院的汉语言文学专业以互联网为平台、以塑造辽宁文化品牌为核心，成立的辽河文化研究院，全面研究辽河文化的历史地位，推动辽河文化研究

---

① 陈鹏：《"新文科"要培养什么样的人才》，《光明日报》2019年5月20日第8版。

的学术争鸣，旨在树立辽宁的文化形象，增强辽宁的文化自信。扶持了一批与传统文化传承及辽宁文化传播有关的创新创业项目，包括辽河文化文创产品设计项目、国学教育项目、文化服务项目等。

4. 教学过程设计

教学过程设计是整个教学设计的载体，教学目标、教学内容、教学策略以及教学资源都要在教学过程中体现。在整个教学过程中，将教师的教和学生的学相融合。对于人文学科创新创业教育来说，教学过程设计不能仅仅停留在理论层面，需要结合具体的实践，使学生通过直接接触得出更直观的感受；最后通过对整个教学过程进行归纳总结，进一步优化教学效果。

5. 教学资源设计

教学资源主要包括教材、课件、实验器材、创新创业基地等。传统人文学科的教学往往采用"一支笔、一本书、一张嘴"就能满足教学需要。然而，信息技术的广泛应用推动了人文学科教学发生了巨大变化，借助现代科技更新教学方式和手段，如使用虚拟现实交互技术增强课堂教学呈现形式、引进在线课程拓展阅读资源等。

(三) 第三环节：开发阶段（D）

开发是根据已经做好的教学分析和教学设计，对教学资源进行应用，对教学内容进行开发。开发环节又包含知识选取和分解、师资力量开发、资源开发利用等细节。

1. 知识选取和分解

选取并分解知识始终要围绕教学目标和教学内容，在向学生传授本学科相关知识的同时渗透创新创业知识，开发学生的创新创业思维、培养学生的创新创业能力。新文科建设中的一个主要目标是试图打通学科障碍和专业壁垒，消除制约人才发展的瓶颈。如语言学、哲学等学科可以与信息科学等融合发展，打造"文+医""文+理""文+工"等专业学科群。当然，这些学科专业群不是传统专业之间的简单叠加，而是对知识生产和再生产进行重组与重构。①

---

① 权培培、段禹、崔延强：《文科之"新"与文科之"道"——关于新文科建设的思考》，《重庆大学学报》（社会科学版）2021年第1期。

2. 师资力量开发

目前，高校普遍缺乏具有交叉专业的新文科师资资源。开展人文学科创新创业教育要充分开发利用校内师资，也要聘请校外创新创业人员和企业家等进行指导和教学，实行导师制为学生提供一对一或一对多教学指导。

3. 其他资源的开发利用

随着时代发展对新文科人才培养不断提出新的要求，人文学科创新创业教育除了需要具备常规的教学资源外，也面临着越来越多的实验需求，在教学、科研的许多环节也需要实验室的支持。因此，文史哲等专业在开展创新创业教育过程中，要以解决实际问题为导向，建设具有学科特色的新型实验室，将先进技术与模式融合到实验室平台，有效提升学生的科研创新能力。

（四）第四环节：实施阶段（I）

教学实施环节主要包括三个具体环节：课前预习、课中互动实践、课后反思总结。教师设计课前预习所需资料和预习内容，课中实践是利用所拥有的创新创业资源将知识转化为实践。针对课前预习和课堂互动的教学效果，教师和学生分别要对课堂内容进行反思和总结，从而提升课堂教学效果。

（五）第五环节：评价阶段（E）

通过评价可以反映出创新创业教育整体的教学情况和教学效果。

1. 评价原则和标准

人文学科创新创业教学中的评价要针对学生的学习态度、学习知识的能力、创新创业能力和发展能力进行评价，而不只局限于对创新创业项目数量的评价，要更注重质量评价。

2. 评价主体和评价方式多元化

评价主体由教师、学生和专家等多元主体构成。以学生为主体能够调动学生参与专业学习和创新创业活动的积极性，以专家为主体的评价能够直接给出学生创新能力和社会需求之间的差距。评价方式包括形成性评价和总结性评价。形成性评价是在开展教学分析、设计、开发和实施环节过程中形成的，并贯穿其他各个环节。总结性评价是实施阶段的最后一个环节，是对教学结果的直接评价。①

四 基于 ADDIE 模型的人文专业创新创业课程设计原则

基于 ADDIE 模型设计的人文学科创新创业教育，其原则包含师生双中心原则、实用性原则和交互性原则三个方面：

1. 师生双中心

首先，教师和学生作为人文学科创新创业教育的教学者和教学对象，二者的地位同等重要。一方面，由于人文学科创新创业教育起步较晚，高校及教师都处在探索的过程中，人文学科创新创业教育实行导师制更加突出强调教师的重要性，教师自身的能力会影响教学质量和学生学习的热情和学习效果，因此，首先应坚持以教师为中心的原则；另一方面，作为创新创业教育的主体，学生的地位与教师同样重要。学生作为创新创业教育项目的实际承担者，他们创新创业的意愿、思维和能力直接影响创新创业项目能否顺利实施以及实施的效果。因此，在创新创业教育过程中，绝对不能忽视学生作为教学对象的主体地位，否则会本末倒置，不利于创新创业教育的开展。

2. 坚持实用性原则

传统人文学科存在过于注重基础理论、与经济社会发展实际情况脱节的现象比较突出。因此，人文学科专业的创新创业教育需坚持实用性的原则，教师要关注社会发展实际，跟随社会发展和时代进步的步伐，精准对接国家战略、市场需求，通过优化专业体系，设计创新创业课程教学模式，培养学生将知识转化到实践的能力，构建具有中国特色的人文社会科学创新创业教育体系。

3. 坚持交互性原则

人文学科创新创业教育要坚持交互性原则，即要强调师生间的交流和互动。在具体教学实践过程中，教师要提前为学生构建具体的创新创业应用场景，鼓励学生主动与教师展开讨论，提升师生互动交流的效果，而不是一味采用"教师讲、学生听"的单向教学模式。通过构建互动性强的人文学科创新创业教育课堂，鼓励学生积极参与到教学互动中，不

---

① 陈鹏：《"新文科"要培养什么样的人才》，《光明日报》2019 年 5 月 20 日第 8 版。

断提升人文学科学生的创新创业能力。

通过对 ADDIE 模型和人文学科创新创业教育相结合的教学模式的探索，明确这一教学模式的具体运行步骤和所遵循原则，并推动高校创新创业教育的发展。

第三节　经管法类创新创业教育体系

经管法类学科，包括经济、管理和法律三个学科门类，用"经管法"学科名称来表达是习惯性的用法。地方院校的经管法类学科在为地方经济发展提供法治保障和智力支持的同时，也培养了与各级地方经济社会发展相契合的高学历创新复合型人才。

一　经管法类学科与创新创业教育融合的逻辑

经管法学科均是应用性较强的学科，不但经济、管理和法律学科间具有天然的互融互通优势，而且这些学科与国家、社会和各地区经济发展紧密相关。因此，经管法学科专业教育与创新创业教育具有鲜明的内在关联，将二者进行融合具有共通的逻辑关系，具体表现在以下四个方面。

（一）学科应用性强

经管法类学科的研究领域，应用性非常强，在很大程度上与企业运营与管理具有内在共通性，而创新创业教育又大都围绕企业创立展开。因此，经管法专业在学科理论知识传授和实践能力培养过程中，与创新创业教育具有天然的内通性。同时，两者处在共同的社会时代背景下，以提升人才培养质量、以满足社会人才需求为目标，具有学科互融性。

（二）学科与创新创业教育关联强

经管法学科在学科知识层面，与创新创业教育具有天然的内在关联，对提升人才专业水平具有促进作用。地方院校经管法学科教育可以以企业设立和经营实践为载体，专业理论知识和能力培养与创新创业教育互促互融。创新创业教育凝聚了历史、社会、人文和技术等学科知识，而经管法学科专业教育是创新创业教育的基点，为提升学生创新创业意识、增强创业能力奠定了必备的学科基础。

（三）创新创业教育是经管法人才培养的拓展

创新创业教育是高校经管法学科专业人才培养的进一步拓展与深化。地方院校在人才培养的过程中应该将经管法专业的创新精神、创业意识和创新创业能力长期系统性培育作为学科育人的重要目标。

（四）校企合作助力经管法创新创业教育落地

校企合作能够有效助力地方院校创新创业教育与经管法学科专业人才培养的良性互动。从创新创业课程建设方面，可以紧抓校企融合关键点，激发学生创新创业意识、激活专业学习动力，完善合作育人保障体系，从而提高应用型人才培养质量。

二　基于QFD的经管法创新创业教育理念

（一）质量功能展开模型QFD

质量功能展开模型QFD（Quality Function Deployment）是一种多层次的演绎分析方法，其将顾客或市场的需求转化为设计需求、零件特性、工艺需求和生产需求。[①] 质量展开模块——将客户需求转化为产品设计需求；功能展开模块——将设计需求转化为适当的组件、过程和生产需求。通常的QFD质量屋模型由左墙、天花板、房间、屋顶、右墙和地下室等几个广义矩阵组成，其基本形式如图3－2所示。

（1）左墙——WHATS输入项矩阵，代表"客户需要什么"及其重要性。通常，客户的需求有很多，需要确定具体需求和相应需求的权重。

（2）天花板——HOWS矩阵，说明如何根据需要做。有什么方法和手段可以满足客户的需求。这就是"技术特性"，它是根据客户的需求而定。

（3）房间——相关关系矩阵，表示了客户需求与技术特性之间的关系，需要把顾客需求转化为技术特性，并将它们之间的关系表示出来。

（4）屋顶——自相关矩阵，它表示技术特性（产品特性）之间的关系。需要根据一个技术特性的变化，来看是否会引起另一个特性的变化。

（5）右墙——评价矩阵，从顾客的角度进行产品的多方位竞争评价，包括从市场对产品的评价判断产品在市场中的竞争力、顾客对现有产品

[①] 范闻翻：《QFD理论在高校创新创业教育课程设计中的应用研究》，《当代教育理论与实践》2021年第13期。

的评价、顾客对改进产品的评价等。

（6）地下室——HOWS输出矩阵，包括所选产品质量属性的重要性、公司产品及竞争对手相应产品技术要求的满足程度等。

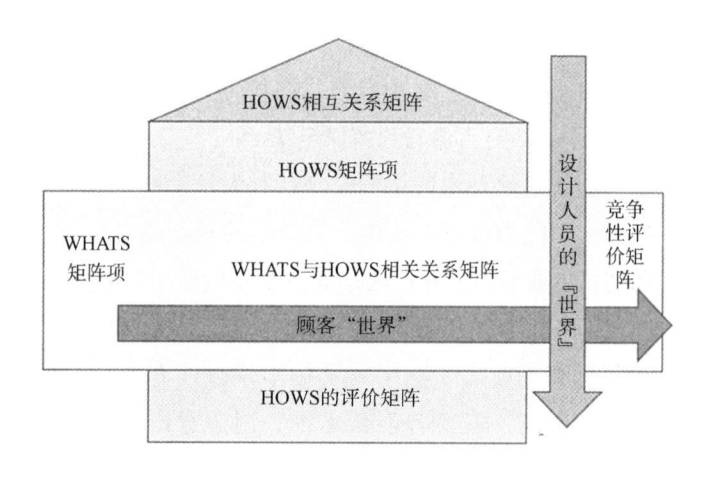

图3-2 QFD质量屋的基本形式

] ˥˪『』通过对QFD质量屋的定性和定量分析，得到了质量屋的输出项HOWS项，即完成了从"需要什么"到"怎么做"的转换。QFD质量屋在各个阶段的投入和产出都是由市场客户的需求直接驱动的，从而保证最大限度地满足市场客户的需求，这是市场规律在质量保证工程实践中的体现和应用。

（二）基于QFD模型的经管法创新创业课程理念

1. 利益相关者的确定

将高校经管法学科创新创业人才培养参与者分为核心利益相关者和重要利益相关者，前者包括教师、创新创业人才、高校，后者包括政府、企业、人才中介等社会力量①。政府主要依据教育产生大量的人才储备，满足社会经济发展需要，最终达到增强国家竞争力的目的。地方院校作为人才的培养者，肩负着培养满足其他利益相关者对人才培养质量需求

---

① 王永丽：《高校创新创业人才培养路径研究——基于"利益相关者"视角》，《当代教育实践与教学研究》2017年第11期。

的重任,而高校也可依据培养成果获得声誉和更广阔的教育资源;企事业用人单位作为高校人才的最终消费者,期望人才的培养质量是能够直接转化为其所需要的技术和生产力,从而提高企业效益;学生及家长则基于社会对人才的技能素质等需求和学生自我实现的需要及家长期望,对高校创新创业人才的质量培养提出一定的要求。因此,经管法学科创新创业人才培养利益相关者主要为政府、高校、企业、学生四类。

2. 经管法学科创新创业课程的需求要素

经管法学科创新创业人才培养不仅是针对大学生专业能力的培养,也需要对他们进行通识能力教育。其中,大学生的专业能力包括专业理论知识技能方面和创新创业能力方面;通识能力主要包括学习能力、适应能力、社交能力、独立思考能力、人格魅力、应变能力和组织协调能力等①。

经管法学科创新创业人才除了要掌握本领域的专业学识外,还要具备创新创业能力。首先,需要有创新思维、创业意识,才会有从事创新创业的热情;其次,创新创业的关键是创业实践能力和创新能力;再次,信息处理能力主要表现为对当今时代信息的把握,创新创业是当今时代的发展趋势,因此关于创新创业方面的信息处理能力尤为重要;最后,创业热情贯穿经管类创新创业人才工作,尤其是进行创业活动,这对创业成功起着至关重要的作用。

面对创新活动和创业项目需求,经管法学科还需要具备通识能力,如需要具备学习能力,以解决实践过程中遇到的问题和困难;还需要具备适应能力来适应变化的工作环境和氛围等。在工作时,需要与其他专业人士进行大量的沟通交流和合作,因此需具备社交能力和组织协调能力。另外,面对创新和创业项目变化,很多情况下需独立思考和应急能力进行科学合理决策。最后,经管法创新创业人才的个人品质在任何时刻都非常重要,体现为人格魅力和卓越的领导力。

因此,对应经管类创新创业人才的需求可以转换为经管法创新创业课程的需求,具体初始需求要素如表3-1所示。

结合利益相关者需求的相应表述,并进行删减修改凝练,可以得到经管法学科层次化的创新创业课程需求指标(见表3-2)。

---

① 陈向明:《对通识教育有关概念的辨析》,《高等教育研究》2006年第3期。

表3-1 经管法学科创新创业课程的初始需求要素

一级需求	二级需求	三级需求
创新创业课程	创新创业知识要求	创新创业知识，主要包括专业知识、经营管理知识、综合性知识等。如创新/创业工具或方法、创新/创业实例、商业知识、财税知识、政策法规知识、科技知识、人际交往知识等
	创新创业能力要求	创新思维，指人类以创新为目的，在对传统思维方式进行反思的基础上提出的用以解决社会问题的一种崭新思维活动样式，是综合运用已有知识、信息、技能和方法，提出新方法、新观点的思维能力
		创新能力，是为达到创新目的而对头脑中已有知识和思想观念进行综合加工、提出新见解的能力
		创业意识，是指人们征服自然、改造社会，进而改变自身，追求美好生活的强烈愿望和动机
		创业实践能力，是指解决问题能力、解决实际商业问题能力等
		创业热情，是指创业冲动、创业激情等
		信息处理能力，是对收集到的信息，能通过适当的处理，读取出其中隐含的、有意义的信息的能力；信息能力指理解、获取、利用信息能力及利用信息技术的能力
	通识能力要求	学习能力，指观察和参与新的体验、把新知识融入已有的知识、从而改变已有知识结构的能力
		适应能力，是人们在社会中为了更好生存而进行的心理上、生理上以及行为上的各种适应性的改变，与社会达到和谐状态的一种适应能力
		社交能力，是人们在各种场合中的礼仪、礼节；待人接物、处理复杂的人际关系、在社交活动中的表现以及对合作者的尊重等
		独立思考能力，是根据自身既有的经验积累与从中发展出的思辨能力对事物进行独立的、有时具有批判性的判断
		人格魅力，是指一个人在性格、气质、能力、道德品质等方面具有的很能吸引人的力量
		应变能力，即人在外界事物发生改变时所做出的反应，可能是本能的，也可能是经过大量思考过程后所做出的决策。有良好应变能力，能审时度势，随机应变
		组织协调能力，即根据工作任务对资源进行分配，同时控制、激励和协调群体活动过程，使之相互融合，从而实现组织目标的能力

表 3-2　　　　　　　经管法学科创新创业课程的需求要素

一级需求	二级需求	三级需求
经管法创新创业课程	A1 创新创业知识要求	A11 创新创业思维工具知识
		A12 商业知识
		A13 财税知识
		A14 政策法规知识
		A15 科技知识
		A16 人际交往知识
	A2 创新创业能力要求	A21 学习能力
		A22 创新解决问题的能力
		A23 应对变革的能力
		A24 创业实践能力
		A25 沟通与合作能力
		A26 信息处理能力
	A3 创新创业素质要求	A31 创新创业意识和精神
		A32 创新创业思维
		A33 人文素养
		A34 伦理道德

（三）经管法创新创业教育 QFD 质量屋构建

通过设计多级 QFD 质量屋将对经管法学科创新创业人才培养需求逐步转化成地方院校创新创业教育第一课堂的教学要素需求。借鉴已有研究，在创新创业第一课堂教育过程中关注课程教学过程的质量，通过构建"学生创新创业发展需求—教学实施过程—教学质量保证"二级质量屋[①]，再将学生创新创业向教学过程、教学条件、教学要素配置方向展开，除了考虑必要的课程实施微观层面，还必须包括课程结构、课程内容、课程保障等宏观层面因素。

依据本书对第一课堂的定义要求，选择与教学关联更大的教学资料/资源、师资队伍、课程评价、课程体系/结构、教学方式、教师激励、管

---

① 丁善婷、钟毓宁：《基于 QFD 的高校教学质量保证体系》，《中国质量》2008 年第 10 期。

理机构、课程内容、教学过程等，其中融合创新创业文化/氛围、教育目标/目的、实践活动/项目、实践基地、教育形势等要素。具体而言，教学资料/资源包括资料丰富、资料新颖；教学方式主要包括理论讲授、案例分析、模拟实训、参观访谈、混合式课堂、基地实习调查与讲座报告；课程内容有商业类、法律类、财税类、科技创新类、心理类；教学过程则涉及课程结构安排合理、课时量合理、授课生动有趣、引导启发学生参与、考核形式灵活多样等方面。根据内容相关性，将教学资料/资源、教学方式、课程内容、教学过程归类为"教学规划要素"；将教师背景、教师教学水平、教师师德、教师激励、评价机制与专业机构归类为"教学保障"（见表3-3）。

构建起创新创业课程体系 QFD 两级质量屋（见图3-3），分别为教学规划屋和教学保障屋，将学生创新创业发展需求依次转化为对教师课程教学、教学保障方面的要求。其中教学规划屋中需要确定教学规划要素，即构建质量特征屋的"天花板"，还需要构建学生创新创业发展需求与教学规划之间的相关矩阵，即完成教学规划屋"房间"的构造，进而获取关键教学规划要素。教学保障屋中需要确定教学管理要素，即构建质量保障屋的"天花板"，还需要构建教学规划与教学保障之间的相关矩阵，即完成质量保障屋"房间"的构造，进而获取关键教学保障要素。

三　经管法 QFD 创新创业课程体系构建策略

（一）课程教学规划

1. 合理构建经管法创新创业第一课堂体系

借鉴国内地方院校经管法相关学科创新创业课程设置，提出包含创新创业引导与认知课程、创新创业思维与认知提升课程、创业管理实践课程和创业模拟提升课程模块的第一课堂开设建议。在教学过程中，地方院校可以采用的教学方法主要包括案例教学法、问题式教学法和模拟教学法等（见表3-4）。

表 3-3　　　　经管法创新创业课程教学规划及保障要素

质量特性	二级特性	三级特性
教学规划	B1 课程教学条件，包括教材及教学案例库、课件、教案及参考资料等	B11 丰富
		B12 新颖
		B13 多样性
		B14 易获取
	B2 课程教学内容的系统性	B21 操作实践类
		B22 经营管理类
		B23 社交沟通类
		B24 科技与法规类
	B3 多元化的教学方式采纳性	B31 课堂理论授课
		B32 案例讨论
		B33 模拟实训
		B34 参观访谈
		B35 混合式课堂
		B36 基地实习调查
		B37 讲座报告
	B4 教学过程的顺畅性	B41 课程结构（是否是选必修、通识、专业课等）
		B42 课时
		B43 教学生动
		B44 引导启发
		B45 考核灵活
教学保障	C1 师资水平	C11 教师背景
		C12 教师教学水平
		C13 教师师德
		C14 教师激励
	C2 教学质量评价	C21 评价机制
		C22 专业机构

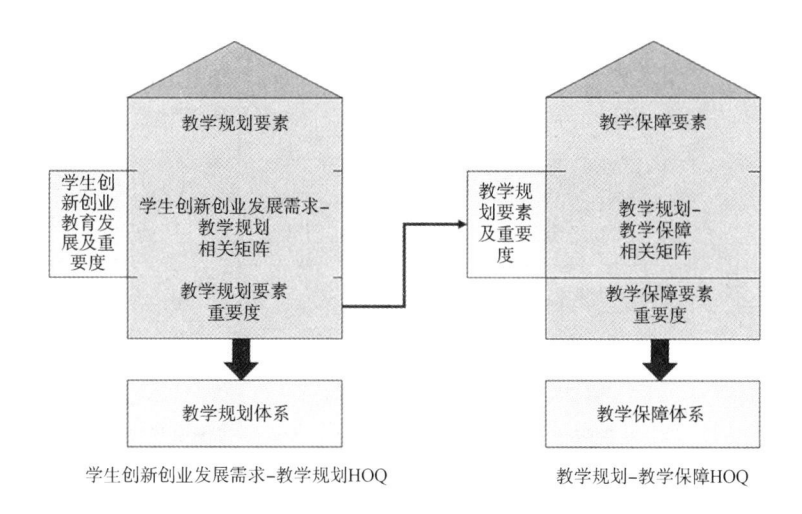

图 3-3　经管法创新创业课程体系质量功能展开模型

2. 注重课程思政引领和人文素养培育

（1）地方院校经管法学科专业在课程内容教学中，还要注重融入创新创业教育和思政教育，彻底解决创新创业教育、思政教育、专业教育貌合神离的问题。例如，在"人力资源管理"的教学中，可通过以下路径在思政引领的情境下将创新创业教育和专业教育进行有机融合：

挖掘与提炼思政和创新创业元素，提升学生知识赋予意义的能力。首先，通过第一课堂的理论教学，将新时代的企业伦理、儒法道家等管理思想、孙子兵法等中国特色的人力资源管理理念融入人力资源管理专业知识体系。其次，通过在智慧树等网络平台实现教学团队成员教学资源共享，形成学生之间、师生之间有效地互动，让学生享受获得知识的成就感，在潜移默化中实现价值观引导、职业道德和社会责任等人格培育内容，达到课程知识点与核心价值观融合、与道德观融合、与人生方向融合。最后，充分发挥产学研协同育人机制，以案例教学、创设社团协会、参与创新创业项目、开展企业家进课堂等活动实现知识、能力和素养三个体系的融合。

表 3–4　　地方院校经管法学科创新创业第一课堂课程设置

建议开设模块	序号	建议课程名称	课程属性	教学方法
创新创业引导与认知课程	1	"创业概论"	全校通识课	案例教学法
	2	"走进创业"		案例教学法 案例教学法
	3	"商业模式创新与设计"	学科通识课	案例教学法
	4	"电子商务商业模式设计与创新"		MOOC 问题式教学法
	5	"如何高效学习"		案例教学法 问题式教学法
	6	"《论语》中的人生智慧与自我管理"		案例教学法
	7	"情绪管理"		案例教学法
	8	"有效沟通技巧"	全校通识课	案例教学法
	9	"创新思维训练"		案例教学法
	10	"科学研究与实践"		问题式教学法
	11	"大学生职业生涯规划"		案例教学法
创新创业思维与认知提升课程	12	"创意的构思与实现"		模拟教学
	13	"从无到有：创新、创业、创造未来"		问题式教学法
	14	"抓住商机：理性与不理性决策"	学科通识课	问题式教学法
	15	"危机管理"		案例教学法
	16	"数字时代的管理"	全校通识课	案例教学法
	17	"数学的思维方式与创新"	学科通识课	问题式教学法
	18	"创新创业领导力与执行力"		案例教学法
	19	"九型人格之职场心理"		案例教学法
	20	"创新设计学"		案例教学法
创业管理实践课程	21	"创业管理：成功创建新企业"		案例教学法
	22	"创业与战略管理前沿"		案例教学法
	23	"企业职权架构设置：基于公司治理"	全校通识课	案例教学法
	24	"资本市场与公司金融基础"		问题式教学法
	25	"决策行为实践探索"		案例教学法 问题式教学法
创业模拟提升课程	26	"创业模拟"		校内模拟
	27	"创业：职业生涯的转折点"		案例教学法 问题式教学法
	28	"创业营销"	学科通识课	案例教学法
	29	"产品供应链：设计与管理"		问题式教学法 案例教学法

完善人力资源管理课程大纲，健全课程教案设计要点。将爱国、富强、敬业、民主、法治、诚信等思政元素和创新创业导向融入课程教学体系。在职业生涯规划的教学中，通过案例教学法挖掘和分析国内优秀的企业家、创业者成功职业生涯经历，以分组讨论方式，启发学生明白职业成功不但需要有良好的职业理想、目标，科学合理的规划，还需要在职业发展过程中不断克服艰难困苦、自强不息的创新与创业精神。

（2）在当今经济全球化、政治多元化的背景下，社会经济发展对经管法学科人才综合素质的要求越来越高，不仅需要精通专业知识的专门人才，更需要具有丰富人文素养的综合人才。人文素养教育从人的精神世界和文化世界出发，引导人们去思考人生的目的、意义和价值，可以培养人的内在品格和修养，激发人的创造潜能，追求人性的完善与完美，增进学生精神的张扬和思维视野的开阔。同时，人文素养教育能让人参透人生世事，看到超越生命的理想与价值，树立高尚的道德情操。中国传统文化中的"修身、齐家、治国、平天下"，其起点为修身，即是指向人文素养教育。①

例如，对社交沟通类课程，教学内容建议引入心理学、伦理学、社交礼仪、社会学、文学、美学、行为学等学科相关知识。在"运筹学"课程教学改革和课程优化过程中，分别从历史观、系统观、哲学观及综合与交叉的角度，论述融入人文素养教育的"运筹学"（通识课程）的教学改革与实践探索。此教学实践能充分激发学生的学习兴趣，启发心智，提升人才培养的综合素质，提升经管类专业大学生的人才培养质量。

3. 多元化创新创业实践能力课程培养模式

由于经管法学科实践性较强，可以通过多元的创新创业实践课程教学模式，激发学生的创新创业兴趣和热情，培育学生的创新意识，强化创业精神，使学生能用创业的思维和行为准则开展工作，并具有创造性地分析和解决问题的能力，以提高创新创业能力和水平。

在实践课程中结合经管法学科（专业）教育的相关知识，教师要根据社会经济动态发展的变化，以开放协调建设为理念，不断优化实践教

---

① 魏欣、马良、张惠珍等：《融入人文素养教育的"运筹学"（通识课程）教学研究》，《上海理工大学学报》（社会科学版）2021年第3期。

学的内容，加强实践教学过程的模式创新，引导学生主动参与到实践教学的培养过程之中，逐步形成自主性、个性化、研究性学习模式。将创新创业课程的教学内容与国内外的经济形势、区域经济结构、相关产业发展情况、区域创业政策等因素紧密结合，保持同步更新。通过搭建产学研合作平台，大力推进以创新创业人才培养为核心的实践教学体系改革。

在具体教学过程中，可以通过模拟实训，结合理论知识，引入线上资源，在创业机会识别、团队管理、财务分析、市场营销等方面均开设模拟实训相关课程内容。基地实习调查，根据行业和地域特点安排学生实习，保证每位学生都有相应的实习岗位；讲座报告，每学期安排两次企业管理者就创业领域相关内容开展讲座；参观访谈，组织学生进入企业观摩学习，由一线管理人员为学生具体讲授岗位特点、操作流程、工作职责等知识，使学生能够理论联系实际，对岗位有深度认识。

4. 丰富课程资源以顺畅教学过程

针对创新创业课程多以选修课为主，必修课及自建在线资源较为匮乏的问题，可以通过积极引进优秀网络公开课的方式，丰富课程种类及资源，并加强对经管法创新创业优秀课程资源及精品开放课程资源的开发，搭建经管法创新创业网络共享平台，保证优秀课程资源流动。此外，建议教师的课件和教案向学生公开，有条件的学校建立经管法创新创业课程课件平台或参考资料数据库，收集和发布课件教案供学生预习、复习和自习。同时，与资料室、图书馆等合作，构建经管法创新创业教育资料库，为学生创新创业实践提供信息参考和知识拓展。

在教学过程中，要将教师主导和学生导向相结合，改变教师"一言堂"的现状，充分调动每名学生的学习积极性，给学生充分的表达自己的认识和主张的机会，让学生带着问题学习和思考，提高学生学习积极性。坚持以问题为导向的教学方法，在理论教学和实践教学过程中，鼓励学生向"权威"挑战，激发学生敢于提问题、善于提问题、提出好问题的兴趣，鼓励学生利用所学的理论知识去分析问题和提出解决问题的新方法、新思路。此外，还要改革教学方法，创新教学手段，在优化课程体系建设、更新课程内容的同时，注重适时引导教师转变教学思想观念，鼓励其采用慕课、微课等信息化教学手段，采用探索启发式、讨论式、研究式教学，以培养学生自主学习的能力与创新精神。

（二）完善教学保障

1. 打造经管法"衔接型"创新创业师资队伍

打造经管法"衔接型"创新创业教育的师资队伍。所谓"衔接型"就业创业师资队伍，就是把当前地方院校的师资队伍分为三个类型：其一是高校创新创业教育指导专职教师，其侧重点是对创新创业教育的基础理论知识的传授和讲解，注重课堂上理论知识的讲解；其二是高校聘请的综合型的校内外兼职教师，方向倾斜于经管法专业，其侧重点是把上一个层次的理论知识和创新创业实践结合，注重把创新创业的理念和想法转变为可实现的创新创业计划；其三是以学校聘请与经管法专业相关的社会成功人士、优秀企业家为主的实践型兼职老师，其侧重点是在创新创业的实践和运作上做出指导，解答经管法专业学生在创新创业过程中遇到的疑问。在创新创业教学师资水平保障方面，要加强与企业的合作，推动教师走进企业进行挂职锻炼。

对于地方重点与普通院校，可结合专业自身可持续发展的基本要求与本专业教师实际需求及工作重点，结合信息技术，有针对性地开展培训活动，形成基于一定主题的师资培训工作坊。同时，邀请企业信息平台专家或者社会中优秀的行业专家进入高校对专业教师进行培训，及时发现教师在教学中存在的不足并给予引导帮助。对于地方职业院校，在培训内容上，可构建"岗前培训、学位提升、高级研修"三位一体的培训体系，岗前培训指对教师进行的最基本的能力和素质的培养；学位提升是指创新创业教师与经管法专业结合，全面提升创新创业教师的专业化水平；高级研修是指对有一定创业经历或者创业教育资历较深的老教师，为了进一步提升其研究水平和实践创新水平所提供的研究平台。

2. 建立对学生的多方位评价机制

在对大学生的评价机制上，采用多种评价手段来展开对学生创新创业能力和综合素质的评价。作为教学手段，将学生表现进行考核对"教"与"学"具有评价作用，对存在的问题具有反馈诊断作用。随着对学生由重知识向重能力的转变，课堂教学方法也发生了转变，对应的创新创业教育教学的考核方法也要调整，应该打破常规采用纸笔测验的传统考试方法，采用项目考核、答辩等考核方式以考查学生在项目创新创业实践过程中的实践能力。答辩考核方式有助于提升学生的语言组织和人际沟通等创新创业需要具备的素质能力水平，这种方法的考核对学生提出了更高的要求，更能体现创新创业教育的目的和特点。此外，从传统的注重结果转变为注重过程，注重大学生在课程学习过程中的表现，可以尝试将部分课程按照等级制进行考核，避免学生过分追求分数，根据学生的课程表现、结业作品及其他加分项为学生划分级别。

3. 注重教师创新创业教育的过程考核

在对教师的考核上，要改善重科研的现状，转化为学术与实践培养相结合、重视课程质量，使学生学有所获、研有所得。出台相应政策，将课程评估结果与教师绩效工资相挂钩，以提高教师对创新创业课程的重视程度，促使其不断改进教学方式，提高教学质量，保证教学效果及学生培养质量。此外，建立科学合理的创新创业课程教学质量评估体系，注重课程教学质量的过程考核，通过专家评价、教师互评、学生评教等形式对教师的教学态度、教学水平、教学方法和教学效果等方面进行全面评估。

第四节 理工科创新创业教育体系

理工科包括理科和工科，统称为理工科。其中理科包括数学、物理学、化学、生物学等理学学科，工科包括机械、土木工程、建筑学等工学学科。虽然是统称，但是理科与工科是有区别的。理科学科注重理论研究，工科学科注重实际操作，即"理科培养科学家，工科培养工程师"。

一 理工科创新创业教育理念

（一）理工科创新创业教育的意义

中国经济经历了20多年的快速发展，增长速度趋于放缓，之前低成本制造业优势逐渐消失，突破经济发展的瓶颈需要依靠创新，尤其是技术创新（知识转化为产品、工艺、服务）。党的十八大以来，创新被认为是国家发展全局的核心工作，国家高度重视科技创新，围绕实施创新驱动发展战略，加快推进以科技创新为核心的全面创新，提出了一系列新思想、新论断、新要求。"创新发展"被摆在首要位置；在高质量发展中，"创新成为第一动力"成为首要特征；敢于创新、矢志创新、锐意创新，成为中国战胜各种风险挑战、赢得未来主动的关键。中国"十四五"规划和2035远景目标纲要中明确了创新驱动高质量发展战略。创新之于中国未来，从未显得如此重要，也从未显得如此紧迫。从目前来看，国际环境日趋复杂，不稳定性不确定性明显增加，国际经济政治格局复杂多变，这都需要我们尽快解决"卡脖子"问题，摆脱在关键核心技术上受制于人的被动局面，以高水平的科技自立自强应对国际风云变幻。① 在此背景之下，对于理工科的创新创业教育应主动应对新一轮科技革命与产业变革，支撑服务创新驱动发展、"中国制造2025"等一系列国家战略。

创新对于理工科的高等教育，也从未显得如此重要。教育部2016年提出"新工科"概念，要求围绕新技术、新产业、新业态和新模式创新发展的需求，以新理念、新结构、新模式、新质量、新体系推进工程教育的全面改革与建设。2018年，教育部印发《教育部关于加快建设高水平本科教育 全面提高人才培养能力的意见》。同年，教育部、工业和信息化部、中国工程院联合发布《关于加快建设发展新工科实施卓越工程师教育培养计划2.0的意见》，基于"国家战略发展新需求、国际竞争新形势、立德树人新要求"，指出了新理工科的创新发展方向。通过实施"六卓越一拔尖"计划2.0，在全国高校掀起一场"质量革命"，全面实现高等理工科教育的内涵式发展。② 新工科教育的理论产生于中国工科教育的实践创新，而新工科教育的实践也需要理论创新成果来引领和指导，理论与实践相结合，更好地回应发展和需求的变化，构建新工科教育的系统轮廓，提升学生的创新思维、创新潜力和创新能力，培养一大批工科紧缺人才、爱国奉献和勇于创新人才、推动传统产业改造和发展战略性新兴产业的人才。③

---

① 李克济：《人民财评：以创新驱动引领高质量发展》，http：//sc.people.com.cn/n2/2022/0530/c345167-35293157.html。
② 人民网：《六卓越一拔尖计划2.0掀起一次中国高教"质量革命"》，http：//edu.people.com.cn/n1/2019/0430/c100631059188.html。
③ 张炜：《新工科教育的创新内涵与美国工科教育的观念演变》，《中国高教研究》2022年第1期。

目前，据相关统计数据显示，中国理工科高校多处于产业化率和科技成果转化率"两低"的窘境，全国科研成果转化为生产力的水平较低，与发达国家有较大差距。[①] 在中国本科生创业者中，如果按照创业者所属的学科门类划分，位于前三位的依次是文学、工学和管理学，占比分别为26%、24%和20%；属于工学的创业者比重不足1/3。如果将创业者所属的专业仅按照文科和理工科两类进行比较，则文科创业者占比52%，要远远高于理工科创业者的占比34%[②]。高等教育没能充分唤醒理工科大学生进行技术创新与创业的热情、潜能和动力，不利于技术创新与创业活动。

在创业领域与创业层次方面，大学生的创业领域主要集中在第三产业，而且基本上都是低端服务业，涉及科技服务业、生产性服务业等高端服务业的很少，涉及战略性新兴技术和高技术创业的就更少，根本没有体现出大学生尤其是理工科大学生在工程技术领域长期积累的学习优势和专业能力。如何有针对性地设置适合理工科学生特点的创新创业课程体系是一项重要课题。将理工科学生的优势结合在创新创业教育中，培养出高层次的、具有战略眼光和风险意识的高层次创新创业人才，无论对创业者个人还是对国家突破经济发展瓶颈都具有重要而现实的意义。

另外，相比其他类型的大学的学生，理工科的教育更注重培养学生的逻辑思维、创新思维、创新精神和实践能力。理工科大学的学生在创新思维能力上有其自身的特点，如思维敏捷，但缺少系统的创新思维方式；有创新思维的潜能，但缺少系统的挖掘与开发；创新意识比较强，但创业的主观动力不是很强。因此，在针对理工科大学生的教育上，尤其是创业教育以及创业教育课程体系上，应该针对理工科大学的学科特点和学生的特质，进行针对性的课程建构，以激发学生的创业意识和创业潜能。

---

① 沈彬、谭桂斌、罗嘉文等：《新型研发机构促进理工类高校科技成果转化的路径分析》，《科技管理研究》2021年第4期。

② 王悦、王莉静、舒喆醒：《理工科专业创新创业课程改革研究》，《黑龙江教育》（高教研究与评估）2020年第10期。

(二) 理工科 C-STEAM 创新创业教育理念

STEAM 课程教育是集科学（Science）、技术（Technology）、工程（Engineering）、艺术（Art）与数学（Mathematics）多领域跨学科融合的综合教育，强调知识跨界、场景多元、问题生成、批判建构、创新驱动，其意在提倡用跨学科的方法教授科学、工程等方面的知识，引导学生适应不断更新的专业知识和快速变化的社会生活，支持学生以学科整合的方式认识世界，以综合创新的形式创造世界，培养解决问题的创新能力[1]。詹泽慧等学者首次提出 C-STEAM 教育理念[2]，在 STEAM 教育基础上加入本土文化（Culture），即文化情感、文化理念、文化价值或文化产品，以传承中华传统文化为目标，融合各学科知识，促进学生的全面发展。当前，建设新工科的重要任务就是对接新兴产业，培养具有"创新创业能力"和"跨界整合能力"的工程科技人才。新工科建设目标是可以更好地实施国家创新驱动发展战略"中国制造 2025""互联网+"和"一带一路"倡议等，推动产业更好地转型升级，促进以新技术、新业态、新产业为特点的新经济快速健康发展。[3] 因此，基于新一轮的科技和产业革命正在驱动着新经济的形成与发展，在以信息化和工业化深度融合为突破，以商业模式和体制机制创新为标志的新工科大背景下，理工科的重要任务就是对接新兴产业，培养具有"创新创业能力"和"跨界整合"能力的理工科科技人才。可以利用 C-STEAM 教育模式构建地方院校理工科创新创业教育课程体系，从建设目标、建设内容、建设措施三个方面进行详细分析，以期为其他学科创新创业课程体系建设提供借鉴。

中国高校创新创业教育是以培养具有创业基本素质和开创型个性的人才为目标，理工科创新创业教育培养目标定位于"高层次的创新创业者"，具体体现为：高新技术创新、具备风险意识、具备伦理和社会责任

---

[1] 赵慧臣、周昱希、李彦奇等：《跨学科视野下"工匠型"创新人才的培养策略——基于美国 STEAM 教育活动设计的启示》，《远程教育杂志》2017 年第 35 期。

[2] 詹泽慧、李克东、林芷华：《面向文化传承的学科融合教育（C-STEAM）：6C 模式与实践教学》，《现代远程教育研究》2020 年第 32 期。

[3] 钟石根、康乃美、雷志忠等：《新工科创新创业教育的目标与课程体系探索》，《创新与创业教育》2018 年第 9 期。

感和可持续性创业。① 综合创新创业教育目标和理工科人才培养目标,并融入理念,明确地方院校理工科创新创业课程体系的教学目标,使学生成长为具备扎实的专业知识和职业技术技能、敏锐的行业科技创新发展洞察能力、创业类基础知识和数学类通识知识,从事理工科工作的高素质创新创业型人才。除此之外,融入文化素养培育的 C-STEAM 教育理念还应该培养具有家国情怀和社会责任心,能够利用企业及产品推动人类文明共同进步,用新科技和新产品服务全世界,造福全人类,于创业成功后感恩回馈社会。

二 理工科 C-STEAM 创新创业课程体系构建

(一) 理工科创新创业教育总体目标要素

地方院校理工科各专业创新创业教育的总体目标可区分为经营管理企业的创业者、自我工作岗位的创造者和良好创新创业素质的社会公民三个类别,通过包括知识体系、素质结构和能力目标三个方面的目标能力要素来进行构建。地方院校理工科创新创业教育总体目标的具体设置见图 3-4。

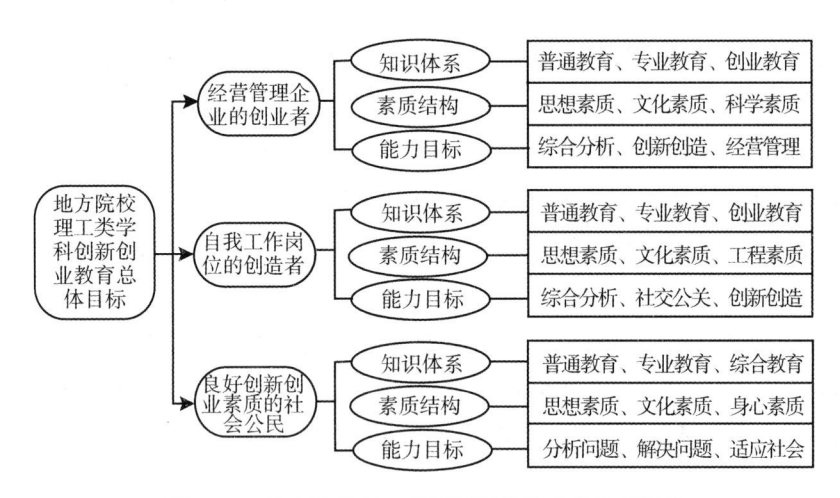

图 3-4 地方院校理工科创新创业教育总体目标②

---

① 赵慧臣、周昱希、李彦奇等:《跨学科视野下"工匠型"创新人才的培养策略——基于美国 STEAM 教育活动设计的启示》,《远程教育杂志》2017 年第 35 期。

② 宋之帅:《工科高校创新创业教育模式研究》,博士学位论文,合肥工业大学,2014 年。

(二) 理工科 C-STEAM 创新创业课程体系

地方院校理工科可以基于创新创业教育的总体目标需求，利用 C-STEAM 教育理念，构建创新创业课程体系。该课程体系强调从课堂知识到现实情境的有机衔接、从理论方法到实践操作的相互印证、从知识经验的加强到实际研发能力的提升，其知识体系框架如图 3-5 所示。

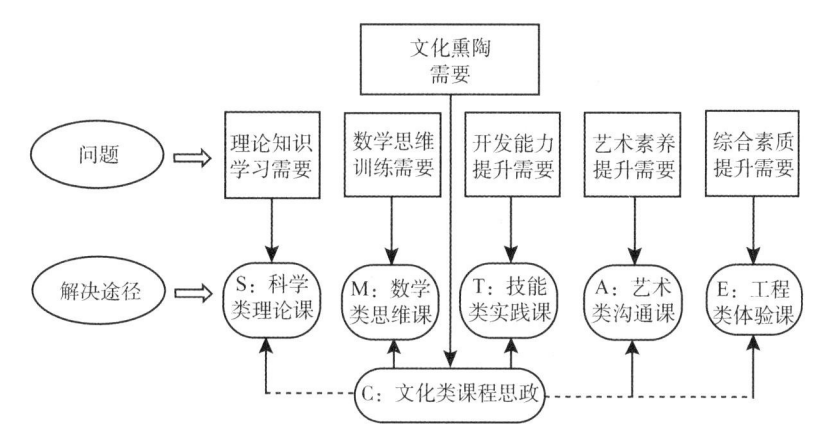

图 3-5 地方院校理工科 C-STEAM 创新创业知识体系

1. 以文化为核心的课程思政

本模块是指通过课程思政的形式融入所有课程，找寻融合点，将传统文化和思政教育融入教学，培养学生正确的价值观、道德观和职业观。例如，上海大学教授、中国高等教育学会教学研究分会副理事长叶志明曾在"课程思政之建设与实践"的主题报告上，介绍了在土木工程学科课程中讲好中国故事的自身实践：中国历史上土木工程对人类的贡献，中华民族遗产名录中土木工程的贡献，上海大学土木工程系对上海的城市建设与发展的贡献，以及上海大学土木工程系的艰苦创业过程和优秀教师、优秀学生的典型案例等。通过案例讲述了其对创新创业教育和专业教育的理解，希望在一门课程中赋予学生除了知识以外更多的精神和价值财富，书品如人品；融入思政元素的课程应该成为经典知识的传授课程、立德树人的楷模课程、创新创业的典范课程、科学精神的历练课程、治学品质的示范课程。

2. 以科学为核心的理论课程

以科学为核心的理论课程是高校理工科创新创业课程体系建设的核心，技能类和工程类课程都须在科学类课程学习的基础上展开，科学类课程主要包括通识课、专业课（专业核心课、专业选修课）和创新创业知识课程，具体如下：

第一，以专业课形式存在的专业知识课程，如机械工程一级学科下的工业工程专业的机械类、管理类理论知识都是以这类课程进行传授。

第二，以通识课形式存在的相关学科知识课程和创新创业知识课程，如人文、历史、哲学等社会科学知识和创新创业等基础知识课程，有助于拓宽学生知识宽度，培养学生创新创业意识。比如，通过开设"职业生涯规划与发展"和"大学生 KAB 创业基础课程"两门通识必修课程，"创业精神和实践""创业政策解读""优秀企业文化"三门通识选修课程，使学生掌握创新创业的基础知识理论，熟悉创业基本流程和方法，了解创业的法律法规和相关政策。

第三，将创新创业知识融入专业课程，形成有针对性、有特色的专业课。因为理工科专业的差异性，不同专业学生进行创新创业活动时的兴趣点是不同的，需要的相关知识也会有差异，因此与专业融合的创新创业类专业选修课就是很好地解决问题的办法。如工业工程专业可以开设制造类企业创业案例分析课程，主要讲授和梳理关于国内外制造类企业的创新、创业、管理和营销等。

3. 以数学为核心的思维课程

以数学为核心的思维课程作为理工科创新创业课程体系建设基础，为技能类和工程类课程提供必要的思维方法和实践手段。数学类课程主要包括基础数据课程、应用数据课程和提升类数学课程设计。

第一，以学科专业必修课形式存在的基础数据课程，包括数学的有关理论、知识和方法的传授，如"高等数学""线性代数""概率论""数理统计"等课程，是培养学生数学素养的基础内容。

第二，以学科专业选修课形式存在的应用数学类课程，主要培养学生应用数学知识和数学方法解决具体问题的能力，是基于主动的选择、运用数学知识而应具有的一种素质，主要课程包括《数据结构》《运筹学》和《统计学》等。

第三，以学科专业选修课形式存在的提升类数学课程。按照分类培养的原则，针对有数学深层次需求的学生开设计算数学、管理数学类高级课程，如"数学建模""数据分析"等课程，培养学生的计算思维等深层次的数学思想，以利于学生进行数学知识的迁移和应用，进而提高学生的创造力。

4. 以技能为核心的实践课程

以技能为核心的实践课程是理工科创新创业课程体系建设的关键，是将科学类和数学类课程所学知识、理论、方法应用于实践的途径。技能类课程主要包括基础实践课程、专业实践课程和综合实践课程，可从以下几个方面进行设计：

第一，基础实践课程是在理论课程中增加实践教学环节，培养学生基本技能和基础实践能力。可通过课程实验、社会调查、参观见习等方式实现。该实践课程可由各学院/系结合实际自行设定。

第二，专业实践课程是在经过专业知识的系统学习之后，把所学知识运用到实践中的实训课程，是对学生创新实践能力的培养。专业实践课程包括实践性强的创新创业课程，比如山西师范大学物理与信息工程学院物理学专业将"创新创业实践"作为专业选修课。

第三，综合实践课程，重点培养学生的综合实践能力和创新能力，主要包括毕业实习和毕业设计。毕业实习是大学生选择与专业相关的企业，在企业导师和校内导师的指导下，投入现实实践中，在工作中锻炼自己的综合能力。毕业论文是学生自选主题，对所学专业知识综合运用体现，锻炼学生的科研能力和创新能力。

5. 以艺术为核心的沟通课程

以艺术为核心的沟通课程开设的目的是提高学生的创新创业鉴赏能力和分享交流能力，提高学生的艺术素养和培养学生的设计思维。建议设置理工科创新创业作品欣赏、理工科创新创业选题鉴赏以及加强理工科学生沟通协作能力的课程，如理工科学生的人际沟通与交往能力培养，并作为学科通识课设立；可将这些课程设置为较少的课时量，用较短的周数完成。

6. 以工程为核心的体验课程

以工程为核心的体验课程是将科学类、数学类和技能类课程所学知识、技能等综合运用的体验课程。主要包括科研项目、创新创业竞赛和创业平台，这些尽管属于第二课堂的内容，但在第一课堂中需要设置相应内容的课程教学，可以从以下几个方面进行。

第一，设立科研项目申请微课。科研项目是学生锻炼科研能力和创新能力的有效途径。学生参与的科研项目主要有两类：一类是教师的科研项目，学生在导师的指导下参与并承担一部分工作，了解科研的各环节，学习科学研究的方法，体会科研精神，进行创新思维；另一类是本科生自主科研项目，学生自主选题，设计项目的研究内容、方法和计划，并完成科研项目。对于第一类可以邀请有指导学生意愿的教师在课堂上讲解自己的项目，以吸引学生使其产生兴趣，感悟某个领域科研的魅力，从而更积极申报科研项目。对于第二类可以讲授如何进行项目申请书的写作。

第二，设立创新创业类竞赛讲解微课。创新创业类竞赛是激发学生科研兴趣和创新精神，培养学生掌握创新过程和基本方法的活动课程。大学生竞赛主要分为综合性竞赛和专业性竞赛，综合性的竞赛有"互联网+"大学生创新创业大赛、"挑战杯"全国大学生课外学术科技作品竞赛、全国大学生创业大赛等，专业性竞赛有全国大学生数学建模大赛、全国大学生市场调查与分析大赛等。但是这些大赛很多学生并不了解也不清楚如何申报商业计划书和路演，通过设立创新创业类竞赛讲解微课，起到宣传比赛、让学生学会如何进行商业计划书写作等，通过课堂体验式教学，让学生彻底了解相关知识。

第三，设立创业平台微课堂。创业平台是学校组织的为学生提供创业项目引领、培育和支持的平台。通过创业平台微课堂的讲解，使学生熟悉如何在创业实训基地、创业孵化园、科技园区等进行模拟和真实的创业。在授课过程中，还可以结合企业走访、校友访谈、创业调研等方法帮助学生树立正确的创新创业观，启蒙学生的企业家精神。

三 理工科 C-STEAM 创新创业教育课程体系的保障

（一）校院两级的分工合作，融合创新创业教育和专业教育

从学校层面，整合全校资源，合理设置创新创业学分，以通识必修课和通识选修课的形式进行创新创业知识的传授，注重培养学生的创新思维和创业意识。

在二级学院工作中，可以将创新创业课程按照创新思维类、创业实务类分类，并结合学科专业进行选择，可包括"创新思维与创造力""企业家精神""企业组织与企业管理""商业模式""创业案例分析"等。创新创业教育必须融入专业教育中，学院在这一过程中承担主要任务。学院层面要依据培养目标和专业特色，以专业必修课和专业选修课的形式进行学科专业领域创新创业知识的传授，注重培养学生创新创业能力及实践技能。专业创新创业课程开设可从两方面进行，一方面是在专业基础课程的教学过程中主动将专业领域最新研究成果和行业发展趋势引入教学；另一方面是设置专业创新创业课程，讲授专业创新思维、创新方法和创业技能，主张创新手段与专业知识的紧密结合以及创新方法的实践运用。

（二）合理设置实践教学学时，丰富实践教学模式

地方院校需依照人才培养目标，合理分配教学时间，确保在完成理论教学的基础上，加大实践教学学时的比例，通过实践教学强化学生理论知识的学习效果，提高学生创新创业能力和综合素质。同时丰富实践教学环节和模式，吸引学生积极投身实践教学。一是在理论课教学中增加多样化实践环节，通过参观、调查、实操等手段方式实现理论与实践结合后的创新创业教育能力；二是不断更新实践教学内容，保证实践教学技能训练与行业技术需求一致；三是以项目驱动的方式调动学生实践积极性，通过案例教学、讨论、自主学习等手段，培养学生发现问题、解决问题以及理论联系实际的能力[①]。在该方面，建议地方重点高校侧重创新实践、地方普通和职业院校侧重创业实践。

---

① 蔡琼：《面向创新创业能力培养的应用型高校实践教学优化探索》，《智库时代》2019 年第 7 期。

沈阳化工大学是国家级"大学生创新创业训练计划"实施院校和辽宁省"大学生创新创业训练计划"A类实施院校。在"大众创业、万众创新"的国家战略下，学校加强领导、加大投入、强化资源整合，制定了全校创新创业教育培养体系规划，通过构建五维度递进式创新创业实践教学体系，全面推进大学生创新创业教育和实践活动，不断激发大学生的创业热情和创新潜能，大力挖掘和转化有发展潜力的创业项目，有力提高了创新创业人才培养质量。①

（三）提高教师专业素质，构建多元化教师队伍

要扭转教师观念，培养教师创新创业意识，通过创新创业教育教师培训或到企业锻炼等手段，提高教师队伍的专业化水平及整体素质。同时，要打造一支多元化的理工科创新创业教育师资队伍，可通过聘请企业优秀的研发人员和技术人员作为专业兼职教师，定期讲授创新实践课程，介绍行业技术发展、企业创新活动和对人才的要求等。此外，聘请优秀的企业家、创业者等走进校园，通过讲座等形式和师生面对面沟通交流，分享创业经历和市场热点，辅助高校创业教育与社会、市场以及生产实践对接，使学生对创业理论知识和实践技能有更加深层次的了解，也从整体上提高了高校创新创业教师队伍质量。②

第五节　农学类创新创业教育体系

农学，是农业科学领域的传统学科，以解决人类的"吃饭穿衣"为首要任务。农学是研究与农作物生产相关领域的科学，包括作物生长发育规律及其与外界环境条件的关系、病虫害防治、土壤与营养、种植制度、遗传育种等领域。农学是研究农业发展的自然规律和经济规律的科学，因涉及农业环境、作物和畜牧生产、农业工程和农业经济等多种科学而具有综合性。

---

① 沈阳工业大学：《创新创业学院简介》，https://cxsy.syuct.edu.cn。
② 钟石根、康乃美、雷志忠等：《新工科创新创业教育的目标与课程体系探索》，《创新与创业教育》2018年第9期。

一 农学类创新创业教育课程体系改革必要性[①]

创新创业教育的目的是培养学生的创新思维和创新能力，提升学生实践水平，激发其创业能力，为国家培养创新创业人才。因此，创新创业教育课程体系建设需要把全面提高农学类专业学生的综合素质作为根本出发点，将创新创业教育、专业教育、素质教育有机融合，从根本上提高农学类人才的培养质量，为国家提供农学类创新创业人才储备和保障。具体来讲，地方院校农学类创新创业课程体系改革的必要性如下：

1. 国家经济发展的基础

专业供给侧改革和主动适应经济发展新常态，是高校服务区域社会经济发展的客观要求。一轮科技革命和产业变革要求地方农学类创新创业教育及时把握新时代、新业态、新需求，对接一二三产业融合发展新要求，主动适应农林产业结构调整，与产业链、创新链对接，以创新引领创业、以创业带动就业，主动适应经济发展新常态，有效服务区域社会经济发展，从而推进教学、科研、实践紧密结合，培养一批多学科背景、高素质的复合型农业人才，实现现代农业与人才培养供给侧改革。

2. 新农科发展的需要

2018年9月17日，教育部、农业农村部、国家林业和草原局发布《关于加强农科教结合实施卓越农林人才教育培养计划2.0的意见》。2019年6月28日，全国涉农高校的百余位书记校长和农林专家在新农科建设研讨会上发布了《安吉共识——中国新农科建设宣言》，提出新农科建设要肩负脱贫攻坚、乡村振兴、生态文明和美丽中国建设的使命。宣言中提出，新时代对农学类学科教育对接农业创新创业发展新要求，要更新农学人才培养模式，提升大学生的创新意识、创业能力和科研素养，培养卓越的农林人才。

新农科建设可以分步推进，走"融合发展""多元发展""协同发展"之路。对农学类学科专业来讲，要打破固有的学科边界、专业壁垒，推进农科与理工文学科的深度交叉融合；多元化推动农林教育特色发展，

[①] 张建军、黄庆林、张党省：《新农科建设背景下高职涉农专业创新创业教育改革探索》，《中国农业教育》2021年第22期。

服务国家粮食安全、农业绿色生产和生态可持续发展的多元化需求；以多方协同推动优质学科教育资源共享互动。通过切实抓好创新创业教育课程建设，打造一批农林类一流课程和一流实践基地，让农林教育走下"黑板"、走出教室、走进山水林田湖草，补齐农林教育实践短板，以深化高等农林教育人才培养供给侧改革，加快培养创新型、复合应用型、实用技能型农林人才。

因此，地方院校落实新农科发展的新需求，改革相应学科专业的创新创业教育课程体系，是提升农学类教育核心竞争力的客观要求。新农科发展建设要求围绕产业对农业生产的细分进行专业设置，着力建构面向农林行业需求的新农科知识体系。地方院校通过农学类创新创业教育改革，实现校企合作、农产结合和科农融合，是地方院校彰显办学特色、提高教学质量的重要途径。这些也要求地方院校要增强区域农业核心竞争力，助力乡村振兴，实现多学科交叉融合、跨学科学习、校内外协同。

3. 学科多元融合发展的客观要求

健全创新创业教育课程体系，引领农业职业教育多元化、融合发展的客观要求。目前，农村经济呈现出经营主体多元化、产业发展多元化格局。因此，农业类创新创业教育要对接现代农林业发展新要求，顺应产业融合发展新趋势，与多学科融合发展，要农工结合、农理结合、农医结合、农文结合，提高学生综合实践能力，促进人才培养由学科专业单一型向多学科融合型转变。通过开设跨学科专业的交叉课程，挖掘和充实各类专业课程的创新创业教育资源，建设依次递进、有机衔接、科学合理的创新创业教育专门课程群，构建有针对性和实效性的创新创业教育课程体系，促进专业教育与创新创业教育有机融合，实现资源整合，探索创新型、复合型、应用型农林人才培养新模式。

二　基于三链融合的农学类专创融合课程体系构建

（一）产业链—创新链—人才链"三链融合"教育理论

推动人才培养教育链与创新链、产业链的深度融合以实现协同育人，是新时代高校深化创新型和应用型人才培养模式改革的重要命题。① "产业链"是生产各部门基于技术经济联系形成的一条从技术到生产再到市场的链条，包含价值、企业、供需和空间四个维度。产业链的上、中、下游模块链按照供需关系，依托人力、资金、技术、产品等进行价值交换，在各要素（主要是技术要素）的驱动下，将新型产品或服务推向市场②。创新链是从科学知识、技术知识到经过技术创新环节实现产业化的过程③。面对不同的工作场景和受众对象可将其划分为面向企业的创新链、面向市场的创新链、面向高校的创新链、面向科技的创新链、面向效益的创新链等。人才链是从高等教育体系出发，以学生为教育起点、以教学各环节为中心、以就业单位为终点的教育链条。从产业链的角度出发，人才链是高校嵌入产业链，围绕产业链目标进行合作、调整、优化所形成的利益共同体。从创新链的角度出发，人才链是技术创新的主体，是决定创新链高质量的基础④。

高校作为国家创新体系的重要主体之一，承担着人才培养、科学研究、社会服务、文化传承创新等功能。在国家大力推进创新驱动发展，加快科技体制改革的现实背景和"大众创业、万众创新"的时代潮流中，高校要自觉提升科技创新能力，不断优化培养和输送创新人才、加快成果转化等方面的力量。面向高校的创新链，立足于国家和社会需求，主张通过改革和完善培养方式来培育和提升大学生创新能力，进而为创新驱动战略和区域经济社会发展提供智力支持与人才支撑⑤。可以说，创新链与高校学生创新创业能力的培养具有极强的关联性，创新链与人才链需实现共进。可见，尽管产业链、创新链和人才链分别属于产业、科研和教育三种不同研究范畴，但"三链"之间紧密相连，不可分割。因此，

---

① 徐新洲：《"三链融合"培养创新型和应用型人才研究》，《学校党建与思想教育》2021年第24期。
② 吴金明、邵昶：《产业链形成机制研究——"4+4+4"模型》，《中国工业经济》2006年第4期。
③ 蔡翔：《创新、创新族群、创新链及其启示》，《研究与发展管理》2002年第6期。
④ 张喜才：《京津冀高等教育链与产业链协同发展研究》，《现代管理科学》2018年第10期。
⑤ 张海玉：《基于创新链的高校研究生创新能力培养路径研究》，《煤炭高等教育》2017年第35期。

要求高校作为农业类创新创业人才培养主体，主动适应高新技术企业的新要求，以人才链为中心对接产业链和创新链，完善人才培养办法，改革创新创业课程体系。

（二）基于三链融合的农学类创新创业课程体系

农业产业是一个复杂的系统，涉及农业、工业和服务业三大行业。从产业链角度来看，是一系列农业相关产业环节连接而成的链条，包含基本链条及辅助链条，基本链条由农产品生产、加工、储存、运输、销售等环节串联而成，而辅助链条则涵盖了农业科技的开发及推广链、农业资金的筹集及使用链等与基本产业环节相关联的一系列辅助服务活动[1]。

把创新创业的要素和内涵贯穿在农学类各专业课程和教学任务中，推进专业教学紧贴技术进步和生产实际，全方位地引导学生创新意识的形成、创新思维的锻炼及创新能力的提升；要根据工作岗位和工作任务整合传统课程体系，围绕现代农业全产业链与当地产业发展推进"产业链—创新链—人才链"深度融合，以产业或专业（群）为纽带，推动专业人才培养与岗位需求衔接，人才培养链和产业链对接，按农业全产业链条构建融入"三创"、对接"三链"的专创融合课程体系，提高课程的高阶性、创新性、挑战度。

探索构建融入"三创"、对接"三链"的专创融合课程体系，搭建产教融合、校企合作的校内校外创新创业实践平台，实现课程体系和实践平台内植入创新创业"基因"[2]。围绕农业产业链，部署创新链和人才链，而人才链对接产业链和创新链这一思想，对农学类创新创业课程提出如下优化措施：

1. 能力结构角度：校企深度合作

（1）构建与岗位技能匹配的创新创业课程体系。根据农业产业各细分产业链的需求，让教学内容一一对应，尽量覆盖农产品加工、储运、运输、销售等各个环节，开设农产品深加工与创新创业、农产品储运与

---

[1] 詹瑜、崔嵬：《农业产业链理论与实证研究综述》，《贵州农业科学》2012 年第 5 期。
[2] 张建军、黄庆林、张党省：《新农科建设背景下高职涉农专业创新创业教育改革探索》，《中国农业教育》2021 年第 4 期。

营销等方向的创新创业课程。

首先，部分课程可以以学科选修通识课或者专业课的形式存在，确保学生既学到学科专业核心知识，又可以根据自身职业发展规划，选择不同的创新创业课程进行学习。

其次，在课程内容改革方面，建议地方院校在课程体系构建过程中邀请企业专家、学院专业教师等成立课程开发委员会，将农学专业对接产业链，从各个岗位需求出发，共同合作，开发出与专业岗位相对接的课程内容和技能体系，形成以工作任务为主线、业务流程为动线的核心课程，并逐年进行市场调查，进行研判修正，确保课程设置方向与行业发展一致。

比如，浙江农林大学农学类畜牧专业，立足畜牧人才需求和产业发展，以畜牧业产业的"育种—繁殖—推广链"和"生产—加工—销售链"为基本单元，纵向延伸产业价值创造链，以产业链为中心构建创新链和人才链。同时，横向融合畜牧学领域，将专业知识链中的跨领域跨学科基础知识，如生物信息学、人工智能与自动化、管理学等进行整合重构，实现资源互通共享，避免形成"专业孤岛"，解决了学科专业课程设置中所出现的盲目性和"碎片化"问题，克服了功利性和"多而散"，构建与产业链紧密联系、相互配套的畜牧专业课程群，使其课程设置、人才培养模式与畜牧产业发展高度融合[①]。

（2）实践教学对接农学产业链和创新链，地方院校可以联合企业组建产学研协同与育人基地，将农业理论教学与生产实践教学进行有机融合。在为提供农学类技术研发、技术咨询和技术服务等项目的同时，组织学生开展实习实训和生产实践，通过不同层次的生产实践平台培养学生农业领域全产业链实践经验和创新能力。这样既能促进学生实践技能和专业素养的提高，又能有效提升高校毕业生的就业率和就业质量。比如，可围绕农业产业链某个环节，提炼创新创业要素，以项目的形式进行教学；也可采用密集学习的形式，使学生系统掌握；鼓励学生参与技能大赛，以赛促学，将所学技能融会贯通。

---

① 马中青、孙伟圣、李光耀：《浙江农林大学林业工程类专业人才培养体系的构建与实践》，《教育教学论坛》2019 年第 3 期。

不同层次类型的地方院校，应依据各层次农学类人才培养定位和创新创业教育目标的不同要求，把创新创业教育理念和内容融入课程教学，在创新创业通识课程学习的基础上，使学生较好地了解和把握其基本规律以及创新创业实践的基本方法。在传授专业知识过程中适时地增加农业产业的最新科研成果与更新的技能，组织学科专业带头人、行业企业优秀技术人才，共同编写满足农业人才创新创业教育，具有科学性、先进性和适用性的教材和实训指导书，助推学生从能就业到就业好的目标实现。

2. 知识结构角度：重构创新创业知识课程组合

地方院校农学类各专业可以构建可组合、可拆分的创新创业课程和学科专业课程并存的课程模式，让部分创新创业课程内容融入学科专业课程教学过程中，提高创新创业课程的学习效率和与学科专业课程的衔接紧密度。例如，将创新创业通识选修课尝试融于生物技术与作物改良、农业生态学等课程中，在满足学生提高专业课时需求的同时，也可以让创新创业知识和学科专业技能联系得更紧密，培养出优秀的人才。

基于农村经济呈现经营主体多元化、产业发展多元化的新格局，地方院校要对接现代农林业发展新要求，顺应农村一二三产业融合发展新趋势，促进人才培养由学科专业单一型向多学科融合型转变，开设跨学科专业的交叉课程，通过设立跨学科拓展类课程，深化与提升创新创业基础课程知识。

3. 职业素养角度：设立面向农业的文化与沟通类课程，构建"学习共同体"

地方院校可以结合自身所处的地理位置，结合不同的地方文化，引领农业类学生树立创新创业意识和精神，比如黄山学院依托底蕴深厚的徽州文化，开设了"徽州文化"等彰显地域文化和时代精神的课程；整合校友资源，收集整理近 10 年黄山学院学生创新创业案例 245 例，其中包括了大量农业类案例，建立了创业资料库并编辑出版了《大学生创新创业案例集》等教材，使在校生学有标杆、追有目标。

此外，培养学生农学工匠精神、道德操守也需要体现在课程设置中，地方职业类院校对该方面的要求更高。由于农业类学生更倾向于在体验中学习，因此可以通过构建"学习共同体"加以完善。"学习共同体"就是学生形成不同的小组，在每个课程加入 1—2 个需要共同完成的任务，让学生在日常学习中不断与他人磨合，强化人际沟通体验，学习团队合作，了解如何化解冲突，增加学生人际交往能力。另外，在大学生创业价值观课程中设置真实的职业道德情境，在教师的引导下，让小组同伴在合作、交流、观点碰撞中形成自己的职业价值观和道德观，促成职业道德和价值观的养成。

三　构建农学类创新创业课程体系策略

（一）构建校企协作机制协同培养人才

校企合作是促进人才培养供给侧和产业发展需求侧结构性改革，促进农学类专业创新创业教育"三链"相互衔接、深度融合的重要手段。通过农学类专业的校企产协同创新，可以培育学生成才、促进专利变现、助推项目孵化，从而实现地方院校长期可持续发展，推动农业企业转型升级，使校企产多方互利共赢。为此，要打通校企融合办学的政策与制度壁垒，探索与企业联合招生和委托培养的新途径，鼓励行业、企业以更积极的态度和更灵活的方式参与合作办学，通过双聘协议聘请行业领域的农学产业教授、技术工匠、企业高管开展联合教学。

（二）构建专创教育互植体系

在开展通识教育的过程中充分把握"互联网+"时代背景，开设"互联网+创业"教育，由单一课堂教学模式向多维课堂教学模式转变，带领学生从课堂到实践，形成"线上+线下"和"课内+课外"的一体化教学。

在设计专业课程体系时，根据专业性质设置"创业+专业"的专创教育。在教学设计的过程中按照农学类产业创业的特点，挖掘出专业特有的创业性质的潜能，让学生能在未来的职业生涯中把握时机进行创业，提高创业机会的识别和捕捉能力。

设计拓展课程时要构建因材施教型农学类专创教育。经过通识课程和专业基本课程的学习，再设计和建立个性化、定制化的校企合作创新创业教育的订单班，此班的课程设计要依据学生的创业偏好及潜质设置课程，以学生为中心，因材施教，提高学生的课堂参与度，设计不同农学类专业的专创教育方案和创业方案。一方面，教师可以结合专业导论和企业成功经验教授学生必备的创业理论和实践知识,并准确引入企业成功的案例。另外,还要注重学生参与式体验教学,插入讲座教学,适时引入企业高管为学生开展系列的创业讲座等,让学生更真实地接触、体验实际的企业运营。对于包含创业课程内容的课堂要鼓励学生走出学校课堂,走进产业和企业现实环境,充分调动农学类学生的创业热情。

(三) 构建"三师型"师资队伍

增强学生创新创业能力以培养高素质农业人才,地方院校迫切需要优化当前的创新创业师资队伍,可以通过打造"三师型"① 师资队伍,提高创新创业教师的专业理论知识和实践经验。比如,可以组织教师参加创新创业培训,鼓励教师考取相关资格证书;也可以通过"引育并举"的方式提高创新创业教师队伍的整体素养。②

第六节　医学类创新创业教育体系

医学,是通过科学或技术的手段处理人体的各种疾病或病变的学科。它是生物学的应用学科,可分为现代医学(通常说的西医学)和传统医学(包括中/汉医、藏医、蒙医、维医、朝医、彝医、壮医、苗医和傣医等)多种医学体系。研究领域大方向包括基础医学、临床医学、法医学、检验医学、预防医学、保健医学、康复医学等。

一　"分阶段+差异化"医学类创新创业教育课程体系构建

医学高等教育是中国卫生健康事业发展的基石。2020年9月国务院办公厅发布关于加快医学教育创新发展的指导意见,指出医学教育还存在人才培养结构亟须优化、培养质量亟须提高、医药创新能力有待提升等问题。这对地方院校医学类学科专业立足基本国情,持续深化本科教育改革以医疗服务需求为目标,以创新创业教育为抓手,分类培养研究

---

① 所谓的"三师型"教师,是指集服务于职业型、创业型人才培养的院校教师,企业工程师(具有实践职业经验的高级人才)和科研导师三位一体的教师类型。
② 马乐元、程东林、汪精海:《农林类高校创新创业教育课程体系建设现状与对策探析》,《创新与创业教育》2018年第9期。

型、复合型和应用型医疗行业高素质人才提出了更高的要求。因此,地方院校医学类学校要加快医学教育创新发展,全面提高人才培养质量,大力培养"一专多能"复合型医学创新人才。

(一)医学类创新创业教育课程体系总体建设思路

医学类创新创业教育课程体系应按照教育、实践、孵化三线合一的基本发展路径,集聚创新创业资源,循序渐进、有计划地推进和实现"广谱式"医学创新创业人才培养。即既要开展服务于全体学生的普惠式创新创业教育,对有创业意愿的学生给予个性化培养和指导,又要将创新创业教育融入专业教育的"全过程",从而构建"分阶段+差异化"的创新创业教育课程体系,总体思路见图3-6。

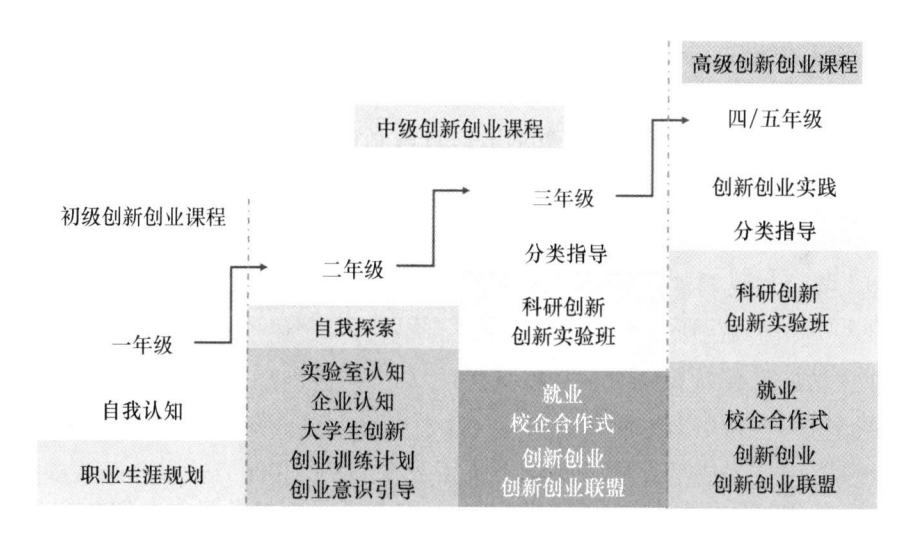

图3-6 "分阶段+差异化"的医学类创新创业教育课程体系

(二)"分阶段+差异化"的医学类创新创业教育课程体系

地方院校医学类专业创新创业教学课程体系构建可以通过设置初级、中级和高级"金字塔"式分阶段创新创业课程体系,并结合不同的医种专业类型,实现"分阶段+差异化"推进创新创业课程的开展。

1. 初级课程

地方院校医学类第一层次创新创业教育是初级创新创业教育,主要通过课程设置进行创新创业基础知识的传授,培养学生具有最基本的创新意识和创业精神。此类初级课程主要面向医学类大一、大二全体学生，课程开展的形式是学校通识必修课和选修课。创新创业意识和精神是创新创业活动的先导，对于刚入学的新生，创新创业意识和能力都很欠缺，医学生更是如此。通过对学生意识和精神的培养，学生可以正确认识创新创业，提高自信心，使他们具有强烈的创造欲和勇于面对困难的志向。

面向大一医学类专业学生可以设置创新创业入门课程和导学课程，激发学生对创新创业的热情，比如"创业学""创意思维概论""创业哲学""企业家精神""创业心理学""创业精神与实践""创造性思维与创新方法"等课程。针对大二学生可以设置创新创业基础理论课程，有意识地引导学生将创新创业与专业学习相结合，夯实创新创业理论基础，如"新企业创立""企业管理""创业融资""风险资本""创新创业""创业经济法""实验室认知"等课程。

2. 中级课程

中级创新创业课程要注重学生创新创业素质和能力的提升，主要以融合专业课程教育的方式面向大三学生和大四学生开设。可以根据学生的意向进行分类指导，比如可以分成科研创新类（创新试验班）、就业类（校企合作制）和创新创业（创新创业班）三种类型。针对科研创新类，侧重加强论文写作、试验课程的设置；就业类课程，采用校企合作共建课程的形式进行开设。针对创新创业类，可通过多设置创新创业实践指导课程，鼓励学生参与创新创业实践，组织学生参加创新创业大赛、专家讲座、模拟企业运营等实践活动，将创新创业理论知识运用于实践中。

结合涉及医学类的不同医种专业，地方各级院校可对中级创新创业课程进行差异化设置，实施差异化人才培养，根据学校各医学专业特色着重提升学生创新创业知识和专业技术技能。比如，具有传统中医学专业的地方院校可以结合中医药特色，开展中医药相关的创新创业教学内容，通过课程、讲座及实践等多种教育模式形式，促进学生深刻理解专业内涵，启发学生将创新创业活动与所学专业知识相结合，在学科专业基础上开展创新创业教育实践。

下面以中医药特色为例，介绍如何构建包括"医药类""国学类""互联网＋"等模块的中医学专业特色创新创业课程教育体系：

医药类课程。结合中医药人才培养的规律和特点，研究建设一批有中医药特色的创新创业课程组，结合中医药行业发展趋势，让学生的创新创业知识和他们的专业技能有机融合，提高中医药学生的创新创业能力。比如，成都中医药大学开设了中医类课程"中医经典课程临床实验""中医思维与名医之路""中医民间疗法""临床营养学"等；有中药类课程"中医药知识产权保护""医药企业管理学""中药商品学""道地药材现代研究""土壤肥料学通论""现代生物技术概论""中药制剂新技术与新剂型"等。此外，还探索开设了"中医养生康复""中医药旅游文化""中药日化""中药药膳"等课程。

国学类课程。国学是中医药的根基，为培养医文兼通的高素质中医药复合型创新创业人才，可开设国学文化精粹等国学类课程，加强中医药学与国学的多维连接与融合，促进中医药传承、创新和可持续发展。比如成都中医药大学已开设"国学要义""中国古代史""中国古代哲学""中国古代文学""古代汉语""现代汉语""论语导读""中国文化""中国传统文化与中医药"等与国学相关的课程，几乎涵盖了人文学科类的相关课程。

"互联网+"类课程。以中医药为特色，建设中医药互联网类创新创业课程，如成都中医药大学现有五门中医药类线上精品课程"药事管理学""中外医学史""药用植物学""中药学""方剂学"，还有"中药药理学""针灸学""内科护理学""中医药创新创业""中医药针灸学""中医养生学""医学美学""中医药文化传播和普及""中医思维解析"等16门校本慕课课程。[①]

商业管理类课程。在学生具备一定专业知识的基础上，提高学生的创业素质和能力，此阶段可以开设如"专业市场调研""市场营销""人力资源管理"等课程。

此外，由于地方高职类院校医学类学科培养的是面向基层的应用性技能型人才，专业实用性强，技术含量高，班级分类上可以灵活删除科研创新类，保留就业类（校企合作制）与创新创业类，在创新创业课程设置上要紧密结合专业及社会需求，可以通过开设专业必修课程的形式开展创新

[①] 成都中医药大学：《慕课资源》，https：//cdutcm.fanya.chaoxing.com/portal/schoolCourseInfo/columnCourse？columnId=39828&pageNum=2。

创业教育,如开设"医疗企业创办基础知识""医馆开设""乡镇诊所之路"等,此类课程可邀请一些有实战经验的行业大师、技师等来主讲。还可以以获取职业资格证书的形式开展,如育婴师、中药调剂师、保健按摩师等,获取一个医学类专业证书可换算成修业的学时/学分。

3. 高阶课程

地方院校医学类高阶创新创业课程面向大三学生、大四学生、大五学生开设,此阶段可以向有创业意向的学生开展"模拟创业""'模拟公司'综合实习""制订 SYB 商业计划书""沙盘模拟训练""大学生创业训练营"等课程,锻炼学生实际的操作能力。该部分深化与提升创业基础课程,层层遴选具有强烈创业愿望的学生参加,主要进行涉及企业创办与管理的相关内容,学生可根据需要进行选修。

江西中医药大学通过构建"渐进式"教育教学体系,制订了"前期趋同、强化基础,后期分化、因材施教"的创新创业能力培养计划,在低年级以普及教育为主,通过线上线下创新创业课程学习以及创业讲堂、实验训练、创新创业竞赛、青年红色筑梦之旅等活动,重点激发学生的创新创业意识;在中高年级以提升能力和促进实践为主,通过开展大创训练计划、模拟实训、项目路演、创新工程集训营、"小总裁"实验班等专题培训,重点培育学生的创新创业能力。三年间,培育大学生创新创业团队骨干 1000 余人,创新创业教育活动覆盖学生 2 万余人次。①

二 医学"一专多能"型 IPE 创新创业人才培养理念

2020 年 9 月,国务院办公厅就关于加快医学教育创新发展出台指导意见,提出到 2025 年要基本建立将医科与多学科深度交叉融合、高水平的医学人才培养体系,进一步提升医学类专业人才培养质量;到 2030 年,建成具有中国特色、更高水平的医学人才培养体系,医学科研创新能力显著提高,服务卫生健康事业的能力显著增强。这对医学类高校的创新创业教育提出了更高要求。基于国家医科发展的现实背景,地方院校可以通过开展跨专业医学教育,培养"一专多能"型创新创业医科人才,

---

① 江西中医药大学:《构建"四大"体系 培养"三型"人才》,https://www.sohu.com/a/341724445_387136。

以更好地实现高素质医学人才培养的阶段性目标。

（一）医科一专多能教育理念

跨专业教育或者医科一专多能（Inter - professional Education，IPE）最早于20世纪60年代被西方医疗卫生与社会照护行业引入。1978年，IPE理念被世界卫生组织（WHO）在"2000年人人健康"战略中践行，并于2002年明确被WHO定义。所谓IPE，就是由来自两个或多个专业的学生共同学习，通过有效合作来改善病人健康。① 2007年，加拿大将IPE理念延伸为"以病人为中心"的协同实践。2009年，WHO建议构建医疗健康专业全球互联网以加快推进全球健康，从而进行更大程度的多学科跨专业的协作和交流，促进全球医疗健康事业发展。

医学类学科跨专业教育的目的是使学生具备一种必要的知识、技能和态度，以便他们将来在临床实践环境中进行不同专业间合作，以促进积极的工作成效，② 包括改进医疗团队的沟通、效率与成本效益，促进以病人为中心的服务等。③ 国外的研究认为应在本科教育阶段开展IPE，使学生具备毕业的团队协作技能和态度，以便临床实践工作中进行不同专业合作，从而提高工作成效。中国最早开始尝试医学IPE教学的是香港大学护理专业和四川大学华西医学院护理专业，分别于2010年和2018年开始实施。④ 党的十九大报告和《"健康中国2030"规划纲要》提出实施健康中国战略，指出全民健康是建设健康中国的根本目的，要实现全生命周期的健康服务和健康保障。加之，新冠肺炎疫情等突发公共事件对传统医学教育提出了较大挑战。医学模式已经从单纯生物医学模式转变为生物—心理—社会模式，人民健康需求从传统单一疾病治疗向涵盖"预防、治疗、康复、健康"多元化转变，大健康理念也已经深入人心。地方院校医科教育需要丰富"新医科"内涵，通过IPE人才培养理念及

---

① WHO, *Framework for Action on Interprofessional Education and Collaborative Practice*, Geneva: World Health Organization, 2010.

② Carpenter J., Dickinson H., *Interprofessional Education and Training*, Bristol: The Policy Press, 2008.

③ 王筝扬、黄一琳、林和风：《医学跨专业教育的现状、理论与方向》，《中国高等医学教育》2020年第8期。

④ 林为平、潘燕霞、徐煜凌：《医学创新人才跨专业教育模式探讨》，《医学与哲学》2021年第19期。

教育体系构建优化人才培养结构，提升学生创新创业能力，从而促进人才培养质量的提高。

(二) 医科 IPE 创新创业教育体系构建

1. 多方协同的 IPE 创新创业教育理念

"新医科"建设的内涵包括构建"医教产协同"多方协同育人机制，探索专业交叉融合的医学创新创业人才培养，而多专业协同创新创业是有 IPE 教学理念的核心要素。

2019 年，福建医科大学联合养老政策研究机构、康复设备公司、养老机构等创新要素和力量，组建了福建省康复养老与产业促进协同创新中心，并获得省级立项。学校还成立了健康学院和卫生健康研究院，按照"新医改"对健康与医疗卫生服务的新要求，进一步深化医学教育改革，打造大健康专业集群，培养具备跨专业能力和视野的创新创业复合型医学人才。

江西中医药大学打破传统医学专业教学，创办科研实践班和双惟实践班，采取"学研交替式"和多专业融合培养模式，使学生在"学习—实践—再学习—再实践"中提升解决未知问题的能力、科研积累的能力、挖掘行业资源的能力、创新创业的能力，让教师在指导学生的过程中提升带教和教育教学水平，着重培养学生的创新创业能力。以市场为导向，坚持"产"为目标，"学"为基础，"研"为手段，适时调整学校专业结构，实行订单式培养，并鼓励地方政府和企业参与制订培养方案、课程设置、教材编写、课程讲授及成绩评定等环节，共同出资建立创新创业基金，构建校地、校企协同育人新模式。引导学生走出课堂、走进实训室、走入企业，将实践教学与产品研发、课题研究等工作相结合，不断提升技术技能水平，夯实学生创新创业发展的基础；辅助学生依托专业社会服务平台、专业技能与创新创业竞赛、创业孵化等平台走出校园，走向社会，加强专业实践与创新创业的综合体验，形成"专业技能+科技创新+社会服务+素质拓展"的综合体验链。①

2. 医学 IPE 创新创业教育模式构建

批判性思维、合作型学习、问题导向是实施 IPE 的基本要素，这就

---

① 江西中医药大学：《构建"四大"体系　培养"三型"人才》，https://www.sohu.com/a/341724445_387136。

要求在 IPE 教育过程中改变现有的人才培养模式，通过打破专业的界限实现知识的融通与综合。医学类 IPE 多专业融合培养的学生必须具备多专业学科知识和医学人文素养，创新创业意识、思维和能力，因此需要多学科、多专业教师的专业教育和创新创业教育的协同融合。

比如，福建医科大学设置了大健康人才班，构建了融合康养专业教育和创新创业教育两条主线，包含"理念塑造""知识技能培养"和"社会实践"三个环节的 IPE 教育模式，整合了全科医学、康复治疗学、运动康复、中医药、应用心理、社会工作、护理学、营养学和公共卫生九大专业相关学科课程的教学内容，培养具有"一专多能"复合型创新创业人才，课程体系如图 3-7 所示。

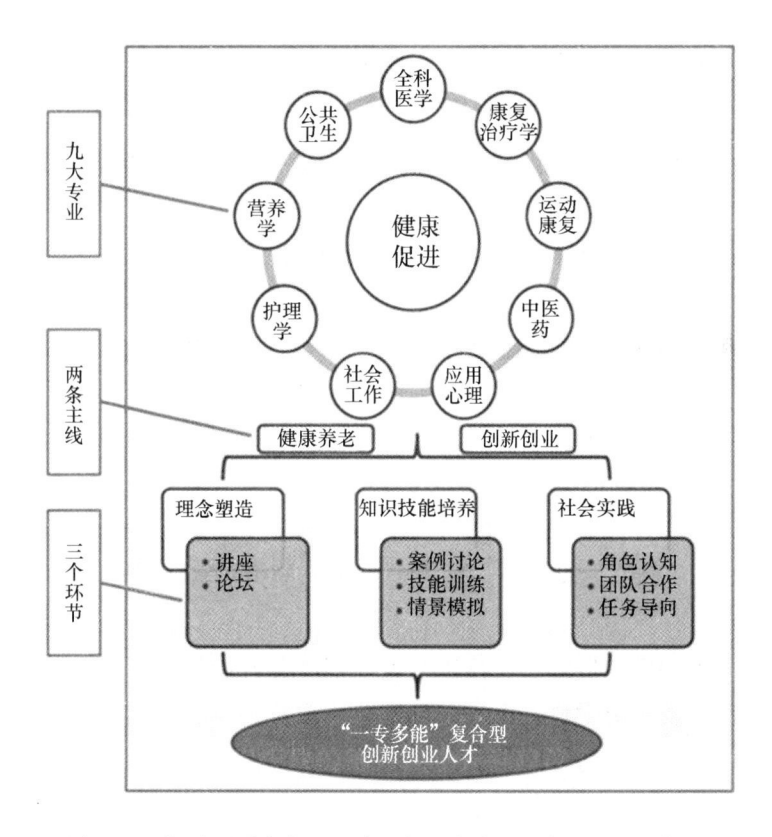

图 3-7　福建医科大学"一专多能"复合型创新创业人才体系

资料来源：林为平、潘燕霞、徐煜凌：《医学创新人才跨专业教育模式探讨》，《医学与哲学》2021 年第 19 期。

3. 医学 IPE 创新创业教育环节

医学 IPE 创新创业教育需要通过多专业融合的人才培养计划，着力把握理念塑造、知识技能培养和社会实践三个关键要素，探究跨专业的专创融合教育运行机制。

（1）创新创业教育课程要以满足学生个性化培养为前提，制定灵活的课程选修、免修、缓修制度，可以采取必修＋选修、线上＋线下、课程＋项目、理论＋临床等多种课程实践教学形式，鼓励学生根据自我职业规划和创新创业发展需求选课。也可以通过线上微课、线下讲座和论坛等形式，引导学生了解中国卫生健康形势与政策、社会发展需求，培养学生对不同专业职责的理解，塑造正确的价值观、社会责任感与使命感。

（2）在知识与技能训练环节，采用问题导向式学习和实践导向式学习、结合具体案例融入多专业的教学，如疾病治疗（全科医学）、功能恢复与提升（康复、护理）、心理健康、预防复发（公共卫生、营养、运动康复）、回归家庭与社会（社会工作、职业康复）。树立人的整体观，全方位了解疾病对人的身体、心理、个人活动、社会参与等方面造成的影响。

（3）在健康养老相关社会实践环节，组织学生开展以任务为导向的实践活动、社区服务和创新创业活动，在 IPE 培训过程提升学生对本专业及其他专业角色的理解，增强学生在社会实践中与团队成员的沟通与协作能力。

第七节　艺术类创新创业教育体系

艺术类学科，是指系统性研究关于艺术各种问题的科学的学科。艺术学门类下设一级学科五个，分别为艺术学理论、音乐与舞蹈学、戏剧与影视学、美术学和设计学，涉及专业 33 种。艺术类的 33 种专业中包含艺术史论、音乐表演、音乐学、作曲与作曲技术理论、舞蹈表演、舞蹈学、舞蹈编导、表演、戏剧学、电影学、戏剧影视文学、广播电视编导、戏剧影视导演、戏剧影视美术设计、录音艺术、播音与主持艺术、动画、美术学、绘画、雕塑、摄影、艺术设计学、视觉传达设计、环境设计、产品设计、服装与服饰设计、公共艺术、工艺美术、数字媒体艺术 29 个基本专业和影视摄影与制作、书法学、中国画、艺术与科技 4 个特设专业。

一 艺术类创新创业教育课程体系的价值体现

艺术类教育的根本是对感受力的蒙养和创造力的激发，其共同目标是引导心灵转向，推动社会创新。① 教育部、中央政法委、科技部等 13 个部门在 2019 年 4 月 29 日联合启动的"六卓越一拔尖"计划 2.0 中，要求全面推动高校"新文科"建设，这为艺术类学科创新创业教育提出了更高培养要求。地方艺术院校作为培养艺术类高素质创新创业人才的主阵地，担负着为国家和地方培养艺术艺能型人才的主要任务。但原有的地方院校艺术类人才培养模式多注重艺术技能技巧和专注单一学科特色，较少或忽略了"战略性""创新性""融合式"和"创业发展"，人才培养存在着较难适应多元化社会发展需求和教育部所提出的"新文科"背景下艺术教育模式的转变。② 因此，结合社会和学科发展对艺术类创新创业教育的更高要求，地方院校进行艺术类创新创业教育课程体系构建以提高教学质量、提高学生创意创新创业能力，为国家和地方输送更高素质的艺术类人才的必要条件。具体表现在以下几个方面：

1. 拓宽人才培养路径

在创新创业教育课程体系的建设中，地方院校艺术类学科各专业的教育观念由传承型向创新型改变，由强调对知识认知和记忆的应试教育观念向重视对未知世界的探索能力和兴趣培养的素质教育观念转变。地方院校进行创新创业教育课程体系改革，深入推进创新创业教育与专业教育改革，以学生为主体，而教师担任引导者，形成了内外协同纵横联动工作机制，政—行—校—企四方联动，是拓宽艺术学科教育路径以提升人才培养质量的有效尝试。

2. 提升学生专业素质和能力

中国美术学院院长高世名曾在 2016 年"艺术学晋升学科门类 5 周年学

---

① 高世名：《艺术教育的有为之学》，《中国高等教育》2021 年第 Z2 期。
② 孙洪斌：《"新文科"理念下艺术复合型人才创新性培养模式探索与实践》，《音乐探索》2020 年第 4 期。

术研讨会暨首届'中国艺术教育论坛'"中提到,艺术与教育之使命皆在"立人"!无论艺术还是教育,立人之道在于引导心灵转向,培养共同关切,点拨经验,更新知见,涵养胸襟,锻造品格,其根本目的在于对人之感受力的蒙养和创造力的激发。让学生学会用心灵感知社会,用情意连接他人,用创作改造世界,通过生活锐化心灵的感受力,通过他者强化自我的批判力,通过上手的劳作更新知见,从而提升自身的创造力。① 时代的发展、社会的需要促使艺术专业对学生能力的培养不能再停留在单一的专业创作上,而应该积极提升学生的专业应用能力,运用现代信息技术获取相关信息的能力,地方文化传承与研究的基本能力,社会实践能力与创新创业能力。创新创业教育课程体系能够与传统课堂教学形成优势互补,帮助学生在创新创业实践过程中获得专业素质和能力的提升。

3. 丰富师生艺术创作实践的视野

目前,地方院校艺术类大学生艺术创作具有一定的同质化、低质化现象。造成这种现象很重要的原因就是学生的艺术创作实践视野较窄,关注点单一,发展空间不够。创新创业教育课程体系从类型上看具有综合性、探索性等特点,能够丰富师生的艺术创作视野,使其积累相应的艺术创作素材,拓展专业发展的空间,创作出具有时代精神、社会风貌、人文情怀的精品力作。

二 具备艺术特色的创新创业课程体系

艺术类专业创新创业教育必须与专业教育相结合,关键是找到合适的路径,不同的艺术类专业有不同特点,要找到不同专业在课程上跟创新创业教育的契合点,结合艺术专业的特点发展形式各样、层次不同的创新创业教育,解决在结合过程中遇到的各种困难,找到合适的解决方案②。

(一)构建"三创合一"的人才培养模式

面对"新文科"发展和国家创新创业教育质量提升需求,地方院校

---

① 中国美术学院:《中国艺术教育研究院成立,50 位艺术教育界大咖形成杭州共识》,https://www.caa.edu.cn/gmrx/2016/10y/201610/11714.html。

② 苗申生:《内蒙古高校艺术类专业创新创业教育问题研究》,硕士学位论文,内蒙古大学,2019 年。

艺术类学科应该以专业特色发展为根本,坚持"创意引领创新、创新推动创业、创业带动就业",大力推进创意创新创业"三创合一"教育改革和人才培养,为行业发展和经济社会发展培养更多优秀的创新型、应用型人才。

景德镇陶瓷大学以学校专业特色为抓手,大力深化创新创业教育改革。学校主动响应党中央、国务院"大众创业、万众创新"的号召,以培养创新型应用型人才为目标,根植、围绕和专注陶瓷行业,发挥特色学科专业优势,"立足江西,服务行业,面向全国,走向世界",坚持"创意引领创新、创新推动创业、创业带动就业",坚持理论与实践、科学与艺术相结合,创新精神与市场需求、创业能力与职业要求相衔接相统一,做强"艺术设计与陶瓷文化、陶瓷材料工程与机械、陶瓷经济与管理"三大特色专业群,通过设立创业学院,提出并探索实践了创意创新创业"三创合一"人才培养新模式(如图3-8所示),将创新创业教育贯穿人才培养的全过程,精心培养从陶瓷材料、产品设计到管理的全产业链高水平"三创"人才。

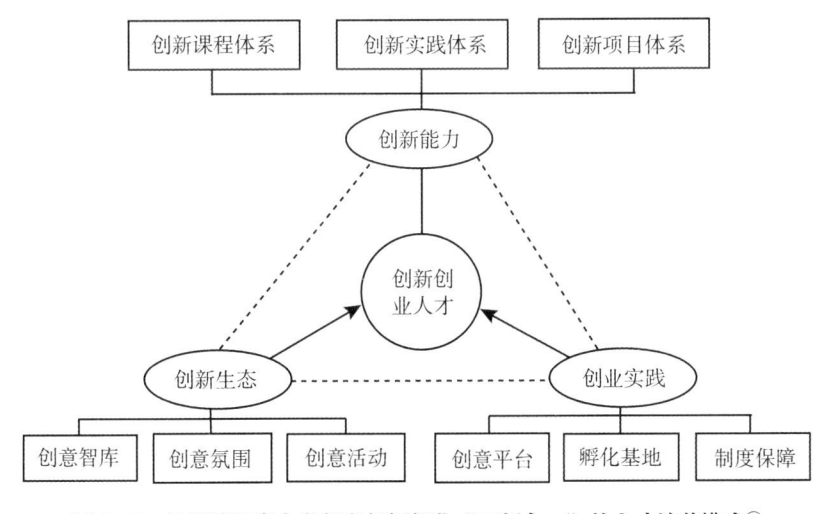

图3-8 景德镇陶瓷大学创意创新创业"三创合一"的人才培养模式①

---

① 景德镇陶瓷大学:《以"三创"教育促进大学生创新创业》,https://www.sohn.com/a/72253921_160318。

(二) 构建专创融合的创新创业教育体系

1. 修订专创融合的人才培养方案，定位培养目标

地方院校艺术类学科各专业应该全面修订人才培养方案，将创意创新创业教育分阶段分层次融入人才培养全过程，与专业教育进行有机结合，为国家和地方战略及当地文化创意产业培养高素质创新创业型艺术艺能型人才。

湖南工艺美术职业学院是优秀国家示范性（骨干）高职学院、国家优质高职院校、全国高职院校精准扶贫协作联盟理事长单位。学校在2016年全面修订专业人才培养方案，将创新创业教育与专业教育、思政教育、非遗保护传承、精准扶贫等有机融合，为国家战略和湖南文化创意产业培养高素质创新创业型人才。该校的艺术类学科以作品为载体，实施"三阶递进"人才培养模式，将创新创业教育全程融入专业教育，构建了"作品载体、三阶递进、全程融入"的创新创业教育体系（如图3-9所示）。

该体系包含以职业素质教育为基础，将项目作品为载体，通过艺术类专业综合实践模块，区分岗位创业和自主创业两类目标群体，分三阶段实施创新创业人才培养。第一阶段，培养创新思维。改革人文素养类课程、创新创业基础课程、专业基础课程、思政课程四类课程，有机融入创新创业精神、理念、知识等；广泛开展启发式、参与式教学，推行多维互动式、"MOOC+翻转"混合式、PBL教学法等教学方法，有效培养学生创新创业思维，激发创新创业灵感。第二阶段，创意变作品。专业课程引进行业企业新知识、新技术、新工艺，将扶贫项目、非遗项目、企业真实项目、竞赛项目等引入专业课程，专业课程教学与项目实施融为一体，教学过程即设计制作过程，课程作业即作品。三年来，系统开发了湘绣、陶瓷、首饰、服装、包装产品及各类民族工艺文创产品等近万件/套。第三阶段，作品变产品。在教学中引进的企业真实项目、扶贫项目，使教学作品直接变产品；成立了大学生创新创业协会、创客创业俱乐部等社团，定期举行毕业设计开放展示周、创新创业成果展、创意集市、美院微商城售卖会等活

动，使学生作品直通市场。①

2. 完善和更新创新创业教育课程体系

探索按照"面向全体、突出特色、分类推进"原则，面向全体旨在指导创新创业教育课程体系建设时应面向全体学生、面向各专业学生进行设计；突出特色，旨在指导艺术类创新创业教育课程体系设置要注重突出艺术类特色，结合艺术类人才成长规律，科学设置创新创业课程；分类推进旨在指导创新创业课程体系建设，需要根据课程特点，分通识类、专业类、实践类课程进行建设，并逐步推进。

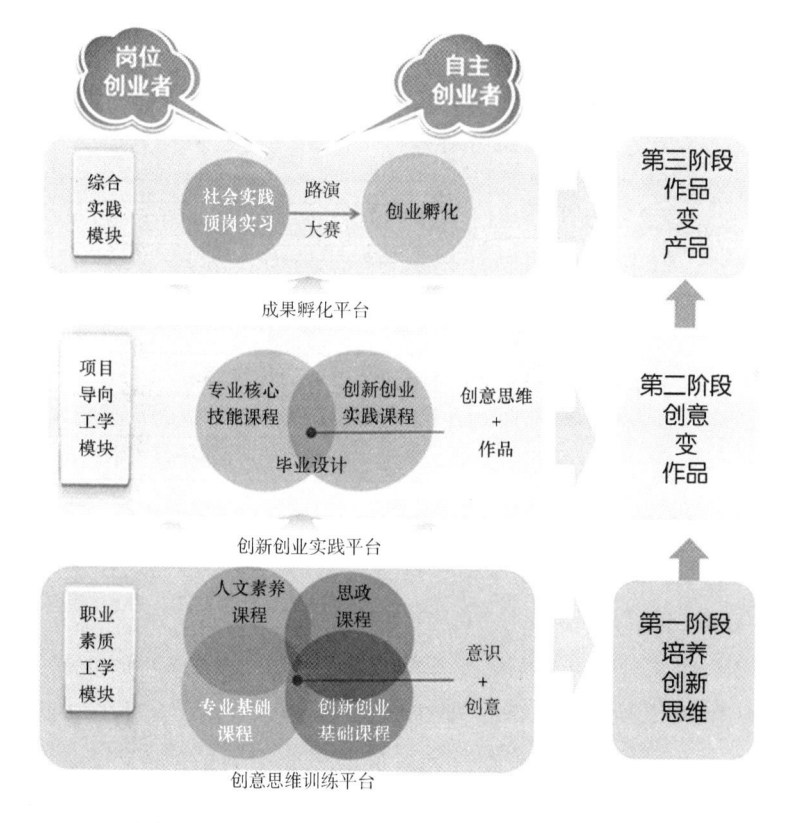

图 3-9　湖南工艺美术职业学院创新创业教育体系

资料来源：湖南工艺美术职业学院：《作品载体　三阶递进　全程融入　培养高素质创新创业型人才》，《中国大学生就业》2020 年第 15 期。

---

① 湖南工艺美术职业学院：《作品载体　三阶递进　全程融入　培养高素质创新创业型人才》，《中国大学生就业》2020 年第 15 期。

地方院校艺术类学科可以将创新创业教育课程分为通识类课程、专业类课程、实践类课程三大类进行建设，旨在形成科学、有效、系统的大学生创新创业教育课程体系。构建通识类创新创业课程体系，着重培养艺术类学生创新创业意识，激发学生的创新创业动力；构建具有艺术类特色的专业类创新创业课程体系，着重提升学生创新创业专业技能；构建实践类创新创业课程体系，培养艺术类学生创新创业技能，提高创新创业实际运用能力。艺术类创新创业教育课程结构如图3-10所示。

地方院校艺术类创新创业课程体系
- 通识类课程
  - 校内课程
  - 外聘课程
  - 网络课程
- 专业类课程
  - 艺术类课程
  - 互联网+类课程
  - 跨专业类课程
- 实践类课程
  - 实践实训课程
  - 校内外实习和毕业设计/论文
  - 项目、活动和比赛

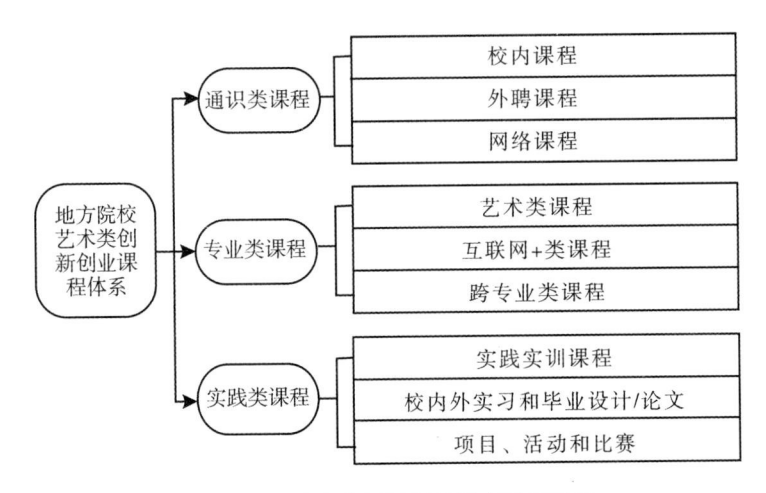

图3-10　艺术类创新创业教育课程体系

（1）通识教育模块

通识课程主要是针对低年级学生，向学生介绍与创新创业有关的基础知识及艺术类学生应具有的创新创业专业知识，包括创新创业精神、创新创业团队、创新创业机会、创新创业风险、创新创业资源、创新创业计划及国家鼓励大学生创新创业政策解读等方面的内容。面向全体学生，开设"创业基础""创业经济法""创业精神与实践""创造性思维与创新方法"等课程，学分设定一学分至二学分，引导学生掌握基础性的创新创业知识并激发初步的创新创业意识，帮助学生深刻认识国家创新驱动发展战略及创新创业优惠政策，了解创新创业对国家、学校、个人发展的重要意义，提升其作为新时代青年的责任感和担当力。该课程包括校内通识课程、外聘教师课程以及在线资源课三类。

校内通识教育课程开设"职业生涯发展规划""大学生创新创业与就业指导"等必修课程，同时，组织校内教师以教研室为单位，编写一系列科学、先进、适应当下形势的创新创业课程，面向全体学生，重点突出，将创新创业教育融入人才培养的全过程。比如开设"创业基础""项目管理""战略管理""公共关系学""财产与责任保险""管理研究方法""运作管理""网络营销""营销策划""广告策划与管理""销售管理""消费者行为学""商务谈判""物流管理""市场营销调研""市场营销学""科研思路与方法""文献检索与论文撰写"等课程。将这些课程推向艺术类学生，以提高全体学生的创新创业意识。

外聘教师开设课程。为了营造更好的创新创业氛围，掌握最前沿的创新创业动态，培养艺术类大学生的科创意识，拓宽学生的创新创业视野，邀请校外创新创业方面的知名专家和学者来校讲学，将最新的创新创业知识和技能带进校园，带向学生。此外，为激发学生对创新创业的兴趣，丰富创新创业课程体系，还可以定期邀请已成功创业的校友到课堂上作创业报告或交流讲座，来促进创业意识的培养[①]。

在线网络课程。引进线上资源共享的创新创业教育网络课程。也可以组织校内外创新创业教育专家联合编写富有特色的创新创业教育教材，建设特色鲜明的资源共享创新创业教育课程，进一步培养学生的创新创业意识和技能，让学生从不同的专业视角懂得创新、学会创新，进而实现自主创新创业。

（2）艺术专业课程模块

结合艺术类特色，开展艺术类相关的创新创业教学内容，通过讲座及课程形式，促进学生深刻理解专业创新创业教育内涵，启发学生将创新创业活动与所学专业知识结合，在学科专业基础上开展创新创业实践。根据国内外的课程体系构建经验，提出了"艺术专业课程+创新创业课程+特色课程"体系的构建，"艺术专业课程+创新创业课程+特色课程"体系是实现把创新创业教育课程真正融入艺术专业教育课程体系的

---

① 周媛媛：《艺术高校创新创业课程体系建设研究——以音乐表演专业为例》，《当代旅游》2019年第10期。

载体。这一体系要求在艺术专业课程中需开设创新创业教育的课程，加入创新创业的元素和特色元素。

艺术类课程：在创新创业课程体系建设中，注重结合艺术类人才培养的规律和特点，研究建设一批有艺术类特色的创新创业课程组，结合艺术类行业发展趋势，让学生的创新创业知识和他们的专业技能有机融合，提高艺术类学生的创新创业能力。比如，对于音乐类专业，在专业基础课程群中，可增设音乐理论创新研究、视唱练耳与合唱、教学器具发明、舞台布展与策划等课程，积极拓展学生的理论创新思维；增设师生教学研讨课，由专业教师带领学生共同讨论有关教学、论文、课题等内容，进一步深化教学相长、创新掘新；采用师生组、同专业组、跨专业组等多种组合的协同制方式，共同推进创新创业课程建设与教学发展。再如增设师生教学研讨课，由专业教师带领学生共同讨论有关教学、论文、课题等内容，进一步深化教学相长、创新掘新；增设学院/学科通识课民歌（民乐）表演课，在当前国家大力推行民族文化的前提下，鉴于很多音乐专业在音乐作品、演奏技法、音乐风格等方面的相互联系，打造跨专业的学生互动组合形式的课程，如在专业教师的督导下，声乐学生教授管弦学生唱民歌，管弦学生带领民乐学生提高演奏技法，民乐学生帮助声乐学生处理音乐风格等，扩大音乐的流通性，使学生能够在互动中体会音乐内涵，促进专业水平的提升，实现创新创业目标。

传统文化特色类课程。围绕艺术类具体细分学科，设定不同的特色类课程。比如由于艺术的传承性，为弘扬中国的文化，可以将国学作为特色，围绕其开设相应课程，如"国学要义""中国古代史""中国古代哲学""中国古代文学""古代汉语""现代汉语""论语导读""中国文化""中国传统文化与中医药"等与国学相关的课程。同时，还可以增加易学原理、理学概论、道教文化概论、佛教文化概论、书法与绘画等课程，逐步涵盖经、史、子、集、理学、宗教文化、艺术等国学课程。

此外，围绕地方院校所在区域的不同，打造地域特色明显的艺术类创新创业课程。以"专业课程+创新创业课程+民族特色课程"进行打造。比如，内蒙古处在边疆地区，少数民族聚集，极富民族特色，将民族特色与创新创业教育课程及专业课程相融合，在声乐专业中加入马头琴、呼麦等极具蒙古族特色的元素，让专业课程教育和民族特色紧密结合，凸显区域特点。在教学中，艺术专业课程中融入创新创业教育、民族特色的理念和教学元素，以创新创业教育和民族特色引领专业教育教学，这是艺术专业课程与创新创业课程的重叠和融合。需调整艺术专业课程内容，挖掘和充实专业课程的创新创业教育和民族元素的资源，在艺术专业教育中渗透和强化创新创业教育元素，突出民族特色的地位，基于艺术专业特色的创新创业实践提升专业教学环节。

互联网＋艺术类课程。以艺术类为特色，建设艺术类互联网类创新创业课程。比如"艺术信息学""数字媒体艺术理论"等。此类课程建设相对薄弱，但在艺术类创新创业教育中必不可少。因此，可在创新创业课程体系建设中逐步加强对此类课程的建设。

（3）实践类课程模块

构建实践性创新创业实践课程体系，着重培养学生创新创业实际运用能力，提高创新创业技能。创新创业教育课程体系中，实践类课程建设可分为两大类：显性的实践类课程，如实验、实习、毕业设计（论文）；隐性的实践类课程，如项目、活动、比赛等。实践类创新创业教育从理论学习到实践锻炼，进一步提高学生的创新创业能力。

实践实训课程，是以二级教学学院为主体开设关于创新创业的实践实训课程，以培养学生创新创业所必备的专业技术和技能。

实习和毕业设计类课程。二级教学学院构建创新创业校内外实训基地，开放实验室，为艺术类专业学生提供创新训练计划项目所需场地。

创新创业项目、活动和竞赛类课程。打造艺术类大学生创新创业项目，积极组织学生参加创新创业比赛。并可以借助多元化、多样化的课程活动，通过具体实践积累更多不同的体验与经验。如在音乐学院中增设剧目教学课，以剧目作品为载体，使学生在多个音乐种类的汇集下共同完成一部作品的演奏（演唱），深刻感受自身专业的具体运用与实践，并从中获得创新体验；再如增设行业指导课，聘请行业专家进行专门的就业考试与训练，使学生进一步明确就业要求和标准，并进行规范练习，为毕业做好就业准备；再如增设音乐教学设计与心理课，聘请中、小学教师进行课堂教学讲授，包括授课环节、教案撰写、板书设计以及学生心理分析等，为今后从事教学工作与教育行业创业的学生提供教学帮助。

本编结语　地方院校创新创业教育第一课堂发展大趋势

2019年2月，中共中央、国务院印发了《中国教育现代化2035》，聚焦教育发展的突出问题，重点部署了面向教育现代化的多个战略任务，如何提升一流人才培养与创新能力等。为深入贯彻《中国教育现代化2035》精神，主动拥抱新科技革命和产业变革的机遇与挑战，全面落实新时代全国高等学校本科教育工作会议和直属高校工作咨询委员会第二十八次全体会议精神，教育部、中央政法委和科技部等13部门于2019年4月启动了"六卓越一拔尖"计划2.0，全面推进新工科、新医科、新农科、新文科（简称"四新"）建设，以提高高校服务经济社会发展能力，坚持立德树人，围绕学生忙起来、教师强起来、管理严起来、效果实起来，深化本科教育教学改革，培养德智体美劳全面发展的社会主义建设者和接班人。随后，2019年9月，教育部发布《关于深化本科教育教学改革　全面提高人才培养质量的意见》，对高校创新创业教育提出了更高要求，指出要严格教育教学管理，深化创新创业教育改革；挖掘和充实各类课程、各个环节的创新创业教育资源，强化创新创业协同育人，建好创新创业示范高校和万名优秀创新创业导师人才库；持续推进国家级大学生创新创业训练计划，提高全国大学生创新创业年会整体水平，办好中国"互联网＋"大学生创新创业大赛等。

高等院校全面推进"新工科、新医科、新农科、新文科"建设，以提高高校服务经济社会发展能力的当下，深入推进"大众创业、万众创新"创新创业教育理念，对高校服务国家创新驱动高质量发展战略具有重要意义，是激发亿万群众智慧和创造力的主要突破口，也是稳增长、扩就业及推动国家经济结构调整，打造社会经济新发展引擎的重要推动力量。作为涵盖被教育对象规模最大的地方院校，承担着较多大学生创新创业教育和人才培养工作，其教育质量的提升极大地依赖专业教育和创新创业教育的融合发展。而地方院校创新创业教育第一课堂是深化高校创新创业教育改革推进高等教育综合改革的突破口。此类院校，要基于现有的办学特色和学科优势，树立先进的创新创业教育理念，坚持育人为本，促进学生全面发展，提升人力资本素质，努力造就大众创业、万众创新的生力军。新时代"四新"建设背景下的创新创业教育对地方院校学科布局、专业和课程设置、平台建设等都提出了新的要求。因此，基于不同层级的地方院校，在下一章进行了创新创业教育第一课堂教育体系的构建，以期为各类高校明确学科特色发展定位、制订人才培养方案、优化教学课程设置和相关保障体系建设等提供借鉴。

第二编

地方院校创新创业教育第二课堂教育体系

第二课堂架起了理论知识传授第一课堂与现实工作需要的桥梁，弥补了第一课堂教育的不足，是培养创新创业人才主要渠道。学生通过第二课堂的实践训练，巩固第一课堂的相关知识与技能，在实践中锻炼能力，同时为进入社会课堂做好训练和准备。

本篇主要分析了当前第二课堂的发展现状以及第二课堂演变中的创新创业教育，探讨地方院校第二课堂建设的不足和问题。依据办学层级、区域差异以及学科特色等，重构地方院校的创新创业教育第二课堂协同机制、保障体系以及团队建设等。在以产出导向的教育视角下，创新创业教育第二课堂可以包含高水平竞赛类、大学生创新创业项目训练活动、社会实践等三类活动。在产出导向理念的引领下，诸多地方院校创新创业教育第二课堂呈现多样化和本地化特征。这些形式的第二课堂在人才培养过程中发挥着不可或缺的作用，扮演着不同的角色，丰富了第二课堂建设内容，健全了创新创业第二课堂教育体系。

第四章

地方院校创新创业教育第二课堂发展现状

第二课堂的产生是教育思想上的一次变革①,是20世纪50年代以来突破传统的以课堂、教师、教材为中心的"三中心"教学体制改革过程中,所寻找到的与第一课堂相配合以弥补其不足的新的教育方式和途径,这对于培养现代社会的人才有不容忽视和不可取代的重要作用。时代发展对创新型人才的需求,更加需要发挥第二课堂的育人特色。创新创业教育与第二课堂密不可分,第二课堂是创新创业教育天然试验场,创新创业教育是第二课堂必不可少的内涵模块。从最初的课外研究性活动与社会实践,到大学生素质教育拓展,再到创新创业教育,创新创业教育的第二课堂概念愈发清晰和体系化,在取得了长足发展与进步的同时,也伴生一些制约发展的问题与不足,这都需要立足于未来的发展趋势,统筹协调,使其成为孵化创新型人才、推动就业创业的强大引擎。

第一节 创新创业教育的第二课堂

本节首先对第二课堂的概念演变进行梳理,辨析其伴生的创新创业教育的发展演变过程,而后,对于创新创业教育与第二课堂的关系进行阐述与分析。

---

① 蔡克勇、冯向东:《第二课堂的产生是教育思想上的一次变革》,《高等教育研究》1985年第4期。

一 第二课堂概念演变中的创新创业教育

第二课堂概念产生于20世纪80年代,一般意义下是指在学校中的课外活动,是区别于传统课堂教学的另一种人才培养途径。在高校的第二课堂中,创新创业活动是不可或缺的组成模块,在第二课堂概念的演变中,不断完善和丰富其内涵和外延。

(一) 第二课堂概念伊始中的创新与实践

20世纪50年代,新科技革命兴起,为了适应新技术革命所需人才的培养要求,世界各国的学校教育进行了一系列改革,既有对传统课堂教学的变革,也在传统课堂之外,拓展新的教育方式和途径,后者的探索逐渐发展形成另一种重要的育人路径,为今日"第二课堂"的发端。

第二课堂概念于1981年[①]在中国首次提出,华中工学院(现华中科技大学)高等教育研究所蔡克勇教授明确定义了第二课堂,指学校在教学计划之外组织和引导学生开展的各种有教育意义的活动,包括政治性的、学术性的、知识性的、健身性的、公益性的和有酬性的(如勤工助学)等。第二课堂概念提出的背景在于改革开放初期对于人才尤其是创新人才培养需求,将传统的"课外活动"赋予与传统"第一课堂"并列的一种教育方式和途径,是人才培养所必需的课堂之一。相对于第一课堂对人才培养的普遍性要求、解决人才培养中的共性问题,第二课堂的作用在于解决人才培养中的特殊性问题,强调培养和发展人才的个性。蔡克勇和冯向东进一步指出大学第二课堂要重点抓三方面内容[②]:学术性内容,即课余科技活动;知识性内容,如理工科学生的历史知识与写作能力;勤工助学与社会实践活动。可见,从第二课堂的概念伊始,即聚焦到大学生的创新性活动与社会实践活动中。

进入20世纪90年代,高等教育领域的第二课堂形式与内容日渐丰富,关于第二课堂的认知又有了进一步发展。第二课堂指在第一课堂规定的教学活动之外,有计划、有组织地开展的一些具有思想性、知识性、趣味性并有助于提高学生思想素质、政治素质、文化素质和智能水平的

---

① 陈敏:《蔡克勇教授早期高等教育研究与探索》,《高等教育研究》2010年第9期。
② 蔡克勇、冯向东:《大学第二课堂》,人民教育出版社1988年版。

一系列教育活动，分为社会实践、勤工助学、讲座报告、智能竞赛、社团活动①。这一定义更多地关注于第二课堂的素质教育作用，同步发展大学生的智力因素与非智力因素。

（二）第二课堂素质拓展中的创新与创业模块

面向 21 世纪的人才培养需求，1999 年 6 月《中共中央　国务院关于深化教育改革全面推进素质教育的决定》②颁布，提出高等教育要重视培养大学生的创新能力、实践能力和创业精神，要加强社会实践，组织学生参加科学研究、技术开发和推广活动以及社会服务活动。2002 年，为进一步贯彻落实决定精神，服务高校素质教育的全面实施，适应广大青年学生成长成才、就业创业的迫切需要，共青团中央、教育部、全国学联在部分高校联合开展"大学生素质拓展计划"工作③。计划的基本内容以开发大学生人力资源为着力点，整合深化教学主渠道外有助于学生提高综合素质的各种活动和工作项目，在思想政治与道德素养、社会实践与志愿服务、科学研究与创新创业、文体艺术与身心发展、社团活动与社会工作、技能培训六个方面引导和帮助广大学生完善智能结构，全面成长成才。"大学生素质拓展计划"中强调三个结合，即课内外相结合、第一课堂与第二课堂相结合、学习与实践相结合。实施工作主要围绕职业设计指导、素质拓展训练、建立评价体系、强化社会认同四个环节，通过教学、课堂、讲座、活动等方式展开。计划的实施在于形成大学生自觉参与素质教育的积极导向，动员社会资源服务大学生素质教育，增强大学生自主创业就业的意识和能力。

在第二课堂素质拓展学分化的研究中，第二课堂定义为"学生通过参加有组织的课余活动以达到陶冶情操、获取知识和培养能力为目的的一种教育教学形式，是对学生进行素质教育的重要阵地"。④不言而喻，

---

①　刘文伶：《高校第二课堂在人才培养中的地位和作用》，《现代大学教育》1991 年第 1 期。

②　《中共中央　国务院关于深化教育改革全面推进素质教育的决定》，《中华人民共和国国务院公报》1999 年第 21 期。

③　《关于实施"大学生素质拓展计划"的意见》（中青联发〔2002〕14 号），https：//www.gqt.org.cn/search/zuzhi/documents/2002/zqlf/tlf14.htm。

④　王国辉：《高等学校第二课堂素质拓展学分化研究》，辽宁大学出版社 2006 年版。

创新创业教育作为素质计划拓展中的一个模块，其第二课堂也同样起到重要作用。

从辨析第一课堂与第二课堂的关系角度出发，第二课堂有广义与狭义两种理解：从广义上来讲，第二课堂是指学生在以专业知识为主的教学计划课程学习之外所从事的一切活动，即课堂教学之外的所有活动。学生可以在各类课外活动中开阔视野、愉悦身心、锻炼能力，增强和积累课堂讲授以外的丰富知识和经验；从狭义上来讲，第二课堂是指相对于第一课堂（课堂教学）而言的具有素质教育内涵的学习实践活动，即学生在规定的教学计划课程之外自愿参加、有组织地进行的各类活动，按其类型大致可分为思想教育、社会实践、学术科技、社会工作、志愿服务、学生社团、勤工助学、文艺体育等。[①]

（三）第二课堂成绩单制度下的创新创业教育含义

2016 年 9 月，《高校共青团"第二课堂成绩单"制度试点工作实施办法》[②]颁布，以共青团组织为主要实施方，通过争取学校党政领导支持、与有关部门和单位合作，在引导学生坚持以学业为主的同时，针对学习就业创业、创新创造实践、身体心理情感、志愿公益和社会参与等普遍需求，借鉴"第一课堂"的做法，探索规范化、课程化、制度化的工作模式，形成富有共青团特色、全方位培养大学生综合能力素质的制度机制。课程项目体系分为 7 个类别：思想成长、实践实习、志愿公益、创新创业、文体活动、工作履历、技能特长。与创新创业教育联系较为密切的有创新创业模块和实践实习模块。其中的创新创业模块主要包括参与各级各类学术科技、创新创业竞赛和活动的经历及获得的相关荣誉，以及发表论文、出版专著、取得专利等情况。"实践实习"模块主要记载参与"三下乡"社会实践活动、就业实习、岗位见习及其他实践活动的经历，参加与港澳台及国际交流访学的经历，以及获得的相关荣誉。

---

① 彭巧胤、谢相勋：《再论第二课堂与第一课堂的关系》，《学校党建与思想教育》2011 年第 14 期。

② 李立红：《高校共青团"第二课堂成绩单"制度试点工作推进会召开》，http：//qnzz.youth.cn/qckc/201609/t20160923_8685309.htm。

2018 年 7 月，共青团中央和教育部联合印发《关于在高校实施共青团"第二课堂成绩单"制度的意见》①，围绕思想素质养成、政治觉悟提升、文艺体育项目、志愿公益服务、创新创业创造、实践实习实训、技能特长培养等内容设计课程项目体系，统筹校内教育教学、科学研究、学生工作、组织宣传、后勤保障等多个部门，在师资、经费、场地、后勤等方面为制度提供保障。

本书中所讨论的第二课堂范畴，沿用最初的定义，将第二课堂界定为区别于第一课堂教学计划之外的围绕学生主体进行的活动，进一步界定第二课堂的特点在于"课外"与"校内"两个层面。所谓课外，是指与第一课堂的划分界限在于是否属于教务部门规定的教学计划内，所讨论的范围不包括学生教学计划中对应的实验课、毕业论文与专业实习等内容。所谓校内，并非单纯以活动场所为界限，而是强调活动主体的身份是在校学生，活动的组织者是学校，区别于学生以独立社会身份开展的一系列自主学习、社会见习、就业创业等活动。具体到创新创业教育的第二课堂，大致划分为科研创新活动、学科竞赛活动及社会实践活动，基本上对应第二课堂成绩单制度中的创新创业模块以及实践实习模块中的社会实践部分。

二 创新创业教育中第二课堂的重要意义

第二课堂的一般意义在于第二课堂是第一课堂在理论与实践方面的延伸，也是学生综合素质教育的主要载体和空间。在讨论一般意义基础上，结合第二课堂在创新创业教育中的比较优势，总结、分析创新创业教育中第二课堂的意义，概括为第二课堂是创新创业教育的必要载体和实践平台，创新创业教育是第二课堂的必备模块。

（一）第二课堂的一般意义

团中央在 2016 年发起的高校"第二课堂成绩单"制度试点工作和"第二课堂成绩单"制度确定为改革创新工作方式的重要举措之一。因而，第二课堂的一般意义包括两个方面，即第二课堂是第一课堂在理论

---

① 共青团中央、教育部：《共青团中央、教育部关于在高校实施共青团"第二课堂成绩单"制度的意见》，《高校共青团研究》2018 年第 3 期。

与实践方面的延伸，也是学生综合素质教育的主要载体和空间。

首先，第二课堂是第一课堂在理论方面与实践方面的延伸。第一课堂在规定的时间和地点（教室或线上）完成向学生的知识传授，包括基础知识、专业知识等，然而受限于特定的时间和空间，这一知识的传授过程缺乏学生对技能的应用以及创新思维、创新意识的关注。第二课堂以其丰富多彩的形式和独特的内容，包括学科竞赛、科研学术、社会实践等开放活动，并以尽量少的条件限制鼓励参与，锻炼并强化学生在第一课堂学习的理论知识及有限的实践，提升技能应用能力，开阔学术与思维视野，培养创新意识。第二课堂对第一课堂的理论与实践从时间上进行了延伸，从空间上进行了拓展，从强度上进行了巩固与深化①。

其次，第二课堂是学生综合素质教育的主要载体和空间。无论从当下日益严峻的就业形势来看，还是从长远的职业生涯规划来看，越来越强调人才的综合素质。学生的成长与成才，不仅需要扎实的专业素养，还需要独立思考能力、创新开拓精神、团队合作能力、良好的执行力、均衡发展的德智体等。所有对学生产生深远影响的重要的具体事件，有4/5 发生在课堂外。第二课堂在学生正式进入社会工作前，通过实践育人的理念及方式，提供自由思考的机会和空间，提供适应的缓冲和预演。第二课堂承载的多种实践，将潜移默化地塑造学生的人格，引导学生独立思考，激发创新开拓精神，锤炼学生的各项能力。第二课堂借助班级、宿舍、社团等组织形式，在学生形成"接触问题—分析问题—解决问题"的过程中，对于学生形成正确的人生观、价值观和群体观起着不可或缺、不可替代的作用。

（二）第二课堂在创新创业教育中的比较优势

创新创业教育与第二课堂可以有机融合在一起，两者存在三方面的一致性：

第一，顶层制度政策具有一致性。自 2014 年 9 月国务院总理李克强首次提出"大众创业、万众创新"的号召后，其后在 2015 年政府工作报告中正式提出"大众创业、万众创新"，2015 年国务院办公厅发布了

---

① 张硕：《基于第二课堂建设对创新创业教育中创新思维培养的研究》，《当代教育实践与教学研究》2017 年第 12 期。

《关于深化高等学校创新创业教育改革的实施意见》①。"第二课堂成绩单"的改革也于2014年开始,由共青团中央牵头启动。2016年9月,共青团中央颁发《高校共青团"第二课堂成绩单"制度试点工作实施办法》,并在同年的《高校共青团改革实施方案》中将"第二课堂成绩单"制度明确为改革创新工作方式的五大举措之一。

第二,内容和实质具有一致性。大学生创新创业教育包括课程知识的传授和实践应用两个部分,着眼点更多强调实践应用。通过创新创业实践的参与,大学生的创新理念和创新意识转化为可应用的实践成果,为社会和经济发展服务。第二课堂的初衷也重在实践,通过从供给端设置多种形式的实践活动,增加学生的实践选择机会。学生自主、自愿参与,在参与过程中增强实践能力,达到实践育人的目标和效果。第二课堂和创新创业教育的立足点都在实践,内容和实质具有一致性。

第三,活动组织具有一致性。近年来,每所高校都在推行创新创业教育,也都在开展第二课堂的组织活动。从活动组织和运行方式看,两者具有一致性。就组织主体来说,创新创业教育和第二课堂的推行及活动开展,高校里涉及的牵头组织与实施部门主要有团委、教务处、创新创业中心(创新创业孵化中心)。且团委、教务处、创新创业中心(创新创业孵化中心)在组织活动时,既有一定的独立性,同时不同部门之间也经常交流与合作。就课程管理来说,高校里的创新创业教育和"第二课堂成绩单"均融入人才培养过程中。创新创业教育会设置对应的必修课程或选修课程,"第二课堂成绩单"也设置相应的课程模块,同时要求修满一定的学分作为毕业的条件之一。就组织形式来说,创新创业教育大多依托高校教师的研究课题或学生自己申报的课题,第二课堂的实践活动由学生群体自发组织或学校统一组织,两者都是以团队、小组等形式开展②。

提高大学生的综合素质是第二课堂的重点,第二课堂在创新创业教

---

① 国务院办公厅:《关于深化高等学校创新创业教育改革的实施意见》(国办发〔2015〕36号),http://www.gov.cn/zhengce/content/2015-05/13/content_9740.htm。
② 丁彦、欧璐琳:《刍议大学生创新创业教育与"第二课堂成绩单"的融合》,《广西青年干部学院学报》2020年第1期。

育中具有比较优势，概括起来就是主观能动性强、跨学科知识交流、实践形式丰富、执行弹性大等①。

主观能动性强。创新创业教育重在培养大学生的创新意识，开拓创新思维，塑造创新精神，也注重调动和激发自身潜能。第二课堂设置不同形式的实践活动，鼓励学生自主参与、自发组织。基于第二课堂开展的创新创业教育，更能激发学生的自主意识。

跨学科知识交流。第二课堂大多是根据大学生自身的兴趣爱好设立，参与的主体不限于相同专业的学生。由于各专业的学生专业学习、理论背景不同，知识结构丰富。创新创业教育所需要的毅力、信念等非智力要素，通过第二课堂的跨学科交流，起到相得益彰的作用。

实践形式丰富。实践环节是创新创业教育必不可少的一部分，创新创业的效果也得由实践环节检验。第二课堂能够为大学生创新创业教育提供丰富的实践平台和载体，如科技协会、兴趣社团、俱乐部、比赛、训练营、实习实践、创业孵化等。

执行弹性大。大学生创新创业教育应该紧跟时代发展的趋势，准确把握面临的环境特点，不断优化创新创业教育的内容和方式。第二课堂在组织形式、活动内容、依托载体、活动时间等方面具有很好的灵活性和执行弹性，能满足当前"互联网+"、大智移云时代及未来发展的创新创业教育诉求，实现学生的全面发展和个性化培养。

（三）创新创业教育中第二课堂的重要意义

第二课堂是大学生各类实践活动的重要场所，其有别于以接受知识为主的显性教育为特征的第一课堂，是实施素质教育的重要阵地。创新创业是第二课堂的重要内容和训练模块，两者在本质上都具有创造性实践的特征。创新创业教育中第二课堂的重要意义表现为第二课堂是创新创业教育的必要载体和实践平台，创新创业教育是第二课堂的必备模块。

1. 第二课堂是创新创业教育的必要载体和实践平台

第二课堂是大学生创新创业教育的重要且必要载体和实践平台，对于培养大学生创新创业所必需的非智力因素和个性化潜力具有重要作用。

---

① 刘海：《基于第二课堂开展大学生创新创业教育的探析与思考》，《就业与保障》2020年第5期。

第一,第二课堂为创新创业教育提供实践平台。创新创业教育是应用导向型教育,实践是必不可少的部分,第二课堂为创新创业提供了多元化的实践平台。首先是提供场地载体,校内各类实习实践基地、创业孵化中心、众创空间、大学科技园等为大学生创新创业教育提供了规范化场地。其次是提供团队(小组)载体,校内各层次创新创业协会、校园创业俱乐部、DIY 小组等大学生社团和组织,为大学生创新创业教育提供了有序运行的现成团队或小组。再次是提供渠道载体,通过学科竞赛、科技成果、创办实体、创新创业训练计划等形式,为大学生创新创业教育提供实现的有效渠道。同时第二课堂设置的文体活动、工作履历等内容,丰富了大学生创新创业教育的整体内容范畴[①]。

第二,第二课堂为创新创业教育提供非智力支持。非智力要素是创新创业成功的关键要素,一般划分为三个层次:一是理想、信念、世界观、人生观、价值观等;二是兴趣、性格、情绪、气质等个性心理品质;三是自制力、顽强性、荣誉感、求知欲望等。第二课堂设置内容丰富,通过党团主题教育、传统文化讲座、文体活动等模块,提升情商,陶冶情操,塑造人格,进而发挥非智力要素在创新创业教育中的动力作用、弥补作用和强化作用[②]。

第三,第二课堂为创新创业教育提供个性化人才。创新创业教育的成功开展,需要各种有特长的学生,而不是千篇一律。通过第一课堂,学生掌握了专业知识,培养了大学生的专业素养。通过第二课堂的学生自主选择课程模块,自愿参与感兴趣的活动,既为教师因材施教提供了依据,也逐渐强化了学生的特长和优势,激发了学生的潜能。第二课堂以其包容的体系、开放的态度,让参与其中的学生汲取营养,脱颖而出。

2. 创新创业教育是第二课堂的必备模块

创新创业教育是建设创新型国家的重大战略举措,对于提升大学生高质量就业创业、完善高等教育改革意义重大。2015 年 5 月 4 日,国务

[①] 吕宏、陈金庆、田兆富:《大学生创新创业第二课堂教育的问题与对策》,《教育与职业》2016 年第 10 期。

[②] 赵岩:《高校"第二课堂"与大学生创新创业教育》,《教育教学研究》2016 年第 10 期。

院办公厅印发《关于深化高等学校创新创业教育改革的实施意见》，该意见指出到2020年要建立健全高校创新创业教育体系，使投身创业实践的学生数量显著增加。《国家中长期教育改革和发展规划纲要（2010—2020年）》[1]和《教育部关于大力推进高等学校创新创业教育和大学生自主创业工作的意见》[2]指出，创新创业教育是为适应国家发展战略需要而产生的教学理念与模式，要大力推进高校创新创业教育。各高校纷纷响应号召，创新创业教育已经成为高等教育的重点和热点，也是主流的方向之一。

第一课堂受限于时间和空间等，未能有效开展技能应用型实践，也未能有效开拓创新意识、创新精神和创新思维。另外，当下的大学生群体是"95后""00后"，由于网络媒介的快速发展，这一群体更容易接触到多元价值观念，了解多元生活方式，这也对第一课堂形成了挑战。第二课堂作为第一课堂的延续和补充，设置包括创新创业教育类的灵活多样的课程模块，寓合作、竞争、研讨和创新进取于其中，拓展大学生群体的认识范围，适应多元价值取向。大学生在自主参与各类创新创业课程模块的实践中，逐渐形成创新创业意识，塑造首创精神、创新精神，开拓创新思维。同时，将第一课堂的知识转化为能力，以更好地适应知识与技术的快速迭代。

地方院校的办学定位以社会需求为导向，注重学术逻辑和技术逻辑的并行，注重理论与实践的结合，注重应用型人才的培养。同时，地方院校的人才培养更多服务于区域经济建设，其所承担的使命与职能主要体现在为地方社会经济健康有序发展和行业持续发展提供服务，这也是地方院校的价值所在。高校所处的地域不同、经济发展模式不同，地方院校培养的人才作为地方经济高质量发展的重要推动力量，作为地方经济转型升级的重要智库，应有效的结合地方经济，以创新为引擎，推动科技成果转化。由此看出，创新创业教育是高校人才培养的要求，也是

---

[1] 《国家中长期教育改革和发展规划纲要（2010—2020年）》，http://www.moe.gov.cn/srcsite/A01/s7048/201007/t20100729_171904.html。

[2] 《教育部关于大力推进高等学校创新创业教育和大学生自主创业工作的意见》（教办〔2010〕3号），http://www.moe.gov.cn/srcsite/A08/s5672/201005/t20100513_120174.html。

高校向"学术教育、职业教育和创业教育"并举的教育观转型的要求，亦是就业教育逐渐向择业教育发展的要求。

第二节 地方院校创新创业第二课堂现状

本节从外部比较和内部分析两个维度出发，对第二课堂现状进行梳理。在外部比较创新创业模块与第二课堂活动的其他模块情况，在内部选取深度与广度两个维度，分别以高水平竞赛与大学生创新创业训练计划为代表，介绍地方院校创新创业的第二课堂现状。总结创新创业第二课堂建设中的问题与不足，剖析问题的成因，以期为第二课堂体系的重构提供方向。

一 地方院校创新创业第二课堂现状

根据第一节中所界定的创新创业第二课堂概念，本书中所讨论的第二课堂内容按照类别大体上包含四个方面：创新创业普及性活动，包括创新创业类讲座，创业沙龙，学术科技活动宣讲，相关的校园文化月、文化周等各级学工部门和社团组织面向全体学生的创新创业类普及性活动；创新创业类研究性活动，包括各级各类学术科技活动、科研立项、发表论文、出版专著、取得专利等；创新创业竞赛类活动，包括"互联网+"大学生创业大赛、"挑战杯"全国大学生课外学术和科技作品竞赛、"挑战杯"全国大学生创业大赛以及各级各类专业竞赛等；社会实践及志愿服务活动，包括暑期社会实践、各级社团组织中的勤工助学和志愿服务等工作。

对地方院校的创新创业第二课堂现状的认识，可分为创新创业外部和创新创业的内部两个方面：前者是创新创业活动相对于其他第二课堂活动，以及第二课堂总体活动中的情况，后者是创新创业活动中地方院校与部属高校的比较情况。

（一）创新创业活动在第二课堂中的情况

依托高校共青团"第二课堂成绩单"网络管理平台，全国学校共青团研究中心自 2019 年 4 月建立高校第二课堂大数据周报制度，并从 2020 年 3 月开始，综合考虑了地域、学校类型等因素选取正常使用系统的 50 所本科和 50 所专科院校的第二课堂数据作为研究样本展开分析（见表

4-1、表4-2)①。

表4-1　　第二课堂数据研究样本中的50所本科院校

序号	学校名称	序号	学校名称
1	上海理工大学	26	黑龙江八一农垦大学
2	天津中德应用技术大学	27	内蒙古工业大学
3	兰州大学	28	内蒙古财经大学
4	阳光学院	29	内蒙古师范大学
5	佛山科学技术学院	30	内蒙古农业大学
6	南昌工学院	31	内蒙古医科大学
7	南华大学	32	内蒙古民族大学
8	宁夏大学	33	渤海大学
9	渭南师范学院	34	济南大学
10	喀什大学	35	山东交通学院
11	安徽工业大学	36	哈尔滨工业大学（威海）
12	北京科技大学	37	聊城大学
13	琼台师范学院	38	太原师范学院
14	广西民族大学	39	太原工业学院
15	凯里学院	40	运城学院
16	保定学院	41	云南财经大学
17	河南师范大学	42	云南民族大学
18	南阳理工学院	43	云南大学
19	许昌学院	44	云南农业大学
20	平顶山学院	45	昆明理工大学
21	长江大学	46	四川大学锦江学院
22	湖北大学	47	四川轻化工大学
23	湖北汽车工业学院	48	重庆科技学院
24	湖北中医药大学	49	长春中医药大学
25	湖北经济学院	50	温州商学院

---

① 全国学校共青团研究中心：《高校第二课堂大数据周报（第148期）》，微信公众号"团学小研"。

表4-2 第二课堂数据研究样本中的50所高职高专院校

序号	学校名称	序号	学校名称
1	威海海洋职业学院	26	昆明冶金高等专科学校
2	内蒙古化工职业学院	27	宁波职业技术学院
3	晋城职业技术学院	28	江西环境工程职业学院
4	湖北工程职业学院	29	四川文化产业职业学院
5	四川城市职业学院	30	天津医学高等专科学校
6	宁波城市职业技术学院	31	潍坊护理职业学院
7	淄博职业学院	32	东莞职业技术学院
8	通辽职业学院	33	湖南生物机电职业技术学院
9	重庆电信职业学院	34	铜仁幼儿师范高等专科学校
10	广西机电职业技术学院	35	云南林业职业技术学院
11	包头职业技术学院	36	陇南师范高等专科学校
12	广西农业职业技术学院	37	四川科技职业学院
13	广西电力职业技术学院	38	湖南高速铁路职业技术学院
14	重庆医药高等专科学校	39	四川工程职业技术学院
15	长白山职业技术学院	40	云南三鑫职业技术学院
16	顺德职业技术学院	41	广西工业职业技术学院
17	海南经贸职业学院	42	西藏职业技术学院
18	遵义职业技术学院	43	黑龙江幼儿师范高等专科学校
19	河北交通职业技术学院	44	湖南财经工业职业技术学院
20	包头轻工职业技术学院	45	浙江广厦建设职业技术学院
21	威海职业学院	46	安徽机电职业技术学院
22	北京社会管理职业学院	47	宁夏职业技术学院
23	河北建材职业技术学院	48	辽宁装备制造职业技术学院
24	上海城建职业学院	49	漯河食品职业学院
25	浙江交通职业技术学院	50	广州华立科技职业学院

第二课堂供给类型为思想成长、工作履历、文体活动、技能特长、实践实习、志愿公益、创新创业七个类别。截至第148期周报（2022年4月18—25日），并连续对比往期周报数据可知，在第二课堂活动类型供给比例中，本科样本院校的创新创业模块占比总体为2%—6%，实践实习占比为3%—6%，二者相加占比约为10%；思想成长模块比

例为 40%—60%，文体活动比例为 20%—30%。专科样本院校创新创业模块占比低于 3%，实践实习占比 5%—8%，思想成长为 40%—60%，文体活动为 20%—30%。无论是本科院校还是专科院校，比例最高且占绝对优势的是思想成长模块，其次是文体活动模块，而创新创业占比较低。

东部地区情况，在针对以上海高校创新创业教育联盟单位的 3000 名大学生进行的问卷调查中，发现在与创新创业型人才相关性较高的素质特征中，学生最关心的素质集中在非智力因素上，尤其是良好的交流沟通与合作能力、强烈的社会责任感以及对客观现象的好奇心[①]。相比之下，智力因素重要性评价不高、创业的热情和动力重要性得分较低。这些都在一定程度上反映了大学生面向创新创业活动的心理状态。调查发现，学生参与程度最高的是校园工作类实践，其次是创新创业研究类实践，如大学生创新创业训练计划，高水平竞赛参与度最低，这一结果也大体上反映了高校大学生参与创新创业活动的程度。西部地区情况，在调研内蒙古自治区的"第二课堂"创新创业模块使用中[②]，近 1/3 的大学生认为创新创业加分困难，虽然各个高校都可以提供创新创业训练计划、培育项目以及"互联网+"、挑战杯等竞赛活动，但限于项目数量、学校资源短缺等导致这类锻炼机会往往只覆盖了少数群体，高校之间项目数量少、范围窄，制约了学生通过创新创业活动获得锻炼自己的机会。

在第二课堂的活动中，创新创业对于学生的综合素质要求较高，既需要具备足够的专业知识与能力等智力因素，也需要具备组织协调、表达沟通以及抗压能力等非智力因素。因此，创新创业活动相较于其他类型的活动，属于一种更高层次的育人活动，具有一定程度的创新性和挑战性，是检验高校人才培养能力的试金石。这对教育体系的构建者、实施者和参与者都带来了挑战，如果教育体系构建不完善，则很容易造成学校、教师、学生任何一方参与意愿和参与程度降低，影响创新创业活

---

① 宋达飞：《基于创新创业型人才培养的"第二课堂"梯度建设研究》，《思想理论教育》2017 年第 4 期。

② 陈晗：《高校共青团"第二课堂成绩单"教育模式创新创业模块的优化研究——以内蒙古高校使用现状为例》，《科技风》2020 年第 34 期。

动的供给数量和覆盖范围,从而影响创新型人才的培养。

(二) 创新创业第二课堂的差异化分析

在创新创业第二课堂开展的各级各类活动均具有其自身的特点,从不同的维度来开展创新创业教育。从成果的挑战性与专业深度来说,竞赛类活动的国家级奖项、金奖等高层次奖项,可以衡量高校达到顶尖水平的创新创业教育能力;从学生参与的广度上说,各级大学生创新创业训练计划,可以衡量高校创新创业教育的覆盖程度,下面以这两类典型活动为代表来分析创新创业第二课堂的情况。

创新创业竞赛类活动是要求较高的一类活动,需要学生较为熟练地掌握专业知识和技能以及自主学习、团队协作能力,这也是一种标准化的大学生创新创业能力评估方法。中国高等教育学会"高校竞赛评估与管理体系"专家工作组自2017年12月发布2012—2016年中国普通高校学科竞赛评估结果以来,每年发布一次评估结果。截至2022年3月,已连续发布六轮榜单结果,是检验高校创新人才培养质量的重要标准之一。

中国高等教育学会发布的2021年全国普通高校大学生竞赛分析报告,包括了六轮评估的总榜单、2017—2021年五年榜单以及2021年榜单。[①]

在全国普通高校大学生竞赛六轮总榜单中,地方院校入围前100名的数量为46所,包括浙江省6所,其中前两所在总榜单的前20名以内,其他高校数量较多省份为江苏5所,广东4所,山东4所,均集中于东部地区。基本上与经济发展水平相符,进入榜单的院校层级普遍为地方重点院校。通过与部属院校对比,可见在高水平竞赛角度,地方院校与部属院校在数量上没有特别悬殊的差距,主要差距体现在与排名较高的部属院校间的差距,在入围榜单的排名上,地方院校最高排名第16位,大多入围的地方院校多集中在第50—100位。地方院校内部差异较大,地方重点院校竞赛水平明显优于地方普通院校,这与地方院校内部应用基础型大学和应用型大学的发展重点有关。

在全国普通高校大学生竞赛2017—2021年本科排行榜中,有52所地

---

① 高校学生竞赛与教师发展数据平台:《2021全国普通高校大学生竞赛分析报告发布》,https://rank.moocollege.com/newsdetail?id=2443。

方院校进入前 100 名,其中浙江 6 所,且前两所排名分别为第 17 名与第 21 名,河南 6 所、江苏 5 所、山东 4 所,分布在中东部地区。

在全国普通高校大学生竞赛 2021 年榜单中,有 57 所地方院校进入前 100 名,在数量上有所增加,排名也较为靠前,南昌大学排第 9 名,西南石油大学排第 13 名,杭州电子科技大学排第 14 名,桂林电子科技大学排第 17 名,中北大学排第 20 名,长沙理工大学排第 22 名。分省统计为江苏 7 所、山东 7 所、广东 5 所、河南 5 所、浙江 4 所、四川 4 所、江西 4 所,其余省份 3 所及以下,地区分布呈现多样化的特点。

对比三份榜单可以发现,从数据的累计角度看,六轮总榜单、2017—2021 年近五年榜单以及 2021 年的新榜单,累计的范围从旧到新,有时间演进的过程。随着样本的持续更新,入围的地方院校数量逐渐增加,分布的地区由东部地区逐渐向中西部地区扩展,除了东部地区经济强省,中西部地区高校也在逐渐提高竞赛水平。

高职院校大学生竞赛方面,六轮总榜单中排名在前 100 名的高校的省份分布统计见表 4-3,按入围的高校数量排序依次为江苏、浙江、广东、山东、重庆、安徽、江西等,头部省份多为东部、中部地区省份,同时,南北差异明显,南方省份显著多于北方省份。

表 4-3　高职院校大学生竞赛六轮总榜单前 100 名省份分布情况

省份	院校数量	省份	院校数量	省份	院校数量
江苏	14	北京	4	上海	2
浙江	10	福建	4	天津	2
广东	8	陕西	4	四川	2
山东	7	湖北	4	甘肃	1
重庆	6	湖南	3	贵州	1
安徽	6	广西	3	河北	1
江西	6	山西	3	海南	1
河南	5	吉林	2	云南	1

资料来源:高校学生竞赛与教师发展数据平台,https://rank.moocollege.com/。

高职院校大学生竞赛 2017—2021 年五年榜单中排名前 100 位的省份分布统计见表 4-4。按入围的高校数量排序依次为江苏、浙江、安徽、广东、重庆、山东、湖北等,与六轮总榜单相对,头部省份的南北差异更加明显,东北地区绝对数量少,说明高职院校的竞赛水平与所在省份的经济发展状况密切相关。

表 4-4 高职院校大学生竞赛 2017—2021 年榜单前 100 名省份分布情况

省份	院校数量	省份	院校数量	省份	院校数量
江苏	11	江西	5	上海	2
浙江	9	广西	5	天津	2
安徽	8	北京	4	山西	2
广东	7	四川	4	河北	2
重庆	7	陕西	3	吉林	1
山东	6	福建	2	辽宁	1
湖北	6	甘肃	2	海南	1
河南	5	贵州	2		

资料来源:高校学生竞赛与教师发展数据平台,https://rank.moocollege.com/。

高职院校大学生竞赛 2021 年榜单中排名前 100 位的省份分布统计见表 4-5。按入围的高校数量排序依次为江苏、江西、浙江、重庆、安徽、广东、广西等,与总榜单以及近五年榜单比较,南北差异依然明显,甚至有差距拉大的趋势,东南、中南地区高职院校发展强劲,北方仅河南、山东两省排在头部,但和江浙地区差距较为明显。

表 4-5 高职院校大学生竞赛 2021 年榜单前 100 名省份分布情况

省份	院校数量	省份	院校数量	省份	院校数量
江苏	11	湖南	5	河北	1
江西	10	湖北	4	贵州	1
浙江	9	福建	3	北京	1
重庆	8	四川	3	吉林	1

续表

省份	院校数量	省份	院校数量	省份	院校数量
安徽	7	甘肃	2	黑龙江	1
广东	6	陕西	2	辽宁	1
广西	6	山西	2	天津	1
河南	5	上海	2		
山东	5	海南	2		

资料来源：高校学生竞赛与教师发展数据平台，https：//rank.moocollege.com/。

在创新创业竞赛中，"挑战杯"全国大学生课外学术科技作品竞赛于1989年开始举办，截至2021年，已连续举办十七届，被誉为当代大学生科技创新的"奥林匹克"盛会，是代表大学生创新的全国性高水平竞赛之一。在第十七届"挑战杯"赛中竞赛评审委员会评出特等奖作品49件、一等奖作品109件、二等奖作品320件、三等奖作品755件。在特等奖中，地方院校获得23项（见表4-6），在一等奖中，地方院校获得42项。

表4-6　第十七届"挑战杯"比赛中地方院校特等奖作品

学校	作品名称
浙江师范大学	"劳动开创未来"：新时代中国大学生劳动教育现状与路径优化研究——基于全国105所高校的实证调查
江苏大学	低碾压智能化再生稻收获技术与装备
华东交通大学	川藏跨天堑，知产绣锦图——川藏铁路建设中的知识产权风险调查研究
上海师范大学	从"培育"到"铸牢"——大学生中华民族共同体意识的调查与教育实践研究
天津理工大学	基于对比自监督学习的复杂场景下中国手语实时翻译系统
南京师范大学	新时代劳动教育何以落地生根？——基于7省市初中生劳动素养及其培养现状的调查研究

续表

学校	作品名称
安徽农业大学	防治植物病害的"青霉素"——白蚁共生菌来源的新型农用杀菌剂研究
南昌大学	废塑料微波快速催化热解制备石脑油装备的研发
福州大学	民心聚力，古厝新生：村落传统民居自助式保护模式的构建研究——基于福建永泰八村百厝调研
苏州大学	柔性透明电极结构的精确调控及可赋形太阳能电池研制
西藏农牧学院	西藏野生兰科植物资源增补及名录修订
南京师范大学	自由贸易区何以助推数字经济发展？——基于中韩（盐城）产业园的调研
武汉纺织大学	月面国旗研制技术及衍生功能化制品的开发
华南师范大学	新冠肺炎疫情下大学生心理危机的监测与防控——基于广东省22所高校的三阶段调研
济南大学	新型噬菌体的发现及噬菌体饲料添加剂的研发
长江大学	棉田棉秆残膜联合收获机——拔秆伏"魔"助棉白
温州医科大学	类风湿性关节炎诊断标志物及防治药物的筛选和临床应用
西安建筑科技大学	从"工业锈带"到"生活秀带"——以西安为例探寻融入城市演进的工业遗产活化新模式
厦门大学嘉庚学院	"微腐败"对乡村营商环境的影响及对策研究——基于甘肃、福建、河南、江西、贵州5省182村的调查与思考
云南大学	以"才"共治——20个"一带一路"合作国的在滇医学生调查研究
烟台大学	"小店虽小，风景甚好"——"双循环"战略背景下的小店经济"微循环"活力研究
南京邮电大学	基于量子传感的晶圆级电磁兼容测试设备
湖南工商大学	韧性视角下复合公共卫生风险多维协同治理策略研究

资料来源：《第十七届"挑战杯"全国大学生课外学术科技作品竞赛授奖名单》，《中国青年报》2022年4月13日第7版。

获得特等奖的23所地方院校中，既包含地方重点院校，也包括地方普通院校，很多获奖作品都是结合学校本身的办学特色开展研究，如师范类大学的教育特色、理工科大学的技术特色等，同时作品又兼具地方特色，如西藏的野生植物保护、福建的传统村落研究，等等。这些作品背后反映了相关院校在开展创新教育实践中与专业融合、服务于地方的特点。

在创业教育方面,具有代表性的赛事是中国国际"互联网+"大学生创新创业大赛,自2015年首次举办,截至2021年已连续举办七届。

第七届中国国际"互联网+"大学生创新创业大赛总决赛高教主赛道获奖名单中,获得高校集体奖的地方院校(表4-7)包括南昌大学、浙江工业大学、华南理工大学、宁波大学、浙江师范大学、南京邮电大学;大赛总决赛"青年红色筑梦之旅"赛道获奖名单中,获得高校集体奖的地方院校包括南昌大学、宁波大学、温州医科大学、云南大学、江西师范大学、鲁东大学、贵州大学、南京林业大学、石河子大学、西南石油大学、浙江师范大学、广州大学。在高教主赛道中获得金奖及独立奖项的169项中,有82项分别来自53所地方院校,在"青年红色筑梦之旅"赛道中获得金奖及独立奖项的57项中,有39项来自29所地方院校(综合两类成绩见表4-7)。学校方面,南昌大学获金奖及独立奖项共13项,宁波大学8项,浙江师范大学、南京林业大学均为5项,南京邮电大学4项,以上学校分别在江西、浙江、江苏三省,集中于华东地区。这三个省份同时也是金奖及单项奖获奖总计数量最多的三个省份:浙江24项、江苏21项、江西17项,与其他省份相比,竞争优势明显。表4-7所列是第七届"互联网+"高教主赛道及"青年红色筑梦之旅"赛道地方院校获奖情况。

表4-7　　　　第七届"互联网+"地方院校获奖情况

奖项	省份(总计)	学校(获奖数量)
主赛道冠军	江西(1)	南昌大学(1)
最佳带动就业奖	浙江(1)	浙江师范大学(1)
	江西(1)	南昌大学(1)
最佳创意奖	浙江(2)	中国美术学院(1)、宁波工程学院(1)
最具商业价值奖	江西(1)	南昌大学(1)
乡村振兴奖	内蒙古(1)	内蒙古大学(1)
最具人气奖	江西(1)	赣南师范大学(1)

续表

奖项	省份（总计）	学校（获奖数量）
金奖	北京（2）	北京工业大学（2）
	天津（1）	天津理工大学（1）
	河北（2）	燕山大学（1），河北农业大学（1）
	山西（3）	太原理工大学（2），山西医科大学（1）
	内蒙古（4）	内蒙古农业大学（2），内蒙古大学（1），内蒙古师范大学（1）
	辽宁（2）	辽宁大学（1），中国医科大学（1）
	吉林（2）	长春中医药大学（2）
	上海（1）	上海大学（1）
	江苏（21）	苏州大学（1），江苏科技大学（3），南京工业大学（2），常州大学（1），南京邮电大学（4），南京林业大学（5），南通大学（2），南京农业大学（1），扬州大学（1），江苏农林职业技术学院（1）
	浙江（24）	浙江师范大学（4），浙江工商大学（1），嘉兴学院（1），中国美术学院（2），宁波工程学院（2），宁波大学（8），宁波大学科学技术学院（1），浙大宁波理工学院（1），温州大学（1），浙江工业大学（1），温州医科大学（2）
	安徽（3）	安徽信息工程学院（1），安徽农业大学（2）
	福建（4）	福州大学（1），福建师范大学（1），集美大学（1），闽江学院（1）
	江西（17）	南昌大学（10），江西中医药大学（1），江西师范大学（3），赣南师范大学（1），井冈山大学（1），南昌师范学院（1）
	山东（6）	齐鲁工业大学（1），山东第一医科大学（1），鲁东大学（2），山东协和学院（2）
	河南（1）	郑州大学（1）
	广东（7）	华南理工大学（1），华南农业大学（1），广州大学（1），南方医科大学（2），广东海洋大学（1），深圳职业技术学院（1）
	广西（1）	广西民族大学（1）

续表

奖项	省份（总计）	学校（获奖数量）
金奖	海南（1）	海南大学（1）
	重庆（2）	重庆医科大学（1），重庆文理学院（1）
	四川（4）	西南石油大学（3），成都中医药大学（1）
	贵州（2）	贵州大学（1），茅台学院（1）
	云南（2）	云南大学（2）
	西藏（1）	西藏大学（1）
	陕西（1）	西安理工大学（1）
	青海（1）	青海大学（1）
	宁夏（1）	宁夏大学（1）
	新疆（1）	新疆大学（1）
	新疆生产建设兵团（2）	石河子大学（2）

资料来源：教育部：《教育部关于公布第七届中国国际"互联网＋"大学生创新创业大赛获奖名单的通知》，http：//wap.moe.gov.cn/srcsite/A08/s5672/202202/t20220222_601209.html。

另外，大学生创新创业训练计划始于2007年教育部实施的国家大学生创新性实验计划，2012年实施国家级大学生创新创业训练计划（"国创计划"），15年来，"国创计划"已累计资助35万余个项目，支持经费近58亿元，覆盖全部学科门类，吸引了全国千余所高校140余万名学生参与，是历史最长、覆盖最广、影响最大的创新创业教育项目之一，已经成为面向全体大学生的一项创新创业人才基础培育工程，成为高校培养大学生创新创业能力的重要载体。[①]

参与国家级大学生创新创业训练计划的高校众多，根据教育部办公厅公布的全国创新创业典型经验高校名单中的部分学校，以及相同地域、层级、学科的其他院校，统计所得部分高校2021年度国家级大学生创新创业立项数目，见表4-8所示。

从表4-8总体数据来看，各高校间立项数目存在明显的校际差异，多

---

① 国家级大学生创新创业训练计划平台：《关于举办国家级大学生创新创业训练计划十五周年荣誉表彰的通知》，http：//gjcxcy.bjtu.edu.cn/NoticeBulletin.aspx?C2F578D387D2000E4A19FE-2C92AC8EA0。

数高校立项数目为 40—60 项，而立项最多的高校可以超过 200 多项，立项最少的仅个位数。同一省份区域内，立项数目多寡也存在明显差异，体现出不同层级、不同专业特色之间的差异。从地区上看，东北地区立项数目普遍为 30—50 项，大连东软信息学院达到了 90 余项，超过当地高校立项平均水平，江苏、浙江、山东省的高校立项数目较为均衡，云南、内蒙古等边疆地区的高校立项数普遍偏少，安徽省无论是重点院校还是普通院校，立项数均超过其他省份同一层级的高校。在创业实践立项方面，多数高校均偏少，大连东软信息学院、沈阳工学院、杭州电子科技大学、海口经济学院在创业实践立项方面较为突出。可见，不同地域、层级、专业特色的高校在大学生创新创业训练计划中各有自己的特点，背后所体现的是地区和高校自身对于创新创业教育的资源投入和教育体系构建的工作特点。

表 4-8　部分地方院校 2021 年国家级大学生创新创业训练计划立项数

省份	学校名称	创新训练	创业训练	创业实践
北京	北京工业大学	91	6	3
	北京信息科技大学	40	0	0
	首都体育学院	11	0	0
	北京服装学院	9	0	2
河北	河北大学	23	8	4
山西	山西大学	16	1	0
辽宁	辽宁工程技术大学	19	1	0
	沈阳理工大学	30	2	0
	辽宁大学	30	20	5
	大连艺术学院	9	6	0
	大连外国语大学	43	3	0
	东北财经大学	24	9	5
	大连东软信息学院	66	1	31
	沈阳工学院	27	3	14
吉林	长春理工大学	47	1	2
	长春工业大学	44	4	2
	长春中医药大学	30	17	3
	吉林动画学院	36	13	1

续表

省份	学校名称	创新训练	创业训练	创业实践
黑龙江	黑龙江大学	28	10	8
	佳木斯大学	23	8	4
上海	上海理工大学	79	9	4
	上海对外经贸大学	27	14	2
江苏	江苏大学	90	0	0
	南京邮电大学	50	0	0
	南京林业大学	54	2	1
	南京信息工程大学	55	4	1
浙江	杭州师范大学	59	6	5
	浙江师范大学	64	4	5
	温州大学	62	5	3
	台州学院	54	5	1
	杭州电子科技大学	59	4	10
	中国计量大学	63	6	1
安徽	安徽理工大学	130	6	0
	安徽工程大学	122	2	2
	安徽师范大学	240	6	0
	淮北师范大学	44	6	3
	合肥学院	71	17	7
	黄山学院	50	6	0
福建	福建农林大学	36	4	4
	三明学院	19	4	1
	莆田学院	16	5	3
江西	江西师范大学	28	14	8
	赣南师范大学	10	14	1
	景德镇陶瓷大学	31	16	3
	东华理工大学	27	3	0

续表

省份	学校名称	创新训练	创业训练	创业实践
山东	山东农业大学	43	9	7
	青岛农业大学	47	1	1
	山东科技大学	30	5	2
	山东理工大学	44	4	1
	曲阜师范大学	36	13	1
	山东师范大学	65	20	3
	山东协和学院	53	10	2
河南	河南大学	148	4	0
	郑州大学	127	1	3
	河南师范大学	20	0	0
	河南农业大学	50	0	0
湖南	湘潭大学	23	2	1
	吉首大学	30	0	0
	湖南工商大学	14	4	2
广东	广东工业大学	76	2	2
	华南农业大学	75	2	3
	肇庆学院	19	1	0
	嘉应学院	16	2	2
海南	海口经济学院	22	7	11
	三亚学院	24	7	3
重庆	重庆邮电大学	18	2	1
	重庆理工大学	5	1	0
	重庆文理学院	6	0	0
	重庆三峡学院	5	0	0
陕西	西安邮电大学	49	3	1
	西安理工大学	77	4	0
	西安外事学院	6	0	2
	榆林学院	25	0	0
	西京学院	5	2	0
	西安交通工程学院	5	0	1

续表

省份	学校名称	创新训练	创业训练	创业实践
内蒙古	内蒙古大学	47	3	1
	内蒙古财经大学	1	4	3
	内蒙古工业大学	7	1	0
云南	云南农业大学	15	0	0
	西南林业大学	17	0	0
	云南财经大学	5	4	5
	云南工商学院	3	7	0
贵州	贵州工程应用技术学院	46	0	0
湖北	湖北工业大学	24	1	0
	武汉生物工程学院	9	1	0
广西	广西医科大学	39	6	0
	广西师范大学	87	13	0
四川	四川美术学院	5	1	0
	西南石油大学	55	10	0

资料来源：教育部高等教育司：《教育部高等教育司关于公布2021年国家级大学生创新创业训练计划项目和重点支持领域项目名单的通知》，http://www.moe.gov.cn/s78/A08/tongzhi/202108/t20210827_554719.html。

二 创新创业第二课堂建设中的问题和不足

创新创业教育的第二课堂是检验创新创业课程体系、将知识能力转化为实践能力的重要途径，既为第一课堂提供了落地机会，也为学生面向真实的"社会课堂"提供试验场所。第二课堂的组织参与部门涉及面广，体系复杂，涉及学生工作部门、团委、教务、科研、实习实训中心、项目孵化基地等校级院级诸多部门，需要各部门之间协同联动，跨学科跨学院展开工作。这种"九龙治水"的格局，容易导致部门间互相掣肘，从而无法营造创新创业教育的良好氛围，不能提供充足的第二课堂资源供给，也难于保证第二课堂活动的质量，传导至学生需求端则出现覆盖面狭窄、参与意愿与参与程度不深的问题，使第一课堂的建设无处落脚，也使社会实践课堂建设缺乏动力。具体来说，制约地方院校创新创业教育第二课堂建设发展的问题可分为认知观念、制度设计、课程平台与师资队伍、资源禀赋特点等几个方面。

(一) 创新创业第二课堂的思想认识有待提高

第二课堂的规划组织与实施涉及诸多参与方，如政策制定、管理部门，教师队伍，学生群体，包括部门上下级之间的组织架构，同级部门的协同，以及课堂的师生共建。创新创业的第二课堂是"全员、全过程、全方位"育人的重要环节，对创新创业教育第二课堂的认知缺乏一致性，从根本上制约了创新创业第二课堂的建设发展。

1. 学校管理层面

自 2015 年《国务院办公厅关于深化高等学校创新创业教育改革的实施意见》发布以来，各高校相继开展了创新创业教育课程改革，力图把创新创业教育融入专业人才培养总体方案，落实到育人的各个环节，也取得了一些成果进展。与此同时，部分高校存在着顶层设计与理念引领不足的问题，如工作重点和资源倾斜更多的是面向创新创业教育的第一课堂，在第二课堂方面，虽然也开展了如社团活动宣传、组织竞赛、创建孵化基地等活动，但是对于第二课堂的建设缺乏科学规划和系统管理，同质化严重，缺乏针对学校办学特色与育人定位的考量。这种现象的背后反映出对于创新创业第二课堂认识不足的问题。此外，各部门之间缺乏协同性，第二课堂建设主体责任不明确，使创新创业教育的第二课堂相对于第一课堂缺乏系统性，很多环节仅仅采用考核指挥棒，但动员效果并不明显，甚至逐渐出现了功利化的倾向，重结果轻过程，重立项轻建设，使第二课堂成为少数师生参与的活动。脱离了广大师生群体，无法打下"大众创业、万众创新"的坚实群众基础，创新创业氛围不浓厚，创新创业教育缺乏内生动力。

创新创业教育改革是国家实施创新驱动发展战略、促进经济提质增效升级的迫切需要，是推进高等教育综合改革、促进高校毕业生更高质量创业就业的重要举措。创新创业人才的培养，是育人的总目标之一，而创新创业人才的培养过程，既需要第一课堂的坚实基础来解决共性问题，更需要第二课堂的自我建构来完成个性化培育。只有将第二课堂的开辟置于同第一课堂同等重要的位置上来，第二课堂的建设才能有充分的思想保障。只有明确建设主体，协同各个部门形成合力，才能增加供给，扩大覆盖面，营造良好的创新创业教育氛围。

2. 教师团队建设情况

第二课堂的制度化设计源于共青团中央的第二课堂成绩制度，因此，目前负责创新创业教育第二课堂的教师，总体上以学生管理人员与辅导员居多，专业教师数量相对较少。一方面，思政教师从工作职能上覆盖第二课堂的全部模块，其工作特点主要在于负责学生的思想成长工作，重视德育，组织学生开展的活动方式多为文体活动、社团活动，在第二课堂成绩单课程供给比例中，思想成长占比为40%—60%，文体活动占比为20%—30%，均高于创新创业模块的2%—5%。① 另一方面，从专业教师和教学改革的要求出发，在教学科研工作中，能够做到一定程度的专创融合，将创新教育元素融入第一课堂和研究生培养，但对于指导本科生的创新创业教育却动力不足，在第二课堂方面尤为突出。虽然各类的科研立项和专业竞赛提供了专业教师参与第二课堂的机会，但因为教师对创新创业理念认识不强，在专业教学科研方面时间紧任务重、科研课题多项目压力大，个人时间和精力难以分配给创新创业教育②，加之指导学生工作周期长、不稳定因素多，这使得教师团队参与人数较少，参与积极性不高。各司其职的传统工作模式在"三全育人"的背景下面临挑战，创新创业教育改革需要更新育人思维，转变工作模式，协同专业教师与思政教师，培养学生创新创业精神，提升学生创新创业能力，促进学生的全过程培养与全面发展。

3. 学生角度分析

在创新创业教育调查研究中，大学生普遍对创新创业类活动的理解存在偏差，缺乏参与热情与信心③，其原因包括两个方面：一方面创新创业意识淡薄，对创新创业与自身专业关系认知不充分。多数学生受文化环境和传统思维的影响，认为创新创业是少数人关心的话题，自己只要"随大溜"上好专业课就可以了。即便有些学生参加一些活动也较为功利

---

① 全国学校共青团研究中心：《高校第二课堂大数据周报（第148期）》，微信公众号"团学小研"。

② 潘红：《高校创新创业教师队伍建设现状和心理特点研究》，《劳动保障世界》2017年第11期。

③ 王宇静：《地方本科院校大学生学科竞赛参与现状调查及政策建议》，《教育现代化》2020年第34期。

化,目的在于获奖、加分,并没有形成主动锻炼自己的创新创业能力的意识,更没有去深度思考在发展专业能力的基础上来开展创新创业活动。这一情况,与院校对创新创业氛围营造缺乏、专创融合发展不到位有关。需要在专业课程的基础上,提炼课程创新要素,培养学生创新思维与创造能力,增加专业的实践性,使学生了解业界的发展动态。在宣传方面,除了宣传成绩较好的优秀团队,还应该注重宣传学生在参与过程中得到的进步和提高,以及对于日后长远发展的优势作用。另一方面是创新创业信息的缺失、指导教师的缺失,导致有潜在参与意愿的同学并未实际参与到实践活动中。有些同学不知道有何种活动;有些知道一些讲座沙龙活动,但都是泛泛了解,缺乏进一步的行动;有些同学计划参加一些项目或者赛事活动,但对于自己如何参与则没有概念,没有准备,导致参赛成绩不理想,从而失去参与活动的热情和信心。这些都与相应课程体系的缺失以及衔接不畅问题相关,背后反映的是各个部门之间工作不协调、平台建设和师资缺失问题。

(二)创新创业第二课堂制度体系不完善

创新创业第二课堂的建设有赖于相关制度体系的建立与持续完善,通过合理的制度来保障课程体系、实践平台、师资队伍等要素的建设,服务于学生创新创业能力的培养与提升。当前,顺应深化创新创业教育改革的要求,高校都建立了一定的制度来保障创新创业的第二课堂,但制度尚缺乏体系,由此制约着各要素之间的良性互动与高效发展。

1. 激励与保障制度不完善

从学生参与的角度看,第二课堂的灵活性更能激发学生自主选择更有效的形式参与创新创业活动,提升自身的专业实践能力。但从实践层面上看,学生参与创新创业第二课堂呈现两极分化的现象,即少数比例的学生参与积极性较高,对应的成果质量高、产出丰富,代表了所在学校的第二课堂科创立项、学科竞赛、社会实践等成果,这部分工作往往也是学校工作的重心,得到较为充足的政策倾斜,如学分置换、评奖推优、推免加分等;与此相对应的是,大部分学生参与创新创业活动积极性不高,除了个人能力及兴趣原因,政策激励门槛过高、覆盖面窄等也是决定性因素之一,这说明制度覆盖层面上尚不充分。应该适当放宽激励条件,增加过程性考核与个性化评价,回归第二课堂育人本质,吸纳更多的学生积极参与到创新创业活动中来,形成集群效应来促成良性发展。

从教师参与的角度看,负责第二课堂组织、管理、评价的教师,涉及诸多部门,如教务处、就业处、团委、各级学院等,目前对于教师指导学生进行科学研究、学科竞赛、社会实践等创新创业活动的工作量认定和奖励机制都有待完善。对于教师工作量的认定多是结果导向,一般以是否立项、获奖为依据,这在一定程度上制约了教师参与指导学生的积极性,在指导教师之间也容易造成非良性的竞争,最终使学生在创新创业实践初期往往难以得到充分的指导,无形中抬高了学生参与的门槛。这一问题的症结在于课程体系不完善与过程性考核缺失。

从激励机制的形式看,激励机制过于单一,在创新创业校园氛围尚未形成时,制定与实施制度性的"硬激励"是大多数高校采用的制度方案,激励性制度具一定的完整性和层次性,也可以起到较为明显的效果。同时,调查发现①许多学生选择参加"大学生创新创业训练计划""暑期社会实践"等活动时,除了考虑实践学分和经费支持之外,更多地认为学校在开展第二课堂活动时,应该提供精神支持,如鼓励、表彰、营造创新氛围。这一呼声的比例远高于设立科研项目经费或提供奖金等资源支持,以及评优、升学方面提供优惠政策的制度支持。说明了从激发学生创新创业热情的角度来看,"软激励"也应纳入高校创新创业第二课堂政策支持的建设工作中来。

2. 组织、执行与评价制度不完善

从组织架构上看,自国家相关文件出台以来,大学生创新创业教育和第二课堂育人工作日益得到高校的重视,但很多高校并没有形成一套类似于第一课堂的实质性组织架构来保障第二课堂育人的人才培养核心体系。有些学校设立了创新创业领导工作组或者创新创业学院,但基本上都是虚职或兼职,分属于各个实体部门负责,如创新创业讲座、沙龙以及课程属于教务处或创新创业学院,社会实践及校园服务基本属于团委及其下属社团,创新创业比赛则依托专业教师和辅导员。在制度层面

---

① 宋达飞:《基于创新创业型人才培养的"第二课堂"梯度建设研究》,《思想理论教育》2017年第4期。

上，尚需进一步围绕创新创业第二课堂的育人目标和课程组织形式、保障资源，进一步明确组织机构的分工职责，强化各部门业务能力和沟通协调途径，将各部门统一到培养面向未来的创新创业人才的核心目标上。

从执行与评价机制上看，存在着重结果轻过程的倾向，即只关心重要指标结果，如竞赛获奖、科研立项等活动，而对于中间过程则缺少监督与评价机制，这就容易导致教师参与指导学生开展实践活动具有某种程度的不稳定性和功利性，只关注具有实力的项目或队伍，而忽视了更多借助此类活动提升自己能力的学生需求。这种不确定性，也很难形成良性的机制，保障指导教师能够全身心地投入第二课堂的工作中来。因此，需要在制度层面上，进一步详细规划过程性考核，通过院校两极的评价机制，给予所有参与到第二课堂的教师及学生明确工作量和学分基础，调动师生的积极性，保证认定工作有章可循，完善考核监督机制，覆盖所有参与学生的活动考察，引入主管评价机制与客观评价机制，明确学生参与第二课堂课程体系的活动记录、评价审核、反馈及申诉环节，做到公开透明、公平公正，保证师生参与第二课堂的付出有获得感与成就感。

(三) 缺乏完整课程体系、师资队伍与依托平台

第一课堂离不开围绕学生的教材、教师以及教学场地，第二课堂的内容虽有所不同，也需要完整的课程体系、充足的师资队伍以及开展工作的依托平台，目前，这三个方面存在的问题也制约着第二课堂的发展。

1. 课程系统性不强

创新创业第二课堂的课程体系不完善体现在两个方面：一方面表现为课程供给总量欠缺，另一方面表现为课程项目的设置结构失衡。

课程供给总量方面，第一课堂已经设置了相当数量的基础课程，包括了创新类课程与创业类课程，因此，第二课堂通常不会重复设置这些基础类课程，而更多地偏向于实践层面的课程安排。但在目前的课程体系中，第二课堂的实践占比不足，与第一课堂衔接的只有少数创业类课程以及竞赛涉及的学科专业类课程。第二课堂参与需要一定程度的实践技能的积累，受制于第一课堂实践能力的缺失，也使第二课堂的供给空间受到影响。第二课堂活动所需求的知识与技能零散分布在各专业的各类课程中，无法构成完整体系。

课程项目设置方面存在着结构失衡的问题，相比于思想成长、校园服务、文体活动等，创新创业和素质拓展类的实践活动少，难于满足具有不同的基础条件、不同兴趣能力偏好的学生参与，而科创项目和竞赛类项目则存在着要求高、名额少的问题，制约着学生开展实践锻炼的积极性，无法提供广阔的训练平台。此外，学校的社会实践活动针对具体专业性的就业与创业环节涉及得比较少，也导致部分学生的需求难以得到满足。

2. 师资力量较弱

师资力量缺乏，首先是数量上的缺乏。正如前面分析指出，目前从事创新创业第二课堂教育的基本以思政教师和少部分专业教师组成，数量更为庞大的专业教师资源并没有投入第二课堂的建设中，直接带来的问题就是生均指导时间有限，缺乏系统训练和深度思维，学生的实践能力难以通过有限的几次指导得到本质上的提升。

其次，师资类型单一。创新创业教育第二课堂的开设除了需要专业导师，还需要社会化导师指导创业实践，使学生了解社会生产需求和企业运营实践经验。社会化导师的缺乏，使学生难以了解当前社会真实需求，对于创新与创业的认知和现实脱节，实践类项目无法走出校园，产生社会价值，学生的创业能力无法得到有效提高。

再次，师资水平有限。第二课堂属于实践类活动，教师的指导周期长，经验积累速度慢，除了少数工作年限较长的教师，多数教师经验不足，指导学生水平参差不齐，无法提升整体水平。在师生双向选择中，年轻教师往往因为经验不足，成绩不佳，得不到指导机会，也无法进一步提升经验，从而对第二课堂活动缺少关注。因此，如何使创新创业教师团队不断提升整体业务水平，成为撬动师资发展的关键性问题。

3. 工作平台缺乏

在高校创新创业教育的第一课堂中，都具有完整的教务系统和专业的课程建设平台与课程资源，而第二课堂则缺失类似的管理和课程资源的平台。第二课堂的实质是跨越学院和专业的限制，更多以学生个人的志趣和能力拓展需求来开展活动，需要提供足够丰富的内容和训练空间。这一平台需求在形式和内容上依托于第一课堂的专业教育，而又与专业教育有所不同，一方面，是专业教育的延伸与拓展，讲求深度与高阶性；另一方面，则需要体现面向非专业人群的专业性教育，并非呈现专业知识的结构性而是其实践性与应用性，讲求覆盖面广，深入浅出，可操作性强。目前来看，由于组织上的难度、课程所需的丰富度、人员的复杂度，都使这样一类平台难于构建，因此，无法达到第二课堂能力培养所需求的专业教育与创新创业教育的有机结合。

缺乏系统平台的后果，就是目前很多学校存在的指导与培训力度不足问题，无论是学生社团的工作指导，还是创新创业类活动的专业指导，都会因为活动内容缺乏深度和专业性而影响其活动开展的质量。

此外，不同的高校和学科专业，应该对于平台建设有特色的定位和方向，忽视学校特点与专业特色，盲目照搬其他学校的经验，虽然可以带来表面上的创新创业教育第二课堂繁荣发展，如讲座数量增加、社团数量增加、参与创新创业的学生数量增加，但缺乏专业基础支撑的内涵式发展，很容易被其他院校赶超，失去人才培养的竞争优势。

（四）学校、地方等资源禀赋差异大

创新创业教育第二课堂建设涉及氛围塑造、组织架构、制度保障、课程设计、师资调度、资源投入等各个要素之间的协调，需要各个高校根据自身实际情况来调动资源。在构建教育体系的过程中，应立足于本校实际，根据自身的特点来调度资源，避免同质化、简单照搬其他学校的经验。高校的不同禀赋特点来源可以从地域、层级、专业三方面来分析。

1. 从地域的角度分析

地方院校所处的地域不同，各地区之间经济发展模式、社会文化氛围不同，对创新创业教育的需求层级不同。作为服务于地方经济的发展与转型的重要推动力量，地方院校的创新创业教育需要有效地结合地方经济，以创新为引擎，推动科技成果转化，营造创新创业的氛围，形成具有地方特色的创新创业样本。这既是高校人才培养的根本性要求，又是高校发展转型的内在需求。地方院校的生源特点和地区文化特色也决定着创新创业教育的土壤，对于创新创业意识的观念也各不相同，营造创新创业的校园文化基础不同，需要结合当地社会实际有针对性开展创新创业氛围的营造。由于地方经济社会的差异，各高校应对自身的创新创业教育进行差异化定位,而这种差异化尤其体现在以第二课堂为代表的个性化实践活动中。当前高校开展创新创业第二课堂存在着脱离于地方环境、同质化严重的问题,这是第二课堂水平不高、成果不突出的症结之所在。

2. 从人才培养承担的任务角度分析

地方院校分为应用基础型、应用型与职业型,基本上对应着地方重点院校、地方普通院校与职业院校,从创新创业的第一课堂反映的人才培养方案上能够明确,对于不同类型的院校所承担的人才培养任务也有所区别。这不仅仅在第一课堂上体现出这类差异性,同样需要在与第一课堂相适应的第二课堂上,贯彻各自的育人方针,有针对性地开展工作。如应用基础型大学应更多侧重于基础研究的创新与技术转化工作,聚焦国家与地方的重大社会经济问题开展工作;应用型大学应更多关注于地方经济社会的产业动态发展中面临的实际应用问题;职业院校应在职业教育、技术服务方面进行创业人才培养。当前,对于院校育人定位不明确,存在着育人目标与资源的错配,学生的成长需求无法得到正确的引导,造成了投入与产出不匹配的问题。

3. 从学科发展的特征分析

不同的学科创新创业的研究和服务对象不同,有其自身的发展规律。地方院校的创新创业教育与地方区域经济、社会发展密切相关,需要推动相关特色与优势专业积极融入地方发展,这是高校发展的必然趋势,也是创新创业教育第二课堂的发展要求。而在很多高校,专业教育是"正规军",创新创业教育则是"游击队",尽管有教师尝试将创新创业教育融入日常教学,但因没有成建制的课程规划,专业教育和创新创业教育成了"两张皮"。[1] 受制于第一课堂的课程供给,第二课堂受到的影响更甚,迫切需要创新创业教育与不同学科专业相结合形成全新的教育模式,在更大范围内推广创新创业教育。[2]

创新创业教育的目的在于培养满足社会需求的现代化人才,因而其

---

[1] 张烁:《创新创业,高校怎么教》,《人民日报》2015年7月9日第18版。
[2] 王占仁:《中国高校创新创业教育的学科化特性与发展取向研究》,《教育研究》2016年第3期。

发展演变的过程包含着其特有的时代内涵，与时代要求的育人目标相呼应。第二课堂作为创新创业教育的重要环节，从概念提出伊始就顺应社会对人才的需求，与社会发展过程相适应。当前创新创业教育第二课堂所面临的思想认识、制度体系、课程与师资等问题，都和资源禀赋差异与不足相关，根源在于生产力发展的不平衡与不充分。创新创业教育第二课堂教育体系的完善与重构也要顺应时代变化，面向当前与未来可能的社会需求，协同各方资源、建立保障机制、调动课程资源、储备师资力量，推动创新创业教育不断向前发展。

第五章

地方院校创新创业教育第二课堂体系重构

地方院校因所处不同地域和层级，存在资源禀赋差异，创新创业教育呈现生态多样性。本章从区域视角和层级视角总结典型地方院校创新创业教育协同措施，重构创新创业教育协同机制；从制度政策保障、资金保障、实践实训平台保障、服务保障等方面讨论保障体系的建立；从文化与环境资源、课程实践资源两个方面分析创新创业教育的资源建设与调度，以及与第一课堂、学科专业的融合发展；从教学科研、实践能力、校内外交流、师资结构、考核评价与激励机制等方面加强师资团队建设。

第一节　地方院校创新创业教育协同机制

地方院校创新创业教育在第二课堂层面，其协同主要集中于校内，包括学科之间协同、部门之间协同、校内校外协同等。本节从区域视角和层级视角总结典型地方院校创新创业教育协同措施，从文化引领、部门、学科专业、活动载体、指导教师五个方面重构地方院校创新创业教育协同机制。

一　区域视域下的创新创业教育协同措施

按照年鉴里常用的地区划分标准，将31个省份划分为东部、中部、西部三个地区。其中，东部地区共11个省份，包括北京、天津、河北、辽宁、上海、江苏、浙江、福建、山东、广东、海南；中部地区共8个省份，包括山西、吉林、黑龙江、安徽、江西、河南、湖北、湖南；西部地区共 12 个省份，包括内蒙古、广西、重庆、四川、贵州、云南、西藏、陕西、甘肃、青海、宁夏、新疆。①

由于分析对象是地方院校，不同的地方院校所处地理位置不同，资源禀赋有所差异，所以从东部、中部、西部三个地区里选择省份时，主要依据各省份所处的地理位置，兼顾其政治与经济特点。东部地区选择北京、上海、广东、浙江、山东、辽宁 6 个省份，其中北京、山东、辽宁是京津冀和环渤海的直辖市和省份，上海、浙江是长三角的直辖市和省份，广东是珠三角的省份。中部地区选择江西、湖南 2 个省份，江西和湖南是"中三角"里的省份。西部地区选择陕西、重庆、广西 3 个省份，其中陕西是关中城市群里的省份，重庆是成渝城市群里的直辖市，广西是北部湾城市群里的省份。

本节后续分析涉及的学校见表 5-1 所示，选择范围是依据教育部公布的 2016 年、2017 年、2018 年、2019 年共 4 年全国创新创业典型经验高校名单和全国普通高校大学生竞赛六轮总榜单（本科、高职）前 100，兼顾地方重点、地方普通、职业类三个层次，同时兼顾学科类型即理工科、农林类、医学类、师范类、综合类、文科类、艺体类。

表 5-1　　东部、中部、西部三个地区选择的地方院校名单

省份	学校名称	学科特点	学校类型
北京	北京工业大学	理工科	地方重点
	北京服装学院	艺体类	地方普通
	北京财贸职业学院	文科类	职业类
辽宁	辽宁工程技术大学	理工科	地方重点
	东北财经大学	文科类	地方重点
浙江	杭州师范大学	师范类	地方重点
	温州大学	综合类	地方重点
	义乌工商职业技术学院	综合类	职业类

---

① 学前教育成本分担研究课题组，吴静执笔：《我国东部、中部、西部学前教育成本分担现状分析与政策建议》，《学前教育研究》2015 年第 1 期。

续表

省份	学校名称	学科特点	学校类型
江西	江西师范大学	师范类	地方重点
	景德镇陶瓷大学	艺体类	地方普通
	江西外语外贸职业学院	文科类	职业类
山东	山东师范大学	师范类	地方重点
	山东协和学院	医学类	地方普通
	山东商业职业技术学院	文科类	职业类
湖南	湘潭大学	综合类	地方重点
	湖南商学院	文科类	地方普通
	湖南工艺美术职业学院	艺体类	职业类
广东	华南农业大学	农林类	地方重点
	肇庆学院	综合类	地方普通
	深圳职业技术学院	综合类	职业类
重庆	重庆邮电大学	理工科	地方重点
	重庆文理学院	综合类	地方普通
	重庆电子工程职业学院	理工科	职业类
陕西	西安邮电大学	理工科	地方重点
	西安外事学院	综合类	地方普通
	西京学院	理工科	地方普通
上海	上海理工大学	理工科	地方重点
	上海对外经贸大学	文科类	地方重点
	上海工艺美术职业学院	艺体类	职业类
广西	广西医科大学	医学类	地方重点
	广西师范大学	师范类	地方重点
	广西职业技术学院	农林类	职业类

（一）东部地区高校的创新创业情况分析

根据第七次全国人口普查统计数据，东部地区人口为6.63亿，占全国总人口的42.93%；① 东部地区是中国的经济增长极，是改革的试验田

---

① 国家统计局、国务院第七次全国人口普查领导小组办公室：《第七次全国人口普查公告第三号》，http：//www.stats.gov.cn/xxgk/sjfb/zxfb2020/202105/t20210511_1817198.html。

和探索者,是区域经济最为发达的区域,万亿 GDP 城市诸多在此,先进制造业集聚。依据《中共中央关于制定国民经济和社会发展第十四个五年规划和二〇三五年远景目标的建议》的布局规划,①鼓励东部地区加快推进现代化,科技、经济、治理能力等方面率先达到现代化水平。

北京市有 92 所普通高等学校,选择北京工业大学、北京服装学院、北京财贸职业学院作为讨论对象。三所院校在开展创新创业教育方面,成立了由书记和校长任组长的工作领导小组,跨部门、跨院系、跨专业联动及协调配合,将创新创业资源与专业课程进行有机融合,实现知识获得与能力训练的统一。三所高校创新创业教育的特点总结如下:(1)北京工业大学的创新创业实践平台集成"项目开发、学术交流、工程训练、素质拓展、社会实践、技能培训、创新培养"的功能,依托学校自身发明专利在全国高校排名前 10 的优势,将科技成果进行应用转化,作为师生创新创业的理念、技术等重要源泉。②(2)北京服装学院坚持艺术与工程、管理融合,形成了全覆盖播种、个性化栽培、精准化扶植的"三阶式"创新创业教育体系,完善了"课—赛—创—孵化"融合发展的创新创业教育模式。③(3)北京财贸职业学院形成了"1434"创新创业教育体系,1 即一个理念——人人是胜者,4 即四个融合——专业教育、素养教育、创业大赛、实践活动,3 即三个支撑——三方协同、三级导师、三组场所,4 即四个保障——机制、制度、经费、文化。④

上海市有 64 所普通高等学校,选择上海理工大学、上海对外经贸大学、上海工艺美术职业学院作为讨论对象。三所高校成立了创新创业教育工作领导小组,建立了教务、学工、团委等部门齐抓共管的工作机制。同时上海市建立了市级层面的高校联系人工作机制,确保相关通知及时推送发布,并定期组织市教委和高校、高校间的经验交流。总结三所高

---

① 《中共中央关于制定国民经济和社会发展第十四个五年规划和二〇三五年远景目标的建议》, http://www.gov.cn/zhengce/2020-11/03/content_5556991.htm? trs=1。

② 雷朝滋:《2016 年度全国创新创业 50 所典型经验高校经验汇编》,北京航空航天大学出版社 2017 年版。

③ 石鹏健:《2017 年度全国创新创业 50 所典型经验高校经验汇编》,北京航空航天大学出版社 2018 年版。

④ 雷朝滋:《2016 年度全国创新创业 50 所典型经验高校经验汇编》,北京航空航天大学出版社 2017 年版。

校的创新创业教育特点如下：（1）上海理工大学形成了"创业意识培养—实践能力提升—体验式创业—成果孵化"四阶段递进式人才培养模式，构建了校内、校友、校校、校企、产学研结合的"五协同"育人平台。① （2）上海对外经贸大学构建了"开放式"创新创业实战模式，建设全面开放的国际化商科创新创业实践平台，校内65个实验室均面向课程、面向全体学生开放②。（3）上海工艺美术职业学院建设有中国非遗传承和设计创新基地，探索实践"文教结合、产教融合"，形成"作品—产品—商品—艺术品—人品"的特色育人链。学校与剑桥大学开展国际化合作，搭建"科技＋文创"项目，总体受众学生超过1000人次。③

广东省有160所普通高等学校，选择华南农业大学、肇庆学院、深圳职业技术学院作为讨论对象。三所院校均成立了大学生创新创业工作小组，由校领导任组长，涉及部门、成员包括教务处、招生就业处、学生处、发展规划处、校团委、各学院党总支副书记等。（1）华南农业大学打造了全国首个思创融合平台——思创园，学校建设了三级孵化平台即院级、校级、校外，建成莘园创业苗圃、泰山创客空间、启林思创园等校级创新创业场所。④ （2）肇庆学院创建"专业＋创新创业项目＋工作室"的人才培养模式，新型教师队伍建设采用高校、地方政府、中小学"三位一体"（UGS）的教师教育模式，创新创业人才培养采用政、产、学、研、用"五位一体"（GOIUR）的协同创新模式。⑤ （3）深圳职业技术学院在全国率先推进"专业＋"改革，建立了五个跨学院、跨专业的学习中心。校内建设了四个书院，由学生团队运营，已成为学生开展创

---

① 雷朝滋：《2016年度全国创新创业50所典型经验高校经验汇编》，北京航空航天大学出版社2017年版。

② 上海对外经贸大学：《创新创业教育》，https://zhaosheng.suibe.edu.cn/_t246/13252/list.htm。

③ 石鹏健：《2017年度全国创新创业50所典型经验高校经验汇编》，北京航空航天大学出版社2018年版。

④ 石鹏健：《2017年度全国创新创业50所典型经验高校经验汇编》，北京航空航天大学出版社2018年版。

⑤ 陈锡坚、梁坚梅、陈英俊：《供给侧改革视阈下应用型本科院校创新创业教育的探索与实践——以肇庆学院为例》，《应用型高等教育》2018年第2期。

新创业讲座与沙龙、项目研讨、路演等的主要阵地。①

浙江省有109所普通高等学校,选择杭州师范大学、温州大学、义乌工商职业技术学院作为讨论对象。三所院校成立学校创新创业工作领导小组,由校级领导任组长,成员涉及学校就业处、教务处、团委等不同部门。(1)杭州师范大学重点建设创新创业学院、新兴专业、实践基地,包括2—3个创新创业学院、15—20个新兴应用型专业、15个校内实训示范基地和20个校外实践示范基地。学校地处杭州城西科创大走廊腹地,发挥区位优势,积极与阿里巴巴、未来科技城、梦想小镇等合作。②(2)温州大学以温州人的创业精神激励大学生,促进了大学生创业教育的开展。在全国首次开设"3+1"创业精英版,即3年本专业学习+1年创业实践,这是专创教育深度融合的试点班,设立汽车服务工程、鞋靴设计、服装设计、经济、法学等专业教育试验区。③(3)义乌工商职业技术学院传承了义乌的创新创业精神,是"阿里巴巴全球跨境电商教育联盟"首批成员中唯一的高职院校。牵头组建全国首个直播电商职业教育集团,搭建直播电商实习空间,探索形成了"作品→产品→商品"的创新创业模式。④

山东省有153所普通高等学校,选择山东师范大学、山东协和学院、山东商业职业技术学院三所院校作为讨论对象。三所院校均成立了创新创业工作小组,成员涉及学校多个部门。坚持资源整合、实践导向、项目牵动、多维保障原则,建设了形式多样、内容丰富的校内外创新创业教育基地和综合实践平台。(1)山东师范大学全力推进"五全"(全程护航、全员覆盖、全力推进、全情投入、全面提升)创新创业教育,形成了以大学生创新创业训练计划立项为基础、课程建设为保障、创新创业竞赛为平台、人才培养为目标的创新创业培养体系。学校坚守师范特

---

① 周浩、谭清方:《党团工作融入高职学生创新创业教育的路径研究——以深圳职业技术学院为例》,《轻工科技》2020年第2期。
② 雷朝滋:《2016年度全国创新创业50所典型经验高校经验汇编》,北京航空航天大学出版社2017年版。
③ 雷朝滋:《2016年度全国创新创业50所典型经验高校经验汇编》,北京航空航天大学出版社2017年版。
④ 全国高等学校信息咨询与就业指导中心:《2019年度全国创新创业50所典型经验高校经验汇编》,北京航空航天大学出版社2019年版。

色,坚持教学主阵地,构建了专创融合的课程体系。①(2)山东协和学院创立"五位一体"的创新创业实践体系,注重文化引领,将学校创业发展史以及提炼的"和合"文化纳入创新创业教育。以国家级大学生创新创业训练项目为牵引,实施项目引领创新创业实践。学校确保创新创业实验实训场所,提供校内8个实践训练中心和258个实验室。②(3)山东商业职业技术学院创建了专业教育、职业教育、就业教育和创业教育"四位一体"的创新创业教育体系,同时摸索出了"基础普及+系统培训+精英培训+创业孵化"的创业实践模式。③

辽宁省有114所普通高等学校,选择辽宁工程技术大学、东北财经大学作为讨论对象。各高校设立创新创业工作领导小组,构建联动机制,统筹协调部门间合作,使创新创业教育与专业教育和人文教育有机融合,将创新创业教学、实践和成果孵化贯穿人才培养全过程,鼓励新兴边缘学科研究和跨学科的交叉研究选题。(1)辽宁工程技术大学的学生创新训练基地设校院两级,共性平台由学校管理、专业平台由院系管理,校级基地包括计算机辅助教学中心、工程训练中心、创新活动中心等,院级基地包括数学建模、机械设计、智能机器人、结构设计等训练场所。④(2)东北财经大学构建"教学导训测"五位一体的教育支持体系,打造高效、共享的高校创新创业生态环境。创新创业实践方面,构建"课程训练—训练营计划—联盟体系—孵化基地—创客空间"的递进式体系。⑤

(二)中部地区地方院校创新创业教育情况

2021年中部地区人口为4.20亿,占全国总人口的29.8%;⑥中部地

---

① 山东省教育厅:《山东师大推进"五全"双创 助力高水平大学建设》,http://edu.shandong.gov.cn/art/2020/11/24/art_11972_10052174.html。
② 雷朝滋:《2016年度全国创新创业50所典型经验高校经验汇编》,北京航空航天大学出版社2017年版。
③ 李永道、林琳:《高职院校大学生创新创业路径探究——以山东商业职业技术学院为例》,《山东商业职业技术学院学报》2019年第1期。
④ 王宏伟:《工科地方高校大学生创新创业能力培养与实践——以辽宁工程技术大学为例》,《高教学刊》2016年第13期。
⑤ 全国高等学校信息咨询与就业指导中心:《2019年度全国创新创业50所典型经验高校经验汇编》,北京航空航天大学出版社2019年版。
⑥ 国家统计局、国务院第七次全国人口普查领导小组办公室:《第七次全国人口普查公告第三号》,http://www.stats.gov.cn/xxgk/sjfb/zxfb2020/202105/t20210511_1817198.html。

区是沿海地区产业转移的承接区域,近年来人口回流,经济增速较快,现代制造业、交通物流等重点发展。依据《中共中央关于制定国民经济和社会发展第十四个五年规划和二〇三五年远景目标的建议》的布局规划,① 中部地区加快崛起。

江西省有 106 所普通高等学校,选择江西师范大学、景德镇陶瓷大学、江西外语外贸职业学院作为讨论对象。高校成立由主管教学的校领导负责的"大学生创新创业训练计划"领导小组,组成由教务处、学工、团委、科研、财务、设备等相关职能部门参与的校级组织协调机构。(1) 江西师范大学以井冈山精神引领创新创业活动,点亮课程思政"红色"。学校建设 138 个专业实验室、瑶湖众创空间、鹿鸣文创园,在工商管理等 5 个专业试点创新创业实验班;学校打造了全国育人实践创新创业基地——环鄱阳湖生态文明实践育人基地。② (2) 景德镇陶瓷大学发挥陶瓷学科特色,立足地方产业,校内建设了陶瓷工程实训中心、陶瓷装备工程训练中心、艺术设计中心、陶瓷创作中心、陶瓷设计中心等,鼓励教师与陶瓷行业专家、陶瓷企业等交流,不断提升实践技能和专业素养。③ (3) 江西外语外贸职业学院于 2017 年成立江西省首家实体招生创业学院,构建了以"融合专业、贯穿学业、项目驱动、竞赛激励、创业孵化、服务社会"为核心的大学生创新创业教育模式。④

湖南省有 128 所普通高等学校,选择湘潭大学、湖南商学院、湖南工艺美术职业学院作为讨论对象。高校普遍成立了本校的创新创业领导小组,领导小组由校级领导牵头负责,成员主要由教务(本科生院)、学工、科研、财务、团委等职能部门参与。(1) 湘潭大学注重将红色文化、传统文化融入创新创业,坚持培养具有家国情怀、社会担当的创新创业

---

① 《中共中央关于制定国民经济和社会发展第十四个五年规划和二〇三五年远景目标的建议》,http://www.gov.cn/zhengce/2020-11/03/content_5556991.htm?trs=1。
② 石鹏健:《2017 年度全国创新创业 50 所典型经验高校经验汇编》,北京航空航天大学出版社 2018 年版。
③ 王玉宁:《陶瓷产业创新创业人才培养体系构建与思考——以景德镇陶瓷大学为例》,《人力资源》2021 年第 3 期。
④ 石鹏健:《2017 年度全国创新创业 50 所典型经验高校经验汇编》,北京航空航天大学出版社 2018 年版。

人才。2018年开始组建创新创业学院,打破专业、学科壁垒,以及主修与辅修、必修与选修的界限,让学生可以跨院系、跨专业及跨层次进行选课与学习,促进人才培养由单一型向复合型转变。①(2)湖南商学院在创新创业教育的开展中注重顶层设计,凸显文化引领。多举措建设两类实践平台,包括以技能训练为核心的创新创业实训平台和以综合能力提升为突破口的创新创业实战平台,建设试验区、创客中心等多种形式的校内创新创业孵化基地。②(3)湖南工艺美术职业学院建立三个平台开展创新创业教育。三个平台是创意思维训练平台、创新创业实践平台、成果孵化转化平台。创新创业实践活动与湖湘非遗保护传承活动融合,建有湘绣、陶瓷、竹艺、侗锦、花瑶挑花等8个非遗大师工作室,校内有剪纸协会、刺绣协会、陶瓷、竹艺、扎蜡染等7个非遗类社团。③

(三)西部地区的创新创业第二课堂

2021年西部地区人口为3.83亿,占全国人口总数的27.11%;④西部地区由于地理环境和生态限制,经济发展逊于东部地区,但近年来西部地区的汽车、电子等产业发展迅速。依据《中共中央关于制定国民经济和社会发展第十四个五年规划和二〇三五年远景目标的建议》的布局规划,⑤西部地区形成保护与开放的发展新格局。

重庆市有69所普通高等学校,选择重庆邮电大学、重庆文理学院、重庆电子工程职业学院作为讨论对象。三所高校切实加强顶层设计,设立创新创业工作小组,由校领导任组长,成员构成涉及校内多个部门。以项目为载体,鼓励学生跨学科组队,锻炼学生团队协作能力。(1)重庆邮电大学充分发挥ICT学科优势,面向ICT行业搭建创新创业实践教学

---

① 全国高等学校信息咨询与就业指导中心:《2019年度全国创新创业50所典型经验高校经验汇编》,北京航空航天大学出版社2019年版。
② 石鹏健:《2017年度全国创新创业50所典型经验高校经验汇编》,北京航空航天大学出版社2018年版。
③ 全国高等学校信息咨询与就业指导中心:《2019年度全国创新创业50所典型经验高校经验汇编》,北京航空航天大学出版社2019年版。
④ 国家统计局、国务院第七次全国人口普查领导小组办公室:《第七次全国人口普查公告第三号》,http://www.stats.gov.cn/xxgk/sjfb/zxfb2020/202105/t20210511_1817198.html。
⑤ 《中共中央关于制定国民经济和社会发展第十四个五年规划和二〇三五年远景目标的建议》,http://www.gov.cn/zhengce/2020-11/03/content_5556991.htm?trs=1。

平台。学校以国家级众创空间"学生创新创业中心""教育部——中兴通讯ICT产教融合创新基地"等为依托,构建起专业实验室、虚拟仿真实验室、创业实验室、"1+N"众创空间为主体的实践教学平台。探索"理论与实践、科研与教学、产业与教育、创新与就业"四维融合,全面提升人才培养质量。①(2)重庆文理学院构建了"1+2+N"实践体系,即实施1个"大学生创新创业训练计划",搭建2个竞赛平台——学科竞赛和创新创业竞赛,推动N方合作,主要包括政府、企事业单位、科研院所、行业协会等。2012年依托学校的新材料、机电等特色优势学科,瞄准电子信息、机械制造、材料工业、有色金属冶炼及压延加工等地方支柱产业,建立大学科技园;学校还建成了1500平方米的生产研发基地和3000平方米的中试车间。②(3)重庆电子工程职业学院顺应"创新驱动发展""一带一路""长江经济带"等国家战略,构建"四步为营"创新人才培养机制。"四步为营"即通过"创意激发、项目策划、成果孵化、企业运营",构成递进式、全链条的创新创业实践过程。③

广西壮族自治区有85所普通高等学校,选择广西医科大学、广西师范大学、广西职业技术学院作为讨论对象。三所院校均设立创新创业工作小组,由校级领导任组长,成员涉及不同部门,积极探索跨学院、跨学科的人才培养模式。(1)广西医科大学对接"健康中国"需求,积极推进专业教育与创新创业教育融合,从智慧医疗、健康科技、养生保健、医药研发等领域,开展创新创业活动。注重挖掘地方优势特色创新创业教育资源,强化"专业技能、科研实验、综合竞技、社会实践"四大创新创业模块。④(2)广西师范大学2016年成立了创新创业教研室,校内建有雁山大学生创业园和育才创客中心,并在二级学院建立11个院级创

---

① 重庆邮电大学:《打造卓越人才培养 模式创新工程2.0版本》,www.cq.xinhuahet.com/2022/cqyd/。
② 雷朝滋:《2016年度全国创新创业50所典型经验高校经验汇编》,北京航空航天大学出版社2017年版。
③ 石鹏健:《2017年度全国创新创业50所典型经验高校经验汇编》,北京航空航天大学出版社2018年版。
④ 雷朝滋:《2016年度全国创新创业50所典型经验高校经验汇编》,北京航空航天大学出版社2017年版。

客空间。2018 年打造虚拟创业全流程实验室和线上创新创业实训系统，实现创业导师、学生、企业家等实时有效沟通。① （3）广西职业技术学院主动对接广西特色农业产业发展的需要，依托"一会二集团三联盟"多元办学合作平台（学院理事会、学院牵头成立的广西茶业职业教育集团、广西物流职业教育集团、中国—东盟边境职业教育联盟、中国边境职业教育联盟），通过"项目+人才+技术"多方参与的利益纽带，构建"行企校研"合作机制。②

陕西省有 97 所普通高等学校，选择西安邮电大学、西安外事学院、西京学院作为讨论对象。三所院校专门成立了创新创业教育工作小组，定期召开会议，统筹协调创新创业工作。建立专兼职师资队伍，鼓励跨院系、跨学科、跨专业组建团队和交叉选题。（1）西安邮电大学整合校内各类实验室和实践中心，设立"创新创业投资基金"。将创新创业教育阵地向学生公寓延伸，在 20 个学生公寓内组建了创新创业兴趣小组，实现了跨学院、跨学科、跨专业、跨年级交流。③ （2）西安外事学院于 2009 年在全国率先成立"创业学院"教学实体，构建了"创业知识普惠教育+创业人才重点教育+创业精英提高教育"三个层次的培养模式。设立"鱼化龙创业基金"和教育基金，形成了"创业教育+技能培训+园区孵化+基金扶持+政校企联手"的联动创业模式。④ （3）西京学院将实践教学与产品研发、课题研究等工作相结合，积极推进创新创业试点院系建设，建立创业书院开展第二课堂活动。建设"陕西省混凝土结构安全与耐久性重点实验室"等省级、校级共 8 个科研平台，建成综合

---

① 全国高等学校信息咨询与就业指导中心：《2019 年度全国创新创业 50 所典型经验高校经验汇编》，北京航空航天大学出版社 2019 年版。
② 石鹏健：《2018 年度全国创新创业 50 所典型经验高校经验汇编》，北京航空航天大学出版社 2018 年版。
③ 石鹏健：《2017 年度全国创新创业 50 所典型经验高校经验汇编》，北京航空航天大学出版社 2018 年版。
④ 雷朝滋：《2016 年度全国创新创业 50 所典型经验高校经验汇编》，北京航空航天大学出版社 2017 年版。

式大学生创新创业孵化基地①。

（四）东部、中部、西部区域间的统计分析

东部、中部、西部地区的地方院校开展创新创业教育，都成立了创新创业教育的领导小组、工作小组，校内多个部门参与，包括教务处、校团委、招生就业处、科技处、设备处、财务处、各二级学院等。鼓励跨学科、跨专业、跨院系组建创新创业教育团队，也鼓励学科交叉选题。

选择东部、中部、西部的 32 所地方院校，按照地域来统计全国普通高校大学生竞赛榜单的总分排序、项目数量以及得分情况如表 5 - 2 所示。

表 5 - 2　　32 所地方院校在全国普通高校大学生竞赛榜单中的情况

省份	学校名称	六轮总榜单总分排序	六轮总榜单项目数量	六轮总榜单总分
北京	北京工业大学 北京服装学院 北京财贸职业学院	2	15173	97.71
上海	上海理工大学 上海对外经贸大学 上海工艺美术职业学院	8	9456	87.37
广东	华南农业大学 肇庆学院 深圳职业技术学院	6	16451	91.90
浙江	杭州师范大学 温州大学 义乌工商职业技术学院	3	15611	96.80
山东	山东师范大学 山东协和学院 山东商业职业技术学院	5	16316	92.50

---

① 石鹏健：《2018 年度全国创新创业 50 所典型经验高校经验汇编》，北京航空航天大学出版社 2018 年版。

续表

省份	学校名称	六轮总榜单总分排序	六轮总榜单项目数量	六轮总榜单总分
辽宁	辽宁工程技术大学 东北财经大学	12	12505	83.70
湖南	湘潭大学 湖南商学院 湖南工艺美术职业学院	11	11621	84.76
江西	江西师范大学 景德镇陶瓷大学 江西外语外贸职业学院	2017—2021 年 15	7428	79.27
重庆	重庆邮电大学 重庆文理学院 重庆电子工程职业学院	15	9575	78.96
陕西	西安邮电大学 西安外事学院 西京学院	9	11362	85.63
广西	广西医科大学 广西师范大学 广西职业技术学院	未进前15	—	—

资料来源：高校学生竞赛与教师发展数据平台，全国普通高校大学生竞赛六轮总榜单。

全国普通高校大学生竞赛榜单，一定程度上反映出地方院校创新创业教育协同措施的结果。涉及的本科院校从区域来看，东部地区优势明显，得分占总分的42.64%，中部地区为23.67%，西部地区为22.97%。东部地区除了海南由于高校数量较少，占比较低外，其他各省份的贡献占比在5.53%—15.93%；中部地区各省份贡献占比在9.84%—23.56%；西部地区各省份贡献占比差异较大，最低的为1.32%，最高的为19.25%，显示出西部地区的"不均衡"态势。①

全国普通高校大学生竞赛涉及的高职院校从区域来看，东部地区得

---

① 中国高等教育学会：《2021 全国普通高校大学生竞赛分析报告》，http://www.cahe.edu.cn/site/content/14825.html。

分占总分的40.42%，中部地区为28.01%，西部地区为25.36%。东部地区10个省份中，江苏、广东、山东、浙江贡献占比相对较高，分别为19.08%、16.28%、15.94%、12.65%，其余省份贡献占比在2.65%—9.50%；中部地区6个省份贡献占比在10.63%—20.90%；西部地区12个省份贡献占比差异较大，最高的为18.01%，最低的为0.62%；东北地区3个省份贡献占比相对均衡，辽宁、黑龙江、吉林分别为45.32%、32.53%和22.15%。①

二 层次视域下创新创业教育协同措施

地方院校从层次上划分为地方重点、地方普通、职业类，不同地区选择的高校对应着这三个层次（见表5-1）。

三个层次的地方院校均设立了创新创业工作小组，由校级领导任组长，成员构成涉及校内多个部门和二级学院。同时，地方重点院校、地方普通院校、职业类院校均鼓励跨院系、跨学科、跨专业组建创新创业团队，鼓励交叉学科选题。

地方重点院校服务于国家战略，服务于大区域如京津冀协同发展战略，服务于地方发展。地方重点院校开展创新创业教育，一方面依托相对厚实的科研成果，以此组建团队，参加大学生创新创业训练计划和各类竞赛；另一方面依托校内国家级或省部级实验室、实训中心等载体，加强学校、学院两级实习基地建设与管理，打造集培训、交流、科研、成果转化等功能融合的、一体化的综合协同实践平台，促进资源共享。如北京工业大学依托发明专利在全国高校排名前10的优势，将科技成果转化作为学校师生创新创业的源泉，创新创业平台融合"项目开发、学术交流、工程训练、素质拓展、社会实践、技能培训、创新培养"等功能。同时依托电控学院、生命学院、机电学院等教学与科研平台，成立了以智能机器人、3D打印、艺术设计、智能交通、节能环保、虚拟现实等为主题的25个创新创业基地。北京工业大学、广西医科大学、江西师范大学、重庆邮电大学等高校，均具有国家级创新创业实践平台。

---

① 中国高等教育学会：《2021全国普通高校大学生竞赛分析报告》，http://www.cahe.edu.cn/site/content/14825.html。

地方普通院校服务地方经济社会发展，结合地方的区位优势和特色资源，包括政治中心、经济中心、地方特色主导产业等，开展创新创业教育。依托学校特色优势学科，探索"专业＋"的试点班、专业教育试验区等。民办类院校也注重文化引领，将学校创业史及其提炼的文化融入创新创业教育。北京服装学院地处首都，积极组织学生参与北京国际时装周、北京国际设计周等创意实践。景德镇陶瓷大学发挥陶瓷学科特色，立足地方产业，建立陶瓷产业产学研协同的实践教学体系；校内建设了陶瓷工程实训中心、陶瓷装备工程训练中心、艺术设计中心、陶瓷创作中心、陶瓷设计中心等陶瓷实验实训中心。重庆文理学院2012年面向电子信息、机械制造、材料工业、有色金属冶炼及压延加工等地方支柱产业，依托学校的新材料、机电等特色优势学科，建立了大学科技园。

职业类院校服务地方，更加密切联系产业，更加突出培养技能型人才。职业类院校在创新创业教育实践中，与当地政府部门、具有一定影响的企业、有发展前景的行业、当地的历史文化项目或资源等携手，将相关资源引入校内，建立混合制学院，成立新的创新创业平台、基地、工作室等，充分体现了学校、政府、企业、行业等的相互合作，也充分体现了地方特点。设有书院的职业院校，由学生运营书院，充分发挥书院在创新创业教育中的主阵地作用。义乌工商职业技术学院传承了义乌城市的创新创业基因，是"阿里巴巴全球跨境电商教育联盟"首批成员中唯一的高职院校，牵头组建全国首个直播电商职业教育集团，搭建直播电商实习实训新平台。学校成立两个混合所有制学院——商城设计学院和悦为电商学院。广西职业技术学院主动对接广西特色农业产业发展的需要，依托学院理事会以及由学院牵头成立的广西茶业职业教育集团、广西物流职业教育集团、中国—东盟边境职业教育联盟、中国边境职业教育联盟组成的"一会二集团三联盟"多元办学合作平台，以"项目＋人才＋技术"为利益纽带构建"行企校研"合作机制。湖南工艺美术职业学院创新创业实践活动与非遗项目保护传承结合，学校建有湘绣、陶瓷、竹艺、侗锦、花瑶挑花等8个非遗大师工作室和侗族非遗保护与研发工作站，梅山文化创意产品设计研发中心等5个校外非遗保护传承基地；现有剪纸协会、刺绣协会、陶瓷、竹艺、扎蜡染等7个非遗类社团。

三 第二课堂协同机制的重构

地方院校创新创业教育第二课堂应遵循创新性和实践性、一致性和差异性、主体性和互动性协同统一的原则，并从文化引领、部门合作、学科专业、活动载体、指导教师五个方面协同进行第二课堂的重构。

（一）协同机制设计原则

地方院校创新创业教育第二课堂协同机制设计须兼顾创新性和实践性、一致性和差异性、主体性和互动性协同统一的原则。

兼顾创新性和实践性。 当今世界各国竞争激烈，具备创新精神的国家或地区将获得竞争先机，敢于创新、积极进取的高素质人才是国家发展不可或缺的因素。地方院校服务区域经济社会发展，强化社会服务的理念，注重创新创业教育实践，实践能力是影响大学生创新创业的关键因素。

兼顾一致性和差异性。 培养具有创新思维和实践能力的专业人才一直是地方院校开展高等教育的主要目标，重点培养学生的创新能力、创新思维、创新意识以及敢于开拓、主动承担的精神品质，是高校创新创业教育的落脚点。但是，不同的地方院校处于不同地域，有着不同的社会条件。另外，高校人才培养的目标定位和发展导向不同，也决定了地方院校的创新创业教育存在不同之处。

兼顾主体性和互动性。 教师和学生在创新创业教育中均发挥着重要作用，教师培养学生的个人品质，学生获得知识和技能。师生之间的互动，对于教师及时掌握学生的反馈，进而帮助学生提高发现问题、解决问题的能力，发掘学生的创新意识和创新精神具有重要意义。

（二）协同机制的构建

地方院校创新创业教育第二课堂协同机制，要从文化引领、部门合作、学科专业、活动载体、指导教师五个方面进行构建。

第一，文化引领协同。 地方院校将社会主义核心价值观、自身校园文化、创新创业文化、当地特色文化融入创新创业教育，实现文化引领并促进创新创业。2021 年颁布的《关于进一步支持大学生创新创业的指导意见》①指出，要深化高校创新创业教育改革，健全课堂教学、自主学习、结合实践、指导帮扶、文化引领融为一体的高校创新创业教育体系，增强大学生的创新精神、创业意识和创新创业能力。第二课堂承载着以德育人、以文化人、以行立人等教育功能，是探索落实立德树人根本任务的有力抓手。

第二，部门之间协同。地方院校创新创业教育的开展，涉及校内多个部门和二级学院、系。成立大学生创新创业工作小组，由校级领导担任组长，成员包括教务处、招生就业处、学生处、财务处、科技处、团委、设备处、各二级学院（系）等，部门之间加强沟通协调，明确责任与分工，统筹安排资源，为大学生创业者提供全程指导和一站式服务。

第三，学科之间协同。地方院校有其自身的优势学科和专业，在开展创新创业教育过程中，理科、工科、农林、医学、经济、管理、法学、心理学等学科之间加强融合与相互渗透，实现学科交叉，积极培育新的学科增长点。在团队组建、创新创业项目选题，支持跨院系、跨学科、跨专业的团队和项目，并给予一定的政策和资金等倾斜。比如地方农林类院校可建立以农为核心，农工结合、理农结合、农经管结合、农文法结合等多学科交叉互补、互动发展的学科专业格局。

第四，活动载体协同。地方院校建立的国家级、省级、校级等实验室、工程实训中心、协同创新中心、创客空间等实践平台，实现了服务创新创业教育在功能、定位等方面的协同。将大创比赛与学科竞赛相结合，如"互联网＋"大学生创新创业大赛、世界机器人大赛、挑战杯大赛等，深入贯彻以赛促学、以赛促教、以赛促创理念。

第五，指导教师协同。地方院校大学生创新创业指导教师队伍建设，需要校内校外、业务教师与辅导员等多主体共同参与。吸引具有不同学科背景且对创新创业感兴趣的教师加入师资队伍，结合地方院校自身特点，定期邀请业内成功人士到校内进行师资培训，组织教师走进当地企业。同时，专业理论教师、思政课教师、辅导员共同参与到指导教师队伍，实现业务与管理的协同。

---

① 《国务院办公厅关于进一步支持大学生创新创业的指导意见》（国办发〔2021〕35号），http：//www.gov.cn/zhengce/content/2021－10/12/content_5642037.htm。

第二节　创新创业教育保障体系

地方院校创新创业教育保障体系对于创新创业教育的正常开展和创新型人才培养至关重要，有效地保障体系能促使创新创业教育长期健康发展。本节从制度政策、资金、实践实训平台、服务四个方面，讨论地方院校创新创业教育保障体系的建设。

一　制度政策保障

各地方院校应根据《关于深化高等学校创新创业教育改革的实施意见》《国家级大学生创新创业训练计划管理办法》《关于进一步支持大学生创新创业的指导意见》《中华人民共和国国民经济和社会发展第十四个五年规划和 2035 年远景目标纲要》等文件要求，结合当地经济社会发展，将创新创业教育师资队伍建设与发展纳入创新创业改革的过程，加强顶层设计，写入学校的章程和发展规划。地方院校创新创业教育的制度政策保障着重从思想政治工作清单制度、"一把手"工程、体系建设、学分制改革、实践平台的共享管理制度、创新创业导师管理制度等方面加强建设。

从意识形态的高度建立思想政治工作清单制度。地方院校创新创业教育要充分发挥思政工作的优势，努力把社会主义核心价值观内化为广大学生创新创业的思想品质，注重把坚定的理想信念、顽强的意志品德、强烈的责任担当融入创新创业。通过思想政治工作清单制度，实现课程思政，引导学生树立正确的世界观、人生观、价值观，牢牢把握青年学生的成长方向。

从领导重视的程度上实施创新创业教育"一把手"工程。创新创业教育需要学校、学院、部门等领导高度重视，成立由书记或校长担任组长的创新创业工作组，成员由校内部门、院系的书记或院长（系主任）组成。成立创新创业学院的高校，由学校分管教学的副校长担任创新创业学院的院长。这种组织结构既实现了领导高度重视，也便于跨部门协调资源。

从组织机制的角度上完善制度体系。树立创新创业教育全校一盘棋思想，出台教学管理制度文件，从培养方案修订、课堂体系调整、教学内容方法改革、辅修学位与学籍管理、师资队伍建设、创新学分认定与竞赛奖励、休学创业等方面，对创新创业予以全方位支持。如湖南商学院将创新型、创业型、应用型人才纳入学校章程和"十三五"规划，先后出台了《湖南商学院创业教育实施方案》《湖南商学院关于进一步深化创新创业教育改革的实施意见》等30余项制度，明确了创新创业教育的目标任务、基本原则、工作举措，为学生创新创业提供政策支持。

从教育体系的完备性上推行学分制改革。制定学分认定与互换管理办法等，创新创业学分可以替代相关课程学分；优先支持参与创新创业的学生转入相关专业学习；探索创新创业人才培养的学业评价方式，创新创业实践、授权专利等可以替代毕业实习，省级以上创新创业大赛获奖证书可以替代行业工种证书，获奖项目可以替代毕业论文（设计）；设立创新创业奖学金，建立学生创新创业档案和成绩记载；可作为保研推荐材料参考依据之一。① 江西师范大学建立实施创新创业学分积累转换、弹性学制、保留学籍休学创新创业及跨专业培养创新创业人才等制度，并在全省率先出台《创新创业竞赛奖励办法》，提高师生参加创新创业竞赛活动的奖励力度，明确师生创新创业竞赛成果的认定等级，有力地推动广大师生参与创新创业教育和竞赛活动。温州大学出台了《温州大学创业教育与专业教育深度融合实验班项目管理办法》等15项规定；完善弹性学制，允许保留学籍休学创业，建立健全创业成果和学分转化教学管理制度，在国内高校最早落实了创业计划书替代毕业设计、创业项目实践替代专业实习实践等认定机制。

从平台环境的建设健全实践平台管理规章制度。为满足科研、教学和大学生创新创业项目研究的需要，地方院校大力加强实验室、实习基地和创新创业中心建设，建立健全实验室管理规章制度。根据大学生创新创业项目研究需要，制度实验室开放管理规定、科研基础设施和科研仪器开放共享管理办法等文件，促进各类实验室、工程训练中心、研究基地等均面向学校开放，支持大学生开展创新创业实践活动，保证大学

---

① 项贤钦、蔡艺玮：《地方师范院校创新创业教育模式探索——以杭州师范大学为例》，《开封文化艺术职业学院学报》2020年第10期。

生创新创业项目及学科竞赛的有效开展。

从任职条件和激励等完善导师管理制度。指导教师的水平对地方院校创新创业教育的开展至关重要，学校可制定创新创业导师管理办法，对校内导师，校外导师如创业成功者、优秀企业家等任职条件做出规定。建立优秀指导教师评选奖励、指导工作量核算、绩效工资发放等一系列制度，并将教师指导工作业绩作为职称评聘、评奖评优的重要内容，调动广大教师指导学生创新创业的积极性。

二 资金保障

地方院校创新创业教育的开展需建立资金保障，支持创新创业的长期发展。各省、自治区、直辖市每年设立专项工作经费，将创新创业经费纳入高校年度专项预算，加强对大学生创新创业教育的组织、实施、激励和保障。北京市 2020 年用于市属高校大学生创新创业训练计划专项经费预算 2850 万元[1]，上海市 2021 年支持经费 11448 万元，广东省 2021 年支持经费为 14023.76 万元[2]，广西壮族自治区 2021 年支持经费 7345.49 万元[3]，陕西省 2020—2021 年支持经费 6000 余万元[4]。

按照教育部关于"国创计划"支持经费要求，根据学科专业特点，确定项目资助额度标准。鼓励高校在国家和省级财政外，通过产教融合、产学合作等方式，引入企业资源支持高校创新创业教育，多渠道、多元化争取创新创业经费。支持高校设立大学生创业基金，对在校学生申请创业给予适当支持。对可操作性强、风险相对小、市场潜力大的实体经营项目，经过专家论证后，学校根据项目实际情况给予经费支持。

北京服装学院对学生创业给予 8000 元初创支持，对较为优秀的创业团队给予 5000 元创业扶持资金。湖南商学院投入 300 余万元资助学生参

---

[1] 北京市教育委员会：《北京市 2021 年度国家级大学生创新创业训练计划项目进展报告》，http：//gjcxcy.bjtu.edu.cn/UpLoadFile/bjsjw81107845.pdf。
[2] 上海市教育委员会：《上海市 2021 年"国创计划年度报告"》，http：//gjcxcy.bjtu.edu.cn/UpLoadFile/shsjw70693913.pdf。
[3] 广西壮族自治区教育厅：《广西壮族自治区 2021 年度国家级大学生创新创业训练计划项目进展报告》，http：//gjcxcy.bjtu.edu.cn/UpLoadFile/gxjyt68155270.pdf。
[4] 陕西省教育厅：《陕西省 2021 年度国家级大学生创新创业训练计划项目进展报告》，http：//gjcxcy.bjtu.edu.cn/UpLoadFile/sxsjyt73005721.pdf。

加大学生创业基金项目、研究性学习与创新性实验、"三下乡"课题等500余项，设立仿真训练项目700余个。华南农业大学设立500万元的创投基金，并与中科招商集团等公司设立20亿元创投基金，与IDG、红杉资本等建立投资合作。北京财贸职业学院自2014年以来先后有20个团队获得从5000元到10万元不等的资金支持，每年用于创业项目支持的专项资金超过200万元。温州职业技术学院引入"维度资本"等多家风投企业，组建创业种子基金1900万元，2016年学生创业项目获得社会风投2700万元；与温州鹿城农商银行合作为大学生创业提供科技信贷。江西师范大学每年投入30万元专项经费用于创新创业师资队伍培训，提升指导教师的能力，拓展指导视野。重庆邮电大学投入超过1800万元用于资助创新创业竞赛训练活动，支持孵化基地建设和运营，奖励创新创业成果。同时，积极争取639万元政府部门投入，2700余万元企业捐赠设备，将首批校友捐赠的500万元设立了"文峰创新创业基金"。广西职业技术学院累计投入资金1000多万元建设大学生创客空间和创业园，每年用于大学生创业专项扶持资金约50万元。杭州师范大学创业园区获批杭州市级大学生创业园，获得市财政100万元的资助。西安外事学院建立的大学生孵化基地被评为"陕西省大学生创业孵化基地"，获得100万元扶持资金。温州大学每年拨款400余万元用于创新创业人才培养，设立了新湖创业教育基金、掌上大学梦想基金等共计4000余万元，与银行合作授信2000万元扶持大学生创业。深圳职业技术学院获得深圳市政府600万元投资，在学校建设深圳微观装备实验室。

三　实践平台保障

地方院校创新创业教育强化实践育人，搭建高效的创新创业教育实践平台。加强基础教学创新平台建设，立项支持虚拟仿真实验教学中心、实验教学示范中心、协同育人平台、大学生实践教育基地、技能中心等。地方院校服务区域经济社会发展，依托当地的特色和优势，建设大学科技园、大学生创业园、创业孵化基地作为创业教育实训实践平台，促进实践教学平台共享。地方院校也可依托自身的特色优势学科，侧重特定平台的建设，推动创业实践发展。充分发挥学生社团、创客联盟的作用，发挥学生的主体作用，通过多种形式的校园活动，吸引更多学生参与。

探索以二级学院为基础，面向当地主导产业需求，建立联合培养创新创业人才的育人平台。

北京工业大学通过构建创新创业综合实践平台、产学研合作共促创新创业教育、全方位开展创新创业实践活动等多种形式，建立立体化的创新创业实践平台。学校建设大学生创业园以拓展创业空间，完善国家、北京市、学校三级创新创业实践教育体系，除综合实践平台外，还结合专业特色成立了25个创新创业实训基地，包括智能机器人、3D打印、艺术设计、智能交通、节能环保、虚拟现实等。

温州大学依托温州地区众多中小企业，打造1+X众创空间，建立了7个分布式院级创客空间；构筑多样化的创业文化平台，成立未来企业家俱乐部、大学生创新创业联盟等社团；做强实践导向的创业实务平台，构建专业工作室—学院创客空间—学校创业园区—社会创业平台四级孵化平台。

重庆文理学院通过创业孵化平台推动创业实践发展。学校于2010年建设大学生孵化园，依托学校的新材料、机电等特色优势学科，建立永川区大学科技园。2015年学校组建了4个众创空间，此外学校还建成了生产研发基地和中试车间。

深圳职业技术学院成立了国际大学生创客联盟，联盟成员来自高校、企业、科研机构、众创空间、投资机构等领域的48家单位，以大学生创客为主体，为创客提供一站式服务。同时学校成立创新型学生社团，各类社团达到155个，拥有会员12500多人，占学生总人数的50%。各类社团定期组织策划如"创业沙拉""科技节""创业成果展"等校园活动，每年为在校生举行创业讲座、沙龙、论坛和交流会超过100多场，吸引了近15000名学生参与。

肇庆学院瞄准肇庆市主导产业需求，以机械与汽车学院、环境与化学工程学院、电子与电气工程学院、软件学院等二级学院为基础，搭建了智能联网汽车协同创新中心、环境分析测试中心等12个研究中心，以及协创汽车配件研究院等8个研究院，实施卓越人才培养计划，建立联合培养创新创业人才的育人平台。

四　服务保障

有效的服务保障对于地方院校开展创新创业教育具有重要的意义。创新创业教育的服务保障包括利用网站和新媒体平台——QQ、微信、公众号等，发布国家创新创业政策，进行创业典型宣传；为创业学生提供政策解读、项目管理、风险评估等一站式服务；开展定期的创新创业管理服务，建立创业档案，成绩记入教务系统。

河北科技大学在创新创业教育方面提供的服务保障包括政策和管理两个方面：（1）创新创业政策服务：学校借助 QQ、微信等多个新媒体平台，建立大学生创业者联络群、公众号，为学生精准推送国家的创新创业政策。学校专门印制创业政策简图、创业政策详解等政策宣传册，确保大学生创业者人手一份。（2）创新创业管理服务：学校为每个创业团队配备了创业导师，建立创业档案。每周一次团队回访，每月一次辅导员走访，每两周邀请政府工作人员、律师等到校讲解创新创业政策、合同签订、知识产权保护等方面的问题，为大学生创业保驾护航。[①]

温州大学在创新创业教育方面提供的服务保障包括管理和信息化举措方面：（1）出台了温州大学创业园管理办法，创业园区对入驻团队一律免租金，并提供免费的水电及物业服务、先进的教学技术服务，提供创业咖啡吧、路演厅等开放共享式场所，提供一站式专业化服务。（2）多部门协同设置创业指导和就业服务信息网站、公众微信号和 QQ 群，开通大学生科技创新专题网站和挑战杯竞赛项目网络申报系统。

湖南科技大学在创新创业教育方面提供的服务保障包括：（1）学校安排专职教师为入驻项目提供政策咨询、资金筹措、项目管理等服务，为创业者提供法律、评估、企业管理等咨询服务。引进中创投创业投资咨询有限公司，不定期为大学生创业团队进行项目分析与诊断、财务评估、营销策划等。（2）学校加大创业项目资源库建设力度，为创业者提供低风险、可持续的创业项目。学校为创业者提供创业指导、风险评估等服务，帮助创业者了解市场、规避风险、提高创业成功率。（3）学校

---

① 雷朝滋：《2016 年度全国创新创业 50 所典型经验高校经验汇编》，北京航空航天大学出版社 2017 年版。

建设了内容丰富、更新及时的创业服务网站,将创新咨询指导、创业政策宣传、创业项目开发和推广应用、创业孵化基地入驻、创业培训申请等纳入服务事项。通过教师指导、网站发布等方式,多渠道为创业者提供创业政策、创业咨询、创业指导等创业信息服务。[①]

重庆文理学院在创新创业教育方面提供的服务保障包括:学校整合校内外资源,构建了"1221"的创业指导服务体系,即"一项种子基金,两大服务窗口,两支服务队伍,一套服务规章制度"的服务帮扶体系。(1)设置一项种子基金。学校建立50万元的创业基金,对成长性好的创新型公司实施重点培育扶持,提高其核心竞争力。(2)开辟两大服务窗口。一是强化大学生孵化园的实体服务功能,为创业学生提供从项目论证到团队建设、从资本运作到知识产权的一站式综合服务。二是建立创业服务网站,发布各类创业服务信息资源、创业帮扶政策、各类创业信息等。(3)组建两支服务队伍。一是创新创业管理队伍,校院两级配备专职工作人员近30名,二是创新创业导师队伍,从企业、政府和学校选聘创新创业导师67名。其中专职27名,兼职40名。(4)建立一整套帮扶指导服务制度。给每个大学生创业企业和团队提供1名企业界人士、1名政府部门工作人员和1名校内指导教师作为顾问,帮助、指导孵化企业开展创业活动。

江西师范大学从场地、资金、政策指导等构建完整的创业扶持体系。依托学校国家级大学科技园及重大科研平台,推动建设"师大学生创业专区",为学生创业提供政策解读、项目对接和培训实训等指导服务。

邢台职业技术学院在创新创业教育方面提供的服务保障包括线上推广和线下指导等方面:(1)线上:专门建立创新创业网,设置创新创业咨询、创新创业教育等8个板块,开展创新创业信息发布和网络教育,搭建网络服务平台,点击量累计达到300余万人次。线下:孵化项目建档立案,学生成绩记入成绩管理系统。依托创新创业学院和合作企业,对有创业意向和创业潜质的学生提供系统的创业辅导;对已开展创业实践的学生有针对性地提供开业指导、财会税务、风险评估、项目诊断等服

---

① 雷朝滋:《2016年度全国创新创业50所典型经验高校经验汇编》,北京航空航天大学出版社2017年版。

务。(2)强化整校供给支撑,开通创新创业项目孵化、转化绿色通道,实现创新创业服务常态化和学生创业便捷化,让学生"想创业、敢创业、创成业"。①

第三节 地方院校创新创业教育资源建设与调度

创新创业第二课堂的教育资源建设分为文化与环境资源建设、课程实践资源建设两部分,本节分别针对这两方面的资源建设与调度展开讨论,就如何将地域文化、企业家精神与校园文化融合,促进大学生创新精神和创业意识的养成,以及如何将教育的第二课堂教育资源建设与第一课堂以及专业学科相结合展开论述。

一 文化和环境资源建设

文化与环境影响是一种隐性而持久的存在,文化与环境资源建设通过将地域文化、企业家精神相融合形成校园文化,营造促进大学生创新精神和创业意识的养成,激发学生的积极性,形成良好的创新创业氛围。

一方面,需要将地域文化因素引入创新创业教育之中,适时引入当地的企业导师和企业家讲座,有利于学生开阔视野、了解行业的发展动态。例如,福建师范大学将"晋江精神""闽商精神""海丝精神"融入校园创新创业文化培育,以"内外协同"培养学生的开阔眼界,以"内外兼修"塑造学生的精神品格。② 曲阜师范大学推动儒家思想中倡自强、明义利、尚和合、主诚信等优秀价值理念融入创新创业教育,营造"儒·创"特色校园文化氛围,举办"国学与创业学""儒商文化与创业文化建设"等讲座,营造传统文化元素的创业文化氛围。③ 齐齐哈尔大学将当地"鹤文化"元素融入产品设计和城市文化建设中,激发创新创业教育

---

① 石鹏健:《2018年度全国创新创业50所典型经验高校经验汇编》,北京航空航天大学出版社2018年版。

② 全国高等学校学生信息咨询与就业指导中心:《2019年度全国创新创业50所典型经验高校经验汇编》,北京航空航天大学出版社2019年版。

③ 石鹏健:《2018年度全国创新创业50所典型经验高校经验汇编》,北京航空航天大学出版社2018年版。

活力，以冰雪文化建设特色校园，举办冰雪雕大赛，开展冰雪体验活动。①

另一方面，需要加强宣传力度，举办创新创业的校园文化活动，表彰在创新创业教育中做出突出成绩的组织和个人，构筑信息平台实现信息的共享与发布。海南经贸职业技术学院实施"三企入校"育人，将"企业家精神"校本化，推行企业、企业家、企业文化进校园的"三企入校"文化育人模式，打造以培育毕业生"企业家精神"为内容的第二课堂，培养就业创业实干精神。② 上海理工大学通过树立、宣传创业教育典型，设立专项资金和企业创新基金，开展年度创新创业教育成果表彰大会，激发学生创业热情。通过媒体积极宣传创业教育改革经验与成功典型，定期举办创业名家讲坛，组织承办"温商进校园""创业教育国际论坛""上海大学生创业周"等系列活动，营造浓郁的创新创业教育氛围。成都理工大学以省级大学生创新创业示范俱乐部为载体，以校友企业家资源为依托，通过讲座、论坛、资助等形式对实践创新创业的在校学生进行指导和帮扶，形成创新创业传帮带的创新创业文化圈。③

二　课程设置中的教育资源建设

创新创业教育的第二课堂教育资源建设离不开第一课堂的供给支持，在创新创业教育的第一课堂传递创新创业价值，打下创新创业知识基础之后，第二课堂则侧重知识运用和实践能力的培养。同时，创新创业教育的第二课堂，也是专业学科教育转向研究型学习和创业实践的锻炼平台。

（一）与创新创业教育第一课堂融合发展

创新创业第一课堂、第二课堂融合发展，首先，从培养模式改革方面抓起，通过设置小学期、短期培训班等，使第二课堂的组织规范化、

---

① 董健：《地域文化资源对地方高校大学生创新创业教育的影响》，《黑龙江人力资源和社会保障》2022年第6期。

② 海南经贸职业技术学院，:《实施"双师三企四上"模式 打造高效就业创业服务体系》，http://www.moe.gov.cn/jyb_xwfb/moe_2082/2021/2021_zl72/202111/t20211126_582507.html。

③ 石鹏健：《2018年度全国创新创业50所典型经验高校经验汇编》，北京航空航天大学出版社2018年版。

集中化，为活动提供连续时间保障。河北大学在推动第一课堂和第二课堂互动互融过程中，成立创业教育指导委员会和创建创业学院，向学生初创企业提供政策咨询、项目对接、法律援助、企业融资等服务。实施三学期制改革，在短学期集中安排学术前沿讲座、第二课堂的素质拓展与创新创业等实践活动，为学生参与社会实践、参与教师的科研项目、从事创新性实验和学术研究提供必要的空间和时间保障。鲁东大学实施"大学生创新创业育苗工程"，面向创业愿望强烈的二年级学生开办创业实验班，校院两级建立创新创业学生社团，班级建立创新创业小组，搭建竞赛平台。[①] 以赛促教、以赛促学、以赛促改、以赛促创，鼓励学生跨校、跨年级、跨学科、跨专业组建参赛团队，催生优秀项目和成果。

其次，课程设计方面采取进阶式、多模块组合，在第一课堂公共基础之上，满足学生个性化、深层次的需求。广东工业大学将创新创业教育融入人才培养各环节，在专业教育课堂和通识教育课堂中设立创新创业显性课程模块，在校园文化第二课堂中构建隐性课程模块。[②] 采取一个专业多套培养方案，开办创新实验班、卓越工程师班、SYB创业班，实施"2+2""3+1""3+1+3"等灵活学制。探索实施"柔性课程""校企联合班""联合创新班"和"项目培养组"等协同育人模式，着力培养产业领军人才。

最后，活动空间平台化，利用信息技术搭建集管理、课程、竞赛、实训于一体的网络活动空间。西南石油大学通过构建校院两级第二课堂，利用各级各类学科竞赛、创业训练计划、寒暑假社会实践等，指导学生参加创新创业活动。搭建大学生创新创业管理平台+公共服务平台+"互联网+新能源"创新创业工场的一体化网络平台，全程化、立体化为大学生服务。设立教师创新创业教育科研专项，探索创新创业教育新路径、新方法。天津工业大学建设有专业特色的《职业生涯规划和就业指导》在线课程，组织教师制作"求职微课堂"，开设《创新发展概论》

---

① 教育部简报：《鲁东大学坚持"三位一体"深化创新创业教育改革》，2018年第9期，http://www.moe.gov.cn/jyb_sjzl/s3165/201806/t20180625_340945.html。

② 广东省教育厅：《广东工业大学扎实推进创新创业教育》，http://www.moe.gov.cn/jyb_xwfb/s6192/s222/moe_1751/201508/t20150818_201042.html。

《创业概论与实训》和《创业管理基础》等在线课程。① 依托学生喜闻乐见的微信、抖音等网络平台,持续开展"云讲堂""云交流""云沙龙"等就业指导第二课堂活动。

(二)与学科专业融合发展

各高校根据自身的办学特点和专业特色,开展与专业相适应的第二课堂活动,开设对应的学科创新实验班,发挥学校自身的优势和特长参与创新创业活动。

上海理工大学提倡各学院根据学科专业特点,探索适合的创业教育实施形式,鼓励、引导学生运用所学专业知识进行科技创业。学校的二级学院开展与自身学科专业特色相一致的创新创业活动。如管理学院的"职业能力训练营"、外语学院的"大学生社会实践世界杯竞赛"(SIFE)、理学院的"大学生数学建模竞赛"、机械工程学院的"机械科技活动创新大赛"、光电学院的"光电杯创新设计大奖赛"、能动学院的"大学生节能减排社会实践与科技竞赛"、出版与艺术学院的"未来编辑杯优秀论文"评选和"广告艺术设计大赛"等分别成为所在学院实施创业教育的品牌和载体,推动了校内二级教学单位创新创业教育活动的开展。②

福建师范大学结合学科特色和专业优势,试点开设艺术设计类、经济管理类、信息技术类等创新创业实验班,在全国高校率先推行本科生创业导师制,每年为有创业意愿的学生提供免费创业实训。实施优秀青年人才素质拓展计划,定期组织有创业意向学生赴北京等地访问创业名人、考察知名创业型企业、顶岗实习等。③

南昌大学跨学院、跨学科组建际銮书院、未来技术学院、人工智能学院,开设人工智能、新功能材料与技术、空间物理等新工科创新人才培养实验班,探索由学院提供课程、行业企业提供支持的拔尖创新人才

---

① 教育部:《构建四维云模式 精准高效稳就业》,http://www.moe.gov.cn/jyb_xwfb/moe_2082/2021/2021_zl72/202111/t20211126_582499.html。

② 上海市教育委员会:《上海理工大学坚持学生为本构筑创新创业教育体系》,http://www.moe.gov.cn/jyb_xwfb/s6192/s222/moe_1740/201105/t20110513_120755.html。

③ 全国高等学校学生信息咨询与就业指导中心:《2019年度全国创新创业50所典型经验高校经验汇编》,北京航空航天大学出版社2019年版。

培养体系。①

温州医科大学拓展基于医学专业特色的公益创业教育"新领域"。围绕医学专业特色，依托医学学科平台和医疗资源优势，持续开展结合医学专业特色的慈善公益创业服务活动。指导学生以智障人士、盲人、白血病患者、失独老人等弱势人群为研究对象，积极开展各类科技学术活动，参与科研项目研发，获得相关授权专利 22 项。组织师生深入国内外欠发达地区开展公益社会实践和志愿服务，形成以"微笑联盟"等十大公益慈善品牌为核心的医学专业公益创业实践教育体系。②

南通大学依托学科特点拓展就业渠道。文科专业将就业率考核与专业资质考核进行捆绑，医科专业拓展高质量的实习就业基地，工科专业开展订单式人才培养等，形成具有学科特点的差异化指导与服务模式。③

第四节　地方院校创新创业教育师资团队建设

师资团队是开展创新创业教育的重要参与主体，在一定程度上决定着创新创业教育的质量，也是推进创新创业教育向深层次发展的核心力量。有效的师资团队建设措施，对于提升指导教师水平、稳定团队、激发教师参与积极性具有重要意义。本节分析创新创业教育师资建设必要性，并结合国外高校创新创业师资团队的经验，从教学科研、实践能力、校内外交流、师资结构、考核评价、激励机制等方面讨论加强师资团队建设的举措。

一　创新创业教育师资建设的必要性

注重创新创业教育师资建设，既是开展创新创业的政策要求，也是

---

① 教育部：《南昌大学聚焦"四力"支持学生创新创业》，2021 年第 54 期，http：//www.moe.gov.cn/jyb_sjzl/s3165/202201/t20220124_596029.html。

② 浙江省教育厅：《温州医科大学积极探索基于医学专业的创新创业教育新体系》，http：//www.moe.gov.cn/jyb_xwfb/s6192/s222/moe_1742/201907/t20190716_390751.html。

③ 成长春：《深化创新创业教育改革　促进大学生创业就业》，http：//www.moe.gov.cn/jyb_xwfb/moe_2082/zl_2015n/2015_zl62/201512/t20151207_223495.html。

地方院校高质量发展的需要，同时还是教师水平提升的内在要求和提高人才培养质量的关键。

（一）开展创新创业的政策要求

国务院办公厅出台《关于深化高等学校创新创业教育改革的实施意见》明确要求，要配齐配强创新创业教育与创业就业指导专职教师队伍，并建立定期考核、淘汰制度。聘请知名科学家、创业成功者、企业家、风险投资人等各行各业优秀人才，担任专业课、创新创业课授课或指导教师，并制定兼职教师管理规范，形成全国万名优秀创新创业导师人才库。[①]

2019 年教育部出台的《国家级大学生创新创业训练计划管理办法》强调，项目申请团队应选择具有较高学术造诣、较好创新性成果、热心教书育人、关爱学生成长的教师作为导师，鼓励企业人员参与指导或共同担任导师。[②]

2021 年国务院办公厅发布《关于进一步支持大学生创新创业的指导意见》，[③] 指出强化高校教师创新创业教育教学能力和素养培训，改革教学方法和考核方式，推动教师把国际前沿学术发展、最新研究成果和实践经验融入课堂教学。完善高校创新创业指导教师到行业企业挂职锻炼的保障激励政策。实施高校创新创业校外导师专项人才计划，探索实施驻校企业家制度，吸引更多各行各业优秀人才担任创新创业导师。支持建设一批创新创业导师培训基地，定期开展培训。

《中华人民共和国国民经济和社会发展第十四个五年规划和 2035 年远景目标纲要》中明确提出，建设高水平现代教师教育体系，充分发挥教师是教育发展第一资源作用，加快建设高素质专业化教师队伍，加强师德师风建设，完善教师管理和发展的政策体系，提升教师教书育人能

---

① 《关于深化高等学校创新创业教育改革的实施意见》（国办发〔2015〕36 号），http://www.gov.cn/zhengce/content/2015-05/13/content_9740.htm。

② 《教育部关于印发〈国家级大学生创新创业训练计划管理办法〉的通知》（教高函〔2019〕13 号），http://www.moe.gov.cn/srcsite/A08/s5672/201907/t20190724_392132.html。

③ 《国务院办公厅关于进一步支持大学生创新创业的指导意见》（国办发〔2021〕35 号），http://www.gov.cn/zhengce/content/2021-10/12/content_5642037.htm。

力素质。①

（二）地方院校高质量发展的需要

地方院校在发展过程中，人才培养的目标、课程体系、培养质量尤其是创新型人才的培养，与区域经济社会发展、行业产业发展有一定的脱节。实现地方院校的高质量发展和人才培养（尤其是创新型人才培养）质量，需要加强创新创业师资队伍建设。只有建设一支业务精干、富有创新精神和开拓精神的创新创业型教师队伍，才能为地方院校的高质量发展提供保障。同时，把创新创业教育、专业教育、文化教育纳入整个人才培养体系中，也是地方院校高质量发展的有效措施。由此，多种渠道选聘、培训创新创业教师，发挥创新创业师资队伍的引领作用，促进创新创业成果与专业的结合、与服务社会的对接，提高学校、学科、专业的影响力和美誉度，夯实地方院校的办学定位与特色，为地方院校的高质量发展提供重要支持。

（三）教师水平提升的内在要求

创新创业教育的教师和其他学科的专职教师在角色方面不同，在开展创新创业教育过程中，通常扮演多种角色。创新创业教育的教师既要搭建课程，也要引导大学生的创新创业教育与实践，扮演创新精神的启发者、创新创业知识的传递者、创业过程的组织者、创业活动的指导者等角色。创新创业教育的教师通过对大学生创新创业教育的实施开展和管理，实现教学理论与教学实践的相互促进、相互提升。指导教师在参与创新创业实践的过程中，更加有助于教师自身成为"双师型"师资队伍；指导教师通过参加线上和线下的关于创新创业教育相关的培训，不断提升自身的业务水平和技能，也激发自己潜能的发挥；指导教师通过参与校内外的合作交流，开阔眼界，拓展思维，提升专业素养，发展创新创业实践载体，实现优势互补。

（四）提高人才培养质量的关键

创新创业教育是一门综合管理学、经济学、数学、信息工程、生物

---

① 《中华人民共和国国民经济和社会发展第十四个五年规划和2035年远景目标纲要》，http://www.moe.gov.cn/jyb_xwfb/xw_zt/moe_357/2021/2021_zt01/yw/202103/t20210315_519738.html。

工程等多学科内容的新兴学科，注重学生所学理论知识与实践的有机结合，注重学生创新精神、创新能力和创业意识的培养，也是一门交叉性比较强的学科。加强创新创业师资队伍建设，有助于提升大学生创新精神、创新能力和创业意识的培养质量。当前各种新技术不断出现，也对诸多学科产生了影响。地方院校的人才培养面向应用型人才，创新型人才的培养既需要学生具备扎实的学科、专业知识，同时也需要学生夯实相关实践技能。新冠肺炎疫情对全球教育也受到了冲击，根据联合国教科文组织2021年的报告，到2021年10月，受影响的学生超过5500万人。这种形势下，必然要求创新创业师资队伍紧跟时代步伐，及时掌握新技术及对创新创业理论的影响，更新转变思想观念，以及开展创新创业教育的新手段。创新人才的培养以及学生的人生观、价值观、世界观都需要教师的正确引导，而引导者正是创新创业教育的师资队伍。

二 创新创业师资队伍建设的国内外经验借鉴

国内高校在创新创业队伍建设方面，有三所高校的经验值得借鉴，分别是江西外语外贸职业学院、西安翻译学院、山东中医药大学。

江西外语外贸职业学院通过校友办、职教联盟、基金会等机构邀请知名校友、企业家、创新创业评委及学院优秀创业教师组建了创业导师智库，定期组织召开创业经历分享活动、主题讲座、投融资会等，构建学校—培训机构师资共建共享新模式，相关教师跟随创业培训师指导学生创业项目实践。提出"教学+"（竞赛、创业、科研、社会服务和学生管理）的教师团队建设理念。依托"三能型"（即能上好课、能带竞赛、能创好业）师资队伍，组建矩阵式教学团队，打造"教学+"的师资团队，突出教师关键能力优势，均衡发展团队合力，更精准把握创业创新趋势以及行业需求。将"双师型"教师培养升级为"三能型"师资团队建设。促进教师往"三手"（专业上的高手、对外交往的能手、内部管理的行家里手）、"三金"（金讲台、金社服、金科研）方向发展。[①]

西安翻译学院创立双师双能型创新创业教育师资队伍建设机制，导

---

① 全国高等学校学生信息咨询与就业指导中心：《2019年度全国创新创业50所典型经验高校经验汇编》，北京航空航天大学出版社2019年版。

师队伍由创新创业教育学科带头人、校内专任教师、兼职教师、创业实训教师和校外知名企业家构成，其角色和任务分别为：学科带头人引领创新创业教育发展，指导专职教师、兼职教师学习和成长；校内专任教师和兼任教师负责对全校学生进行创业基础教育；校内创业实训教师针对不同专业学生在各类创新创业竞赛和创业实践中进行具体指导和帮助；知名企业家定期来校举办创业论坛、企业家访谈、事迹报告等活动，助力学生创新创业。①

山东中医药大学成立创新教育教研室和创业教育教研室，广泛引入多学科背景任课教师资源，培育了一支拥有创业咨询师、创业指导师和职业指导师资格的双师型教师队伍；推动全员育人，遴选泰山学者、中医药名家、科研名师等110人作为大学生创新创业项目指导老师，鼓励师生共创，推动科研成果转化；利用社会和校友资源，建设了以企业家、投资人、中医药专家为主体的创业导师队伍，深度参与学生创新创业过程。②

国外高校在创新创业队伍建设方面，有三所高校的经验值得借鉴，分别是麻省理工学院、斯坦福大学、百森商学院。

麻省理工学院在创新创业师资队伍建设方面的经验包括内部和外部并用、1/5原则、完善激励等。在创新创业师资队伍的构成方面，有内部学术型和外部实践型两种；由于教师的学术科研与实践可能存在冲突，设立1/5原则，规定教授在一周内专门拿出一天时间从事创新创业实践，这一做法还能有效解决从事创新创业师资短缺的问题；学校将创新创业实践经历和创新创业服务开展作为教师聘用、考核和晋升的重要参考，这一激励措施充分调动了教师从事创新创业教育的积极性。③

斯坦福大学在创新创业师资队伍建设方面的经验包括多元化的师资来源、鼓励师生进入企业实习。在创新创业师资队伍的构成方面，学校本身具有实力较强的专职教师队伍，并邀请全球成功的创业者、企业

---

① 全国高等学校学生信息咨询与就业指导中心：《2019年度全国创新创业50所典型经验高校经验汇编》，北京航空航天大学出版社2019年版。
② 全国高等学校学生信息咨询与就业指导中心：《2019年度全国创新创业50所典型经验高校经验汇编》，北京航空航天大学出版社2019年版。
③ 邓卫卫：《新时代高校创新创业师资队伍建设问题与对策》，《经济师》2022年第2期。

CEO 等担任兼职导师,经常进课堂分享经验。同时,学校积极鼓励师生进入企业参与实习,既与时俱进地提升教师的专业素养和实践技能,开阔眼界与思维,也为学生了解企业实践、观摩学习创造机会。[1]

百森商学院在创新创业师资队伍建设方面的经验包括多元化的师资、理论与实践的充分结合、独特的"创业师资研习班"。学校拥有优秀的创新创业教师,包括实践阅历丰富的企业家和高管,成就斐然的科学家、领域学者。丰富的企业创业经历、前沿的研究成果,与创新创业的教学充分结合,既为学生提供了解领域前沿的窗口,也为学生了解创业现实与实践提供机会。学校创建了独特的"创业师资研习班",要求每位教授必须带一位企业家参与创新创业的教学,这为补充、更新创新创业师资打下了坚实基础;同时该学院还面向社会公开选聘创业者或企业管理者作为客座教授交流经验或做讲座等。[2]

三 加强创新创业教育师资建设的举措

地方院校创新创业教育师资建设是个系统工程,涉及教学科研、实践能力、校内外交流、师资结构、考核评价、激励机制等方面,这些方面均需要地方院校予以重视。

（一）夯实教学科研

从事创新创业教育的教师不仅需要具有扎实的创新创业基础知识,还需要具有经济学、管理学、心理学、财务管理等相关学科的知识。换句话说,从事创新创业教育的教师除了关注本专业的知识外,还需要关注其他知识。只有具备了扎实深厚的理论功底,才能有利于指导大学生掌握创新创业知识。同时,从事创新创业教育的教师还必须具有较高的教学水平与教学技能,更新教育理念。尤其面对疫情对教学的影响,应主动从教学内容、课程设计、授课方法等方面,通过"雨课堂"、腾讯会议、钉钉、QQ 直播等多种形式,开展启发式、讨论式、参与式教学,创新教学模式。积极参与创新创业类精品课程建设,运用"大数据"技术,

---

[1] 邓卫卫:《新时代高校创新创业师资队伍建设问题与对策》,《经济师》2022 年第 2 期。
[2] 邓卫卫:《新时代高校创新创业师资队伍建设问题与对策》,《经济师》2022 年第 2 期。

掌握不同学生学习需求和规律,为学生自主学习提供丰富多样的教育资源,① 不断优化创新创业教育的内容,提升创新创业教育的内涵。从事创新创业教育的教师还应主动参与科学研究,提高自身的学术水平。教师可依托教育部产学研协同育人课题及各省、市、学校的创新创业类教学课题和科学研究课题,开展相关研究,将最新的知识、思想、技术、成果等学科发展的前沿带给学生,拓展学生视野。有条件的地方院校可设立专门的创新创业教育学科,建立专门性的创新创业人才培训平台。通过创新创业教育学科的设立,有利于推动创新创业教育的大创计划项目、各类比赛、各类教学与科研项目等开展,推广和实施研究成果,加强人才培养的针对性。如北京工业大学电控学院的左国玉团队依托承担的国家自然科学基金项目、国家重点研发计划项目等,开发遥控操作随动机器人、人形双臂协作机器人等智能技术系统,本科生参与的课题研究和创新在"挑战杯"全国大学生课外学术科技作品竞赛中获得特等奖。

(二)提高实践能力

地方院校创新创业教育的师资队伍,不仅要求有扎实的理论功底和善于钻研的学术精神,还需要有创新精神、创新意识和实践能力。创新创业教师的教学科研和实践能力,如同开展创新创业教育的两条腿,只有两者结合双腿走路,才能扮演好育人的引导者、实践者、组织者、构建者等角色。这两者水平的高低,也将直接决定创新创业人才培养质量的高低。地方院校应鼓励创新创业教育教师积极参与创新与创业实践,真实了解企业运营、战略规划、财务管理、营销、研发等环节和出现的问题,切实提高实践能力。

总体来看,有以下四种方式可以提升创新创业教师的实践能力。第一,科研推动实践能力提高。通过教育部产学研协同育人课题及各省、市、学校的创新创业类教学课题,创新创业教育的教师主动调查企业,了解产业发展情况,促进教师实践能力的提高。第二,教学推动实践能力提高。通过学校与企业联合教学,在校内课堂实现创新创业的现实经

---

① 教育部:《关于高校创新创业教育改革、创新创业课程建设、创新创业教育与实践脱节等十个"双创"相关问题》,https://k.sina.cn/article_3164957712_bca56c1001901netw.html?ivk_sa=1023197a。

验、教训及时分享,既对创新创业教育的教师提高实践能力有帮助,又对学生开阔视野有直接帮助。第三,创新创业载体推动实践能力提高。引导教师或项目组入驻地方院校内部的创新创业孵化基地、创业园、创客空间、工程训练中心等实践基地,并为其提供免费的工作场所、免物业、免水电等有利条件,便利项目开展和实施,推动教师实践能力提高。第四,去企业进行顶岗实习等推动实践能力提高。地方院校提供机会,分批安排创新创业教师到企业顶岗实习、挂职锻炼,或合作研发产品,真实参与到企业经营中去,积累实践经验,提高解决企业实际问题的能力。杭州师范大学组织实施"杭州城西产业科创集聚区双带(带项目、带技术)入企工程"和"杭州师范大学教师进企入园践习工程",每年选派教师进入企业锻炼,出国接受浸润式双语培训,并邀请国际专家来校授课。[①]

(三)注重校内校外交流

地方院校创新创业教育应围绕并服务于当地经济社会发展和当地的主导产业,开展创新创业教育的师资队伍建设,也要注意学校与政府、企业、科研院所和其他高校的交流、国际经验的参考借鉴,以获得来自多方的资源保证,这也能体现创新创业是全社会的责任。地方政府应根据当地学校的办学定位和特色,整合社会资源,主动建立大学生创新创业实习基地、项目孵化基地,建设大学生创新创业园区,开展创业指导和相关培训,为教师开展实践提供后台保障。同时,政府应出台政策给予支持,保障专兼职教师的权益,鼓励有条件的教师实际进行创业,并给予一定的前期资金支持或后期资金补助。安排教师到企业生产、销售、研发一线,深入了解企业实际及项目落地,协助创新创业教师获得政府补贴,并为教师市场前景良好、成果成熟度高的科技成果提供多种转化形式。教师也可以定期到国内科研院所和其他高校进行交流,及时了解学科的前沿知识和技术、创新创业教育的经验等。创新教育的师资队伍需要具有开放的态度和国际化视野,积极探索多种途径与国际接轨,比如访学、访问、项目合作等形式,与国外企业、国外高校、国外科研院

---

① 项贤钦、蔡艺玮:《地方师范院校创新创业教育模式探索——以杭州师范大学为例》,《开封文化艺术职业学院学报》2020年第10期。

所等进行交流，学习国外经验，拓宽创新创业教育的国际化视野[①]。广西师范大学与万学创世教育、子谦国际创业教育学院合作，举办了创业基础师资培训班、创新创业大赛师资研修班等活动，2018年与创展英国合作召开研讨会暨师资培训活动。

(四) 建设结构合理团队

地方院校创新创业教育的师资队伍成员有四个来源：高校专业教师、其他部门创新创业教育相关的教学和研究人员、辅导员、校外人员。[②] 按照专业基础扎实、实践经验丰富、成员来源多元、专职兼职结合、学科领域交叉的原则，地方院校既要从学校内部选拔优秀教师充实到创新创业教育的师资队伍里，也要对后备力量加强培养。同时，结合学校和专业的长远发展，从社会上招聘企事业单位、银行等金融机构中实践能力强、创新创业经验丰富的精英人才作为校外指导教师，包括技术专家、能工巧匠、政府部门人员、企业家、律师、风投专家、成功创业者、孵化管理人员等，[③] 实现专职、兼职、外聘的融合。注重团队带头人和老教师的作用发挥，团队带头人需要对团队的发展做规划，和老教师一起对新进教师和年轻教师实施"传、帮、带"，使新进教师和年轻教师快速成长，保持团队的活力。[④] 创新创业教育本身就是一项系统的、多学科交叉的复杂问题，尤其是面对动荡的环境，不确定性越来越高。地方院校的创新创业团队可专注于技术，形成团队内部以及梯队之间可以分享、发展的核心成果。广西职业技术学院有校内创业导师54名，兼职创业导师团成员18人，包括校外知名企业家、创业成功人士、创业成功校友、政府部门人员等。

(五) 改进考核评价方式

地方院校创新创业教育师资队伍的考核评价方式，需在现有基础上

[①] 曾令奇、王益宇：《高校创新创业教育师资队伍建设的审思与推进》，《上海第二工业大学学报》2020年第3期。

[②] 吴芳：《"三位一体"创新创业教育师资保障体系研究》，《才智》2020年第9期。

[③] 黄守峰、王祥熙：《高等院校创新创业师资"供给侧"改革现实困境及路径选择》，《天津科教院学报》2019年第5期。

[④] 邓知辉、刘锰：《"传帮带"模式下高职创新创业师资团队建设的思考与实践》，《河北职业教育》2020年第1期。

进行改进、完善和优化，建立起更能反映创新创业特点的评价体系。考核评价要结合考核对象和从事活动的特征，创新创业教育的教师与其他学科、专业的教师有所不同，开展创新创业教育活动，具有探索性、开创性、实践性等特点。地方院校将创新创业教育质量按照公平原则，纳入学校教学评价体系，可从三个方面进行优化。一是校内和校外多方参与，校内由学生评价、教师自评、督导评价、专家评价、团队同行评价等进行综合评价，校外由用人单位、创业校友、孵化基地、产学研基地等参与评价。① 二是合理设计评价内容，创新创业教育具有很强的实践性，进行评价时应避免唯论文倾向，兼顾教学效果、科研成果、实践成效、育人成效等。三是定量评价和定性评价结合，定量评价涉及教师完成基本的教学和科研工作任务，定性评价涉及师德、团队合作、社会服务等。②

（六）搭建科学的激励机制

科学的激励机制和合理的评价，都能充分调动创新创业教育师资的积极性和主动性，激励教师有内在动力发挥自己的才能，培养创新型人才。地方院校应从五个方面建立科学的激励机制，调动创新创业教育教师的积极性，促进创新创业教育师资队伍的长效发展。一是设立本科教学奖，在课程内容、理论研究、教学方法、指导实践等方面具有开创精神且作出重要贡献的老师，设立突出贡献奖、年度教学奖等。二是给予专项补贴，利用政府的专项拨款、学校的专项资金、企业资助资金和校友基金等，给予创新创业教师参加培训、外出进修、在岗创业等一定的补贴，并给予政策支持。三是纳入职务、职称晋升的参考业绩，将创新创业教育业绩列入教师专业技术职务评聘、岗位聘用、职务晋升、绩效考核的重要考察指标。③ 四是优化绩效考核方式方法，将创新创业教育教

---

① 魏芬：《"双创"背景下高校创新创业教育师资队伍建设的探索与实践》，《上海理工大学学报》（社会科学版）2019年第1期。
② 教育部：《关于高校创新创业教育改革、创新创业课程建设、创新创业教育与实践脱节等十个双创相关问题》，https://k.sina.cn/article_3164957712_bca56c1001901netw.html?ivk_sa=1023197a。
③ 邓知辉、刘锰：《"传帮带"模式下高职创新创业师资团队建设的思考与实践》，《河北职业教育》2020年第1期。

师指导学生组建团队、辅导学生撰写创业计划书、参加比赛、参加社会实践等活动，折算并计入教师的工作量。五是物质奖励和精神奖励结合，除了给予奖励和补贴外，采用在创新创业教育岗位设立讲席教授、年度教师企业家等精神激励措施，提升教师从事创新创业教育的成就感，强化教师对创新创业教育的认可。如上海理工大学改革职称评审机制，设置了"教学擂台""学术擂台""工程擂台"三个绿色通道，且在实施办法中将教师承担创新创业课程、指导学术大赛项目和竞赛等作为重要条件。同时，学校每年在本科教学奖中评选创新创业课程优秀教学奖、优秀指导教师个人和团队，每年投入近百万元作为专项奖励。[①]

---

① 魏芬：《"双创"背景下高校创新创业教育师资队伍建设的探索与实践》，《上海理工大学学报》（社会科学版）2019年第1期。

第六章

成果产出导向（OBE）的创新创业教育实践

产出导向教育（Outcome based education，OBE）作为一种先进的教育理念，于1981年由Spady等人在《基于结果的教育模式：争议与答案》一书中提出。Spady等深入研究了OBE的教育模式，将其定义为"清晰地聚焦和组织教育系统，使之围绕确保学生在未来生活中获得实质性成功的经验"。[①] 该理念很快得到重视与认可，成为美国、英国、加拿大等国家教育改革的主流理念。

在创新创业教育的第二课堂中，作为成果产出来衡量创新创业能力方面大体上分为三类：高水平竞赛类、大学生创新创业训练立项、社会实践，在育人的培养过程发挥的角色各有不同，从覆盖面、研究深度等角度出发，三类活动的作用和递接关系如图6-1所示。覆盖面最广的，是社会实践活动，其目的在于调动学生的积极性，充分认识社会、了解行业，结合专业学习或者个人兴趣、特长等形成关于开展创新创业活动的初步思考；大学生创新创业训练计划，面向具有初步的实践能力，并有意愿付诸行动的学生群体，以创新创业的立项为契机，参与科研活动或者创业活动，进一步巩固学科基础知识，有意识学习更高阶的专业知识；学科竞赛，面向具备一定深度知识和娴熟能力的学生群体，学生经过大创项目或者专业学习初步训练之后，有进一步提升能力、挑战自我的需求，参加专业竞赛活动，与全国、地区的学生同台竞技。

---

① 殷铭：《基于OBE的竞赛选手培养模式实践》，《当代教育实践与教学研究》2019年第6期。

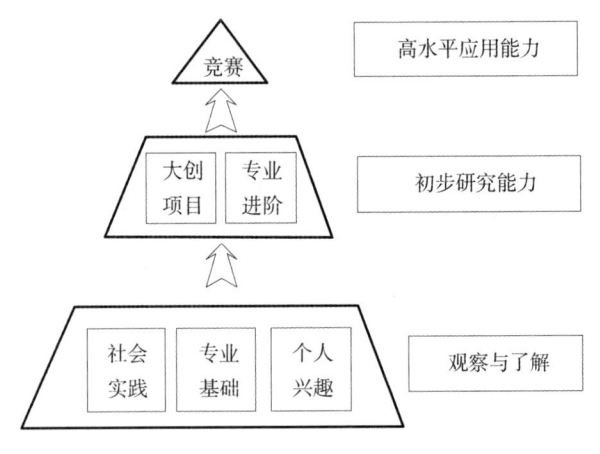

图 6-1　创新创业第二课堂的 OBE 实践类型

第一节　竞赛主导的第二课堂模式

中国高等教育学会"高校竞赛评估与管理体系"专家工作组自 2017 年开始,以教育部发布的大学生竞赛资助项目为主要依据,经过专家征询意见,每年发布全国普通高校竞赛榜单,截至 2022 年,已经发布六轮榜单,2021 年全国普通高校竞赛榜单内容见表 6-1。榜单中的竞赛依据参与范围和学科特点,大体上可分为创新创业综合类、理工科、医学类、艺术设计类、经管类、语言类、职业技能类等几大类别。理工科竞赛根据学科方向的不同,又可以划分为信息技术类、电子技术类、数理化生地等基础科学类、机械制造类、土建与能源类等类别,面向广大理工科专业。其余类别也覆盖医科、美术、商科、语言、高职等专业方向,师范类和农业类专业比赛尚未纳入其中。综合类的比赛覆盖范围比较广,门类齐全,影响力大,属于多学科参与的竞赛活动,可以作为不同高校间竞赛能力与竞赛水平间的比较。"互联网+"与"挑战杯"是这一类型的典型代表。

一　创新创业竞赛类型及相关数据

中国国际"互联网+"大学生创新创业大赛,由教育部与政府、各高校共同主办，于 2015 年举办首届比赛，每年举办一次。大赛采用校级初赛、省级复赛、全国总决赛三级赛制。校级初赛由各院校负责组织，省级复赛由各地负责组织，全国总决赛由各地按照大赛组委会确定的配额择优遴选推荐项目。大赛赛道包括高教主赛道、"青年红色筑梦之旅"赛道、职教赛道、产业赛道等。

"挑战杯"是由共青团中央、中国科协、教育部和全国学联共同主办的全国性的大学生竞赛。"挑战杯"竞赛共有两个并列项目，一个是"挑战杯"全国大学生课外学术科技作品竞赛，另一个则是"挑战杯"中国大学生创业计划竞赛。两个项目的全国竞赛交叉轮流开展，每个项目两年举办一届。

"挑战杯"全国大学生课外学术科技作品竞赛的基本方式为：高等学校在校学生申报参赛作品，分为自然科学类学术论文、哲学社会科学类社会调查报告和学术论文、科技发明制作三类。自然科学类学术论文作者限本、专科生。哲学社会科学类社会调查报告和学术论文限定在哲学、经济、社会、法律、教育、管理 6 个学科内。科技发明制作类分为 A、B 两类：A 类指科技含量较高、制作投入较大的作品；B 类指投入较少，且为生产技术或社会生活带来便利的小发明、小制作等。

"挑战杯"中国大学生创业计划竞赛借用风险投资的运作模式，要求参赛者组成优势互补的竞赛小组，提出一项具有市场前景的技术、产品或者服务，并围绕这一技术、产品或服务，以获得风险投资为目的，完成一份完整、具体、深入的创业计划。大赛下设三项主体赛事：创业计划竞赛、创业实践挑战赛、公益创业赛。

表 6–1　　　　　　　　2021 年全国普通高校竞赛榜单竞赛

综合类	中国国际"互联网+"大学生创新创业大赛
	"挑战杯"全国大学生课外学术科技作品竞赛
	"挑战杯"中国大学生创业计划竞赛
	全国大学生创新创业训练计划年会展示
	中国大学生工程实践与创新能力大赛
	中美青年创客大赛
	"学创杯"全国大学生创业综合模拟大赛

续表

理工科 （信息技术）	ACM–ICPC 国际大学生程序设计竞赛
	中国大学生计算机设计大赛
	中国高校计算机大赛大数据挑战赛、团体程序设计天梯赛、移动应用创新赛、网络技术挑战赛、人工智能创意赛
理工科 （电子技术）	蓝桥杯全国软件和信息技术专业人才大赛
	全国大学生先进成图技术与产品信息建模创新大赛
	全国大学生信息安全竞赛
	"中国软件杯"大学生软件设计大赛
	华为 ICT 大赛
	"大唐杯"全国大学生移动通信 5G 技术大赛
	全国大学生电子设计竞赛
	全国大学生光电设计竞赛
	全国大学生嵌入式芯片与系统设计竞赛
	全国大学生集成电路创新创业大赛
理工科 （基础科学）	全国大学生数学建模竞赛
	全国大学生化工设计竞赛
	全国周培源大学生力学竞赛
	全国大学生生命科学竞赛——生命科学竞赛、生命创新创业大赛
	全国大学生物理实验竞赛
	全国大学生地质技能竞赛
	全国大学生金相技能大赛
理工科 （机械制造类）	全国大学生机械创新设计大赛
	全国大学生机器人大赛–RoboMaster、RoboCon
	"西门子杯"中国智能制造挑战赛
	中国大学生机械工程创新创意大赛——过程装备实践与创新赛、铸造工艺设计赛、材料热处理创新创业赛、起重机创意赛、智能制造大赛
	中国机器人大赛暨 RoboCup 机器人世界杯中国赛
	RoboCom 机器人开发者大赛
	中国高校智能机器人创意大赛
	中国机器人及人工智能大赛

续表

理工科 （土木建筑与能源交通）	全国大学生结构设计竞赛
	全国高校 BIM 毕业设计创新大赛
	全国大学生节能减排社会实践与科技竞赛
	全国大学生智能汽车竞赛
	全国大学生交通运输科技大赛
医学类	中国大学生医学技术技能大赛
艺术设计类	全国大学生广告艺术大赛
	两岸新锐设计竞赛华灿奖
	全国三维数字化创新设计大赛
	米兰设计周——中国高校设计学科师生优秀作品展
	未来设计师全国高校数字艺术设计大赛
	中国好创意暨全国数字艺术设计大赛
经管类	全国大学生电子商务"创新、创意及创业"挑战赛
	全国大学生物流设计大赛
	全国大学生市场调查与分析大赛
	中国大学生服务外包创新创业大赛
	全国高校商业精英挑战赛品牌策划竞赛、会展专业创新创业实践竞赛、国际贸易竞赛、创新创业竞赛
语言类	外研社全国大学生英语系列赛英语演讲、英语辩论、英语写作、英语阅读
职业技能类	全国职业院校技能大赛
	世界技能大赛
	世界技能大赛中国选拔赛
	全国大学生机器人大赛 RoboTac

综合各高校间参与竞赛的项数、级别等信息，发布的地方院校竞赛排名情况见表 6-2。

表 6-2　　地方院校竞赛前 100 排名与分数（2017—2021）

名次/分数	学校	名次/分数	学校
1/87.25	杭州电子科技大学	2/86.23	浙江工业大学

续表

名次/分数	学校	名次/分数	学校
3/84.42	福州大学	4/83.59	南昌大学
5/80.71	广东工业大学	6/80.35	太原理工大学
7/79.82	南京邮电大学	8/78.38	西南石油大学
9/78.35	桂林电子科技大学	10/78.04	燕山大学
11/77.97	山东科技大学	12/76.63	郑州大学
13/76.13	长春理工大学	14/75.61	上海大学
15/75.53	中北大学	16/75.36	浙江师范大学
17/74.88	长沙理工大学	18/74.6	重庆邮电大学
19/74.46	宁波大学	20/74.1	昆明理工大学
21/73.87	深圳大学	22/72.81	江苏大学
23/72.5	西南科技大学	24/72.42	中国计量大学
25/71.74	湖北工业大学	26/71.64	青岛理工大学
27/71.58	武汉科技大学	28/71.25	天津工业大学
29/70.93	西安建筑科技大学	30/70.87	河南科技大学
31/70.47	上海理工大学	32/70.39	南昌航空大学
33/70.26	南京工业大学	34/70.12	青岛科技大学
35/69.68	青岛大学	36/69.6	郑州轻工业大学
37/69.56	太原工业学院	38/69.49	河北工业大学
39/69.44	安徽理工大学	40/69.41	江西理工大学
41/69.24	南京信息工程大学	42/68.96	华南师范大学
43/68.77	河南理工大学	44/68.52	河南大学
45/68.48	兰州理工大学	46/68.42	海南大学
47/68.31	安徽工业大学	47/68.31	杭州师范大学
49/68.02	三峡大学	50/67.97	上海工程技术大学
51/67.87	中原工学院	52/67.84	苏州大学
53/67.82	安徽工程大学	54/67.79	北京工业大学
55/67.77	浙江理工大学	56/67.67	常州大学
57/67.63	湘潭大学	58/67.35	山东理工大学
59/67.33	安徽大学	60/67.24	扬州大学
61/66.88	华南农业大学	62/66.79	南通大学
63/66.57	天津职业技术师范大学	63/66.57	广州大学

续表

名次/分数	学校	名次/分数	学校
65/66.54	浙江工商大学	66/66.49	南京师范大学
67/66.48	福建农林大学	68/66.17	江西师范大学
69/66	华北理工大学	70/65.92	齐鲁工业大学
71/65.91	广西大学	72/65.71	成都信息工程大学
73/65.68	山东师范大学	74/65.64	烟台大学
75/65.62	西安理工大学	76/65.55	河北科技大学
77/65.5	西北大学	78/65.44	哈尔滨理工大学
79/65.32	桂林理工大学	80/65.22	北方工业大学
81/65.18	集美大学	82/65.14	贵州大学
83/65.11	内蒙古科技大学	84/65.03	温州大学
85/65	长春工业大学	86/64.65	辽宁工业大学
87/64.61	辽宁工程技术大学	88/64.43	陕西科技大学
89/64.42	石河子大学	90/64.37	厦门理工学院
91/64.17	四川师范大学	92/64.09	南华大学
93/64.02	江苏科技大学	94/63.64	成都理工大学
95/63.48	云南大学	96/63.41	福建师范大学
97/63.39	兰州交通大学	98/63.35	新疆大学
99/63.18	上海海事大学	100/63.17	重庆交通大学

分类院校的分析中，综合类院校前20位包含了8所地方院校（见表6-3）。

表6-3　2017—2021年竞赛榜单前20位中的综合类地方院校

名次/分数	学校	名次/分数	学校
4/84.42	福州大学	7/83.59	南昌大学
12/76.63	郑州大学	14/75.61	上海大学
15/74.46	宁波大学	16/73.87	深圳大学
17/72.81	江苏大学	19/69.68	青岛大学

在理工科院校前 20 位中,地方院校占两所,分别是杭州电子科技大学(14/87.25)、浙江工业大学(18/86.23)。在人文社科类前 20 位中,地方院校有 17 所(见表 6-4)。

表 6-4　2017—2021 年竞赛榜单前 20 位中的人文社科类地方院校

名次/分数	学校	名次/分数	学校
1/66.54	浙江工商大学	3/62.89	安徽财经大学
4/62.06	重庆工商大学	5/61.55	江西财经大学
6/60.5	山东财经大学	7/58.99	浙江财经大学
9/57.51	东北财经大学	10/56.5	北京工商大学
11/55.18	浙江传媒学院	12/55	西南财经大学
13/54.5	湖北经济学院	14/54.49	广东财经大学
15/54.07	河南财经政法大学	17/53.47	河北经贸大学
18/52.57	广西财经学院	19/52.3	天津财经大学
20/51	天津商业大学		

在排名前 20 位的农林类院校中,地方院校有 14 所(见表 6-5)。

表 6-5　2017—2021 年竞赛榜单前 20 位中的农林类地方院校

名次/分数	学校	名次/分数	学校
3/66.88	华南农业大学	4/66.48	福建农林大学
5/60.67	河北农业大学	8/59.47	浙江农林大学
9/58.97	南京林业大学	10/58.82	塔里木大学
11/58.73	东北农业大学	12/58.06	中南林业科技大学
13/56	安徽农业大学	15/55.66	湖南农业大学
16/54.77	四川农业大学	17/53.14	内蒙古农业大学
18/53.02	广东海洋大学	19/52.69	河南农业大学

在医科类排名前 20 位的全部为地方院校,见表 6-6。

表 6-6　　2017—2021 年竞赛榜单前 20 位的医科类地方院校

名次/分数	学校	名次/分数	学校
1/59.08	温州医科大学	2/53.61	浙江中医药大学
3/50.64	南京中医药大学	4/49.57	中国医科大学
5/49.43	南方医科大学	6/47.68	哈尔滨医科大学
7/47.3	南京医科大学	8/46.9	湖南中医药大学
9/46.74	安徽医科大学	10/45.96	山西医科大学
11/45.66	江西中医药大学	12/44.66	山东中医药大学
13/43.39	吉林医药学院	14/42.94	广西医科大学
15/42.77	安徽中医药大学	16/42.22	福建医科大学
17/42.09	宁夏医科大学	18/41.85	长春中医药大学
19/41.43	大连医科大学	20/41.34	海南医学院

在排名前 20 位的师范类院校中,地方院校有 14 所(见表 6-7)。

表 6-7　　2017—2021 年竞赛榜单前 20 位中的师范类地方院校

名次/分数	学校	名次/分数	学校
2/75.36	浙江师范大学	3/68.96	华南师范大学
4/68.31	杭州师范大学	5/66.57	天津职业技术师范大学
6/66.49	南京师范大学	7/66.17	江西师范大学
9/65.68	山东师范大学	11/64.17	四川师范大学
12/63.41	福建师范大学	13/63.01	广西师范大学
14/62.92	湖南师范大学	15/61.45	鲁东大学
17/60.58	广东技术师范大学	18/59.29	阜阳师范大学
19/59.14	长江师范学院	20/58.51	重庆师范大学

排名前 20 位的高职院校见表 6-8。

表6-8　　　　2017—2021年竞赛榜单前20的高职院校

排名	学校	排名	学校
1	金华职业技术学院	2	深圳职业技术学院
3	重庆电子工程职业学院	4	芜湖职业技术学院
5	南京工业职业技术大学	6	福建信息职业技术学院
7	郑州铁路职业技术学院	8	江西环境工程职业学院
9	广东轻工职业技术学院	10	陕西工业职业技术学院
11	长沙民政职业技术学院	12	山东商业职业技术学院
13	江西应用技术职业学院	14	兰州石化职业技术大学
15	深圳信息职业技术学院	16	江西外语外贸职业学院
17	北京电子科技职业学院	18	安徽机电职业技术学院
19	潍坊职业学院	20	贵州交通职业技术学院

二　创新创业第二课堂实践分析

"互联网+""挑战杯"等综合性质的创新创业竞赛，获奖作品与专业积累、专业科研成果转化、服务于地方等密切相关，并且各参赛团队各有不同特色。下面从三个维度分析获奖作品以及团队特色。

（一）以科研成果转化驱动竞赛

应用基础型大学依托本校的学位点，科学研究是其基本任务之一，以科研成果为驱动，可以将高水平成果转化为创新创业竞赛项目，从而发展创新型创业，带动大学生就业。

福州大学"斯诺普利：一片走'心'的中国创新药"项目获第四届中国"互联网+"大学生创新创业大赛总决赛金奖，是金奖中唯一的医药类项目。项目的背后，是师生三代人30年接力研发，实现了肺部高压的靶向降压效果。目前斯诺普利已入选国家一类新药备选库，获得国家重大新药创制专项基金支持，团队拥有5项核心技术发明专利，在《科学》《自然》等国际权威期刊发表27篇高水平论文。[①]

南昌大学"中科光芯——硅基无荧光粉发光芯片产业化应用"项目获得第七届中国国际"互联网+"大学生创新创业大赛冠军。项目基于

---

① 教育部：《跑出创新创业教育中国"加速度"》，http://www.moe.gov.cn/jyb_xwfb/s5147/201910/t20191012_402856.html。

江风益院士团队的科研成果"硅基金黄光 LED 技术"。该技术打破美日 LED 照明技术垄断,开拓了"中国芯"世界 LED 照明第三条技术路线。①

(二) 以地方特色求突破

竞赛作品与地方经济社会深度融合,在项目中突出自身的优势与特色,挖掘选题背后的深度,落地带有地方属性的人文关怀,将研究成果写在祖国大地上。

西藏农牧学院的作品"西藏野生兰科植物资源增补与名录修订"在第十七届"挑战杯"全国大学生课外学术科技作品竞赛中获全国特等奖,是西藏唯一一件进入终审赛的作品。项目团队中的同学们跟随教师从事兰科植物学习研究,教师带着学生走遍西藏山山水水,共同服务于西藏经济社会发展。②

赣南师范大学"嗒嗒苗木——全球首创脐橙苗木开拓者"项目在第七届中国国际"互联网+"大学生创新创业大赛"青年红色筑梦之旅"赛道中获得公益组金奖和最具人气奖。项目组嗒嗒苗木公益实践团深入果园一线,积极推广国家脐橙工程技术研究中心选育的脐橙新品种无毒苗木,助力农民增收致富。③

(三) 以个人兴趣持续引导

第二课堂面向学生培养中的个性问题,依据学生群体的特点因材施教,个性化指导,在作品中也体现出强烈的团队个人特质。

内蒙古农业大学"蒙藻益牧——螺旋藻+中草药饲料添加剂开创者"项目获得第七届中国国际"互联网+"大学生创新创业大赛金奖,是内蒙古自治区在该项赛事上获得的首个金奖。项目负责人刘翔东的家乡内蒙古鄂托克旗是世界"藻都",他从小就对螺旋藻有着朴素的情感。结合专业知识,他将螺旋藻与中草药有机结合,研发出"藻增重""藻保健"两大系列产品,有效解决了现今中国替抗饲料添加剂产品少的空缺问题,

---

① 教育部:《在强国伟业中发出青春之声》,http://www.moe.gov.cn/jyb_xwfb/s5147/202110/t20211018_573150.html。
② 西藏农牧学院:《西藏农牧学院召开全国"挑战杯"获奖作品经验交流分享会》,http://www.xza.edu.cn/news/News_View.asp?NewsID=6636。
③ 赣南师范大学:《嗒嗒苗木!赣南师范大学这个团队把论文写在祖国大地上》,http://www.jx.xinhuanet.com/2021-10/31/c_1128015327.htm。

并且做到了可减量替代豆粕等蛋白饲料。项目直接带动就业 39 人，间接带动就业 361 人，先后有草学、兽医、动科等 6 个专业的 72 名本科生参与其中，既培养了创新精神，也锻炼了实践能力。①

宁波工程学院"夏小满——文博历史新表达的创新者"项目在第七届中国国际"互联网+"大学生创新创业大赛上获得全国金奖、最佳创意奖。项目专注于面向 4—12 岁的儿童，打造原创博物馆文创 IP。项目源于指导教师杜莹的实践探索，以及团队成员对传统文化的兴趣，7 年深耕传统文化，3 年参赛经历，通过创新传统文化的表达方式，实现文博历史学习的趣味性、灵活性和多样性，以期"科技兴国，文化亦能强邦"。②

第二节　大学生创新创业训练计划导向的教育实践

大学生创新创业训练计划始于 2007 年教育部实施的国家大学生创新性实验计划，这是教育部第一次在国家层面上实施的、直接面向大学生立项的创新训练项目。该计划 2006 年开始试点，2007 年进入正式实施阶段。2012 年，根据《教育部、财政部关于"十二五"期间实施"高等学校本科教学质量与教学改革工程"的意见》和《教育部关于批准实施"十二五"期间"高等学校本科教学质量与教学改革工程"2012 年建设项目的通知》要求，教育部在"十二五"期间开始实施国家级大学生创新创业训练计划。批准了北京大学等 109 所高校实施 16300 个大学生创新创业训练计划项目，每个大学生创新创业训练计划项目支持建设经费 1 万元。计划实施十五年来，已累计资助 35 万余个项目，支持经费近 58 亿元，覆盖全部学科门类，吸引了全国千余所高校 140 余万名学生参与，是历史最长、覆盖最广、影响最大的创新创业教育项目之一，已经成为面向全体大学生的一项创新创业人才基础培育工程，成为高校培养大学生

---

①　内蒙古自治区教育厅：《内蒙古首金》，https：//www.nmgov.edu.cn/jydt/zhxx/202110/t20211015_1904211.html。

②　宁波工程学院：《夏小满项目问鼎全国最高奖：听听金奖背后的故事》，https：//rwys.nbut.edu.cn/info/1052/3688.htm。

创新创业能力的重要载体,在激发学生的创新思维和创新意识中发挥了重大作用。

一　大学生创新创业训练计划情况概述

大学生创新创业训练计划,分为国家级大学生创新创业训练计划、省级大学生创新创业训练计划和校级大学生创新创业训练计划等国家、地方、高校三级计划实施体系。参加国家级大学生创新创业训练计划("国创计划")分为部属高校与地方院校,中央部委所属高校直接参加,地方院校由地方教育行政部门从省级大学生创新创业训练计划参与高校中推荐。国家级大学生创新创业训练计划由中央财政、地方财政共同支持,参与高校按照不低于1∶1的比例,自筹经费配套。中央部委所属高校参与国家级大学生创新创业训练计划,由中央财政按照平均一个项目1万元的资助数额予以经费支持。地方所属高校参加国家级大学生创新创业训练计划,由地方财政参照中央财政经费支持标准予以支持。各高校可根据申报项目的具体情况适当增减单个项目资助经费。对中央部委所属高校创业实践项目,每个项目经费不少于10万元,其中,中央财政经费应资助5万元左右。

大学生创新创业训练计划内容包括创新训练项目、创业训练项目和创业实践项目三类。创新训练项目是本科生个人或团队在导师指导下,自主完成创新性研究项目设计、研究条件准备和项目实施、研究报告撰写、成果(学术)交流等工作。创业训练项目是本科生团队在导师指导下,团队中每个学生在项目实施过程中扮演一个或多个具体的角色,通过编制商业计划书、开展可行性研究、模拟企业运行、参加企业实践、撰写创业报告等工作。创业实践项目是学生团队,在学校导师和企业导师共同指导下,采用前期创新训练项目(或创新性实验)的成果,提出一项具有市场前景的创新性产品或者服务,以此为基础开展创业实践活动。

二　地方院校大创项目推动创新创业教育实践

大创项目作为学生参与创新创业活动的起步工作,是沟通创新创业第一课堂教学和第二课堂其他赛事活动以及社会课堂的成果转化落地的关键环节。

（一）激励创新创业教学活动

通过大创项目的奖励机制，激发学生与教师参与创新创业活动的热情，提高参与者的覆盖面。如河南省高校对获得大创项目的指导教师，根据项目的类型和层次计算相应的教学或科研工作量，并记入教师职称评聘的教研业绩，按相应级别予以认定。参与创新创业项目及创新创业实践的学生可申请创新创业学分，并可申请替代选修课学分。获准立项的国家级大学生创新创业项目，经结题验收通过后的科研成果或研究报告可申请替代毕业论文（设计）。①

汕头大学规定学生进行创新创业训练项目及各项创新创业的活动成果均可以进行学分转换，并实施弹性学制及各项创新创业相关的奖励机制，极大提升学生和老师参与大创项目的积极性和主动性。②

广西科技大学应届毕业生的结题项目产生重要知识产权（发明专利、在重要学术期刊发表高水平论文等）可等同于毕业设计（论文），结题项目指导教师可优先推荐参加自治区级教改项目申报。③

贵州师范大学、贵州理工学院等学校出台教学奖励办法，对教师指导学生参加学科竞赛，开展教学改革研究进行奖励，将指导教师承担"大创计划"项目指导工作作为评优、评奖及职称评定的教学条件。④

（二）培育"互联网+""挑战杯"等竞赛项目

全国高校普遍将"国创计划"项目作为参赛项目培育的土壤，通过项目实施，强化成果导向，推动参赛项目成果转化为社会服务。

安徽省鼓励、指导在创新创业训练计划项目中取得优异研究成果的学生积极参与学科竞赛。安徽农业大学在第七届中国国际"互联网+"大学生创新创业大赛中获得的2个国金、1个国银、2个国项目全部由大

---

① 河南省教育厅：《2021年国家级大学生创新创业训练计划项目年度进展报告》，http：//gjcxcy.bjtu.edu.cn/UpLoadFile/henansjyt57580120.pdf。

② 福建省教育厅：《福建省2021年国家级大学生创新创业训练计划年度进展报告》，http：//gjcxcy.bjtu.edu.cn/UpLoadFile/fjsjyt57826384.pdf。

③ 广西壮族自治区教育厅：《广西壮族自治区2021年国家级大学生创新创业训练计划项目年度进展报告》，http：//gjcxcy.bjtu.edu.cn/UpLoadFile/gxjyt68155270.pdf。

④ 贵州省教育厅：《贵州省2021年国家级大学生创新创业训练计划年度报告》，http：//gjcxcy.bjtu.edu.cn/UpLoadFile/gzsjyt12622371.pdf。

创项目孵化产生。①

西安理工大学注重将大创项目与中国国际"互联网＋"大赛等学科竞赛紧密衔接。在第七届中国国际"互联网＋"大赛中取得了国赛1金4银8铜的成绩，获奖项目团队师生都参与过大创项目的建设与培育。近五年学校获国奖项目学生90%以上具有大创项目训练经历，省奖项目80%以上来源于大创项目立项或与大创项目研究内容交叉推进；省赛获奖项目指导教师95%指导过大创项目，获奖项目成员80%以上参加过大创项目。②

海南大学"蓝探"项目致力于海洋生态系统的修复，减排增汇实现碳中和，该项目获得第七届中国国际"互联网＋"大学生创新创业大赛高校主赛道本科生创意组金奖，实现海南省在该项赛事中全国金奖零的突破。③

（三）产教研融合，服务社会

通过大创项目，与社会实践相结合，推动成果转化，促成建立实践中心与实训基地，更好地服务地方经济社会。

陕西科技大学将大创项目与大学生社会实践有机结合。学校在金课课程、社会实践、项目落地等多个方面充分融合，通过扶持重点创业团队，以资金、空间、人员、落地等方式，全方位促进重点创业项目团队在贫困地区进行落地转化，用高校智慧助力当地社会经济发展进步。学校基于大学生社会实践活动，涌现出"饮思源""倾音""画个小镇"等一批优秀公益创业项目。④

海南大学"绿值"项目，从传统复杂、单一的志愿体系，到构建一套以"即时实现每个人的公益价值"为核心的集即时与便捷于一体的公益发展新模式，将中国的志愿服务力量注入每个公益的角落，让每个人

---

① 安徽省教育厅：《安徽省2021年国家级大学生创新创业训练计划项目年度进展报告》，http://gjcxcy.bjtu.edu.cn/UpLoadFile/ahsjyt63020111.pdf.

② 陕西省教育厅：《2021年国家级大学生创新创业训练计划项目年度进展报告》，http://gjcxcy.bjtu.edu.cn/UpLoadFile/sxsjyt73005721.pdf.

③ 新华社：《南海边的"蓝探"青年》，http://www.sohu.com/a/532922685_267106。

④ 陕西省教育厅：《2021年国家级大学生创新创业训练计划项目年度进展报告》，http://gjcxcy.bjtu.edu.cn/UpLoadFile/sxsjyt73005721.pdf.

看到自身的公益价值，为公益贡献一分力量。项目在第十四届全国大学生创新创业年会中被评为"最佳创业项目"。①

惠州学院为全校学生搭建"一院、一园、三基地"的创新创业平台集教学、模拟、实践、培训等功能于一体，利用政府、社会资源建设大学生创业园、创业孵化基地、小微企业创业基地和创新创业实践基地，强化创新创业实践。②

第三节　社会实践导向的第二课堂实践

中宣部、教育部、团中央于 2005 年发布了《关于进一步加强和改进大学生社会实践的意见》，该意见指出，理论联系实际是党的优良传统和作风，教育与生产劳动和社会实践相结合是党的教育方针的重要内容，理论教育和实践教育相结合是大学生思想政治教育的根本原则。大学生参加社会实践，了解社会、认识国情、增长才干、奉献社会、锻炼毅力、培养品格，深化对党的路线方针政策的认识，坚定在中国共产党领导下，走中国特色社会主义道路，实现中华民族伟大复兴的共同理想和信念，增强历史使命感和社会责任感，具有不可替代的重要作用，对于培养中国特色社会主义事业的合格建设者和可靠接班人具有极其重要的意义。

一　社会实践的内容与特点

《关于进一步加强和改进大学生社会实践的意见》中界定了社会实践的内容和对象，意见指出，开展社会调查、生产劳动和社会服务、"红色之旅"学习参观等属于大学生社会实践的内容；文化、科技、卫生"三下乡"和科教、文体、法律、卫生"四进社区"等也属于大学生社会实践的内容。

---

① 海南省教育厅：《2021 海南省国创项目年度进展报告》，http://gjcxcy.bjtu.edn.cn/uploadfile/hainapdf。

② 国家级大学生创新创业训练计划平台：《关于 2021 年国家级大学生创新创业训练计划项目年度进展的报告》，http://gjcxcy.bjtu.edu.cn。

根据实践内容和目的的不同,大学生社会实践可以分为考察调研类、公益服务类、职业发展类等。

1. 考察调研类

考察调研类社会实践是指大学生通过科学的方法观察、调查某种社会现象,并进行材料收集、整理、分析、研究,从而阐释现象、得出结论或揭示规律的社会实践活动,包括参观考察和调查研究两种。

2. 公益服务类

公益服务类社会实践是指大学生开展的支教支农、助残敬老、政策宣讲、环境保护、走访慰问等形式的公益性质和志愿服务性质的社会实践。

3. 职业发展类

职业发展类社会实践是指大学生为提升自身职业素养、了解专业领域情况和社会需求、促进职业发展而开展的学习参观、实习锻炼、创业实践等活动[①]。

地方院校加强大学生社会实践,学生参与区域特色的社会课堂之中,将所学理论指导实践,通过实践反思和巩固理论,加深对理论和技能的认识。同时,大学生通过实践体验,培养社会责任感和使命感,将知识内化为道德情操,提高品性修养。

大学生社会实践具有开放性、系统性、实践性、区域性等特点,就开放性来看,大学生社会实践的构成要素及实施过程广泛、灵活、开放;就系统性来看,地方院校大学生社会实践具有形式的系统性,符合身心发展的规律性;就实践性来看,强调通过大学生的社会实践发现问题、解决问题,培养人才并树立正确的人生观、世界观、价值观;就区域性来看,地方院校大学生社会实践依托当地的文化资源、历史资源开展,具有明显的地域特色。

二 地方院校基于学科特色的社会实践活动——以重庆文理学院为例

(一)发挥院校特色与社团组织作用

重庆文理学院是重庆市人民政府主办的全日制普通本科高等学校,

---

① 梁樑:《大学生第二课堂指南》,合肥工业大学出版社2020年版。

2005年4月更名为重庆文理学院，2017年获批重庆市工程师创新能力培养训练基地。学校紧密结合重庆市产业发展需求，聚焦新材料、大数据、人工智能、智能制造、化工制药、现代农业、生态环境等领域，重点打造新材料技术研究院、创新靶向药物国际研究院、特色植物研究院、机器人及智能装备研究院等。目前，学校拥有微纳米光电材料与器件国际科技合作基地和创新靶向药物国家地方联合工程研究中心等3个国家级科研平台；拥有重庆市环境材料与修复技术重点实验室、重庆市工业机器人集成应用工程技术研究中心等22个市级科研平台。

重庆文理学院学生社团工作委员会于2008年6月15日成立，学生社团注册数量为54个，其中学术科技类12个，创新创业类4个，文化体育类23个，志愿公益类5个，其他类10个（见表6–9）。

表6–9　　重庆文理学院2021—2022学年学生社团一览

类别	社团名称	挂靠校内单位
思想政治类	渝西青年社	共青团重庆文理学院委员会
学术科技类	数学建模社	数学与大数据学院
	雅风花艺社	园林与生命科学学院
	易仲青年法学会	马克思主义学院
	知行学会	马克思主义学院
	志远电子兴趣社	电子信息与电气工程学院
	心约咨询社	教育学院
	智能装备协会	智能制造工程学院
	智能机器人协会	智能制造工程学院
	先进成图协会	土木工程学院
	土木水利图学协会	土木工程学院
	力学及建筑模型信息化协会	土木工程学院
	材料科技社	材料科学与工程学院
创新创业类	大学生青创社	创新创业学院
	蓝鲸财经协会	数学与大数据学院
	物流实践协会	经济管理学院
	市场营销协会	经济管理学院

续表

类别	社团名称	挂靠校内单位
文化体育类	大学生文化协会	图书馆
	新青年文化协会（星湖校区）	图书馆
	甘棠国学社	文化与传媒学院
	青年电影协会	文化与传媒学院
	星湖写作社	文化与传媒学院
	语言文化艺术社	文化与传媒学院
	大学生英语协会	外国语学院
	阳光健美操协会	体育学院
	四季跑团	体育学院
	运动康复社	体育学院
	武术协会	体育学院
	大学生奔跑协会	园林与生命协会
	银狐乒乓球社	园林与生命协会
	思逸辩论社	马克思主义学院
	渝西绘艺社	美术与设计学院
	脑力运动协会	美术与设计学院
	摄影社	美术与设计学院
	菲梵视觉艺术社	美术与设计学院
	摩登斯模特社	美术与设计学院
	大学生书法协会	教育学院
	紫舞社	教育学院
	博乐社	经济管理学院
	球迷俱乐部	经济管理学院
志愿公益类	环境科学协会	化学与环境工程学院
	绿色生命协会	园林与生命科学学院
	电脑俱乐部	人工智能学院
	识微知课社	教育学院

续表

类别	社团名称	挂靠校内单位
其他类	煋狐动漫社	音乐学院
	星空吉他社	音乐学院
	00动漫社	美术与设计学院
	奇妙手工创意社	教育学院
	粤语桥协会	经济管理学院
	会展之光	旅游学院
	墨言社	旅游学院
	朝阳旅行社	旅游学院
	V-power街舞社	智能制造工程学院
	推理社	药学院

（二）发挥学科特色，将专业知识运用于社会实践中

根据团中央下发的《关于2021年度社会实践活动的通报》、重庆市委宣传部等部门下发的《关于重庆市2021年大中专学生志愿者暑期文化科技卫生"三下乡"社会实践活动的通报》等文件，重庆文理学院在全国、全市大中专学生志愿者暑期"三下乡"社会实践活动中表现优异，获得国家级表彰1项，市级表彰12项（见表6-10）。

表6-10　重庆文理学院暑期"三下乡"社会实践活动所获奖励

荣誉称号	表彰对象
2021年全国大中专学生志愿者暑期"三下乡"社会实践活动优秀单位	"文理扬帆行，共筑乡村梦"乡村振兴实践团
重庆市2021年大中专学生志愿者暑期文化科技卫生"三下乡"社会实践活动优秀单位	重庆文理学院团委
重庆市2021年大中专学生志愿者暑期文化科技卫生"三下乡"社会实践活动优秀团队	团委国情观察实践团
	园林与生命科学学院科技兴农实践团
	马克思主义学院党史学习实践团
重庆市2021年大中专学生志愿者暑期文化科技卫生"三下乡"社会实践活动先进工作者	孙××，星湖校区分团委书记
	黄××，团委干事

续表

荣誉称号	表彰对象
重庆市2021年大中专学生志愿者暑期文化科技卫生"三下乡"社会实践活动优秀个人	高××，2019级小学教育专业
	李××，2019级小学教育专业
	余××，2019级广播电视学专业
	张××，2019级商务英语专业
	廖××，2019级小学教育专业
	刘××，2019级材料成型与控制工程专业

社会实践是理论联系实践的重要媒介和沟通渠道，同时也是拓展专业知识、增加社会阅历、树立正确价值观的有效途径。地方院校着眼于服务区域经济和社会发展，其开展社会实践的关键在于以下四个方面。

第一，紧跟时代发展主题。

大学生社会实践要紧跟时代的进步和发展，适应变化的时代要求，结合新时代中国特色社会主义实际，在实践中塑造正确的价值观，使其具有鲜明的时代价值。当前，地方院校围绕"中国梦"、党史学习、社会主义文化强国、乡村振兴、科技创新、生态环保等主题，开展社会实践活动。

重庆文理学院的大学生社会实践主题，包括党史学习、社会主义文化强国、乡村振兴、生态环保等。比如马克思主义学院宣讲团开展党史宣讲，选取"国共两党第一次合作""遵义会议""渡江战役""重庆谈判""抗美援朝""'铁人'王进喜""一张留言条"以及军服、军旗、红军街历史建筑等题材和故事；园林与生命科学学院实践团到武隆区的四季果园、大田古村落、蔬菜基地、土地乡沿河村、江口镇银厂村等进行实地调研，为乡村振兴出谋划策；美术与设计学院和文化与传媒学院联合实践团赴荣昌区清江镇体验"鱼文化"风光，参观学习高工艺的木制结构设计，了解狮滩庄园和古镇变迁，调研生态环境建设，将其变成艺术作品，呈现美丽乡村建设成果，助力乡村振兴。

第二，结合地域和专业特色。

地方院校的大学生社会实践，主要依托当地条件、当地的历史文化资源，具有明确的地域性。同时，大学生社会实践以所学专业知识为依托，应结合专业特色和优势，提高实践的针对性和有效性，真正发挥育人作用。

重庆文理学院马克思主义学院宣讲团涉及的"遵义会议""渡江战役""重庆谈判""'铁人'王进喜"等教育题材，美术与设计学院和文化与传媒学院联合实践团体验的"鱼文化"风光等，都是基于当地的历史文化资源。园林与生命科学学院实践团结合专业知识，根据当地土壤环境、海拔高度、水资源等因素，就金银花、核桃、车厘子等果蔬种植给予合理建议，并对当地住户的庭院设计提出改良方案；文化遗产学院实践团梳理重庆市永川区板桥镇文化遗产资源，从专业角度就古村镇文化遗产保护、乡村振兴现状和古村镇可持续发展提供建议和对策。

第三，面向基层和一线。

大学生社会实践应强化大学生对现实社会的了解与认识，增加对人民群众的体验和感悟。作为活动主体的大学生，应深入农村、社区基层和企业生产与服务的一线，深入了解国情、民情，深刻感受生产流程。

重庆文理学院教育学院实践团在武隆区沧沟乡青杠村举办"永远跟党走，奋进新时代"主题文艺会演，带领当地村民品读红色经典，开展留守儿童教育关爱活动；文化遗产学院在板桥镇大沟村进行文化的田野调查，感受文化变迁；美术与设计学院实践团在土地乡沿河村进行义务支教，美术与设计学院和文化与传媒学院联合实践团走访永川秀芽茶厂生产车间及参观大型猕猴桃基地，实地了解生产技术和种植流程。

第四，整合多种资源。

地方院校的大学生社会实践，更需多种资源支持，构建多方参与、协同育人的机制，形成"党委重视、政府支持、高校主导、社会参与"的布局。整合地方政府、企事业单位、行业组织等资源，拓展实践育人的资源和载体，将社会育人资源融入实践教学，整体作为大学生社会实践的支持体系。

重庆文理学院马克思主义学院于黄家坝笔架山烈士陵园、红军历史陈列馆、红军街等地感悟革命精神，并与黄家镇政府签订了实践基地协议；体育学院于江口镇敬老院、武隆区隆康医养中心、沧沟乡青杠村等地，给予老人按摩和康复治疗；文化遗产学院于永川区板桥镇进行传统村落的主题调查，该镇是重庆市历史文化名镇，板桥镇大沟村是永川区仅有的两个国家级传统村落之一;美术与设计学院组织团市委、武隆区、重庆文理学院负责人等多方参与的乡村振兴座谈会,听取各方意见和建议;美术与设计学院和文化与传媒学院联合实践团实地考察重庆市石笋山生态农业有限公司,在企业建立实践基地,加强校企合作。

本编结语　地方院校创新创业教育第二课堂发展趋势

2010年《教育部关于大力推进高等学校创新创业教育和大学生自主创业工作的意见》提出,要通过创新创业教育,培养国家经济社会发展所需要的人才,促进高等教育科学发展。创新创业教育要面向全体学生,要在专业教育基础上,以转变教育思想、更新教育观念为先导,以提升学生的社会责任感、创新精神、创业意识和创业能力为核心,以改革人才培养模式和课程体系为重点,大力推进高等学校创新创业教育工作,不断提高人才培养质量。创新创业教育要逐渐科学化、制度化和规范化,不断改革人才培养模式和课程体系,以便提升学生的社会责任感、创新精神、创业意识和创业能力。

2015年国务院办公厅出台《关于深化高等学校创新创业教育改革的实施意见》,要求各地区、各高校科技创新资源原则上向全体在校学生开放,开放情况纳入各类研究基地、重点实验室、科技园评估标准。

2021年《国务院办公厅关于进一步支持大学生创新创业的指导意见》指出,各地区、各高校和科研院所的实验室以及科研仪器、设施等科技创新资源可以面向大学生开放共享,提供低价、优质的专业服务,支持大学生创新创业。充分发挥大学科技园、大学生创业园、大学生创客空间等校内创新创业实践平台作用,面向在校大学生免费开放,开展专业化孵化服务。

创新创业教育工作已经在诸多高校遍地开花,地方院校创新创业教育的实践探索也都体现了创新创业教育以创新为基础的实质。地方院校第二课堂创新创业的发展趋势,需要结合高等教育的育人本质、环境变化、创新创业教育的开展过程、带动就业等方面展开讨论。

第一,从育人本质角度看。回答"高校培养什么样的人、如何培养人以及为谁培养人"的根本问题,就是要坚持把立德树人作为中心环节,把思想政治工作贯穿教育教学全过程,实现全程育人、全方位育人。

面对新形势的要求,思想政治工作载体也亟待创新,开展创新创业教育是思想政治工作实效性的要求,也是社会信息化和教育现代化的要求。

2021年,《国务院办公厅关于进一步支持大学生创新创业的指导意见》指出,深化高校创新创业教育改革,健全课堂教学、自主学习、结合实践、指导帮扶、文化引领融为一体的高校创新创业教育体系,增强大学生的创新精神、创业意识和创新创业能力。第二课堂承载着以德育人、以文化人、以行立人等教育功能,是探索落实立德树人根本任务的有力抓手。地方院校第二课堂创新创业教育是思想政治教育的有效载体,未来应在更多的创新创业教育活动中嵌入思政元素,使学生从不同视角、不同环境、不同模式中汲取思想养分,回应社会需求,立足并继续回归立德树人的育人本质。开展创新创业教育的指导教师未来应明确教学的政治底线,充分挖掘创新创业教育活动蕴含的思想政治教育资源,致力构建"大思政"立德树人格局。

第二,从环境变化角度看。外部环境要素变化速度较以前更快,影响范围更广,动荡程度增加。其中就技术来说,大数据、云计算、人工智能、物联网、区块链、5G等蓬勃发展,已经广泛应用到包括高等教育在内的社会诸多领域。"互联网+"时代大学生的生活习惯与思维方式发生了改变,由于移动互联网的发展和智能手机的普及,大学生使用和获取信息资源方式也发生了根本的变化,移动搜索、移动阅读、移动学习成为常态,这些为创新创业教育提供了新的实施载体和机遇。地方院校利用网络工具创新第二课堂,如建立创新创业论坛、微博公众号等,使用微信、QQ等沟通交流,利用电子邮件、微博、朋友圈、个人空间、数字报纸杂志等,综合线下和线上、虚拟与现实的实践方式。同时借助智慧图书馆等网络资源,创新实践教学模式。未来地方院校第二课堂的创新创业教育,将关注如何使用新技术来打造多元融合的育人空间与平台,提升创新创业教育的质量和效率,以体现高等教育的价值。

从技术角度出发,未来地方院校第二课堂的创新创业教育,可利用大数据技术,根据本校学生参加创新创业活动的数据进行分析,通过大数据对第二课堂的创新创业教育模块以及第二课堂的其他模块进行精细化管理。高等教育的精细化管理既是本身发展的要求，也是推动学生管理和优化管理资源的要求。

第三，从创新创业的开展过程角度看。教育部规定高等学校要创造条件实行弹性的学习制度，放宽招生和入学年龄限制，允许分阶段完成学业。目前大部分高校都已宣布实行了学分制，但实质上是"学年学分制"，而不是真正意义上的完全学分制。学分制和弹性学制在名义上是两个不同的概念，但从本质上说其根本目的都是要给学生自主学习创造足够的灵活度和空间。未来地方院校要在第二课堂及包含的创新创业模块推进弹性制度，要在总体的人才培养方案、课程模块、学分设计等环节灵活多样，实现五个方面的弹性化，即活动实施的空间弹性化、时间弹性化、指导弹性化、选择弹性化和学分弹性化。在第二课堂创新创业模块的供给内容设计方面，应给予学生足够多的选择余地，为学生提供充足的自主学习、因材施教、因地制宜等个性化发展机会。[①] 只有这样，人才的个性化培养和个性的发挥才能得以充分调动，由此未来地方院校第二课堂创新创业教育的弹性化设计，将是关注的重点问题。

第四，从创新创业带动就业角度看。就业是民生之本，双向选择的找工作形式已经不能满足所有大学生的就业需求，"创造工作"的创业模式是目前大学生实现理想就业的有效途径和可行选择。为积极促进就业，不断深化高校创新创业教育和实践育人工作，教育部先后出台了系列文件和政策，构建"以创业带就业"的政策导向。鉴于大学生就业难的现状，同时考虑到新冠肺炎疫情带来的冲击，以及全球经济复苏和国内经济放缓的态势，充分就业有利于社会和谐与稳定。创新创业活动的开展，既要求大学生成为自我的雇用者，还要成为就业机会的提供者。未来地方院校创新创业教育应积极促进就业，鼓励大学生自主创业，解决大学生就业问题。

2018年中国高等教育改革全面发力，努力推动量变到质变的飞跃。2019年全国高等教育战线贯彻全国教育大会精神，落实新时代全国高等

---

① 李同果：《试论高校第二课堂活动课程的发展趋势》，《中共乐山市委党校学报》2012年第3期。

学校本科教育工作会议要求，积极践行"以本为本"，推进"四个回归"，致力于提高本科教育质量，掀起了全面振兴本科教育工作新高潮。2020年以来改革深度推进，化危为机，疫情和国际形势的骤变没有改变中国高等教育的走势，高校推行立德树人坚定不移。未来地方院校第二课堂创新创业教育围绕立德树人依然需要强化正确的价值导向和质量导向。

第三编

多方共建创新创业教育社会大课堂

自 1989 年北京召开"面向 21 世纪教育国际研讨会"首次提出创业教育的概念以来,国家出台了许多支持大学生创新创业的扶持政策。《中共中央关于制定国民经济和社会发展第十四个五年规划和二〇三五年远景目标的建议》中进一步提出:"坚持创新在我国现代化建设全局中的核心地位,把科技自立自强作为国家发展的战略支撑。"面对新的全球社会经济环境,创新教育成为新时代国家创新驱动发展、深化教育改革、培养创新人才和建设教育强国的重要战略,创新创业教育已经成为高等教育的重要组成部分。特别是近年来,为进一步推进大学生创新创业实践,国务院办公厅印发《关于进一步支持大学生创新创业的指导意见》。在这一重要背景下,探索多元主体参与下构建创新创业教育的社会大课堂,综合高校、政府、企业各方资源优势并付诸实践,对于提升大学生创新创业能力,从根本上促进大学生全面发展,具有重要的理论意义和现实价值。

目前,地方院校在服务地方区域经济发展、推动社会创新创业全面进步、促进企业可持续发展中承担着重要使命。地方院校创新创业教育实践过程中,由于高校、政府、企业各自职责交叠多、界限不清、定位不精准,以至于协同机制不健全、内生动力不足,存在诸多亟待解决的问题,制约了创新创业教育社会大课堂的协调发展和作用发挥,成为创新创业教育全面实施过程中的障碍。在分析当前多方参与创新创业教育的现状基础上,本编内容基于"三螺旋理论",借鉴国内外创新创业教育中高校、政府和企业的协同机制,界定地方院校、政府和企业的职责定位,并给出如何构建多方主体参与的创新创业教育社会大课堂的理论途径,特别是地方院校发挥自身优势,撬动政府、企业资源,为学校创新创业教育提供更好的外部环境,共同促进全社会创新创业能力提升,形成地方院校、政府和企业之间畅通高效的协同机制与社会大课堂育人模式。

第七章

创新创业教育社会大课堂现状

创新创业教育的全面发展和顺利实施，除了校园之内的第一课堂和第二课堂，还需要社会多方广泛参与，形成社会大课堂。

第一节 创新创业教育社会大课堂要素与功能

创新创业教育需要社会资源的广泛参与和支持，因此构建创新创业教育的社会大课堂，明确其构成要素和功能，是完善地方院校创新创业教育体系的重要前提。

一 社会大课堂的构成要素

社会大课堂包含三个行为主体和保障主体之间能够畅通运行的四个体系。

(一) 三个行为主体

关于创新创业教育社会大课堂的主体部分，因为研究视角的差异，不同学者有不同的看法。有的学者认为是政府和社会，有的学者认为是高校、政府、企业和社会，有的学者认为是高校、政府、企业、家庭和社会。本书认为，创新创业教育社会大课堂的参与主体广义上包括政府、高校和企业。

1. 政府

创新创业教育对于一个地区的竞争力和福利水平具有重要的作用，

政府拥有公权力，是公众的代表，特别是作为地方政府，要从本地区经济和实际情况出发，支持创新发展，鼓励并积极参与创新创业教育。因此，政府是创新创业教育社会大课堂的重要主体，是引导和推动创新创业教育发展的重要力量。因为存在一定程度的市场失灵，仅仅依靠市场自发的创新创业教育，不一定总是有效的，甚至有时候可能会存在各种阻碍。比如，个别垄断企业为了长期保持其垄断地位可能会反对创新创业、阻碍各种变革。而高等院校不是以营利为目的，其基础研究或应用研究不存在明确的受益主体，但是存在巨大的社会效益，如果仅仅依靠市场提供相应的资金支持，很可能会产生供给不足的问题，而导致创新创业教育的源头动力不足，这时需要政府出面对创新创业教育的全面推进进行一定的干预。

特别是针对地方院校创新创业教育的全面推动，离不开地方政府的大力支持。在新形势下创新创业人才培养目标导向下，地方政府面对新时代的人力资源管理需求，通过加强促进创新创业教育社会大课堂的全面推进，来增强全社会的整体利益，是地方政府站在公共利益角度行为的根本出发点，也将对全面提升高等教育质量、加快实施创新战略、扩大就业创业、推进经济转型升级、培育地方经济发展新的动能产生重要意义。

2. 高校

联合国教科文组织曾经在《教育——财富蕴藏其中》一文中指出，"在一个社会中，高等教育是经济发展的动力，它既是知识的保管者，又是知识的创造者"。[①] 高等院校是创新创业教育的直接参与者，是创新创业教育的实施主体，按照目前中国高等教育体系中，高等院校大多属于公办事业单位，在组织性质上属于政府公共职能的延伸服务。在政府大力支持并推动创新创业教育的大背景下，高校具有强烈的外部动力全面推进创新创业教育。从内部动力来分析，高校特别是地方院校对支持地方经济发展、满足地方所需的人才具有重要的使命，这同时还决定了地方院校能否契合学生和家长的教育意愿，因此，高校特别是地方院校有

---

① 林学军：《基于三重螺旋创新理论模型的创新体系研究》，博士学位论文，暨南大学，2010年。

强烈的动机与社会各主体联系，寻求社会对创业教育的支持。

高校主体离不了学生的参与和对学生的培养，因此，如何在创新创业教育社会大课堂中发挥学生的主动性，实现对学生创新创业素养目标的培养，是高校这一主体在社会协同机制下需要共同面对的问题。因此，创新创业教育的最终落脚点是学生自身，大学生既是创新创业教育的对象，也是创新创业教育的支持主体，大学生对创新创业教育的认知能力、投入程度直接决定创新创业教育实施效果和人才培养目标。

3. 企业

在市场经济环境中，企业是以追求利润最大化为目标的营利性组织，是自主经营、自负盈亏的经济实体，企业决策和行为首要考虑的因素是经济效率。同时，企业是产品和服务的提供者，能够直接对接市场需求，接收市场反馈，也拥有最多的实践管理经验和生产资料、先进技术。在企业发展过程中，以技术创新、知识创新、技术转移和知识的应用为主，创新能力发挥的作用越来越重要，通过转化科技成果和市场运营获得丰厚的经济利益。随着科学技术的不断进步和经济结构的深化调整，在国家科技战略实施主要背景下，具有创新创业能力的人才对于企业发展的作用更加凸显，在产教融合、校企合作中，企业希望获得优秀技术人才和技术创新支持，因而企业既是创新创业教育社会大课堂的参与者，也是合作成果的享受者，更是合作的坚强后盾。

地方企业一般是区域性龙头企业，是地方政府高度关注的焦点，地方企业的技术创新、转型升级，对于当地区域经济的产业结构调整和产业集群形成具有举足轻重的作用，因此在创新创业教育社会大课堂中，地方企业是作为主要的创新创业人才培养和技术需求方，是社会大课堂的主体之一。

(二) 四大保障①

1. 政策制定

完善的创新创业社会大课堂，首先需要制定相应的、行之有效的政策，搭建创新创业教育的政策框架，完善创新创业教育社会大课堂的系统性内容，为高校、政府、企业等主体配合开展创新创业教育明确政策

---

① 张兄武：《高校创业教育社会支持体系构建》，《科技创业》2021年第1期。

方向，鼓励、引导、督促不同的其他社会组织积极参与创新创业教育也离不开基本的政策导向。

2. 平台搭建

创新创业社会大课堂需要明确各种创新创业教育相关的支持平台，这是实施创新创业教育并推动其大力发展的必要条件，而在一定程度上，目前国内创新创业教育发展受到限制的因素，是高校内部创新创业平台在搭建数量上不足以支撑大学生创新创业素养和能力的提升，且平台功能有待进一步完善。因此，迫切需要创新创业教育社会大课堂共同提供创新创业教育的各类实践平台，如学科—育人平台、智库类文化机构、产业学院、技术研发类育人平台、校企战略联盟、社会合作孵化中心等。

3. 资金支持

创新创业教育的全面推进，特别是综合社会各个主体的力量，调动其积极性，需要经费支持。创新创业教育需要可持续性，不是一蹴而就的，因此资金来源不是单一主体可以依靠自身能完全解决的，需要多元主体共同参与下，社会资本介入，以市场化机制促进社会资源与大学生创新创业教育需求的对接和匹配，引导相关的投资基金助力创新创业教育社会大课堂的构建与推广应用。

4. 环境创造

创新创业教育的社会大课堂，除了政策、平台和资金保障，离不开良好的社会环境的缔造。创新创业的良好氛围和社会环境，不仅能够提升教师对创新创业教育的认可度和相应的师资水平，还可以有效激发受教育者的创新思维、创业意识和心理素质，形成积极的大学生创新创业的舆论环境，从而促进创新创业教育社会大课堂的全面开展。

二 社会大课堂的功能[①]

帕森斯认为，"社会组织是对更广泛的社会系统发挥某种功能的、为了实现特定目的而组织化的一种社会系统"。[②] 对创新创业教育的社会大课堂组织来说，其功能与能够实现的目标密不可分。因此，其功能一般

---

① 张建云：《职业教育产教融合园：内涵、动力及功能》，中国高教研究 2020 年第 11 期。
② 杨伟民：《组织社会学的产生和发展》，《社会学研究》1989 年第 1 期。

包含服务、教育和经济三个方面。

（一）服务功能

服务功能一般是指社会服务，作为考虑到在创新创业教育的开展过程中，社会大课堂不仅要服务于其直接相关的三大利益主体——高校、政府和企业，而且有义务为其他相关社会群体提供服务。在这一过程中，根据利益相关者理论，社会大课堂能够发挥高校、政府和企业三大主体协同育人机制的作用，并更好地赋能三大主体，因此高校、政府和企业为直接利益相关者；而还有其他部分社会中介组织、家庭组织等，社会大课堂将给这些主体提供相应的创新创业教育服务，使这些其他组织能够弥补三大主体在创新创业教育实施过程中的种种不足，而家庭组织也可以更好地支持学生的创新创业想法，鼓励其积极创新、大胆创业。特别是对于地方院校而言，能够培养创新创业相关人才，为地方经济服务，是其重要的职责和使命。

（二）教育功能

在创新创业教育社会大课堂的创建实践中，高等院校通常扮演着规划者和主导者的角色，因此，高校的育人需求决定了教育功能是创新创业教育社会大课堂的核心功能。教育功能的实现取决于人才培养的质量，而人才培养不仅包括对高技术、高技能创新创业型人才的培养，也取决于创业导向的教师队伍建设，因此这里的教育功能是两个方面的，是双向的教育。创新创业教育的社会大课堂能够较好地解决传统的创新创业教育培养模式中第一课堂和第二课堂的局限性，通过三大主体的有效配合，通过保障措施的实施，通过机制的建立，通过不同模式的总结，能够更全面地发挥创新创业教育的功能。

（三）经济功能

所谓经济功能，是指在创新创业教育社会大课堂的构建过程中，要实现各个主体的经济效益，并促进创新创业教育的长效发展。创新创业教育的社会大课堂履行经济职能，可以通过各种创新创业社会平台，帮助学生和企业家创业，减少经营中遇到的问题与障碍，发挥创业者的主动性和创造性，当创业成功时能够带来丰厚的经济收益和回报。而在创新创业教育发展过程中，政府、高校、企业在最初推进过程中，不能过度强调经济利益，而重在根据各自的优势提供相应的扶持，才能有效提高创新能力，提升创业成功率。另外，社会大课堂能够更好地推动高校和企业的成果转化，高校具有人才和场地优势，企业具有资金和设备优势，双方具有很广阔的合作空间，实现互利合作，共同创造经济价值。

三 社会大课堂对开展创新创业教育的作用

社会大课堂对于维护创新创业教育生态系统稳定、培养创新创业型人才、提高创新创业效率、提高创新创业教育的信息沟通效用具有重要的意义。

（一）社会大课堂能够维护创新创业教育生态系统的稳定

在社会大课堂进行创新创业教育推进的过程中，高校具有人才和技术优势，是科技创新和知识的源泉，是创新人才培养的基地，更是政府、企业与学术界协同运作过程中的科研、文化支柱。企业界具有将科技成果产业化的资金，具有产品生产、销售和经营方面的优势，在将科技成果转化的同时，又能为高校提供一定的科学研究经费支持，并不断地向高校反馈来自社会的需求和信息，推动教学、科研的改革和发展，实现与时俱进。政府尽可能地提供给产业界与高校发展所必需的政策支持和资源环境，推动二者良性发展，同时能够实现自身价值升级。社会大课堂能够加强各主体的联系与协作，促使政府、产业、高校在科技创新、人才培养等方面的广泛交流与合作，通过资源、信息等的合作共享和优势互补，最终协同实现各方创新的发展，获得共同利益。

（二）社会大课堂助力人才培养

在创新创业教育过程中，实施高校、政府和企业相结合的战略有利于形成现代化的创新创业人才培养、科学研究和服务社会相结合的现代化高等教育体制和建设高水平特色学科；有利于高校实现社会服务功能，增强社会服务能力，实现"以服务求支持，以贡献求发展"，为地方经济提供服务的新模式；有利于培养具有创新意识和创新能力的高素质科技人才，为科技创新、成果转化和技术发展提供雄厚的科研基础和一流的科技队伍。因此,社会大课堂在创新创业教育发展战略中具有深远的意义。①

(三) 社会大课堂提高创新创业教育效果和效率

在创新创业教育推动过程中,高校、政府和企业三大主体合作的目的主要是希望通过各主体的协调合作、优势互补,将有限的资源投入转化为最大的能量输出。三者良好的协同机制能够以低成本、高效率保障官产学科技创新协同效应的有效实现。如果没有社会大课堂的存在,仅仅依靠创新创业教育的第一课堂和第二课堂,创新创业教育会因为缺乏足够的实践而效果打折扣。而社会大课堂的系统机制如果不健全,将导致各个要素之间相互冲突,影响整体协同效应的达成,甚至会导致系统紊乱。而在合理的机制作用下,社会大课堂各方主体能够协调合作,有序发展,获得最大程度的产出,实现创新创业教育的协同倍增效应。

(四) 社会大课堂提高创新创业教育的信息沟通效用

信息是不同的组织系统实现联系沟通的一种普遍高效的方式,在创新创业教育推动过程中,社会大课堂的三大主体协同进行创新创业教育,同样需要依靠各主体之间信息的沟通交流,因而信息的顺畅流动是各个主体协同进行创新创业教育的前提。而良好的协同机制是信息高效传输的保障,在其作用下各主体通过及时、准确地反馈信息,能够较好地保持创新创业教育生态系统内外之间信息流动的顺畅无碍,推动协同效应实现,进而更好更快地发挥高校、企业和政府的主体作用,实现创新创业教育目标。在创新创业社会大课堂的协同机制建立的基础上,为了保证创新创业教育生态系统宏观层面的有序性,实现创新创业型人才培养的根本目标,社会大课堂的各个主体会根据自身的要求,规范各种创新创业行为的有序性,进而完成各主体单独所不能完成的任务,最终实现协同发展。

---

① 张福昌:《官产学研合作——当代创新设计教育的现实选择》,《美与时代》2013 年第 8 期。

第二节　创新创业教育社会大课堂建设的历程

伴随着国家现代化加速推进的步伐，中国创新教育经历了由探索起步到逐步发展完善，乃至如今繁荣发展的阶段，取得了显著的成就。中国创新创业教育初期受到西方创新教育的冲击及高等教育改革的深刻影响，本节从国外创新创业体系中政府、高校和产业合作的历程出发，探讨社会大课堂的不同发展阶段和发展面临的新形势，对构建中国地方院校驱动的创新创业教育社会大课堂具有有益的理论探索。

一　国外创新创业教育社会大课堂的发展[①]

创新创业教育是伴随着人类的创新实践活动不断产生发展的，与社会经济的发展息息相关。不仅作为一种教育理念，也是一种教育实践，是与经济和科技发展紧密联系的。最早始于西方发达国家的高等教育，一般认为主要归因于两方面：一方面是西方教育的传统；另一方面是现代科技的发展主要来源于西方发达国家。随着"工业革命"和大机器时代的到来，之前西方大学的自由教育传统难以适应社会发展，科技创新、知识创新以及新型人才培养的需求，使西方的教育家重新审视原有的教育目标。

（一）第一阶段：市场至上（20世纪60年代之前）

从国外情况来看，在推进创新发展的过程中，作为创新主体的政府、产业界和学术界，其关系演变越来越紧密。如英国和美国长期以来信奉自由主义和市场至上，特别是在20世纪60年代以前，以市场竞争配置稀缺资源，引导创新。如牛津大学、哈佛大学等高校引领世界科技与经济的发展，其丰硕的科研成果、先进的技术使英国、美国在世界经济发展中处于领先地位。

（二）第二阶段：政府干预（20世纪60—80年代）

伴随着国家间竞争日益激烈，自由发展、政府不干预使诸如英国这

[①] 林学军：《基于三重螺旋创新理论模型的创新体系研究》，博士学位论文，暨南大学，2010年。

样的国家日渐衰退，在全球竞争中明显力不从心。20 世纪 60—70 年代，美国、英国都逐渐加强政府在创新领域的参与程度，如肯尼迪政府认为国家应当在创新中起直接作用，并提出了一系列促进创新的计划，像 1962 年的工业技术计划、1965 年的国家技术服务计划等。英国在这一阶段为了加强科技创新，带动经济增长，也加强了政府的干预。

到了 20 世纪 70 年代，为了应付当时的石油危机造成的生产率下降而贸易赤字、失业率上升等经济滞涨状态，美国政府创新政策发生了重大的转折。在这一时期，美国政府推出《国家技术创新法》，使美国政府资助并推动技术的行为合法化。但此时政府的政策较为单一，主要是政府直接资助行为。英国也在此时诞生了剑桥科技园区，集聚了多家高科技公司，成为英国最重要的科技创新中心之一。

（三）第三阶段：制度创新（20 世纪 80 年代至 20 世纪末）

1980 年以来，科学技术迅速发展，对人类产生了巨大的影响，引起了经济、社会、文化、政治、军事等各个领域深层次的变革。许多国家为了在国际竞争中赢得先机，都把发展高新技术作为国家发展战略的重要组成，花费巨额投资，组织大量的人力与物力。1983 年美国提出的"战略防御倡议"（星球大战计划）、欧洲尤里卡计划，日本的今后十年科学技术振兴政策等，对世界高新技术迅速发展产生了深远的影响。

在这一时期，美国开始重视制度创新，特别是把创新政策从科技政策和产业政策中独立分离，将技术创新定义为由科学、技术和市场三者相互作用而形成的复杂过程，重点强调制度创新在其中起到的重要作用。20 世纪 90 年代，美国制定并颁布了一系列法律，如《贝荷—道尔法》《史蒂文森—怀德勒技术创新法》《国家合作研究法》等，这些法律进一步加强政府对发明创造的资助，鼓励政府的实验室从事商业为目的的研究活动，并逐渐放松了对合作研究企业的反垄断限制。

英国在此时也加强了产学研制度创新，颁布了一系列政策和计划促进产学研共同发展，促进科技成果转化。英国的高等教育机构在世界有很高的声誉，是英国国家创新体系的重要组成部分，在诸多重要的科学领域保持世界领先地位。英国著名大学中有一种重视科学理论和轻视实用技术的文化传统，长期以来难以克服的文化中的偏见，致使在很长一段时期内英国企业中的科学家与工程技术人员的比重失调，很多科技成果无法应用到生产实践，在一定程度上影响了英国整体经济的前进。当政府充分认识到问题的严重性，为改变重理论、轻实践的状况，英国政府大幅度增加科研经费，同时实施相关激励措施，大力促进学术界与产业界合作。有英国高等教育白皮书之称的《高等教育迎接挑战》明确提出：高等教育须更有效地为经济发展服务，同工商界建立更密切的联系。自此之后，英国企业在创新体系中拥有了特殊地位，一方面，通过自筹资金来实现研发活动，依靠自己的力量进行创新；另一方面，英国企业界的创新龙头以大企业为主，投资高增长和高回报的科技项目，直接参与科技创新，通过与高等院校、科研机构的联系，成为科技成果的主要使用者。中小企业则主要通过与大企业的合作获得新的技术，虽然技术创新能力有限，但技术推广能力不容低估。

（四）第四阶段：新世纪创新战略形成（21世纪至今）

进入21世纪，美国竞争力委员会发表了题为《创新美国》的报告，该报告与全球竞争密切相关，分析了美国在创新领域面临的机遇和挑战，提出全面提升美国创新能力的政策和建议，特别强调要保持美国的国际竞争力，不是在低成本、低工资、大宗产品和服务上竞争，而是把重点放在高价值、高科技的领域获取高回报，如公共服务、卫生保健、通信与基础设施、纳米技术、生物社会学、网络科学等新学科的发展。在这一过程中，要吸收来自世界各地的创新者、人才培养以培育创新者为目标，并在公共政策、商业管理体系、大学发展计划等方面加大资助创新力度，发挥美国在大学、企业和政府合作上的创新优势，提高创新能力。

21世纪以来，英国政府公布《科技白皮书》，并深刻认识到创新的重要性。政府制订了科技预见计划，对未来的科技发展前景作出预测与规划，通过分析未来科学、技术和工程的发展机遇，以此确定优先的发展领域。布莱尔首相在2002年发表了主题为"科学至关重要"的演讲，呼吁全国为科学创新提供全过程服务。大学据此发生了许多重要变化，如众多科学家开始走出大学校门，主动参与工业领域的科技创新活动，并在科技成果产业化过程中扮演重要角色。

从美国、英国在创新领域的路径演进可以看出，即使是信奉自由经济的国家，面对经济全球化的浪潮，对创新活动也采取政府干预的态度，在这一过程中政府、企业、学界的关系由松散到逐渐紧密，并最终形成创新共同体。

二 中国创新创业教育社会大课堂的发展阶段

（一）起步阶段（1978—1995 年）

1978 年改革开放后，全国恢复高考制度，知识的地位和作用日益提高，创造教育很快在全国兴起。1986 年，国家发布《关于高新技术研究发展计划的报告》，推出"863"计划，也就是国家高技术研究发展计划，在中国科学技术特别需要奋起直追的时代背景下，明确了政府主导、科研院所和大学总体承担，同时鼓励有能力的企业一并参与，统筹协调，联合推进，充分发挥部门、行业、地方、企业和各方面专家的作用，并统筹项目、人才和基地建设。

1991 年，邓小平为"863"计划题词："发展高科技，实现产业化"，为中国高科技发展指明了新的发展方向。1992 年，邓小平南方谈话为创新教育在全国迅速蓬勃发展开辟了广阔的道路，创新教育进入了持续、蓬勃发展阶段，并积极向高等教育领域拓展。在这一背景下，1992 年中国开始实施"产学研联合开发工程"，该工程由国家经贸委、国家教育部、中国科学院共同组织实施。这标志着在创新领域，自 1992 年以来中国萌芽出现大学、产业、政府协同模式。

但是中国大学、产业和政府的协同关系在宏观层面上真正被重视并提到议事日程上的，是 1994 年经过当时的国家教委、科委和体改委共同研究审定了《国家教委、国家科委、国家体改委关于高等学校发展科技产业的若干意见》，并以国家"教技号文件"出台。该意见是针对高校发展科技产业问题而特意提出的，同时也是中国大学、产业、政府协同关系形成的重要标志性事件。

（二）成长发展阶段（1995—2012 年）

20 世纪 90 年代，面对知识经济初露端倪的挑战，中共中央深刻认识到创新的重要性以及增强民族创新能力的紧迫性，更加重视教育在科技创新中的重大作用。1995 年，全国科学技术大会召开，中共中央决定实施科教兴国战略并指出，"创新是一个民族进步的灵魂，是一个国家兴旺发达的不竭动力"。1995 年之后，互联网扩张和电子商务迅速发展，极大地加速推进了中国的现代化进程，在这一过程中基于技术扩张的大学、产业、政府协同关系进一步发展。

1997年，中国科学院开始向国家提出国家创新体系的构想，并开始设计部分应用院所企业化改制。1998年，全党和全社会都认识到知识创新、人才开发对经济发展和社会进步的重大作用，科教兴国真正成为全民族的广泛共识和实际行动，并特别强调大学应该成为科教兴国的强大生力军，教育应与经济社会发展紧密结合，为现代化建设提供各类人才支持和知识贡献。

1999年6月召开的第三次全国教育工作会议指出教育要培养学生的创新精神和实践能力。同年中共中央、国务院出台了《加强技术创新、发展高科技、实现产业化的决定》，教育部为落实此决定向全国高校提出了相应的配套措施，此后各大高校通过共建企业技术开发中心、科研生产联合体、相互兼职、合作研究、在职培训、委托培养研究生等多种方式加强与企业合作，促进企业成为技术创新的主体，而高校成为国家知识创新的基地、技术创新和高技术产业化的生力军。高校组建和发展高科技企业要按照现代企业制度的要求做到产权清晰、权责明确、事企分开、管理科学。建立以市场为导向、技术为核心、产品为载体、效益为目标的创新创业机制，加快建立技术评估机制和投资退出机制。将智力、技术、资本、管理进行融合；通过资产重组、并购和上市集团化发展的道路，实现跨越式发展。鼓励并支持高校及其科技人员创办技术创新服务机构、技术评估机构、技术经纪机构和信息咨询服务机构等企业性科技中介服务机构。至此，中国高校、企业和政府协同关系已处于成长发展阶段。

2000年，中央经济工作会议提出人才强国战略，壮大人才队伍。同年，国家"十五"计划首次提出建设国家创新体系，建立国家知识创新体系，促进知识创新工程，实施"跨越式发展"的宏伟战略。国家"十一五"规划中提出加强自主创新能力，健全知识产权保护体系建设。

2006年，《国家中长期科学和技术发展规划纲要（2006—2020）》提出，"深化体制改革，完善政策措施，增加科技投入，加强人才队伍建设，推进国家创新体系建设，为中国进入创新型国家行列提供可靠保障"。在这一年召开的全国科技大会上，党中央、国务院提出走中国特色自主创新道路、建设创新型国家的重大战略决策，并明确指出要构建

"以企业为主体、产学研结合的技术创新体系;科学研究与高等教育有机结合的知识创新体系;军民结合、寓军于民的国防科技创新体系;各具特色和优势的区域创新体系;社会化、网络化的科技中介服务体系"五个创新体系来确保创新型国家的实现。国家技术创新体系的主要构成是企业、高等院校、科研机构、政府部门以及中介机构等,各个主体在实现该体系的各项功能中发挥着各自的作用,并存在合理的相互联系机制。这个创新体系是否能够真正建立并发挥作用,关键在于产学研相结合的体制机制的真正实现。①

2012年党的十八大正式提出了实施创新驱动发展战略。教育部与财政部联合印发了《关于实施高等学校创新能力提升计划的意见》,提出要积极推动协同创新,促进高等教育与科技、经济、文化的有机结合,大力提升高等学校的创新能力,支撑创新型国家和人力资源强国建设。同时指出要建立一批"协同创新中心",集聚和培养拔尖创新人才,成为具有国际重大影响的学术高地、行业产业技术的研发基地、区域创新发展的引领阵地和文化传承创新的主力阵营。

在这一时期,创新创业教育在高校和社会各个层面的发展,都体现了与国家社会经济发展战略的相互激荡、交织共进。无论是国家政府层面,还是社会、高校,创新创业教育理念逐渐清晰完整,创新创业教育实践活动日渐成熟,并发展成具体的具有规范性的社会实践,深入推动这一时期中国社会经济的高速发展。

(三) 繁荣发展时期(2012年至今)

以创新驱动战略实施为标志,中国创新创业教育进入了繁荣期,顺应历史发展潮流,创新创业教育的社会大课堂推进也不断加快。自党的十八大以来,中国进入了建设中国特色社会主义的新时代,经济发展进入新常态,经济结构深刻调整,产业升级加快步伐,人才供给与需求关系深刻变化,特别是创新驱动发展战略的实施,使高等教育结构性矛盾更加突出,高校同质化发展倾向严重,毕业生就业难和就业质量低的问题仍未有效缓解,生产服务一线紧缺的应用型、复合型、创新型人才培

---

① 张福昌:《官产学研合作——当代创新设计教育的现实选择》,《美与时代》2013年第8期。

养机制尚未完全建立，人才培养结构和质量尚不适应经济结构调整和产业升级的要求。在这一背景下，推动着部分地方本科高校向应用型转变，高校育人模式也开始发生转变，高校创新教育亟待深化发展。知识经济的方兴未艾和新一轮科技革命的孕育兴起所引发的产业革命，为创新创业教育发展创造了新的战略机遇。

2015年起，高校教育开始以创新创业教育为引领。2015年5月国务院颁布《关于深化高等学校创新创业教育改革的实施意见》，站在国家实施创新驱动发展战略、促进经济提质增效升级、推进高等教育综合改革、促进高校毕业生更高质量创业就业的高度，明确了深化高等学校创新创业教育改革的指导思想、基本原则、总体目标，并特别强调需要社会提升对创新创业教育的指导，完善创新创业资金支持和政策保障体系。并于当年开始公布了三批"全国高校实践育人创新创业基地"，举办了首届"互联网+"大学生创新创业大赛，把创新创业教育推向深入。

2017年，国务院颁布《关于强化实施创新驱动发展战略进一步推进大众创业万众创新深入发展的意见》，提出深入推进供给侧结构性改革，全面实施创新驱动发展战略，加快新旧动能接续转换，着力振兴实体经济，必须坚持"融合、协同、共享"，推进大众创业、万众创新深入发展。特别强调优化创新创业的生态环境，推动创新创业群体更加多元，激发专业技术人才、高技能人才等的创造潜能，推进创新创业与实体经济发展深度融合，结合"互联网+""中国制造2025"和军民融合发展等重大举措，有效促进新技术、新业态、新模式加快发展和产业结构优化升级。明确提出深化"引企入教"改革，支持引导企业深入参与高校的专业规划、教材开发、教学设计和实习实训等方面的教育教学改革等内容。

2017年，国务院颁发《关于做好当前和今后一段时期就业创业工作的意见》指出："着力推进小微企业创新发展，推动小微企业创业创新示范基地建设，搭建公共服务示范平台。加大科研基础设施、大型科研仪器向小微企业开放力度，为小微企业产品研发、试制提供支持。鼓励高校、科研院所及企业，向小微企业转移科技成果，有条件的地区可推动开放共享一批基础性专利或购买一批技术资源，支持小微企业协同创新。"

2018年，国务院颁发《国务院关于全面加强基础科学研究的若干意见》出台，加强基础科学研究，提升原始创新能力，夯实建设创新型国家和世界科技强国的基础。2019年，教育部出台了《国家级大学生创新创业训练计划管理办法》。由此，创新创业教育逐步注重创新创业平台的搭建和创新成果转化。

2020年，国务院颁布《关于提升大众创业万众创新示范基地带动作用 进一步促改革稳就业强动能的实施意见》，根据工作部署，深入实施创新驱动发展战略，聚焦系统集成协同高效的改革创新，聚焦更充分更高质量就业，聚焦持续增强经济发展新动能，强化政策协同，增强发展后劲，以新动能支撑保就业保市场主体，尤其是支持高校毕业生、返乡农民工等重点群体创业就业，努力把创新创业示范基地打造成为创业就业的重要载体、融通创新的引领标杆、精益创业的集聚平台、全球化创业的重要节点、全面创新改革的示范样本，推动中国创新创业高质量发展。

根据《中华人民共和国国民经济和社会发展第十四个五年规划和2035年远景目标纲要》要求，完善企业创新服务体系、激发人才创新活力是重要的战略导向，加强创新型、应用型、技能型人才培养是高等教育培养人才的根本目标和方向。鉴于目前创新创业教育发展的现状，为了适应国家关于人才培养的目标需求，2021年11月国务院下发《关于进一步支持大学生创新创业的指导意见》，进一步细化对大学生创新创业的指导，要求多主体共同参与，切实发挥协同作用，优化创新创业环境、加强服务平台建设、落实各项政策扶持，从根本上提升大学生创新创业能力。在这一背景下，搭建全新的高校创新创业教育体系，对于全面推动大学生创新创业能力提升、深入落实国家创新驱动发展战略将会起到重要作用。

三 创新创业教育社会大课堂发展新形势

国内创新创业教育大课堂历经五十多年的发展，在不同层面上已经日趋完善。

（一）创新创业教育生态系统逐步完善

创新创业教育本身受到内部和外部因素的影响，社会大课堂各主体和各要素相互耦合，互相促进，在宏观层面创新创业教育的生态系统也日渐完善。

1. 创新创业教育的社会共识

健全的创新创业教育体系，特别是在社会大课堂方面，需要建立培育社会共识，凝聚全社会对于创新创业教育的共识，引导全社会共同关注并积极参与创新创业教育发展和社会大课堂的质量提升。在这一过程中，要重视对创新创业教育理念的启蒙和培养，要在一定程度上加强宣传，提升民众对创新创业的认可程度，要形成一定的创新创业教育文化，将行为准则、道德规范和价值观教育融入社会大课堂中。

2. 各部门合作越来越紧密

能够确保各个部门通力合作力度，构建社会各界和各个部门协同发展、共同促进的网络，保障创新创业教育特别是其社会大课堂可持续发展，这是建立良好生态系统的关键。这种合作不仅仅局限于国家各个部门之间的合作，更重要的是如何建立一套完善的机制，能够确保公共部门和非公共部门的联系，在政府工作职能发生转变的基础上，创新政府的工作管理方式，让企业、高校和政府之间得以有效联络沟通。

3. 法律和制度体系建设越来越健全

在创新创业教育推进过程中，为了适应教育改革和发展需要，为了人才培养的需求，借鉴美国、英国等国家的做法，研究制定相应的法律作为社会大课堂的顶层设计依据，建立和完善创新创业教育法律体系，并能够和现有的教育、创新创业法律法规相适应及有机结合，作为创新创业教育整体生态系统建设的重要依据。

4. 创新创业教育信息化和数字化进程推进加速

信息化对创新创业和教育事业的发展带来新的机遇与挑战，教育信息化将会带来一场行业内革命，完善的创新创业教育体系，特别是在社会大课堂层面，依然离不开信息技术的推进，能够在此基础上构建网络化、数字化、个性化、终身化的创新创业教育社会大课堂。

（二）赋能三个行为主体

完善的创新创业教育的社会大课堂，从中观层面要求能够发挥高校、政府、企业各自的积极性与能动性，尽可能赋能各大主体。

1. 政府需要加快智库建设

对于政府而言，在创新创业教育的推进过程中，能够建立起跨学科教育的智库，对于更好地参与国际竞争、密切联系生产实践、形成开放的视野具有重要意义。特别是在产业发展不平衡、区域差异显著、国际竞争日趋激烈的现实环境下，通过创新创业社会大课堂的构建，充分发挥桥梁纽带、战略政策储备和数据中心的作用，构建多层次、多领域、多形态的中国特色的新型智库，为创新创业发展特别是经济建设、创新战略实施提供强大的智力支持。

2. 高校需要提升国际化水平

开放的国际交流是高等教育国际化提升的重要途径，需要全球范围内高科技、教学研究与实体经济的实质性合作，这才能有助于培养具有国际化视野的创新创业人才。创新创业教育社会大课堂，需要高校与社会资本联合，引进企业先进的理念包括国际先进经验，同时能够更好地输出中国理念和中国标准，在这个过程中不断提升高校的国际化水平。

3. 产业需要引领创新发展

对于产业界和企业层面，迫切希望通过教育供给制度激活教育供给的活力。通过创新创业教育，特别是政府、高校和企业联合起来，在社会大课堂的浸润下，充分发挥各自的优势，希望在国家战略上布局，围绕产业链和创新链，形成与国家产业布局相适应的创新创业教育生态系统，集中实现校企深入合作，发挥支撑作用，并能在创新创业教育的带动下，引领企业实现创新驱动发展。

（三）达成人才培养目标

从微观层面来看，创新创业教育最根本最重要的目标是人才培养，如何通过创新创业教育特别是社会大课堂的开展，实现人才培养的终极目标，是创新创业教育在未来发展中的必经之路。

1. 人才培养支持产业转型和升级

创新创业教育需要充分满足国家战略需求，服务于产业转型和升级，同时也需要为新经济、新产业、新业态的快速发展培养新型创新创业人才。因此，这个过程中，完善的社会大课堂在对人才培养方面，要完全以学生为中心，以产业需求为导向，主动适应新技术、新工艺、新装备等发展要求，在政府、高校、企业层面，围绕人才培养的核心目标，为产业转型升级和产业链高端发展提供引领和支撑。

2. 适应产业发展多样化人才需求

目前的创新创业教育在人才培养上依然存在各种壁垒，真正有效的创新创业教育体系，必须充分发挥社会大课堂的作用，建立起以经济发展为导向、人才需求为目标、产业调整为依据的创新创业教育转型升级机制。在人才发展统筹规划的基础上，加大专业技术人才、经营管理人才和技能人才的培养力度，完善从研发、转化、生产、管理的多样化人才类型培养体系，适应产业发展多样化的人才需求。

第三节 创新创业教育社会大课堂发展中的问题及成因分析

创新创业教育近年在快速发展过程中，高校、企业、政府都在尽力发挥各自的作用，推进社会大课堂的有序展开，但是依然存在诸多问题，成为创新创业教育发展的障碍，有的问题甚至成为整个社会人才创新创业能力培养的桎梏。特别地，对于地方院校而言，创新创业教育需要政府、企业、中介组织等不同社会主体的协同和支持。

一 创新创业教育社会大课堂存在的问题

社会大课堂的三个参与主体之间存在一些问题和不足，高校的人才培养与地方经济需求之间存在一定差距，企业参与创新创业教育动力不足，政府存在职能缺位现象，导致高校创新创业教育的社会大课堂目前整体性、协作性与持续性较差，难以形成创新创业教育的良好氛围和组织模式。

（一）高校的人才培养与地方经济发展所需人才之间有差距

1. 人才培养与企业需求之间的匹配还不够

目前正值全球变革的重大时期，中国已经开启了建设有中国特色社会主义事业的新征程，要求高等教育不断创新。大学的教育中有着深厚的基础研究沉淀，有着多样化的学科体系和雄厚的师资力量，这样的环境有利于在学科交叉领域内开拓新的研究方向，产出更多科研技术成果。

当前，高校教育体系，特别是在创新创业教育中的课程设计，难以匹配企业和社会在创新创业方面的需求，使高校在社会大课堂中的作用难以有效发挥。一是科研水平和教学方式一定程度上限制了创新型人才的培养。目前中国高校科研能力与水平与世界一流水平还有一些差距，特别是地方院校，在高精尖研究上还有明显的短板。尽管近年来围绕"金课"建设、"一流课程"建设，教学水平已经有了很大提升，但是围绕创新创业教育做出的努力和尝试仍然不足。高校目前在教学和科研上针对创新创业教育的投入，还难以达到这个时代对于创新创业人才的需求，难以适应现实对人才培养的要求，教学和科研在创新创业领域的改革，并不是简单的纸上谈兵。二是对创新创业教育的师资需求趋于专业化。从学生角度，对于创新创业课程，更希望由具有实战经验的企业家或成功的创业者进行讲授，或由技术专家、企业技术孵化者、风险投资者担任。学生对于创新创业教育的师资需求越来越重视专职教育，需求趋于专业性。但是从实际情况来看，大部分高校特别是地方院校，难以建立独立的创新创业教育学院，甚至参加过创新创业教育培训的专业老师数量有限，在短时间内难以将创新创业教育与专业内容有机融合。三是对创新创业课程内容和能力需求趋于多样化。[1] 理想的教育是以学生为中心，学生通过创新创业教育，更希望获得创新创业能力的提升，包括团队协作能力、创新创业精神、创新创业风险识别能力、融资能力等，这体现了学生的目标，即希望通过创新创业课程学到不同的符合自己需求和发展的课程内容，更注重自身实践能力的培养。但是现有的课程设置体系，使学科之间缺乏有效协同和交叉，创新创业相关的实践类高水平课程数量不足，整体水平难以达到学生的多样化需求。

因此，总体来看，中国创新型人才缺乏与市场需求不匹配之间的结构性矛盾依然存在，需要改变高校传统的人才培养模式，培养更多的创新创业型、综合型人才。

2. 实践环境和活动组织还存在欠缺

在目前创新创业教育实践中，高校特别是地方院校实践教学体系不完善，成为限制创新创业人才培养的典型困境。一方面，在高校创新创

---

[1] 夏淑琴：《地方高校推进创新创业教育的实践探索与需求分析》，《宁夏大学学报》2021年第6期。

业教育中，部分教师设计的实践教学主要在校内、课堂内进行，缺乏多样化的校外实践平台、实践路径，呈现单一化特征。实践教学的设计主体只有教师，缺乏各个部门、相关企业的参与，没有充分发挥"合作机制"的优势。另一方面，在高校创新创业教育中，部分教师实践教学质量低，也源于缺少客观条件支持，如实践基地、实践设施、实践经费等，都会影响实践教学质量，在一定程度上限制了学生创新创业能力特别是实践能力的有效提升。

3. 科学精神还未完全树立起来

在教育领域，科学精神是极其重要的，特别是在现有的创新创业教育体系中，要想实现创新创业教育的目标，充分发挥社会大课堂的作用，其中高等教育必须具有兼收并蓄、包容开放、理性思考、敢于质疑的科学精神。必须要承认中国创新创业教育已经取得了阶段性的重要成果，但如果从科学精神的层面进行反思，创新创业教育仍然存在值得大量改进的部分。比如，目前学生可以参与的创新创业类比赛项目很多，但是参与度和吸引力并不是特别高，重创新、重成绩、重发展、轻成果，因此科学氛围并不浓厚。如何引导学生正确认识创新创业教育的必要性和重要性，以科学精神为指引，时刻秉持科学精神，并且以科学的思维和方法以及正确的心态参与到创新创业教育的学习中，真正从心智品德上培养学生的科学精神依然任重道远。

4. 地方院校创新创业资源有限

特别是对于地方院校而言，教育理念可能相对落后，没有做到更好地与时俱进，对创新创业教育缺乏深度认识，导致在培养模式中重理论、轻实践。同时，地方院校在服务社会、满足企业需求上，由于自身能力不强，与企业缺乏持续沟通，导致对企业的吸引力较差，服务区域经济的能力有待进一步提升。信息不对称，导致合作项目进展缓慢，造成合作稳定性不强。另外，供给优质教育资源的平台欠缺，目前大部分地方院校创新创业教育的多方融合，还是仅仅停留在产教融合阶段，如企业接收学生实习这样的层次。在集中优势整合利用创新资源上，地方院校很难依托更好地融合平台，在科研和人才培养中如何融入企业创新任务，是地方院校教育资源中亟待解决的供给不足问题。

(二) 企业开展创新创业教育动力不足，与高校合作不持久

1. 企业以利润最大化为目标，对人才培养的长期性投入和支持不够

市场经济运行受到"看不见的手"的影响，也就是通过价格这根指挥棒引导消费者和生产者的行为，因此理性的企业是以追求利润最大化为目标，这是市场经济的本质。在市场驱动下的创新创业教育，在整合高校、企业、政府之间的资源时，各方利益驱动是重要的纽带，主体的根本目的是共赢。企业追求的最根本目标与高校、政府各不相同，融合得好，能够促进三方形成合力，处理不好，会严重阻碍三方协同作用的发挥。①

一方面，企业受经营成本和收益不确定影响，在利润增长上受到制约和限制。当前企业对高校创业教育关注度低，参与高校创业教育的积极性不高，对高校创业教育支持意识较弱，行业企业在创业项目、资金、人员、技术、场所等方面的资源优势尚未得到充分发挥。部分企业提供大学生实习意愿不强。营利性作为企业的根本属性，企业参与创新创业教育的最终目的是获取收益。在这个过程中，需要企业投入一定的设备与人力资源，增加了在学生创新创业指导中的显性运行成本，还有企业相应的人力资本，解决技术与经营管理问题、为企业进行员工培训等成本，当这些投入的回报出现极大的不确定性，或与收益不存在直接、显著关系时，由于利润增长的限制和制约，会被企业当作额外负担，致使企业在推动创新创业教育中动力不足。

另一方面，由于企业的合作意愿和市场需求很大程度受经济环境影响，特别是在科技研发、人才需求上，与高校和政府合作存在不稳定性。加上受传统观念影响，部分企业单纯只考虑对人才和技术的应用，对人才培养考虑不足，加上企业认为人才培养是长期过程，短期很难带来良性收益，因此未将它纳入自身价值链中。因此，企业处于被动、消极的状态，不愿对创新创业教育进行可持续的投入，缺乏必要的长远战略规划，未将创新创业教育作为三方共赢的动力需求，成为被动参与者。

---

① 洪晓波：《应用型本科高校产教融合的影响因素及发展策略——基于政府、高校、企业的视角》，《改革与开放》2019年第5期。

2. 企业以生产经营为主，对教育规律把握不足

在创新创业教育的社会大课堂上，目前企业主要承担创新创业教育顾问的角色，但是从具体情况分析，企业基于自身价值判断，往往只想通过人才招聘和技术合作享受创新创业教育的成果，而不愿付出更多的成本参与到创新创业人才培养的过程中。加上企业本身很难把握教育的本质，对于创新创业的教育难以形成足够科学的认识，对于培养过程中各自的定位、职能缺乏统一的规划，这导致在真正的协同合作过程中，企业并不明确自己真正的定位和应该承担的具体角色和任务。

3. 企业仅关注本身的技术创新和需求，难以形成完整的创新链

现有的创新创业教育难以支持企业形成完整的创新链条，现有的创新创业教育社会大课堂的主体中，科技创新成就的源泉依然是大学、科研机构，企业是吸纳转化创新成就，并努力实现市场价值，高校和企业之间有效的互补、互动和协同才能充分保证科技成果转化的全过程。企业肩负实现市场价值的重任，重视科研成果的产业化过程，但是一旦与高校不能实现有机协同配合，就陷入缺乏进行试验研发和成果转化的困境，这就造成从科研成果到企业转化的链条断裂，企业在现有环境里难以形成有效和完整的创新链，在企业与高校之间的纽带作用不强。

（三）地方政府存在职能缺位

1. 地方政府工作需要进一步细化

创新创业教育的社会大课堂，主要涉及高校、企业和政府等主体，特别需要政府在顶层设计上加强引导、支持和规范。政府对创新创业教育的支持是多方面的，但顶层设计中的政策支持尤为重要。目前关于创新创业教育方面的政策还不完善，国家层面纲领性、意见性文件较多，地方政府可操作性的配套性措施较少，特别是在政府、高校、企业各自的职责界定和具体分工上，缺乏具体可操作的措施，在一定程度上限制了创新创业教育社会大课堂发展的进程。同时，提供的配套资源不很充裕，舆论引导力度也还不足。

以《关于大力推进大众创业万众创新若干政策措施的意见》为例，该文件体现了国家高层对于创新创业的高度重视，以及对社会层面多方参与创新创业教育的支持，下发后在整个社会掀起了创新创业的浪潮，并直接影响了高校在创新创业领域的教育改革。但地方政府在执行过程

中主动落实工作责任、敢于担当的精神有所欠缺，但是重点还是在强调大众创业、万众创新的重要意义，以及推进创新驱动的总体思路，在创新创业教育的推动，特别是社会不同主体参与的机制和体制方面，大多停留在总体指导层面，缺乏具体和细致的条款以及对口负责部门，导致政策具体细化和实施过程中存在执行力不强等问题。因此，在真正执行过程中，政府特别是地方政府对高校和企业的指导作用较为局限，创新创业教育的改革特别是在社会层面的协同效应难以形成，成效并不显著，创新创业教育的氛围还有提升的空间，特别是在具体操作环节需要进一步细化。为此，2021年11月，国务院办公厅再次下发了《关于进一步支持大学生创新创业的指导意见》，更加强调创新引领创业、创业带动就业，提升人力资源素质，实现大学生更加充分更高质量就业。

2. 地方政府职能仅限于指导

一是尚未建立相应的税收政策、资金政策支持和制度保障，对创新创业教育社会大课堂多方协同投入的人力、物力、财力不足，缺乏有效的政策激励和资金扶持，在很大程度上增加了企业的风险，影响企业参与创新创业教育的积极性。特别是在疫情冲击之下，国际国内经济形势复杂多变，企业经营面临的内部和外部环境处于百年未有之大变局，在这样的背景下，政府没有足够的政策支持，企业难以形成内生动力参与创新创业教育。

二是缺乏相应的评价标准。地方政府虽然高度重视创新创业教育过程中的产教融合，但从目前的实际运行情况来看，缺乏足够权威的评价与认定标准，特别是缺乏专项资金支持。高等院校特别是地方院校在实施产教融合的过程中，部分教师由于相关经费的制约，不利于进一步的师资培训和创新创业能力的提升，造成师资质量不高。特别是地方政府对创新创业教育过程中高校、企业和政府三者关系融合进行具体的协调、统筹和监督，目前还缺乏统一的机构组织，导致高校和企业在宏观上无法建立良性的运行机制。同时，由于缺乏必要的监督，部分高校和企业并没有真正将创新创业教育融合落到实处，高校和企业之间的产教融合很多只停留在签订合作协议上。

三是统筹协调力度不够。由于地方政府的统筹规划和协调管理的职能缺位，使高校和企业双方所面临的问题没有建立有效的沟通机制，同时缺乏有效的制度体系和有效的管理机制，难以实现深度合作。

3. 缺乏有效的法律法规

由于创新创业教育的社会大课堂中，政府、高校、企业三者在合作过程中都是独立的主体，涉及政府职能部门、高等教育机构以及产业界企业之间各种利益关系。所以需要建立起相关的政策和法律法规来监督规范各方之间的合作关系，保证三大主体在创新创业教育过程中协同合作的顺利进行。现有中国创新创业教育合作发展在长远规划、统一协调和完善指导方面依然有所欠缺，目前相关法律法规建设不健全，特别是实质性鼓励政策法规尚未出台。以职业教育为例，近年来国家鼓励组建职业教育集团，并逐渐成为产教融合、校企合作的重要途径之一，以期在职业院校创新创业教育的社会大课堂中发挥重要作用，虽然政府一直积极倡导职业教育集团，但是因为缺少权威的认定与评价标准，推进职业教育集团的鼓励性政策和法规一直没有出台，导致职业教育集团在实际运行中出现了诸多问题。

二 问题成因分析

为了提高社会大课堂的效率，发挥其人才培养职能，必须充分深入分析上述问题形成的原因。

（一）从创新创业教育协同机制方面分析

创新创业教育中社会大课堂的协同育人需要依靠一定的机制才能实施，但目前中国涉及的政府、高校和企业之间对创新创业教育的协同培养机制不完善。总体来看，政府、高校、企业、中介组织、家庭以及其他社会组织之间相互脱节，缺少互动。政府一方面在协调政府内部不同部门之间、政府与高校等其他社会主体之间的沟通上存在不足；另一方面在建立合作平台与互动机制、促进不同主体之间的协同合作有所欠缺。

一是从高校外部来说，高校、企业和科研院所等主体之间的合作交流欠缺，高校注重理论教学和科研训练，学生的社会实践环节存在一定程度的缺失。企业、中介组织更多注重自身的发展，没有主动参与高校创业教育，企业与高校的合作更多侧重科研和技术开发等方面，导致企业和高校合作的长效机制尚未建立健全，对企业与高校的合作产生了一定影响。而家庭以及其他社会组织与高校创业教育基本脱节，家庭以及其他社会组织对高校创业教育主要产生隐性的影响。

二是就高校内部而言，各组织机构之间、教学与科研之间、学科专业之间及其内部的边界过于清晰，缺乏相互支撑和相互渗透，难以做到优势互补、资源共享，进而为学生提供跨专业、跨学科的全方位的综合型人才、创新创业型人才培养教育，协同培养机制的缺失也成为制约人才培养的重要瓶颈。高校之间的联系合作也不够，没有很好实现校际之间的创业教育资源共享。

三是高校与企业、政府各自的目标定位和利益机制不同，在创新创业教育的实施过程中尚未建立合理的经费分配机制、风险分担机制和利益分享机制，协同合作更多的是停留在常规技术转让、技术咨询、委托开发和合作开发，合作深度不够，合作层次低。而创新创业教育中社会大课堂要求充分融合和深度合作，才能实现真正的创新精神培育、创新技术进步和创新人才培养。

（二）从参与创新创业教育社会大课堂的三大主体内生方面分析

1. 高校参与协同创新的激励措施不够

从目前的情况来看，高校和科研机构在科研成果转化和技术推广方面重视程度不够，缺乏切实的政策制度鼓励对该方面的重视，以致科研人员一直对成果转化和技术推广的积极性不高。在职称评定方面主要以论文产出和成果数量为主，较少重视成果的转化和应用。现有的教学及科研考核评价体系，造成部分高校特别是地方院校仅仅关注科研项目及到位经费、学术研究水平，并不关心经济社会需求，造成教师重科研轻教学，对人才培养在社会经济发展中的重要性认识不够。这种评定体系与企业之间的竞争性形成矛盾，企业出于经济利益目的，不愿意科研人员把相关科研技术与成果发表出来，一定程度地影响了企业参与的积极性。

2. 政府在引导创新创业教育的社会参与过程中仍存在障碍

传统的创新体系下政府处于主导的地位，或孤立于高校与企业外，任由其自由放任发展，或实施政府完全主导下的模式，包含高校与企业并指导其行为，难以维持体系内各创新主体和创新要素的有效结合，最终导致高校与企业一味地应付政策，更多时候是在搞"面子工程"，这显然不符合时代对于政府的要求，不符合在新时代背景下对创新创业人才培养的需求导向。

政府在创新创业教育的社会大课堂中的高校、企业、政府协同系统中起着催化作用，特别是对于地方政府而言，根据当地经济发展和社会需求的需要，通过引导、激励、保护和协调等方式影响着三者在创新创业教育实施过程中合作的全过程。对整体需要信息政策不够了解、协调的信息反馈不及时、策略引导及激励措施不充分等都是政府障碍的体现。

3. 企业参与创新创业教育的积极性低

在社会主义市场经济条件下，企业是重要的创新主体，在资金投入、利益分配及风险承担等方面发挥着极其重要的作用。但是从整体来看，在部分领域中和发达国家甚至新兴工业化国家之间仍存在一定的差距，尤其是企业在研发投入、技术创新需求、技术创新能力等方面的表现，说明中国企业目前还不是技术创新和需求的主体。特别是在创新创业教育的社会大课堂中，企业参与的积极性较低。

（三）社会组织作用发挥方面还有诸多不足

除了政府、高校和企业，社会上其他相关组织对创新创业教育的实施有重要推动作用，比如部分创业中介服务组织，它们拥有专业化的创业培训导师、市场化运作经验丰富、投融资服务能力强，专业领域具有较强的优势，可以为社会整体创新创业教育协同发展提供更多的指导和支持。但从实际情况来看，该类中介组织重点关注的是少数大学生创业项目的推广、孵化等，比如对高校在重要的全国大赛中获得奖项的相关项目的推广和孵化，中介组织积极性较高，但是在参与社会层面的创新创业教育方面广度和深度不足；另外，缺乏良好创业教育社会氛围与环境。特别是面对疫情冲击，经济社会环境处于极大的不确定性，创新创业教育在实际操作层面缺乏来自家庭及社会的舆论及资源支持，求稳怕风险等传统观念的影响在很大程度上存在。对大学生创业认同感的缺乏，使大学生获得来自家庭和社会的支持较少，从而在心理上对大学生接受创业教育和创业实践产生消极的影响。

第八章

三螺旋理论与创新创业教育社会大课堂的构建

在对创新创业教育社会大课堂进行全面剖析的基础上,根据三螺旋理论,本书重新界定在创新创业教育实施推动过程中,高校、政府和企业三者的职责边界,三者之间相互作用、相互耦合,形成创新创业教育社会大讲堂的参与主体,并构建行之有效的协同机制,形成适于推广的协同模式,完善地方院校和政府、企业创新创业育人体系。

第一节 三螺旋理论模型

三螺旋理论模型起源于生物学,阐述其发展历程,并通过对理论内涵、相应模式和理论优势进行分析,为创新创业教育的社会大课堂奠定坚实的理论基础。

一 三螺旋理论发展历程

从生物学中三螺旋模式受到启发,诸多学者将三螺旋理论用来分析解读政府、高校和企业之间的创新协同机制,历经多年发展,从三螺旋到四重螺旋,这依然是研究创新创业的理论基础。

(一)三螺旋理论起源

三螺旋的概念源于生物学,受生物学 DNA 双螺旋分子结构特征和分子生物学中双螺旋模式的启示,Lewontin 最早使用三螺旋模式阐述基因、组织和环境之间的关系,并在 *The Triple Helix*: *Gen*, *Organism and Environment*

一书中总结了他的生物哲学思想。①

20世纪90年代初，美国纽约州立大学亨利·埃茨科威兹（Etzkowitz）教授和荷兰阿姆斯特丹科技学院的罗伊特·雷德斯多夫（Leyesdorf）教授，共同合作提出了"三螺旋理论模型"来分析大学、企业、政府在区域经济发展中的创新协同作用机制。②该机制将大学、企业和政府视作同等重要的三个主体，三者互相作用、相互交叉，推动创新活动呈螺旋上升，并划分为国家干预模式、自由放任模式和创新模式。1996年第一届三螺旋国际会议在阿姆斯特丹召开，标志着三螺旋模型成为创新理论的重要组成部分，并受到国际社会的高度关注和重视，具有里程碑式的重要意义。截至目前，该项国际盛会已经成功举办十九届，特别值得指出的是，2015年第十三届三螺旋国际会议在中国清华大学召开，研究主题为"学术—产业—政府三螺旋模型——服务于正在崛起的发展中国家"，这是该项国际会议首次在中国举办，对丰富国内创新理论、促进创新创业研究起到重要推动作用。

（二）从三螺旋理论到四重螺旋理论

2006年，周春彦和埃茨科威兹进一步发展了传统的三螺旋理论，并首次提出双三螺旋理论体系，这是由大学—产业—政府组成的创新三螺旋和大学—公众—政府的可持续发展三螺旋组合而成，构成双三螺旋结构。③与传统三螺旋理论强调促进创新和经济发展的作用有所区别，可持续发展三螺旋更关注创新过程中的可持续发展，确保创新不损害人类的未来。这导致在某些情况下，可持续发展三螺旋可能是抑制创新的，并与创新三螺旋之间存在价值冲突。

2014年，Carayannis提出在三螺旋基础上增加第四个螺旋，并将其界定为基于媒体和基于文化的公众或公民社会，在实现目标的过程中更关注民主、可持续发展和经济增长的平衡问题，以此来应对社会经济发展

---

① 许礼刚、周怡婷、徐美娟：《多元主体协同驱动下创新教育四螺旋模式研究》，《中国科技论坛》2021年第12期。

② 刘鹏鹏：《基于三重螺旋理论的协同创新研究》，硕士学位论文，重庆医科大学，2014年。

③ 周春彦、[美]亨利·埃茨科威兹：《双三螺旋：创新与可持续发展》，《东北大学学报》（社会科学版）2006年第3期。

和保护生态环境相互矛盾等问题。① 四重螺旋理论并没有完全摆脱三重理论，而是对理论的进一步发展和延伸，因此，目前国际上主流研究仍聚焦于三螺旋理论并以此为基础。2022年，第二十届三螺旋国际会议重点讨论"管理新的和传统的伙伴关系，以促进大流行后世界的创新和发展"，这充分说明在后疫情时代，世界各国应对创新发展的理论基础依然是三螺旋理论。

二 三螺旋理论基础

通过分析三螺旋理论的核心内涵，并阐述三种不同模式下的三螺旋理论，是确定政府、企业和高校三大行为主体的协同目标和价值的基础。

（一）理论内涵

三螺旋理论（Triple Helix Theory）是指在知识经济时代，创新制度环境的三大要素分别是学界、企业与政府，三者相互独立又交叉影响，以经济发展需求为出发点，以创新为导向，通过顶层制度设计、组织结构安排，形成拧成一团又螺旋上升的"三螺旋"模式，从而实现三者之间资源共享、信息流通，达到效益最大化。三螺旋理论认为大学、企业和政府的相互"交迭"才是创新系统的核心单元，在三方协同推动知识生产和传播，在将知识转化为生产力的过程中，各参与者互相作用，从而推动创新螺旋上升。②

三螺旋理论没有特意强调谁拥有主体地位，而是重点强调各主体在自身发展的同时密切合作、相互作用，为社会整体创造价值，实现效益最大化。学界、企业与政府都可以作为系统领导者、组织者与参与者，但是系统会根据整个社会经济形势的变化进行动态调整。各主体除保持自身特有作用外，还可部分扮演其他两者的角色。三螺旋理论更加注重高校在动态体系中的地位和作用，打造高校"协同创新中心"的理念。也就是说，三者协同作用朝着既有的利益目标努力时，呈现相互促进、共同发展的动态关系，来争取利益最大化。企业作为生产场所，提供推动

---

① Elias Carayannis, David Campbell, "Mode 3 and Quadruple Helix: Toward a 21st Century Fractal Innovation Ecosystem", *International Journal of Technology Management*, Vol. 46, No. 3, 2009.

② 王成军：《大学—产业—政府三重螺旋研究》，《中国科技论坛》2005年第1期。

社会发展的私人产品和服务；政府作为契约关系的基础，维护社会环境的稳定、保护私有产权，以确保三方顺畅地交流与合作；大学则是新知识、新技术的主要生产者，政府、企业、高校三根链条形成一股螺旋上升的合力，实现"1+1+1＞3"的效果。

三螺旋理论的主要目标是创造一种协同创新环境，该环境下高校、企业、政府齐心协力，形成战略性联盟，充分整合创新创业教育推进过程中的各种社会资源，使各种先进要素得到合理使用和配置，是形成创新创业教育协同育人体系的根本路径。

(二) 三种模式

1. 国家干预模式

国家干预模式中，主要是鉴于存在市场失灵，政府作为创新组织者发挥主导作用，将大学和产业纳入其中，并期待有效协调二者关系。这种模式是由政府控制学术界和工业界，属于自上而下的形式。该模式由政府完全确定顶层制度，并协调其他领域，促进新企业的创建并支持战略性产业增长。其中，大学扮演着传统角色，作为以教学为导向的机构，仅仅为其他主体提供训练有素的科技研究人员。但绝对的"自上而下"模式，在很大程度上抑制了创新，而非绝对鼓励，创新空间不大。该模式主要出现在苏联、欧洲和拉丁美洲等国家，在一定程度上被视为相对失败的模式。

2. 自由放任模式

考虑到政府的作用是对市场进行监管或解决市场失灵的问题，自由放任模式强调摆脱政府控制，实施自由放任政策，其中大学、企业和政府各个机构之间具有清晰的边界和有限的相互作用，缺乏相互沟通的协调机制。该模式中，产业及企业是创新的驱动力，大学和政府作为辅助机构支持产业和企业发展。20世纪60年代之前的美国，一直奉行市场至上的自由放任经济发展模式，在创新体系上强调由市场引导资源配置，引导国家创新。同样，信奉学术自由至上的英国，也是自由放任创新模式的重要代表。

3. 创新模式

创新模式属于在这一过程中高校、企业和政府存在交叉的互动模式，不同机构在履行传统职能的同时，也与其他机构在部分职能上重叠。该模式中,大学除了作为人力资源和基础研究的传统角色外,还兼具培养企业家的职能;产业界包括企业通过提供更高层次培训来承担大学的新角色;政府通过改变监管环境和提供财政援助来帮助创办新企业。不同的平台或组织逐渐从高校、企业和政府之间的互动中产生,如高校内的孵化器、校企合作组织、产业学院、产教融合组织、共享工厂等。

三 三螺旋理论优势

学者们关于创新的理论很多,三螺旋理论具有明显的优势,主要表现在以下几个方面。

(一)目标一致性

高校、企业和政府虽然是三类性质不同的组织机构,对创新创业型人才的需求和培养模式也不尽相同,但对大学生创新创业教育和创新创业能力的培养却是三者的共同目标,协同育人、三方联动耦合,为实现培养创新创业型人才并有效促进创新创业等方面,三者的合作达到新的高度,形成了一种新的稳态与平衡。

(二)时空连续性

创新创业教育的推进和大学生创新创业能力的培养是一项系统工程。从时间上来讲,从创新创业的理论学习到专业知识凝练再到实践基础、从理论模拟到实战演练再到能力逐渐提高,需要长时间的知识储备和经验积累,并非一朝一夕就能实现。从空间上来看,大学生创新创业能力的养成,除了在学校学习基础理论知识与专业知识,接受第一课堂教育,以及进行校内实践活动,更重要的是进入社会开展校外实践活动,也就是我们界定的社会大课堂,在社会大课堂各项活动中逐渐训练和养成创新创业能力。

(三)主体互动性

三螺旋理论视角下大学、企业和政府三者的边界特性明显,在相互协同合作的基础上能够保持其独立性,且鉴于其资源性质不同,为提高协同创新绩效奠定了资源基础。而联动耦合的协同机制将高校、企业和政府三个性质不同的主体紧密连接到一起,消除了三者之间的壁垒,三方在互动合作过程中打破自身界限,通过相互协作充分发挥自身的资源优势,使高校的教学链、企业的技术链和政府的政策链形成一体化,产生协同创新效应,实现各类资源的共享和效率的提高。

(四)效果延伸性

在联动耦合的协同系统中,围绕相同的目标,高校、企业与政府调整自己的内在环境,充分发挥各自主体优势,相辅相成,共同推进创新创业教育,并完成创新创业型人才的培养。而在相互配合的过程中,会产生重要的叠加杠杆效应;高校更加着眼于地方经济和市场环境的需要,结合企业实际,在技术创新上进一步深耕,培养更加符合市场需求的创新创业型人才,提高了大学生就业的数量和质量,并推动创新能力提升和成果转化;企业参与高校技术和实践创新,并关注高校的创新创业型人才培养方案制订,提出自身企业对创新创业型人才的需求,降低招聘成本;政府着眼于国家与地区经济发展现状,制定有助于协调推进创新创业教育的各种政策,有利于区域经济的稳定和可持续发展。

第二节　三螺旋视角下三大主体职能定位

三螺旋理论逻辑框架下,开展创新创业教育不仅仅依靠地方院校单打独斗,政府、企业也是重要的参与主体。三者各自有其职能和追求目标,同时每个主体也可以发挥另外两个主体的功能和价值,三方协同合作,形成螺旋上升的动力,共同培养创新创业人才。而国家干预模式和自由放任模式都有各自的不足之处,三螺旋视角下,围绕实现高校、政府和企业协同合作界定职能的问题是值得深入研究的。

一　国外创新创业教育中三螺旋协同典型模式[①]

经过多年发展,按照三螺旋理论,国外的创新创业教育已经形成了三种协同典型模式,分别是大学主导型、企业主导型和政府主导型。

(一)大学主导型

在美国,1951 年斯坦福大学弗雷德里克·特曼教授倡导并兴建了世界上第一个由高校创办的高新技术科技园区,即斯坦福科技园,用于创

---

① 赵东霞:《国外大学科技园"官产学"比较研究——三螺旋理论的视角》,《中国高等教育》2016 年第 11 期。

办企业和科研开发,这是典型的在创新创业教育中以大学作为主导的协同类型。

此后,斯坦福大学相继出台了一系列推进措施,如1953年设立了学生荣誉合作研究项目,为在园区工作的员工提供高等继续教育培训,并鼓励本校教师和学生在园区内创业。1970年成立技术授权办公室,专门负责知识产权资产管理,可以统一为校内科研成果申请专利并授权给企业界,或者支持高校教师和学生成立创业公司,实现科学技术商业化。科技园中众多的研究中心作为政府、高校和企业合作的实践基地,如斯坦福集成系统中心是由斯坦福大学、美国联邦政府和硅谷20家企业合作建成。中心在政府政策支持下,拥有充足的经费和国际顶级的研究设备与仪器,校企共同合作,致力于高科技项目的研发与成果转化,创造先进技术。

如今,园区已经发展成为高科技产业带,是世界最大的科技创新中心,斯坦福大学为硅谷的产生发展提供了技术来源和智力支撑,同时又依靠硅谷的优势培养适合企业需要的人才,在促进科技不断创新、成果不断转化的同时,也创造了广泛的社会影响力。其成功之处是由大学兴建并主导、政府推动、企业群支持三者交互协同创新,形成了极具特点的硅谷模式。在这一模式下,大学和研究机构是协同创新的主导者,鼓励师生自主创业,并吸纳高技术产业入驻,集中优势资源重点发展相关领域的知识生产和应用,把科学研究、技术开发与人才培养、企业运营结合起来,积极引领政府、企业、高校三方合作,使各参与主体的优势和能力在创新中得到充分发挥。

(二)企业推动型

国外创新创业教育中,采用三螺旋理论模型主要以企业为核心的经典案例是英国的剑桥科技园,作为大学科研成果转化为商业价值的载体。经过几十年的建设与发展,创造了著名的"剑桥现象"。园区内共有3500多家主要从事信息技术、生物技术、咨询与服务支持产业的高新技术企业,形成了欧洲最具影响力的创新集群。从1992年开始,部分实力较强的私人企业意识到剑桥科技园在知识积聚、发明专利、科研人才方面优势明显,而政府在政策、资金、制度上提供支持,私人企业开始投资科技园的建设与运营,以更加专业化的手段管理科技园,同时企业集群发展到一定程度又反过来带动剑桥大学从传统的人文领域转向科技领域发展。

私人企业和产业集群在创新发展中起主导作用。主要表现在两个方面：一方面，企业是协同创新的主推者，根据市场信息和需求变化，按照市场经济规律带动科技园及园区内企业的运作，不受政府、社会的干预，促进科技成果的产业化。剑桥科技园在经营管理上由职业经理人承担，这使缺乏捕捉市场信息能力和企业经营运作能力的大学教授与学生们能够专注于研究工作本身和发明创造。另一方面，在科技园"创新与创业文化"的影响下，大学在创新方面做出重要改变，成为协同创新的力量源泉。剑桥大学具有开拓精神的科学家不断投入科技商业化实践中，积极参与政府、企业与高校之间的合作，甚至还出台了一系列的具体政策激励科技成果和科研人员投入产业界，重视技术发明人的经济回报，激励教师和学生积极转化科技成果、参与创办企业，有利于技术成果向企业转移，推动大学向高科技创新的应用基础型大学转变。

（三）政府引导型

素有日本"硅谷"之称的筑波市，是典型的"政府主导型"科技园区，其形成与发展完全靠政府行政指令，从最初的规划、审批、选址到科研等整个运行过程完全由政府决策，甚至科研机构和科研人员也是由政府从东京迁来，全部设施须经行政审批配备，私人研究机构和企业也由政府计划控制。一切按计划办事，一切由政府包办，形成极具代表性的筑波模式。

筑波模式的主要特点集中在以下两个方面。一方面，政府是园区协同创新的建设者，具有绝对主导地位。政府为园区的建设给予三方合作的法律、政策和经济上的保障。如专门制定了高新技术产业园区法律，通过立法手段，对房地产租赁、税收、信贷、外资引进等给予多种优惠政策；并为科技园的建设提供贷款担保，为入驻企业提供搬迁费和研发经费补贴等。在科技园区的发展过程中，政府资金投入占主导，全国国立科研机构大约40%的科研人员和每年40%的科研经费预算都集中在该科技园区，由东京相应主管部门对园区内各类研究机构和教育设施及其他企业进行领导和指挥。另一方面大学和企业在协同创新中的联动作用较弱。由于政府主导，创新的主体是国有研究机构和企业研究组织，它们享有充裕的政府财政拨款，其研发成果由政府支配使用。而企业所属的科研机构，研究成果直接为企业所用，几乎不需要通过市场完成成果转化，因而缺乏明显的创业导向，导致各主体间尚未形成顺畅的协同创新机制。

二 中国高校、政府和企业职能界定①

（一）职能职责界定的原则

三螺旋逻辑框架下，开展创新创业教育不再只依靠高校单打独斗，特别是对于地方院校而言，政府、企业也是重要协同主体，三者职能界定按照以下几点原则展开。

1. 资源互补

整体来说，中国现行科技体制特点和创新创业人才培养的要求，决定了高校、企业、政府在创新创业社会大课堂中承担着不同的职能分工，从而决定了高校、企业、政府在资源、能力上的区别。整体来说，高校在基础研究、学科建设、人才培养、知识技术信息、研究方法和经验方面具有能力优势，而相对在资金和实践机会的提供方面具有弱势；企业在技术的商业化与成果的市场推广、创新资金储备、试验设备生产和场所方面具有能力优势，在基础性原理知识和技术人才的数量与质量方面存在缺陷；政府则在政策制定、法律法规引导、整体的宏观经济调控方面具有不可拟的资源整合能力。因此，在创新创业教育的社会大课堂上，高校、政府、企业在进行协同创新时，除了重点应培养自身的核心技术创新能力，还应高度关注协同主体拥有的资源及与自身的互补性。

2. 动力匹配

创新动力学理论认为，技术创新的根本动力可以分为市场需求的拉动、政府政策的推动、企业管理者的推动和科学技术的推动等。具体到创新创业教育中，在社会大课堂上，协同创新的主体高校、企业、政府分属不同的组织，具有不同的行为动机与利益诉求，因此在协同创新动机上具有差异性。利益相关者理论认为，创新创业教育中社会大课堂的协同创新是高校、政府、企业形成的一个利益共同体，只有确定一个同

---

① 马家喜：《高校—企业协同创新体系建设的理论构建》，《经济师》2017 年第 6 期。

时满足协同多方需求的协同创新策略，才能有效实现协同创新。因此，动力匹配原则是非常必要的，不仅能够兼顾协同各方利益的战略考虑，也是能够对双方后续协同行为进行约束的根本保证。

3. 组织协同

实际上，在创新创业教育的社会大课堂推动过程中，组织协同非常重要。一方面是外部的组织协同，也就是高校、企业和政府作为不同的主体，共同参与创新创业教育中的项目突破和协同创新，如为了推动某一个具体的协同创新项目，三者在科学、技术、人才、市场等不同方面需要深入的沟通和交流，加强互信与了解，同时还需要借助相应的第三方中介的桥梁作用，这是来自外部的组织协同。另一方面还需要在高校、政府和企业内部成立功能完善的组织机构，来具体负责协同项目管理、沟通及协调工作，有效推动和组织相应的创新创业教育工作。

（二）高校、政府和企业各自的职能

在三螺旋理论框架下，创新创业教育社会大课堂中，高校、企业和政府各自有其职能和追求目标，每个主体也可以发挥另外两个主体的功能和价值，三方紧密合作，向培养创新创业人才的共同目标奋进。重点明确政府特别是地方政府与高校、学校与企业以及地方政府、高校和企业之间的多方关系，分析解决多方关系中的冲突性、割裂性等问题；积极探索分析多方主体各自应当扮演的角色，尤其是主体角色的主要职责定位和功能作用，是构建三螺旋视角下高校、企业、政府协同的创新创业教育社会大课堂机制的基础。

1. 高校是创新创业教育社会大课堂可持续发展的原动力

（1）高校积极赋能创新创业教育社会大课堂

现代社会无论是在经济发展还是社会治理方面对知识的需求和依赖越来越强烈。三螺旋理论中高校占有重要地位，是知识密集地，其主要职能是人才培养和科学研究，具有丰富的教学资源，发挥人才培养、科学研究和社会服务等功能，实现创新创业型人才和成果输出。在推动创新创业教育的过程中，充分发挥高校作用，积极建设各种产学研一体化平台，从根本上为创新创业教育提供智力支持和持续不断的创新创业人才输送。高校作为创新创业教育可持续发展的动力源泉，与政府主导或企业主导的创新创业有较大区别，因为高校有系统化的育人体系、雄厚的科技研发力量及良好的创新氛围,这些是先天性资源优势。以第一课堂的创业理论教育和第二课堂的创业实践实习等为基础,可以为社会大课堂的深入推进提供源源不断的动力。

(2) 高校在创新创业教育中以培养人才和产出成果为任务

作为实施创新创业教育社会大课堂的主阵地,高校拥有丰富的教学资源和先进的教育理念,因此高校要发挥创新创业教育的主导地位,特别是在社会大课堂中充分协调各方资源。高校在实施创新创业教育过程中有三个重要任务,一是培养创新创业综合化、复合型人才,基于高校丰富的软件资源和硬件设施,不断培养并向整个协同系统输入创新型人才,为创新创业教育的社会大课堂提供充足的人力资源。二是在进行科研创新活动时产出前沿性、实践性的创新成果,为其他组织如企业、政府提供相应的咨询活动时,保障创新创业教育社会大课堂在三螺旋模式下良好运作。三是通过各种创新活动服务当地区域经济发展。

高校要遵循政府引导、市场运作、资源共享、服务开放的建设原则,以创新驱动发展,深化产学研用结合,引导和支撑企业技术创新,全面促进高校人才培养、科学研究、成果转化和学科建设。特别是对于地方院校,更应该积极努力利用自身优势,争取政府的政策支持,加强其在统筹协调方面的指挥力度,调动各方资源;同时加强与当地优势产业的对接,弥补自身要素资源不足、产业配套难等短板。[1]

以宁波工程学院为例,该校采用高校、政府、企业协同共建的发展模式,主动借力政府、企业等外部力量与资源,创立高校的创新创业平台——众创空间海蓝宝。利用宁波工程学院四个"院士工作站"及"博士后创新服务基地"等现有科技创新资源,建立起"高端研发平台",主动加强与宁波市海曙区政府的合作,有利于调动各方资源。同时主动对接产业,为众多新材料、高端装备制造企业提供了技术人才和新项目孵化,进一步促进了科技型企业的发展壮大。"海蓝宝"众创空间以高校作为创新创业的主要原动力,通过对高校现有楼宇硬件、政府扶持政策以及与当地产业的有机结合,既大幅度地缩短了创新创业教育周期,又把

---

[1] 柳艾岭:《"三螺旋"视角下政府、高校、企业协同共建众创空间的探索实践》,《宁波工程学院学报》2017年第4期。

政府、高校、企业三者的优势资源集于一体，于 2016 年成功创建为国家级众创空间、宁波市大学生创业园，实现了跨越式发展。

2. 地方政府是创新创业教育社会大课堂推动的公众力①

（1）政府可以改善市场结果

尽管市场是组织经济活动的一种好方法，但是因为存在市场失灵和外部性的现象存在，市场在推动创新发展的过程中并不总是起到积极的正向作用，有时甚至会阻碍创新。例如，有些企业为保持垄断地位而反对创新、阻止技术的不断变革。而基础研究鉴于具有强大的正外部性，且不具有排他使用性，具有典型的公共物品特征，其主要形式是科学论文和科学著作。因此，基础研究存在巨大的社会效益，但又不存在特定的受益主体。如果完全依靠市场来提供相应资金和人才，难以实现研究上的突破。因此，对于教育这样的具有正外部性的产品，毋庸置疑应由政府来推动。

（2）政府是制度供需平衡的主导②

三螺旋模型核心解释机制在于阐释社会创新变革中的组织之间的结构和关系，政府在大学与产业之间的合作中发挥重要作用，也就是说政府通过顶层设计、资源投入、制度供给等形式发挥其作用。因此，在创新创业教育的社会大课堂中，要突出政府对创新创业教育改革事业的核心领导作用，同时进一步优化政府职能定位、范围和管理方式，增强政府的宏观调控和有效治理能力，为创新创业教育可持续发展、质量提升和转型升级提供更好的制度引导和战略支撑。特别是地方政府要主动围绕区域经济和产业转型升级，面向市场需求，以产教深度融合为导向，以培养区域、行业生产服务一线适应产业转型升级的应用技术人才和适应文化建设、社会建设和公共服务发展新需要的复合型、应用型人才为目标，将学校的办学、管理和人才培养环节融合于产业链、公共服务链和价值创造链。

对于地方政府而言，在创新创业教育的社会大课堂中，作为重要的

---

① 林学军：《基于三重螺旋创新理论模型的创新体系研究》，博士学位论文，暨南大学，2010 年。

② 王彦飞：《地方高校协同创新的内在逻辑与实践路径》，《教育评论》2021 年第 1 期。

力量，在推动地方院校与企业协同创新的模式上有其典型的独特性。在部分经济基础和教育资源不是特别丰富的地区，与发达地区相比在经济发展上存在一定差距，与能力强大的社会组织和高校在资源禀赋和后发优势上不可同日而语，又受到根植于本地化的制度文化、规范习俗等社会人文和历史累积因素影响，在推动创新创业过程中，特别是协同创新过程中一般会表现出较强的路径依赖特征。以海南省为例，高等教育本身存在高校数量少、底子薄弱等问题，在创新创业教育中，单纯依靠高校自发组织模式或单纯依靠市场机制不能真正尽快实现创新创业教育的快速发展，特别是在社会大课堂这一需要聚集多方资源尽力打造的领域。而海南省本身属于后发外生型的区域经济发展模式，其经济社会发展、科技发展、协同创新主要是追赶型，极力提升科学技术、协同治理能力和科技创新能力，尽力赶超发达省份，这也需要政府通过强有力的宏观调控和制度供给来弥补差距，尽可能缩短高校基于市场机制或自发组织的交易成本。

因此，在创新创业教育的社会大课堂推进过程中，对于地方院校协同创新，尤其需要发挥地方政府在其中的推动力，制定相应的创新创业教育政策供给的协调机制，提供相应的制度保障。同时，要组织搭建高校和企业之间协同创新教育的载体和平台，建立利益共享机制，促进地方院校和企业作为主要的创新创业教育主体实现资源要素优化配置、行动优化的最佳匹配。

3. 企业是创新创业教育社会大课堂中资源优化的重要载体

三螺旋理论中，企业是提供市场需求、转化人才培养成果的主阵地。企业与高等教育的创新创业合作为创新创业教育提供准确及时的市场需求信息，有效实现企业利润最大化。高校通过与行业企业建立稳定的合作关系，为高校创新创业教育的各项实践活动提供实践岗位、场所以及实践导师，为创新创业教育的顺利开展提供良好的社会外部环境。企业在创新创业教育社会大课堂的建设过程中发挥着重要的支撑功能，是资源优化、成果转化、创新创业教育能够长盛不衰发展的重要载体。

市场是配置资源的一种好的方法，因此以产业为依托的企业是多元性的角色，这使它在一定程度上能为创新创业教育提供最前沿的市场需求信息和实践经验，为高校的教学改革和科学研究工作提供多样化的实践平台。利益是企业实现经济效益及遵循政府政策的推动力,可以充分利用市场这只"看不见的手",驱使企业不断进行理念或技术创新,向顾客提供创新产品或服务,促进创新创业教育的发展,特别是作为第一课堂、第二课堂的补充,与高校在创新创业教育的过程中实现优化互动。首先,企业创新具有协调"高校"和"社会公众"直接关系的作用,企业在自主创新过程中,不仅与高校或科研院所进行技术和理念交流,也加强了知识和技术成果的转化。其次,创新概念不仅仅局限于企业活动,可以关注更广泛的社会效益,在此基础上实施更完善的措施,支持公共服务生产中的服务创新,并纳入社会公众对待创新成果的态度和接受程度,以促进系统整体的协调和发展。

第三节　三螺旋视角下 U-G-E 协同创新创业教育模式

在创新创业教育的社会大课堂上,高校、政府、企业多主体间必须分工协作,这是保证社会大课堂顺利运行的内在规律和实践方式。在重点明确各主体间的相互关系的基础上,立足新时代、运用三螺旋力量论、融入新观点,对利益相关者、教育共同体和创新创业教育的生态系统进行研究,探索高校创新创业教育社会大课堂各主体、各构成要素之间的新型协作模式,包括以高校和高校合作为主体的创新创业联盟体,以高校和企业合作为主体的产业共同体,以高校和政府联动的发展共同体,以高校、企业和政府三方以协同育人为目标、三方融合联动发展的融合共同体。

一　高校与高校合作模式[①]

作为中国科技创新系统的重要组成部分,高校具有知识密集性的特点,担负着推动国家创新型发展战略的使命,在创新创业教育社会大课堂中承担着培养创新型技术人才、推动科技进步、服务国家产业发展等不可替代的重要作用。因此,在创新创业教育的社会大课堂中,高校之间如何通过合作的方式协同创新非常重要。

---

① 何优军:《社会资本、官产学合作和技术创新》,硕士学位论文,重庆大学,2017年。

(一) 模式基本介绍

高校需要持续深化综合改革，聚焦国家高质量发展需求，培养更多具有创新创业素养的高级人才，为社会经济发展提供源源不断的人才支撑，这是高校的职责所在和时代使命。特别是对于地方院校，更是承载了为当地培养人才、推进区域经济发展的重要职责。目前在创新创业教育校际合作方面，高校间的交流合作并不深入，特别是在创新创业教育人才的联合培养、学生的创新实验平台开放、跨校师资的有序互动、学生学习的学分互换互认等方面仍存在诸多壁垒。

创新创业教育作为新的教育理念和模式，有很强的专业性、实践性和系统性，需要高校之间打破壁垒，打造校际之间的合作模式。高校与高校之间在创新创业教育实践过程中，根据国内外的基本经验和相应的推广，目前比较成熟的模式是构建大学联盟。通过联盟体，聚集各大高校创新创业教育的相关资源、平台和载体，并进行优化组合，才能实现效果倍增。

(二) 大学联盟模式

1. 形成育人共识

鉴于创新创业人才培养涉及理念意识、体制机制、课程融合、师资培育等多维度，只有各个学校都深度认同创新创业教育的必要性，才能聚集育人合力。根据不同高校在这方面富有成效的探索与实践，共同构建创新创业教育的大学联盟，将创新创业素养作为一项基本能力和素养要求纳入人才培养体系，融入人才培养的各个环节和各个要素中。通过强化大学联盟顶层设计，对创新创业教育实施效果和人才培养产生直接影响，包括符合大学联盟各自校情的目标定位、战略思路、发展规划、实施步骤等，实事求是、因地制宜，突出顶层设计的思想性、前瞻性、统领性和系统性，最终形成适合的行动指南。

2020年12月，西部师范大学教师教育创新与发展联盟成立，联盟承诺，承诺要发挥共同探索新时代师范院校发展规律及教师教育创新与发展规律的重任，资源共享、优势互补、交融共进、协同创新，为教师教育的创新与发展贡献智慧力量。

2. 突出行动效力

创新创业教育是一个长期的系统工程，而创新创业素养的提升也不是一蹴而就的，需要经过长期积淀，而非大学联盟共同开几门课程、组织几场赛事、举办几场讲座就能实现，需要理论与实践相结合，教学与科研相长，管理与服务融通。大学联盟顶层达成共识后，每个学校要据此形成自己的具体行动方案，合作和协同不能仅仅停留在口头或表面。联盟成员高校要吸收其他学校的成功经验和良好做法，鼓励自己的各二级学院将学校顶层设计细化到人才培养的全过程，各职能部门要从管理为主向服务为主转变，将创新创业教育情况作为重要指标列入绩效考核范畴，真正将创新创业教育的校际合作落到实处。

以山东为例，2018年在山东省教育厅推动下，长清大学城成立了C10长青联盟，坚持"自愿平等、互信互利"的原则，秉持"协同创新、开放高效、共建共享"的理念，以增进互动合作，实现资源共享、协同创新、优势互补、互利共赢为目的，构建一流高等教育集群。联盟成员高校推进理念共享，通过先进理念、典型经验推广，破除思想阻隔，追求共同目标；推进教学共享，通过互聘互换、联合培养、学分互认、学位互授，以及图书资料、实验实训平台、大型仪器设备等资源共享，实现联合育人、协同育人；推进科研共享，通过加强学科平台、高端人才、学术成果共享，打造创新共同体。在山东省高校长青联盟的具体活动中，其协同也不仅仅体现在表面，而是有了各种实质性突破。2020年，长青联盟共建共享的10个微专业开始招生，试运行期间不向学生收取费用。微专业是在教育信息化背景下发展起来的，通过线上线下相结合的方式，以集约式专业化的课程内容为载体，突出某一特定领域的专业技能和岗位胜任能力培养的创新型教育模式，具有创新性、实用性、时代性等特点，以短期项目为主，提供专业学习认证，有较高的可信度与影响力。首批十所高校各自开设一个微专业，涵盖医、理、工、管、艺术、教育等多个学科门类，成为构建新型跨学科专业组织模式。为促进学科专业交叉融合和产学研用协同发展而实施的多样化办学模式探索，成为推动创新创业教育社会大课堂开展新的校际合作方式的典型。

3. 注重氛围营造

校园文化和课程思想政治教育虽然滋养无声无息但持久存在，对创新创业人才培养能够形成潜移默化的影响。组成大学联盟的高校可能具有不同的校园文化，在共建高校联盟时应当加大创新创业文化培育，积极塑造弘扬创新精神、鼓励创业实践、崇尚价值创造的校园文化。通过高校之间的创新创业精神宣讲，学校之间的珠联璧合创造良好的氛围。如 2016 年由北京印刷学院、北京石油化工学院、北京建筑大学 3 所地处北京市大兴区的北京市属高校携手成立了京南高校联盟，近年来加入联盟的高校成员越来越多，包括首都师范大学、北京电子科技职业学院等。通过京南大学联盟平台共同开展"科学家精神进校园""大学生讲科学家故事"等科技创新教育类活动，共同为驻区和京南区域科教文化环境建设服务。

二 高校与企业合作模式

高校和企业之间可以形成校企合作、校办企业和高校科研成果转化的具体关系。

（一）模式基本介绍

根据企业和政府的需求改变高校创新创业人才培养模式，实现专业性、实践性、前沿性和创新性融合，使创新创业教育最终促进大学生的全面发展和素养提升。在创新创业教育的社会大课堂上，高校和企业合作的深度融合不仅体现在派在校师生去企业实践这种单一模式，企业和高校应以积极的态度开展创新创业的相关合作。企业的新设备、新仪器、新软件、新技术及经验丰富的工作人员等通过产学研的形式输送给高校，提高高校教学和科研水平。企业积极参与高校创新创业教育，一方面可以在学生中形成知名度和品牌效应，为企业的创新型人才储备做准备，另一方面还能转化高校的科研成果，为企业的发展助力。对于高校而言，企业和创新创业型企业导师的深入参与，让学生对于创业过程、企业文化、企业运营模式有了更清晰和直接的认识，有利于激发学生对创新创业课程学习的积极性，能在一定程度上保持对创新创业的热情。高校和企业之间互通有无、互利互惠，达到共赢。从三螺旋角度来看，在校企合作过程中，需要政府从宏观上出台政策来促进企业和高校的深度融合，不断完善创新创业教育的内容，通过建立长效机制打通高校、企业和政府之间的壁垒，使创新创业教育的社会大课堂能够向协同发展转变。

(二) 校企战略联盟

1. 联合培养，加强创新创业资源整合力度

在创新创业校企战略联盟合作育人模式下，体现了学校与企业共同培养高校创新创业型人才的思想，在培训主体方面具有灵活性、权威性，促进了高校理论知识学习与企业技能实践培养的有效结合。高校与企业作为培养创新创业型人才的主体，本着促进学生创新创业综合能力全面提升的创新创业教育目标，针对学生的不同学习领域开展综合施策。在组织决策方面，能够整合高校和企业共同的教育资源，相比普通的创新创业教育人才培养，能够体现明显的多主体联合培养特点。教育决策的制定、课程内容的设置、学生学分的设定、学生部分实践课程的评价等，都需要学校与企业双方教育主体共同协定，这既遵循了创新创业校企战略联盟模式联动机制，也能有效保证双方共同利益，特别是还能兼顾大学生的创新和创业能力。

浙江工业大学长期坚持"以浙江精神办学、与区域发展互动"的办学理念，依据企业层次、专业契合度、学生吸引力等维度遴选优质企业，共同建设"校企合作品牌联盟"，深化就业创业合作共同体。根据经济社会发展需求、产业布局和学生培养情况，以校企合作模式推动学生创新创业，在发挥企业人力资源、技术研发优势的基础上，协同孵化培育项目，校企联合指导学生团队参加"互联网＋"大学生创新创业大赛，最近两届大赛连续获得四项金奖，金奖数连续排名全国第三。同时形成了岗位供需和人才培养反馈机制，为专业调整、课程建设、培养方案优化、招生计划制订等提供依据。

2. 校企合作促进创新技能与实践应用结合

校企战略联盟模式能够有效改善传统高校在创新创业教育方面依然注重理论型知识讲授的现状，使专业实践创新的相关技能与理论型知识在同一平台下实现紧密融合。一方面能够有效检验学生课堂吸纳创新创业知识的水平，另一方面能提升学生创新认知及自身技能发展水平，体现了新时代创新战略教育背景下创新创业人才培养的兼顾性。学生在熟练掌握课堂基础知识的基础上，真正深入企业实践场地，或高校与企业共建创业孵化中心、各种类型的创新创业育人平台，切身体会企业相关领域的工作性质与工作内容，有助于引导其在实践过程中发现更多的创新点。

中国海洋大学设立专门的创新创业管理微专业，与海尔集团、海信集团等知名企业共同建设校企合作项目，从专业知识和项目实践两个方面，让学生可以对创新创业有系统全面的认识，由中国海洋大学的优秀师资队伍和校外实战经验丰富的企业导师联合授课，成为提升学生创新创业理论素养和实践水平的有效途径。微专业设立创业"六步走"的实训体系，学员可获得海尔、海信等企业暑期实习机会，助力学生更高质量的求职和就业。而已经完成学习的学员，有72%的同学参与了创新创业赛事和实践活动，41%的同学在校赛中获奖，22%的同学在市级赛事中获奖，20%的同学在省级比赛中获奖，创新创业教育成果斐然。

3. 打造双师型队伍，提升创新创业综合素养

校企合作战略联盟模式下，制订高校创新创业人才培养方案的过程中，企业和高校共同参与制订的要求，学校针对学生不同学习阶段的学情及认知发展规律，选择适合学生创新创业能力提升的理论性知识与高端前沿成果，将其整合成相应的知识内容，重构课程体系。而企业在能够充分了解学校课程内容的基础上，从学生专业发展、技能实操需要角度补充相关的创新创业实践性知识，进而将实践性知识与理论性知识有机融合，有效解决过去企业在面对创新创业教育时难以把握教育规律的问题。而在实际教学过程中要打造双师型教育队伍，不仅沿袭传统高校教师对学生讲授理论知识的讲授模式，更要积极引进企业工程师、实践技能操作师等工作人员进入高校课堂担任学生的创新创业指导导师，真正促进学生创新创业能力特别是实践技能的落地。

北京工业大学着力打造校内外并轨的"双师"师资队伍。实施本科生导师制，引导二级教学机构完善教师工作量核定制度、奖励办法；完善就创师资队伍培训体系；近年来，累计引入200余名来自企业和创投机构的"创新创业导师"。探索校企育人新模式，与华为、百度共建"智能基座"产教融合协同育人基地、教育部工程研究中心；与小米集团共建全国首个"创新创业工作室"，同时还是"小米奖助学金"首批受益高校。

三 高校与政府合作模式

在创新创业教育的社会大课堂上,高校特别是地方院校要树立主动服务当地发展的大局意识,从创新人才培养、地方经济发展定位等维度上树立正确目标,努力实现地方院校与地方发展的有效协作。

(一) 模式基本介绍

高校特别是地方院校要秉持立德树人的根本任务,敢于创新与实践,不断发挥自身的专业优势与特色,在创新创业社会服务发展过程中加强总结与凝练,彰显学术价值,创造社会价值。在创新创业教育中,高校和政府之间存在密不可分的内在统一性,政府可以营造宽松的创新创业教育的外部发展环境和氛围,高校发挥其社会服务职能和科技创新功能,二者紧密联系使高校和政府的协同创新获得持续发展动力,成为创新创业社会大课堂的主要推动主体。

(二) 智库机构建设

党的十八大之后,为加强中国特色新型智库建设,建立健全决策咨询制度,各级政府高度重视智库建设,推动高校智库发展完善成为重要的方向。高校可以充分发挥学科齐全、人才密集和对外交流广泛的优势,深入实施特色新型高校智库建设推进计划,推动高校智力服务能力整体提升。而为了建设创新型国家和实施创新驱动发展战略,高校可以围绕研究国内外科技发展趋势展开创新创业教育,建设高水平的科技创新智库,为政府提出咨询建议,开展科学评估,进行预测预判,促进科技创新与经济社会发展深度融合。因此,大学智库在创新方面特别是地方院校可以充分发挥在科技创新方面的优势,与地方政府深度融合,在区域战略规划、布局、政策等方面发挥支撑作用,使其成为创新引领、政府信任的高端科技智库,为高校和政府之间实施创新创业协同奠定良好的合作基础,提供新的思路和平台。

在智库中,有专门的针对创新创业者提供咨询的智囊团,即创新创业智库。相比于涵盖各个领域的智囊研究机构,创新创业智库最早设立的目标是面向更加细分的领域,也就是创业创新领域,研究创新方法、创新技术、创新成果、创新政策、创新机构的专业领域。创新创业智库最初是 2016 年在北京发起,会聚国内法律、会计、高校及媒介研究机构的专家人才，共同探索其组织形式、研究方式和成果目标，服务功能包含调研、编撰、成果展示、定向研究，面向初创企业、上市公司及其他创新创业相关机构提供咨询、辅助决策的调研服务。

四　高校—政府—企业协同合作模式

三螺旋理论为地方院校创新创业教育社会大课堂模式的研究提供了新的视角，高校的创新创业教育离不开三螺旋中的企业和政府，三者相互独立存在，却又能相互渗透相互促进，通过政府的宏观政策扶持打通三者之间的隔阂，从而解决和完善创新创业教育中的问题。

（一）模式基本介绍

1. 三螺旋融合育人模式

一是优化创新创业教育课程体系，与区域经济和产业结构匹配。高校的社会服务功能，决定了高校的专业设置和课程体系建设必须符合经济社会的发展需要。地方院校对地方经济可持续发展具有不可替代的支撑作用，因此，推动创新创业教育的社会大课堂，高校首先要根据地方产业发展需求，优化专业和课程体系，不断提高学校专业结构、课程体系对地方主导产业和战略性新兴产业的覆盖率，使二者保持高度一致。地方院校不但要为地方传统产业转型升级提供人才支撑和科技支持，还要优先建设产业亟须学科专业和相关新兴学科专业，服务地方经济。以福州大学为例，该校根据福建省产业发展需要，及时调整优化专业结构，率先建立微电子学院、人工智能学院、网络安全学院等与战略性新兴产业对接的专业。

二是推动高校、企业、政府合作办学，培养创新型人才。针对创新创业领域理论和实践脱节等问题，高校积极推动协同合作，将地方产业规划与高校人才培养深度融合，将行业标杆企业引入人才培养过程，校企共同制订人才培养方案、承担教学任务、参与教学管理、监控教学质量、开展科技创新，实现"政府引导专业建设、企业投入参与支持办学、产业检验办学成效"。广西生态工程职业技术学院不断深化校企合作和产教融合，增强职业教育服务经济和社会发展的能力，该校与芬兰斯道拉恩索公司、印尼金光集团、中国建设五局、上汽通用五菱、广西高峰林场等 300 多家大型企业建立了稳定的校企合作关系，开展合作办学、创新人才培养模式，培养了一大批有知识、懂技术的新型劳动者，为当地经济发展作出了积极贡献。

三是加强创新创业教育，提高学生综合素质。一直以来，高校比较注重学生的创新教育，但是重理论轻实践、重论文轻专利等现象依然存在，尤其在研究生教育环节，大量的学术型硕士和博士主要从事理论创新工作，对企业技术需求和产业转型升级了解、掌握有限，缺乏相应的产业素质，制约着大量优质科技创新成果的及时推广应用。因此，地方院校要加快培养以应用为导向的专业学位型硕士、博士，加强学生创新教育、创业教育，全面提升学生以创造力为代表的综合素质，培养一批能够懂高校创新、产业发展、企业市场化运作的高素质人才，有助于解决人才偏少、转化平台和机制亟待建立健全的问题。高校通过各种形式的众创空间，为教师、学生创新创业提供技术研发、孵化空间、信息网络、法律咨询和资本引进等服务，创新科技成果转移转化孵化模式。如浙江大学建设的"紫金众创小镇"，打造众创服务平台、创业学院、产业技术研发服务平台等核心支撑，形成集原始创新、技术研发、成果转化于一体的创新链条。①

2. 三螺旋融合创新模式

通过创新创业教育建立产业链相关的创新体系。在研究过程中，坚持基础研究与应用研究并重原则，积极构建并实施"基础研究—应用研究—技术开发—成果转化—产业实施"全产业链的创新体系，不但要考虑世界前沿问题，更要立足本地，做地方产业亟须的技术支撑，致力于成为引领区域发展的创新创业教育中心。地方院校鼓励科研平台建设，要涵盖基础研究和应用研究，实验中心要涵盖重点实验室和相关的工程技术中心；创新人才培养不仅需要基础研究人才，也需要产业开发人才。从政策引导、科研选题到成果产出再到转化实施，始终坚持高校、企业和政府的深度融合。如苏州大学围绕新能源、新材料、精准医学、先进制造等重点领域，先后组建了近 20 个创新团队和平台，并在此基础上培育了两家"上市"公司，以一流的创新成果服务区域经济转型升级。

---

① 陈伟斌：《基于"三螺旋"理论的地方高校校政企深度融合机制构建》，《福州大学学报》（哲学社会科学版）2019 年第 6 期。

通过创新创业教育打造交叉复合的新兴学科集群。创新创业教育需要复合型人才，而前沿新兴科研方向的凝练也是更加注重多学科交叉和多元复合。高校可以充分利用创新创业教育坚持交叉学科发展，优先开办新一代信息技术、高端装备、新能源、节能环保等产业亟须学科专业，以及人工智能、集成电路、网络安全、大数据等事关国家战略和国家安全的新兴学科专业。在创新创业教育发展的基础上，通过新兴交叉学科创新人才培养模式改革，打破传统专业间相对隔阂的学院培养系统，进行新的探索实践和尝试，丰富对学生的个性化培养方案。

3. 三螺旋融合转化模式

完善成果转化对接。高校要切实做好创新创业成果转化服务工作，通过政府牵线搭桥，促进创新创业的成果与产业的无缝对接。高校积极融入地方建设，与市县区等各级政府全面建立战略合作协议，进行创新创业教育相关的科技开发、人才培养合作。高校顺势打造完善的技术供需平台，定期向地方政府收集并向校内教师发布企业技术需求，同时积极收集教师和学生在创新创业活动中的创新成果并积极向地方相关部门和企业推介，开展项目对接信息服务，实现创新成果转化供给与需求的精准对接。地方院校可以选派一批科技干部到各级政府挂职服务，帮助部分企业组建专业工作站和帮扶平台，搭建多层次创新创业教育合作网络，充分利用网络资源，打造线上信息服务与线下实体服务相结合的高校创新成果转化服务体系。

打造成果转化平台。高校要发挥创新创业平台孵化器的作用，对接地方政府和高新技术企业，创新管理方式，集聚要素资源，促进创新创业教育的深度融合。依靠高校学科优势，通过"引进来"和"走出去"相结合，将一批大型高新技术企业研发中心吸引入驻创新创业的平台孵化器，实现企业需求与高校技术研发的无缝对接和创新成果的有效转化；积极发挥孵化优势，打造以新能源、新材料、高端装备制造等新型产业为重点的创新型企业，培育孵化一批并推向市场。高校还要积极与政府沟通协调，打造高校知识产权管理运营中心，探索在创新创业教育中有效的知识产权运营制度，为知识产权的创造、运用、保护和管理提供服务，为企业转型提供精准的创新引导，助力产业转型升级提质增效。如苏州大学依靠创新创业教育建立了国家大学科技园，包含了科技创业区、创新加速区、高新技术产业园和科技产业园等，打通了校园科研创新、众创实战演练、孵化器培育、加速器试产到产业化拓展的创新创业教育全链条体系，为创新创业教育的社会大课堂提供了经验借鉴。

（二）现代产业学院

1. 现代产业学院的推出

2020年7月30日，教育部办公厅、工业和信息化部办公厅联合发布《现代产业学院建设指南（试行）》，指出培养适应和引领现代产业发展的高素质应用型、复合型、创新型人才，是高等教育推动经济高质量发展的必然要求，是促进高校分类发展、体现特色的重要举措。为扎实推进新工科建设再深化、再拓展、再突破、再出发，协调推进新工科与新农科、新医科、新文科融合发展，全面提高人才培养能力，决定在特色鲜明、与产业紧密联系的高校建设若干与地方政府、行业企业等多主体共建共管共享的现代产业学院。教育部、工业和信息化部统筹各类资源，对现代产业学院建设予以政策支持和资源倾斜，加大对毕业生的就业指导和服务力度，推动稳定发展。现代产业学院的推出，对于在创新创业教育社会大课堂的实践提供了新的思路。2021年年底，教育部公布首批现代产业学院名单，旨在打造一批能够形成特色经验的现代产业学院，推动其快速发展。

2. 现代产业学院的运行和优势

一是定位明确。按照教育部要求，现代产业学院要坚持育人为本、产业为要、产教融合、创新发展，实现人才培养、科学研究、技术创新、企业服务、学生创业的功能。在这个过程中探索高校服务国家和区域发展的新路径，紧密对接国家主体功能区战略和区域产业布局，提升贡献度、支撑度和引领力。这同样适用于地方院校，在创新创业教育中，地方院校与地方政府和当地产业相融合，通过现代产业学院形成创新创业教育社会大课堂的新形式，提升创新创业效应和对地方政府、产业升级的贡献。探索高校组织模式变革的新路径，打破高校内部学科、专业之间的壁垒和行政部门之间的政策壁垒，通过创新创业教育，倒逼催生高等教育人才培养的深层次变革；探索应用型创新创业人才特色培养的新路径，以技术发展逻辑体系构建培养方案，结合创新创业教育探索任务式、项目式、探究式等培养模式改革，凝练高校、政府和企业三螺旋下多方协同的育人机制，为提高产业竞争力和汇聚发展新动能提供人才支持和智力支撑。

二是把握重点。现代产业学院以提高人才培养能力为核心，针对关键要素深化改革。因此，在创新创业教育社会大课堂的开展过程中，通过现代产业学院，围绕国家和区域产业布局，在第一课堂加强专业建设，紧密对接产业链的应用型特色专业。重构课程体系，校企合作建设能够及时响应产业发展需求的课程体系。加强创新创业相关教材建设，建设一批体现产业发展前沿的新形态高质量教材和案例库。加强技术创新，推动信息技术与教育教学深度融合，营造智能化的学习环境。加强实践训练，强化"产学研用"体系化设计，建设"浸润式"产学研融合实践平台。加强创新创业教师队伍建设，探索高校和企业之间人才双向流动机制，建设一支"双师双能型"教师队伍。

三是质量保障。强化在三螺旋视角下高校、地方政府、行业协会、企业机构等多元主体协同，建设科学高效、保障有力的制度体系，统筹各类资源，对现代产业学院建设予以政策支持和资源倾斜，特别是加大对毕业生的就业指导和服务力度，推动稳定发展。教育部、工业和信息化部建立联合质量监测机制，相关高校要定期向地方相关主管部门报送现代产业学院建设进展报告和在校生学习情况、毕业生去向及后续发展等质量监测信息，持续改进培养方案、培养过程、培养模式，实现教育链、创新链、产业链的有效衔接和深度融合，培养符合产业高质量发展和创新需求的高素质人才。

江西财经大学集聚学校 VR 领域科学研究、应用开发、人才培养优势力量及政府、企事业单位优势资源，以 VR 产业发展为牵引，不断优化专业结构、增强办学活力，探索产业链、创新链、教育链之间的有效衔接机制，于 2020 年 9 月正式成立江西财经大学虚拟现实（VR）现代产业学院。学院积极承办 2021 年虚拟现实与可视化国际学术会议和第四届中国虚拟现实大赛，并在 2021 年世界 VR 产业博览会上专设展位，展示在 VR 产学研用等方面取得的成效，先后接待观众六千余人，多位省市领导莅临展位视察，扩大了在 VR 领域的影响力；学院教学团队入选江西省第三批虚拟现实产业创新创业优秀人才团队，资助经费 100 万元；学院与南昌市红谷滩区人民政府签订了战略合作协议，并与华为 VR/AR 事业部、华为海思、厦门雅基、上海一尺视界、V-STU 数字化等多家企业交流并达成合作意向。通过现代产业学院，该校更好地实现了高校、政府和企业之间的协同合作，创新创业教育成效螺旋式上升，对于通过现代产业学院的方式提升高校创新创业教育社会大课堂的效率，提供了良好的经验借鉴。

（三）高校创新创业教育联盟组织

中国创新创业方面最大的高校、政府、企业之间的协同联盟当属中国高校创新创业教育联盟。中国高校创新创业教育联盟于 2015 年 6 月在清华大学成立，首批成员包含 137 所高校和 50 家企事业单位、社会团体，其成立是汇聚社会力量、推进高校创新创业教育改革的积极探索，宗旨是要打造一个共同平台，凝聚高校和社会各界力量共同研讨和引领中国的创新创业教育，充分发挥高校的人才和智力优势，吸引全社会资源，为全社会提供优质的创新创业教育资源，形成良好的创新创业教育生态，培养更多创新创业人才，为实施创新驱动发展战略、建设创新型国家做贡献。

第四节　三螺旋理论视角下创新创业教育协同机制构建与实施

高校、政府和企业需要通过不同模式，建立创新创业教育的社会大课堂，以提升高校创业教育质量为目标，以提高大学生创业率和创业成功率为导向，以有效解决高校创业教育资源短缺问题为重点。在这一过程中，充分利用三螺旋理论，遵循优势互补、资源共享、利益互惠的社会支持原则，明确三者之间协同的机制，构建构成要素明确、保障机制健全的多方协同的高校创新创业教育机制社会大课堂。

一　三螺旋下创新创业教育大课堂的协同机制动力

创新创业教育的社会大课堂，在高校、企业和政府各自重新定位的基础上，依靠相关的外部动力确保协同机制形成，同时在三螺旋视角下赋能三大主体，推动三者之间能够在创新创业教育中实现效应的螺旋上升。

(一) 外部动力

1. 需求驱动三大行为主体协同合作

社会发展需要科技创新，目前的创新创业教育的社会大课堂需要高校、科研机构、企业与政府等主体努力推动，三方具有推动创新的共同需求。在现代科学技术交叉融合、日新月异的大发展趋势下，对科技创新与管理、市场信息与动态、生产条件与设备等方面提出了更高要求。在新的科技发展环境下，推动创新创业教育，单一的组织很难依靠一己之力达到这种要求，这就促使担负创新创业教育使命的高校要打破分割界限、突破瓶颈，寻求与企业、政府的协同合作，使科学、科技、生产之间紧密结合，适应创新创业教育新的发展趋势。在此基础上，依靠各主体促使经济社会发展的使命感、实现自身价值的社会责任感和事业感、取得经济效益和社会效益的成就感等驱动力，促使各创新创业的社会主体寻求创新创业教育中的协同合作，推动创新创业深入发展、实现创新创业教育培养人才、营造创新创业氛围的根本使命。

2. 政府支持三大行为主体积极合作

政府的重要职能是解决市场失灵和外部性问题，通过各项体制机制改革、利用优惠政策支持引导，对社会经济制度以及相关领域进行宏观调控。对积极寻求参与创新创业教育、协同进行科技创新的企业和高校来说，主要体现在政府支持合作的财政资助政策、贷款与税收优惠政策、人才交流与流动政策、鼓励合作的组织创新政策等。此外，还包括知识产权制度保护下的利益分配制度、成果转化制度等。这些政策是促进创新创业社会大课堂三方合作，积极开展协同创新、形成三螺旋创新创业教育社会大课堂的动力效能。

3. 市场激励三大行为主体有效合作

在后疫情时代，伴随着经济下行压力的不断增加，国内外市场竞争日趋激烈，国家在努力构建国内外市场的双循环机制。在新的经济环境下，各创新创业主体将不可避免地面临更加激烈的市场竞争，如何提升科技创新能力与协调发展能力是实现自身发展、增加竞争力的关键所在。而实现科技创新、突破技术瓶颈，必须推进创新创业教育社会大课堂中高校、政府和企业的有效合作，否则难以在激烈的市场竞争中获得可持续的生存发展能力。

（二）三螺旋机制赋能三大行为主体

1. 获得竞争优势

由于经济社会环境的复杂与多变，社会经济和科技发展环境也发生了诸多变化，具有科技创新速度快、范围宽、强度大等特点，高校、企业等机构面临的竞争日益激烈。为了促进创新创业教育的深入推进，必须采取高校、企业、政府协作的方式强化优势才能立足发展。创新创业教育社会大课堂形成三者的协同创新网络，能够加强高校同企业与政府的信息交流，提高对市场和技术的快速反应能力，然后通过彼此间人力资本、知识资源的共享，迅速实现组织研发与生产，及时输出满足市场需求的产品和服务，从而在创新创业和市场竞争中获得优势。

2. 降低交易成本

在创新创业教育的社会大课堂上，高校与企业、政府的合作形成具有一体化特点的组织，在组织中，各创新创业教育主体之间通过对信息资源、科技知识、人力资源等的共享，可以减少知识转移费用、降低科技研发费用、成果生产费用、产品经营费用等一系列成本，可以在一定程度上降低在某些科技创新领域的重复性投资，便于分担投资成本、降低投资风险等。这显示出在创新创业教育中，主体之间协同合作所带来的降低成本和风险的优势。

3. 整合核心能力

核心能力是一个组织特有的知识和技能的能力集合，高校与企业、政府等各自具有独特的核心能力与资源，协同可以促进各主体核心能力的整合，形成资源流动的相互补充与支持，形成优势互补、强强联合的态势，在实现促进各创新主体自身发展进化的同时，最终实现创新创业教育的社会共赢。

4. 形成协同资本

无论是高校、企业还是政府，它们各自自身的资本是有限的，只有采取多方的高度协作，形成创新创业教育的资本数量增加、资本质量提高的协同资本形态，才能进一步充分利用资源，实现创新创业教育各项目标和效益的提升。高校在同政府、企业进行创新创业教育的合作，可以形成协同资本的动力推动下，彼此间通过信息、物质、资源等的交换，实现优势互补、风险共担、资源共享，使各创新主体在获得了自身所缺乏资源的同时，提高了创新创业教育的效率，最终形成高校、企业、政府合作共赢的新格局，实现共同发展。

二 协同机制要素

高校、政府、企业等创新主体一旦具备了寻求协同的动力，还只能说明它们之间存在协同的可能性，而协同机制包含的具体要素是创新创业教育社会大课堂建设科学化、常态化、持续化建构和运行的重要保障和有力支撑，主要包括领导机制、运行机制和反馈机制。

（一）领导机制

1. 建立专门机构统筹创新创业教育社会大课堂

统筹各个层面尤其是创新创业教育的动力来源——高校内部的专门机构和相关机构，探索建立健全高校创新创业教育社会大课堂建设的"专业化、一体化"领导机制，不但能够体现创新创业教育的本质，满足创新创业教育过程中的学生需求和市场需求，即培育创新创业人才，还能激发创新创业教育的内生性动力，促进学校凝聚力和向心力，即在校园内部创新创业活力，同时加快人才转化和知识成果转化及应用效率，通过与企业、政府构成相辅相成、合作共赢的关系，培养创新创业人才，推动地方经济的发展和供给侧变革。

在领导层面强化校地合作、校企合作和校际合作，三大主体中由政府牵头成立相应的创新创业教育社会大课堂推进领导小组，高校和企业派出相应部门、机构和人员参与，形成强有力的领导机制。服务地方发展是高校特别是地方院校的职责所在，地方政府也要为高校人才培养注入相应的地方元素。地方经济的可持续发展为高校创新创业教育提供了基础，高校应聚焦地方产业发展需求，引导学生实现知识变现，增强对地方社会经济发展的服务功能。市场是检验商业模式、创新产品的"试金石"，创新创业教育的成果检验需要学校与企业的良性互动和相互支持，建立起有序的校企互动机制，推进企业家进校园和学生对接，促成好的创意项目转化成相应的成果，产生良好的社会经济效应。创新创业教育不能独自进行，而要"百花齐放"，这样的创新创业教育才有活力。因此，高校之间要加强互动，在课程互学、项目互助、学分互认、师资交流、平台共享等方面加强联动，把创新创业教育作为校际联动的纽带，构建创新创业人才培养的共赢格局。

2. 构建耦合的创新创业教育协同创新机制

高校积极发挥创新引领支撑作用和基础地位，尊重企业的创新主体地位，政府创造条件引导高校和企业两大创新体系协同发展。通过校企共建研发平台，将企业研发中心建在高校中，充分发挥高校人才培养功能，协同引育人才。双方围绕国家战略、区域产业关键技术、核心工艺和共性问题开展科学研究，将企业实际需求作为工程技术研发的重要选题来源，创新科研管理体制机制，开展协同创新研究，推进科技成果转化实施。如西安交通大学组建政府、高校、企业创新联盟，建立以"行业企业共建为引领、学校示范为先导、学院组织为主体、项目实施为依托、教师参与为核心"的校企合作平台，实现科学研究、实验开发、推广应用的"三级跳"，推动创新成果产业化和市场化。

(二) 运行机制

在创新创业教育的社会大课堂中，高校、企业、政府之间的协同运行机制，需要制定明确目标、实施过程管理、建立反馈机制，依靠完整的协同运行机制，保证协同的效果和创新创业教育的社会大课堂顺利开展。

1. 制定明确目标

首先通过对高校同政府、企业的创新创业教育社会大课堂合作创新现状进行充分审视，一方面为目标制定提供依据，另一方面可以通过对创新创业教育现有的系统或机制运行情况进行评估，特别是与预期目标之间进行差距分析。高校在开展创新创业教育时，初始阶段制定相应的与政府和企业协同创新目标，这对整体社会大课堂的系统运行具有指示作用。

2. 实施过程管理

首先，在整个创新创业教育的社会大课堂开展过程中，高校、企业和政府之间的协同是要准确、及时地识别出是否存在协同的创新教育机会，如高校现有的科研成果是否可以对企业形成一定的技术支持，然后才可能据此有针对性地制定相应的行动策略，促使高校同产业、政府等创新创业教育社会大课堂的不同主体在协同作用下获得期望收益，实现协同目标。对各合作参与主体而言，识别协同机会的关键在于准确找到可能产生协同合作的切入点，或者识别出当前准确的痛点或者阻碍环节、制约因素，也是至关重要的，并以适当的方法加以改进，才能进一步深入合作。其次，判断好高校同政府、企业等创新主体协同后实现协同效应所体现出来的价值大小。这对于各合作参与主体是否愿意参与创新创业教育，并且积极寻求协同创新，具有深远的决策意义。在经济利益角度，通过衡量创新创业教育的协同价值与协同成本的高低，可以决定各主体是否有必要寻求并积极参与；在预测分析角度，预先明确协同价值可以具体描绘出高校开展创新创业协同合作的前景，从而深度挖掘出各协同创新要素的潜在价值，保障后续协同行为的顺利进行。最后，在创新创业教育的协同合作中注重信息协调沟通，整合协同要素。

（三）反馈机制

对协同结果进行反馈，目的是实现期望的目标，通过比较行为实际结果与最初期望结果得出偏差，从而反馈并消除偏差来保证尽最大可能实现协同效应。高校同企业、政府的协同是否获得了期望的协同效应，实现协同目标同样需要通过三大主体协同反馈，包括但不限于关于整体的过程运行、关于协同效果、关于如何进一步改进协同的措施，并将最终实现的效果与预期目标进行比较。一旦反馈结果表明二者不符时，说明预期的协同目标并未达到，各主体需要对协同实现过程的各个环节进行及时的检查、管理与修正，保证最终实现与预期协同目标相符的协同效应。

三　协同主要路径

高校、政府和企业各主体按照"目标共同、机制共建、资源共享、责任共担"原则建立目标一致、行动逻辑一致的协同关系。通过汇聚校内外创新创业教育合力，形成协同育人机制，在政策资源、资金资源、信息共享、法律法规等方面做好协同合作，协同培育具有创业基本素质、创新意识和创业能力的创新型人才，推动高校、企业和地方经济社会的螺旋式发展，实现互利共赢和创新创业教育社会大课堂有序推进。

（一）高校构建创新创业教育共同体，发挥在创新创业教育大课堂的主体地位

1. 提升创新创业教育的供给能力

在高校创新创业教育社会大课堂建构过程中，作为与各大主体如政

府和企业进行沟通协调的重要组织，成立创新创业学院并强调其责任是必要的，能够提升高校在创新创业教育中的支撑力。一方面提升管理与服务水平，提升自身规划能力，在与企业和政府的协同合作中争取发展的资源和一定的话语权。抓住创新创业教育的时代机遇，在不断更新自身知识体系的基础上，打造高效的内部管理机制和现代化的管理团队，为校内师生创业团队及校外孵化机构行业企业等提供优质服务。另一方面是提升创新创业学院的链接能力，将政府和企业优质资源配置给有需要的创新创业团队和学生。通过策划校友论坛、名师指导等活动将教师和政府、企业相关的经验传授给缺乏实战经验的大学生群体，通过搭建平台等方式将各类机构的投资配置给缺乏资金支持的创新创业团队等。①

2. 以高校为主体加强创新创业师资培训

为提升高校创新创业教育的动力，要将创新创业教育贯穿人才培养全过程，从高校本身深化创新创业教育改革，在课堂教学、自主学习、实践能力、文化引领方面构建第一课堂，配合第二课堂，在此基础上，健全校际之间、校企之间、校地之间等社会大课堂作为内外协同、合作共建的重要方式，增强创新精神、创业意识和创新创业能力。通过各种层级培训，提升教师创新创业能力，提升教师在创新创业素养方面的经验，推动教师能够把国际学术前沿和实践经验共同融入课堂；对创新创业型教师挂职进入企业、企业家派驻高校等给予更多的激励措施，吸引更多企业和政府优秀人才担任创新创业导师、产业导师；并建设一批导师培训基地，定期展开相应的培训；组织创新创业导师、产业导师等深入校园举办相关的创新创业大课堂，进行创新创业经验分享、实践指导、政策解读，为高校、企业和政府之间的协同创新奠定基础。

（二）政府加强顶层设计，落实各项政策

强化顶层设计这一核心命题，事关创新创业教育生态系统建设能否明确方向、精准发力，创新创业教育的社会大课堂能否真正发挥其育人功能。

---

① 陈元媛：《行动者网络理论视域下高校创新创业教育体系研究》，《高等教育管理》2022年第4期。

1. 创新创业社会保障政策

确定高校、政府和企业各自的具体职能,并打造各种不同的模式促进创新创业教育社会大课堂的有序开展,离不开创新创业教育社会保障制度。由人力资源和社会保障部牵头,会同教育、财政、民政、医保等部门和地方各级人民政府,落实高校创新创业的帮扶政策,特别是加大对创业大学生的支持力度,制定相关的制度提供就业服务、就业援助和社会救助。在政府的统一领导和引导下,发挥高校和企业的主观能动性,特别是通过企业依靠市场实现主要渠道作用。如果地方政府有一定的条件和意愿,可尝试探索建立大学生创业风险救助机制,采取创业风险补贴、商业保险补助等方式给予精准扶持,实现更加有效的帮扶。如鼓励毕业后选择创业的大学生可以按照规定缴纳一定比例的"五险一金",减少其因为可能创业失败而带来的后顾之忧。相关部门可以在某些创新创业教育发展较快、创新创业意识超前的区域进行试点工作,及时总结,并可以在全国范围内进行经验的推广。

2. 创新创业的财税和金融政策支持

资金资源是创新创业教育社会大课堂中三大主体进行协同创新的血液,只有资金供给充足、资金运转合理才能实现创新创业教育的有效协同。高校作为教育机构,其用于科技创新的资金资本是相对短缺的,主要通过教师项目研发经费、政府投资、企业投资以及风险投资等渠道获得。为了保证高校和企业进行创新创业教育投入的资金资本相对充足,形成多渠道、多层次的资金保障体系,在政府引导下,高校与政府、企业协作应全方位打造筹集资金的渠道。此外,高校应对一些科研周期长、应用复杂性高、成本难于控制的高新技术研发给予高度重视,如何聚集其他创新主体进行风险投资对高校的协同发展,也恰好是创新创业教育社会大课堂需要解决的重要问题。

针对资金问题,加强创新创业教育在财政、税收、金融和资本相关的政策支持是至关重要的。在财政角度,继续加大对高校创新创业教育的支持力度,坚定不移地推动大学生创新创业财政的扶持政策得到进一步落实。在税收角度,落实减税降费政策。如高校毕业生在毕业后从事个体经营,符合一定条件的,三年内按照一定限额扣减当年实际缴纳的增值税、教育附加费、地方教育附加和个人所得税。如果是国家级、省级的科技企业孵化器和大学科技园，可按照规定免征增值税、房产税和城镇土地使用税等。在金融角度，落实普惠金融政策，鼓励金融机构按照市场化原则对学生的创新创业项目提供金融服务。真正切实助力解决创业融资难的问题，在担保贷款政策、利率优惠、贷款申报流程、审批手续上给予特殊的政策，提高贷款便利性，鼓励产品和服务创新。在资本角度，引导社会资本支持大学生创新创业。充分发挥社会资本的作用，促进资金与创新创业需求有效对接，助推创新创业项目健康发展。

3. 强化创新创业宣传引领

在创新创业教育社会大课堂的开展中，及时总结各个地区、各个高校的好经验、好做法，大力宣传加强高校、企业和政府三方协同的重要性，强化促进大学生创新创业教育的必要性和重要性。通过丰富宣传形式、培育创新创业文化，推动多方协同创新的三螺旋机制，形成支持大学生创新创业的社会氛围。

（三）企业发挥支撑作用，切实促进创新创业成果落地和转化

1. 企业要具备创新创业教育的主体意识

在三螺旋理论视角下，企业在创新创业教育中扮演着创业平台搭建者、创业资金支持者等角色。企业不仅只是创新创业教育成果的享用者，还在高校创新创业教育的社会大课堂中，与政府、高校协同创新，共同推动创新创业。要想在激烈的市场竞争中获取优势，企业应明确自身在创新创业教育中的地位，积极参与到创新创业教育过程中，以多种形式参与到高校创新创业课程设计、创新创业实践项目开展、创新成果转化等过程之中。在这一过程中，部分企业逐渐承担人才培养职能，通过创办企业性大学，培养企业内部中高级管理技术人才。如具有代表性的有中国移动管理学院、华润大学等，也承担一部分高校知识创新、人才培养的教育功能。这恰恰是企业打破其过去的单一职能，并打破与高校之间的边界壁垒的重要体现，是三螺旋理论的一种实践。

2. 加强平台建设

在创新创业教育的社会大课堂上，充分发挥企业创新创业平台建设的作用，与高校共建大学科技园、大学生创业园、众创空间等实践平台，面向在校大学生免费开放，开展专业孵化服务。特别是针对不同区域、不同学校、不同学科的特色优势，联合相关企业建设创新创业的实践教

学基地，配合高校共同深入实施大学生创新创业训练计划。

3. 推动成果转化

企业的生存发展离不开技术创新的推动。随着新一轮科技革命的发展，科技创新能力成为重塑世界格局的重要部分。单单依靠政府、高校、企业的一方力量难以实现创新的产业化发展。只有政府、企业、高校明晰自身在创新创业发展中的主体作用，三者相互协作、相互补充，共同推动创新创业成果转化，才能早日实现中国创新型国家建设的发展目标。企业作为创新创业社会大课堂中的重要一链，要结合经济社会发展的需要，明确企业科技创新发展的需求，积极与高校开展创新项目合作；企业可将生产发展所需的技术、产品以科研课题的形式与高校建立合作项目，让学生参与到项目中，或企业直接购买学生的创新成果，实现创新项目成果落地转化。

(四) 协同社会资源打造长效机制，优化创新创业教育的社会环境

1. 降低创新创业门槛

在创新创业教育的社会大课堂上，离不开创新创业环境的优化。如何降低大学生创新创业门槛、便利化服务大学生创新创业，是保障政府、高校和企业协同发挥作用的关键所在。政府应该持续提升企业的服务能力，为高校的创新创业教育提供相高效便捷的服务。同时，在推动各种孵化器、加速器、产业园链条发展的过程中，由科技、教育、市场监管相关部门协同，降低高校创新创业团队入驻的条件，例如可以鼓励各种孵化器向校园团队开放一定比例的免费孵化空间。在科技资源方面，完善科技创新资源开放共享平台，强化对高校的技术创新服务；鼓励企业面向高校大学生直接发布企业需求清单和技术创新需求清单，引导高校精准创新创业教育，并鼓励国有大中型企业直接与高校对接，开展"揭榜挂帅"活动。

2. 注重信息协调沟通

在创新创业教育的协同合作中注重信息协调沟通，主要目的是激励各主体充分发挥并优化其功能。要想实现三大主体的有效协同，必须基于良好的信息沟通与协调，把各个协同要素连接起来。在创新创业教育社会大课堂上，高校作为知识宝库与创新源头，可以交流基础研究与应用研究的进展；产业主体企业可以提供更多的市场动态和科技成果孵化

等相关信息；政府作为重要的制度供给保障，可以更多地提供公共服务信息。努力形成合作网络内的正式和非正式交流渠道和氛围，对于加深协同各方的相互了解和信任，克服协同过程中的冲突和矛盾，有效整合整体目标和共同利益达成一致，为最终提高整体的运行效果，实现协同效应打下坚实基础。

3. 整合协同要素

在创新创业教育协同创新过程中，为实现整体的协同目标，各创新主体会将原本分散的资源进行整合和配置，形成协调统一的整体，这个过程是要素整合，其方式和程度会直接影响协同所创造的价值和系统协同的效应。根据创新创业教育协同创新的目标，各创新主体通过要素整合产生互补作用，深度挖掘协同的优势潜力，解决影响和制约创新创业教育推进的阻碍，创造各主体发挥最优作用的条件环境，促使协同要素更好地进行创新创业教育的社会实践，最终实现价值创造和人才培养。在这一过程中，创新主体应采取恰当的管理方法，积极寻找各种能形成我们所期望达到的协同程度的有利条件，使之成为推动创新创业教育创新协同发展的"无形之手"。

四 协同机制的具体保障措施

创新创业教育过程中，社会大课堂是在第一课堂、第二课堂的基础上构建的，具有重要性、复杂性和多元性等典型特点，为了实现协同机制的建设，保证能够有效地组织、实现可操作性，具有强大的支撑力量，这要求必须强化制度保障、重点关注主体协作、注重分层分类管理，推动创新创业教育生态系统建设具有明确方向，能够精准发力，真正发挥其育人功能。

（一）依靠制度保障

通过制定对协同行为具有规范与约束力的制度，确保创新创业教育社会大课堂主体之间的协同创新能够良性地运转。

1. 健全法律法规

根据高等教育与创新创业教育的发展规律与社会需求，构建专门的创新创业教育相关法律和法规制度，将创新创业教育纳入规范范畴。教育部及其他有关部门应当根据新时代高等教育与创新创业教育要求，构建中国特色社会主义的创新创业教育法律制度，进行制度创新与体制创新，特别是通过法律法规的形式明确高校、企业和政府各自的职责，能够确保创新创业教育推进与国家战略、行业发展方向一致。①

2. 建设参与和退出制度

高校、企业和政府经过相互的沟通了解，通过相应的领导机制，自愿建立协同合作关系，这不是强制性规定。三大主体协同合作的正常开展，应以组织协议为基础保障，对创新创业教育各参与主体协同过程中的行为进行约束与规范。各主体之间建立具有软约束力的沟通与信任机制，有利于消除各合作主体之间的隔阂，促使高校、政府、企业都能积极参与创新创业教育，确保协同效应实现。随着经济社会环境的发展变化，三者之间要不断地自我调整，包括目标与主要方向等，实现创新创业教育的迭代与更新。为了确保高校同企业、政府协同创新的有序进行，制定退出制度也是必要的。一旦经过对高校、企业和政府在创新创业教育社会大课堂的协同模式进行反馈评估，发现不能适应不断变化的环境，将及时反馈，形成一定的退出制度。

3. 完善利益与分配制度

人们会对激励做出反应，这是经济学重要的基本原理，因此适当的激励能够激发创新创业教育中协同参与主体的积极性，构建相应的激励机制十分必要。激励机制充分考虑政府、高校和企业各自的需求，能够使其预先充分感知参与创新创业教育可能会获得的利益，激发其贡献核心能力，整合优势资源，全力支持以高校为原动力的创新创业教育社会大课堂，增强整体协同创新能力，有效创造协同价值。激励机制应从精神与物质奖励两方面着手，最大限度地激发创新创业人才的能动性，形成活跃的良好态势。

（二）重点关注主体协作

高校创新创业教育的社会大课堂建设涉及高校、政府、企业及高校之间等主体的信息传递和资源转化。只有在三大主体之间形成"共商、共创和共享"的长效协同合作机制，以"全方位、多元化、多层面"的

---

① 田静：《基于职业教育的高校创新创业教育生态系统模型构建》，《继续教育研究》2022年第5期。

视角，积极发挥各自的职能优势，互相形成合力，才能有效解决创新创业教育过程中的各种问题，充分发挥动力机制、运行机制和保障机制，促进创新创业项目的落地转化。因此，创新创业素养的培育和氛围的形成必须基于一个开放、复杂、循环、优化的创新创业教育社会大课堂，三螺旋理论视角下政府、企业和高校三个相互独立存在，却又相互渗透相互促进，通过政府的顶层设计和宏观政策支持打通三者之间的隔阂，从而解决和完善创新创业教育中出现的问题。①

特别是对于地方政府而言，可以适当在政府公共信息平台上开设创业信息专栏，为地方院校毕业生提供创业政策咨询服务及必要的资金支持；对于学校的创新创业教育，政府可以从宏观上完善和加大创业政策扶持和引导力度，为大学生自主创业搭建绿色通道。地方院校可以和当地政府建立长期合作关系，其科技成果除了以论文和专利形式表现出来，政府在公共信息平台中去对接成果转化，为当地的社会经济的可持续发展作出积极贡献。②

（三）注重分层分类管理

1. 以区域差异为基础

不同区域范围内的创新创业教育社会大课堂，在协同创新推进过程中呈现不同的发展趋势和特点。从整个区域经济发展特点来看，中国区域经济仍然呈现东西发展差距明显、区域分化严重、地区发展不均等特点。全国经济增速整体回落的过程中，部分省市依然保持了较好的增长态势，如江苏、贵州和西藏2015年至2019年度GDP增速仍达到两位数或接近两位数，而东北和部分省市则出现了塌方式的变化，呈现转型停滞的低迷。区域发展正在分化，中国区域空间格局正面临重大变化。因此，对于地方院校的创新创业教育社会大课堂，面临的地方区域经济实力、政治影响力、文化传播能力、科技创新能力都存在一定的差异。在进行创新创业教育的推进中，不同区域的地方院校要发展自己区域特色的协同创新路径，体现区域差异。从经济发展水平的角度来看，对于经

---

① 王永铨：《新时代大学生创新创业素养培育路径》，《教育评论》2022年第1期。
② 汪玲：《基于三螺旋理论的应用型本科创新创业教育模式研究》，《科技与创新》2022年第7期。

济发展水平较高的省份，应通过建设创业平台与出台优惠税收政策相结合的方式，加强政府的引导作用。对于经济发展水平相对较低的省份，应通过强化产业间的信息提供与资金供给水平，提升高校的人才输送与知识共享能力，加强产业与高校的协同作用，通过构建创新创业系统运转体系，为地区发展持续注入新的活力与动力。

2. 以不同层级为导向

不同层级的学校，在创新创业教育社会大课堂的协同机制中，有不同的创新创业教育基础，地方院校中涉及地方重点院校、地方普通本科院校和职业学院，对人才培养的定位要求、对科技创新的具体导向、对协同合作的应用成果，都有不同的方向和需求。从地方院校的不同层级来看，对于地方重点院校，地方政府会更加重视其优质科技成果产出和运用，为地方经济发展培养高层次的创新型人才，为企业输出有代表性的科技成果，转化为企业生产的动力，为企业在创新领域赋能，积极融入并适应国家和区域创新战略，为区域经济的可持续发展奠定重要的技术基础和高层次人力资本；对于地方普通院校，当地政府、高校和企业的需求与前者有所区别；对于地方职业院校，政府和职业院校自身会有更加清晰明确的定位，在创新创业教育的协同合作过程中更加注重校企合作，借助企业力量贯穿学生培养的全过程，为企业输入职业素养较高的技术型人才，实现创新创业教育和企业人力资源获得的双赢。

3. 兼顾不同学科特征

不同学科在创新创业教育社会大课堂上的应用和运行有不同的特征。学科特征下，专业课程是创新创业教育建设的基本载体。要深入梳理专业课教学内容，结合不同课程特点、思维方法和价值理念，深入挖掘创新创业元素，有机融入课程教学，达到相应的育人效果。如人文科学，在创新创业教育的开展过程中，更加注重文化引领，因此社会大课堂的参与主体更多的是高校和政府相结合，在这一过程中充分树立民族自信、文化自信，并调动学生积极创新的意识和理念；而自然科学更重要的是将高校、科研院所的研究成果有效转化成企业科技创新的生产力，政府可以更好地发挥高校和企业之间的桥梁作用，在创新创业过程中引导双方合作共赢，推动技术的应用，促进当地经济的快速发展，适应科技创新战略。而医学的创新创业教育，更需要积极围绕国家和地方需求，围绕补齐民生短板，围绕产学研用结合，致力于培养不同的人才队伍，包括医疗卫生行业需要的人才和生物医药、健康服务产业需要的人才，造福人民，为健康中国战略的持续推进奠定良好的技术和人才基础。

第九章

地方院校、政府和企业的协同实践

本书利用三螺旋理论,探索中国创新创业教育社会大课堂实施过程中高校、产业和政府三者的定位及运行机制,对高校特别是地方院校创新创业教育指明了发展方向。按照对地方院校进行分层研究、分类管理的理念,在探讨地方院校、政府和企业的协同实践过程中,分别选取重点地方院校、普通地方院校和地方职业院校典型案例,分析各个层次的高校在创新创业教育中取得的成绩以及经验做法,重点剖析各自在三螺旋理论支持下高校、政府和企业不同侧重的协同实践。地方重点院校一般在创新创业教育中更偏重科研能力和创新能力的提升,重视依靠政府力量,与企业建立协同合作关系,推动科技成果的转化。地方普通院校在与地方政府和企业协同合作的过程中,重视服务地方经济,培养适合区域社会经济发展的创新创业人才。地方职业学院更侧重学生创业能力的培育,充分利用校企合作的诸多优势培养学生实践操作能力,来提升其综合创新创业能力。

第一节 宁波大学的 U-G-E 协同实践分析

宁波大学是浙江省省属重点本科院校。近年来,通过与政府和企业的协同合作,大力推进创新创业特色教育,在实践上取得了积极的成效。[①]

[①] 王雁红、缪旭峰:《基于三螺旋理论的地方高校协同创新研究:以宁波大学为例》,《宁波开放大学学报》2022年第3期。

一 主要举措

(一) 整合学科链与区域产业链,培育学校的科研特色与优势

从区域的产业特点出发,构建具有区域特色的学科体系。宁波大学从宁波市的地方海洋、信息、港口物流等产业特色出发,逐步设置与调整专业设置,建立学科—专业—产业互动发展机制,创新学校的人才培养模式。例如,2012年宁波大学新增微电子学、材料科学与工程、船舶与海洋工程等专业,应用性学科占比很高,形成了具有区域特色的学科体系。

以区域产业发展为导向,吸收跨地区、跨组织的科研资源来构建跨学科协同创新平台。2013年由宁波大学、上海海洋大学、集美大学三所高校发起,并联合科研院所、国际创新机构和企业,共同组建"东海海水养殖产业升级"协同创新中心。通过创新驱动和协同创新,实现传统海水养殖业的产业升级。

在政府支持之下,构建高层次学科创新平台。宁波大学将地方产业发展与本校申请博士点相结合,整合科研资源与经费投入,积极争取高层次创新平台。该校建立国家、省部级以上高层次科技创新平台25个,直接面向区域产业经济,推动了与宁波市高新技术产业直接相关的信息工程、海洋工程、材料工程、区域经济等学科发展,为开展协同创新提供有力的知识支撑。

(二) 构建大学与企业间的协同创新平台

以产业需求为导向,构建工程技术中心。近年来,宁波大学以区域产业发展需求为导向,利用学科与研究优势,与高新技术企业合作,构建了一批工程技术中心。如与奥克斯集团、宁波天邦股份有限公司、宁波永新光学股份有限公司等十多家地方性高新企业合作,建立技术中心或研发中心作为科技创新和智力转化平台。

建立校企互动的合作机制。自2003年起该校启动了"百名教授、博士进企业"行动,先后有900批次科技人员深入接近1000家企业开展校企科技合作工作。还推出"百名优秀企业家、高级管理人才进校园"计划,将企业对技术和人才的要求直接传输给学校师生,对接技术研发与市场需求。联合宁波地方行业龙头企业,成立了校企合作委员会,牵头组建"宁波智能家电产学研技术创新战略联盟""船舶与海洋工程大学联盟"等高校、企业、政府联盟组织，推动区域经济创新与升级。

（三）强化政府与大学间的交叉、互动与合作

以政府政策为依据，积极开展协同创新活动。宁波大学根据《宁波市人民政府关于实施协同创新战略全面提升、高等教育服务经济社会发展能力水平的若干意见》《宁波市委关于强化创新驱动加快经济转型发展的决定》等政策，积极开展协同创新园、协同创新中心与技术成果转化工程建设。2014年由宁波大学牵头，协同中国海洋大学、中国科学院大气物理研究所、宁波市气象台等单位，组建了"非线性海洋和大气灾害系统"协同创新中心等单位，试图实现优势互补、分工合作、协同创新。

积极参与政府组织的大学、企业间合作活动。为了促进企业与大学间的合作与创新，宁波市政府连续召开了10届大学校长与企业家论坛，推动区域高等教育创新发展、促进高等教育有效地服务区域经济发展。还组织了四届"百校千企"合作洽谈会，加强校企间人才、技术、资源和信息的流动和对接。通过积极参与地方政府组织的校企合作活动，宁波大学将科研知识与企业的产业发展需求相对接，促成了科学研究从象牙塔教授向实践应用的转变。

积极争取政府对高校协同创新平台的支持。协同创新平台是以技术创新为核心，以提高区域竞争力和可持续发展能力为最终目标，平台建设以政府引导和市场推动相结合，建设初期政府在政策和资金上予以大力支持。根据国家海洋经济示范区建设需要，宁波大学提出集聚学科专业、人才团队、科研平台等各创新要素，全面对接国家海洋战略。2015年，由宁波市人民政府、北仑区人民政府、宁波大学等共建"宁波大学海洋科教园"，在政策支持、资金投入、空间保障等方面予以全面支持。

二 取得的成效

（一）创新创业教育成绩斐然

截至2022年3月，宁波大学连续6年在中国国际"互联网+"大学生创新创业大赛中获得"高校先进集体奖"（全国仅4所），在第六届、

第七届中国国际"互联网+"大学生创新创业大赛中金奖总数均位列全国第二，前七届大赛中共获得19金19银3铜的成绩。连续9年在全国"挑战杯""创青春"系列竞赛中蝉联赛事"优胜杯"，成绩稳居全国前20名。学校被列为国家大学生自主创业教导模式创新实验区、国家大学生创新创业训练计划项目单位、全国首批深化创新创业教育改革示范高校、全国高校实践育人创新创业基地、全国创新创业典型经验高校、全国就业工作典型50强高校、浙江省普通高校示范性创业学院、浙江省大众创业万众创新示范基地。

（二）教师的科学研究能力全面提升

宁波大学从区域发展需求出发，积极组织跨学院、跨学科、跨单位的科研力量，共同进行协同创新。目前宁波大学已经成功获得了一些国家级、地方级重大科技计划项目，在国家重大奖项上取得新突破，包括国家自然科学奖二等奖1项、国家技术发明奖二等奖1项、国家科技进步奖二等奖2项，实现了全面突破。2020年获教育部第八届高校社会科学优秀成果奖6项。

（三）科技成果得到有效转化

在重视科技成果培育的同时，该校坚持以企业转型和技术升级为导向，推进科技成果转化。在开展技术推广和成果转化中，宁波大学近5年横向科研经费达3亿元，支撑服务企事业单位2000余家，80%专利技术得到应用，100多项科研成果转化应用和示范推广。如该校在2015—2018年把"质谱离子源"和"光电功能材料与器件"两项成果成功转化为现实生产力，作价金额达2700万元。

（四）科研团队孵化与培育

宁波大学以区域产业发展为导向，加强学科建设与科研协同创新平台建设，孵化了一批优秀的科研团队，如"高效海水养殖与灾害响应机制"教育部创新团队、浙江省科技与文化创新团队、宁波市"3315"科技创新团队等。依托宁波市高等技术研究院平台建立了四个协同创新团队："红外硫系玻璃和光功能晶体材料""科学仪器""生物芯片""下一代无线通信系统接入网关键技术及组件研发"，为创新创业教育奠定了良好基础。

三 启　示

（一）积极赢得政府支持，促成协同创新政策的制定与执行

宁波大学作为地方重点院校，在创新创业教育中更加关注创新引领，服务宁波当地的经济发展和科技进步。因此该校与政府保持紧密合作关系，并且在政府政策支持下，结合本校实际情况共同牵头推动协同创新。而宁波市政府为构建多元化风险投资体系，出台了《关于加快天使投资发展的若干意见》，设立了5亿元创新投资引导基金，鼓励具备资质的社会创新投资机构投资科技创新型公司，解决研发资金短缺难题。宁波大学在充分把握各类政策的基础上，制订专门的协同创新政策执行方案，结合本校的实际情况制订综合性的协同创新政策执行方案，取得了较好的效果。

（二）创新科研成果转化制度，促成科研成果的转让与产业化

宁波大学积极制定专门的科研成果转化制度，明确科研成果转让形式、作价投资、管理机构、股权分配等内容，引导教师以自身的科研成果积极入股企业，促成科研成果的转让与产业化。同时融入宁波市科研成果转化平台，促成大学科研成果的交易与转化。例如，2014年宁波市开通知识产权转化交易平台"天一生水网"，集中了知识产权许可、转让、融资及产业化等服务，并吸收高校、企业、银行、资产评估公司、律师事务所等不同主体入驻。积极运用科研成果转化基金、风险投资等金融工具。2021年7月宁波市政府设立宁波国家自主创新示范区科技成果转化基金规模10亿元，后续将吸引社会资本，最终达到50亿元规模。

（三）通过三螺旋协同创新平台，增强主体间的互动与信任

宁波大学在创新创业教育中最重要的一步是依据自身的学科优势与区域产业特点建设多样化的协同创新平台，并寻找当地政府和适当的企业来共同参与协同创新平台。协同对象能力、协同强度与协同需求高度匹配时，能够充分发挥其资源整合、沟通与协调、互动与反馈等功能，集聚大量的创新人才、资金与风险投资。为了培育协同关系，增强彼此间的沟通、信任、尊重与承诺，宁波大学积极运用研讨会、高层互访、对话等方式来强化彼此间的沟通，培育良好的信任关系，共同应对科技创新风险。

第二节　大连东软信息学院创新创业人才社会大课堂模式

大连东软信息学院是一所地方普通院校，是由东软控股、亿达集团出资举办的一所民办普通高等院校，该校探索创新创业教育的人才培养全过程，取得了较好的效果。

一　主要措施

（一）构建一体化创新创业教育体系

大连东软信息学院借鉴 CDIO 国际工程教育模式，结合自身实际需要和在 IT 应用型人才培养方面的经验，将学生知识、能力和素养进行一体化设计，形成了具有东软特色的 TOPCARES–CDIO 能力指标体系，涵盖技术知识和推理能力、开放式思维与创新、个人职业能力、沟通表达能力、态度与习惯、责任感、价值观以及应用创造社会价值。基于上述能力指标体系，将创新创业教育与专业教育深度融合，映射到课程体系和具体的课程、专题、活动、项目中，培育信息时代的创新创业能力和精神，形成浓厚的创新创业文化氛围，引导学生把价值塑造和人格培养变为内在需要，实现自觉行动。

（二）打造螺旋式人才培养模式

创新创业的普适性课程体系是大连东软信息学院培养创新人才的底层架构，重点突出培养创新思维方法和商业技能；创新创业项目体系旨在更好地吸纳普适性的课程优质成果，着力培养工程思想和实践技能；创新创业的孵化体系进一步加快项目研发转化为实践成果，实现高质量的就业和创业。

1. 创新创业的普适性课程体系

这是创新创业人才培养全过程的重要环节，包含 12 门创新创业类课程，一年级侧重创新意识、思维与方法的培养，二年级侧重创业精神和能力培养，三年级侧重产品集成创新和商业技能的培养，为提高学生创新创业技能奠定了坚实基础。

2. 一体化的创新创业项目体系

包含创新创业项目管理、创业综合管理、创业团队管理、项目发布、在线培养、科技创业服务等核心功能，为培育创新创业项目提供资源支持。对于已通过验收的项目优先推荐资质申报、竞赛选送和成果孵化，并给予经费支持，提高实践质量和成果产出效率；以新技术、新应用为突破，组织项目申报，以专业化和市场化标准组织项目评审，建立校级项目库。入选种子项目后，学校帮助其进驻特色创新课件，统一进行规范化管理，提供全程指导，并依据不同标准给学生换算成相应的创新创业实践学分。

3. 系统化的创新创业孵化体系

学校依托SOVO创新创业实践中心组建相应的指导服务机构，以项目为导向，提高学生的创新创业实践能力，开拓创新精神、团队协作能力。建立全流程的大学生进阶式创新创业实践训练平台，完成指导的全过程，包括创意阶段，技术发展阶段，商业模式阶段，企业成立、成长和高速增长阶段。将孵化器模式导入创新创业服务体系，根据每个创业团队的特色展开有针对性的个性化指导，提供定制化服务。

(三) 建立产学合作长效机制

大连东软信息学院是一所具有产业基因的应用型大学，一直致力于通过产学合作促进人才培养。明确面向产业及行业应用，以社会需求为导向，培养"实用化、国际化、个性化"应用型高级专门人才的定位，构建产教融合、面向应用的产学合作长效体制。学校创办者除了向学校提供建设资金、基础设施、后勤保障，还为学校提供双师、双能型师资、科研项目、工程实践环境、教育教学资源、实训基地和就业渠道。学校为IT企业、软件园区提供亟须的应用型人才和科技开发等服务，形成了有特色的办学体系，实现了教育与IT产业、与软件园区的有机融合和优势互补，并形成了校企合作、协同共赢的运行机制。

学校建立与创办者、企业、合作伙伴及大连高新区的协同育人生态系统，与众多知名企业开展协同共赢的校企合作，构建了治理结构层面、教学运行层面、与企业技术专家等各层级校企对接机制，运用行业产业的新理论、新技术、新工具、新产品、新应用更新教育教学，实现人才培养与行业发展需求相适应。

二 取得的成效

1. 学校在创新创业活动中不断取得突破

2020年，该校当选为年度"中国创业创新典型示范高校"和"中国创业创新典型示范基地"。2021年，学校成功入选中国民办大学创新创业竞争力排行榜第五位，创历史新高。得益于学校营造的浓厚创新创业文化氛围，学生在各类国家级创新创业大赛中不断实现新突破，展现新作为，在身行力践中实现自我价值。在第十三届"创新创业"全国管理决策模拟大赛总决赛中，该校获得全国特等奖并在最终答辩环节荣获总决赛亚军。在第七届中国国际"互联网+"大学生创新创业大赛中，该校学生大展风采，共获得国家级铜奖1项，省级奖项14项，其中省级金奖1项、银奖2项、铜奖11项，获奖总数创历年新高。

2. 学生创新创业能力不断提高

大连东软信息学院还涌现出了一大批优秀的创业者。学校2008级学生李某在校期间便开始尝试创业，在企业发展中积累了丰富经验。2011年，他创立的圣笛科技公司年营业额超千万。2014级学生刘某在校期间与老师共同策划了"最美证件照"，获批校级大创项目，并进入SOVO数字媒体创新空间进行孵化。2016年7月基于"最美证件照"项目成立了IF Studio工作室，作为创新项目的成果展示。此后，在工作室基础上，成立了大连昊欢传媒有限公司，并于2017年12月获得学校创新创业基金扶持。2021年4月，学生乔某在创业中心SOVO孵化企业——河瑞电子商务（大连）有限公司成功挂牌"新四板"，成为该校学生创业者中第一家在"新四板"上市的企业。该公司已获得四十余项智能家居相关软件专利、著作权，累计投资3000余万元。

3. 学校周边形成IT行业的产业集聚

借助校企产学合作，大连东软信息学院周围已聚集400多家IT企业，其中包括世界500强企业48家，学校已成为"国家软件产业基地""中国服务外包示范城市"建设的重要组成部分，并被大连市政府授予"大连市软件和服务外包产业突出贡献单位"称号。

三 相关启示

1. 完善制度形成激励，努力激发高校主体活力地位

在三螺旋创新创业教育体系中，高校是推动创新创业教育的主体部分，因此内部机制的完善，对于发挥高校能动性将起到非常重要的作用。为鼓励创新创业教育，大连东软信息学院出台一系列的新政策、新措施，激励学生和教师协同参与创新创业项目，创新创业教育取得了优异的成绩。

针对学生团队参与创新创业实践，学校制定了《大连东软信息学院校级大学生创新项目管理办法》及《大连东软信息学院大学生创新创业成果孵化机制与管理办法》，统一规范创新创业实践团队的管理工作。为了保障大学生创新创业实践指导的服务质量，制定了《大连东软信息学院创新创业学院创业导师管理办法》，明确导师的选拔标准和工作职责。为了鼓励学生从事创新创业实践，学校制定了《大学生创新创业实践学分管理办法》《SOVO 创客基金管理办法》，从学分申请、课程替换、资金支持等方面调动学生参与积极性。为鼓励教师积极参与，制定了《教师指导学生创新创业工作量考核办法》，明确教师在指导学生创新创业中的工作量核算方式，进一步修订《专任教师工作量考核办法》，将教师指导创新创业工作计入专任教师工作量，确保教师积极参与其中。

2. 以校企合作为载体，着重服务区域经济

校企合作是高等教育培养多层次、多样化、技能型人才的重要途径，按照三螺旋理论，政府、市场、高校三者之间紧密相连、交叉影响，要想办出具有特色和水平的创新创业教育，地方院校需要将技术进步过程和产业链价值创造过程融入学校建设，与区域行业、企业实现共同成长，才能实现自身价值。大连东软信息学院作为一所特色鲜明的民办普通高等院校，也是一所具有产业基因的应用型大学，在创新创业教育发展过程中，以"教育创造学生价值"为理念，充分构建了产教融合、面向应用的办学体制，形成了校企合作、协同共赢的运行机制，创造性地提出并在全校范围实施了一体化人才培养模式，为社会和区域经济发展培养了大批的优秀人才。因此，建立产学互动的生态链是创新创业教育可持续发展的关键。

3. 形成高效的部门联动机制，推动各大主体螺旋式发挥作用

大连东软信息学院建立了独立建制的创新创业学院，作为管理平台，自上而下推动全校创新创业工作，对内部门联动机制完善，运行机制高效，能够全面确保创新创业工作的顺利开展。对外能够有专门的部门与政府和企业协同合作，搭建具有强大创新创业能力的各类平台，通过有效的多方协同和联动，推动政府、企业在创新创业教育中发挥各自的作用，形成对学生的创新思维、创业意识、创新创业精神和创新创业能力的培养及塑造，在东软校园内外营造出浓厚的创新创业氛围。

第三节　德州职业技术学院的创新创业人才培养社会大课堂

德州职业技术学院隶属于山东省德州市政府，属于专科层次公办普通高等职业院校，依靠创新驱动特色引领，全面提升创新创业工作水平。

一　主要措施

（一）推进体制创新，整合教育资源

2015年，德州市人民政府批准依托德州职业技术学院，成立了"德州创新创业大学"，同时成立二级单位"创新创业学院"，合署办公，齐抓共管，建立了多部门协调配合的工作运行机制，形成了上下联动、全员参与的创新创业教育良好局面。

（二）推进机制创新，构建人才培养体系

不间断推进创新创业教育，打造普惠式创新创业教育模式；坚持细化课程循序渐进，坚持分类指导，开展个性化创新创业能力训练。在课程体系中，将必修和选修相结合，通识课和专业课相结合，第一课堂和第二课堂相结合，深度推进创新创业课程开展。推进平台创新，强化服务意识。通过搭建创业台阶，形成人才成长体系。以学校实训中心为依托，建立模拟平台，使学生熟悉创业流程；以大学生创新创业园为基地，对创业学生给予分类指导、培训，同时为孵化区选送优质项目；以众创空间为载体，建立创业孵化器，选拔具有一定发展前景的项目入驻进行孵化。如与德州市电商孵化园签订合作协议，将校内成功孵化的项目迁入再孵化、再培育，使项目经过市场锤炼后最终走向成功。

（三）推进协同创新，政、校、企合作共建

学校依靠自身成立的职业教育集团、理事会、服务机构和专业指导委员会，打造政府、高校、企业多元参与的校企合作新机制，多方借力融合，促进创新创业工作开展。如学校与德州市建筑行业协会签署协议，共建建筑技术应用中心，集教学、科研、培训、创新创业于一体，是政府、企业和高校之间进行合作的桥梁，成为重要的创新产业孵化器。以创新创业实训基地为基础，搭建"模拟—培训—孵化—转化"四级创业台阶。以学校实训中心为依托，建立模拟平台，基于专业模拟公司运营，使学生熟悉创业流程；以专业为核心，成立创新创业工作室、创新创业实训室、创梦工厂等，利用大学生创新创业科技园对学生分类指导、培训，同时按照"入驻—孵化—成熟—迁出"程序，选拔有发展前景的项目入驻。目前已有"磁悬浮音响体验中心"等18个项目孵化，8个项目实体注册，带动90余名大学生创业。他们与德州市政府合作，依靠政府的电商孵化园等创业园区，将校内孵化成功项目迁入创业园区进行转化，接受市场检验。

二 取得的成效

（一）服务区域经济发展能力明显提升

该校以德州市创新创业培训工作为抓手，先后与德州13个县、市、区人民政府签订战略合作协议，面向全市各行业开展农村新转移劳动力、企业新招员工、在岗职工培训近八万人次，职业技能鉴定3万余人次，获得社会培训资金3360万元。面向区域内的行业企业开展技术研究、产品研发和技术推广，近三年来完成技术服务291项，获得技术服务资金500多万元，立项科研教学改革课题项目185项，大大提升了服务社会能力。

（二）创新创业社会影响力增强

教育部全国就业指导中心、科技部火炬中心和中国创新创业发展委员会先后到校调研，并与中国创新创业发展委员会签订战略合作协议，共同推进学校的创新创业教育工作。省内外兄弟院校如菏泽职业学院、辽宁林业职业技术学院到校访问学习，学校在创新创业方面的社会影响

（三）学生就业质量不断提高

在山东省人力资源和社会保障厅对全省非师范类专科（高职）院校毕业生就业统计中，该校毕业生就业率连续七年位居全省前列，其中2015年获评教育部"全国毕业生就业典型经验高校"，2016年获得"山东省最具就业竞争力高职院校"荣誉称号，就业质量的提升对学生的吸引力不断增强。

三 相关启示

德州职业技术学院坚持特色定位，结合三螺旋理论做好大学生创新创业教育工作，以学生为主体，坚持教育、培训两翼共振，走出了一条"创新引领创业，创业带动就业"的特色发展之路。

（一）主动适应地方经济发展需求，强化政府合作推动创新创业教育

德州市政府投入4亿元支持学校建设山东省优质高职院校，以此为契机，德州职业技术学院根据当地产业结构的变化、转型，适时地调整专业设置和教学内容体系，不断拓宽专业口径，为学生创造更宽阔的就业渠道。着眼山东省"十强产业"、德州市新旧动能转换重大工程实施规划和"541"产业体系布局，充分发挥"中国太阳城""中国粮油食品城""中国功能糖城"等产业优势与特色，紧跟新产业、新技术、新动能发展节奏，新增工业机器人技术等11个专业，优化专业设置，重点建设十大专业群，形成专业群整体发展布局。以机电一体化专业为例，按照机电应用技术发展的趋势，结合区域经济发展优势，一方面，拓宽专业口径，增加电子技术、变频技术、传感技术、自动化技术、机械设计等相关学习领域，淡化专业界限；另一方面，根据人才的培养目标和规格，延伸专业内涵，改革传统专业，增加工业控制、工业软件应用、大型设备维修等新专业，拓展学习领域，延伸专业服务深度。

（二）根据三螺旋理论，整合政府、高校和企业多方资源

为侧重创业能力培育，该校将创新教育提升至学校发展战略的高度，积极构建学生创新创业能力提升体系，坚持分层培育、分类指导，着重培养学生的创新精神和创业意识。着眼于国家经济建设和区域经济发展，以创新创业教育为突破，深化教学改革。与企业合作积极搭建覆盖全产

业链条的创新创业实践孵化平台，为创业学生进一步开辟创业场地，同时提供政策扶持、技术支撑、公共服务等全方位立体化服务，鼓励促进更多学生参与创新创业。

（三）建立合作机制，发挥各主体参与创新创业的积极性

德州职业技术学院与合作企业、政府针对创新创业教育和协同合作建立长期协同机制，发挥院校、政府和企业共同的作用，推动创新创业教育实现螺旋式上升的效果。一是定期沟通机制，重大发展问题建立起常态化合作沟通机制，及时征求各合作单位的意见和建议，调动各自参与创新创业工作的积极性和主动性，让广大参与单位形成一定的归属感和获得感。二是明晰校企产权和科学的利益分配，是创新创业教育合作的核心和基础。学校以品牌及知识产权等无形资产"入股"，企业则投入资金或实物，双方按照协议组建治理结构，并按约定比例参与学费分成。三是学生就业机制。为了确保学生利益不受损害，就业安置有保障，学生可以适时与合作企业签订相关就业协议，企业充分发挥在行业中的资源优势，对接京津冀鲁各大产业园区、行业协会及区域领军企业，让参与学生实现多项选择就业。通过创新创业教育中的共享共赢，确保学校、企业、学生各自的权益，并能有效服务地方经济，为当地社会经济发展形成明显的促进效益，实现多方受益。

本编结语　高校—政府—企业协同建设社会大课堂趋势

创新创业教育的全面推进不仅仅是高校的任务，除了搭建全新的、适应学科特点的人才培育课程体系，形成以成果导向结合相关竞赛、科研活动等第二课堂，更需要在社会层面整合政府、企业等多方资源，构建创新创业教育的社会大课堂。社会大课堂能够发挥自身功能，对创新创业教育具有重要的意义，在人才培育、提升创新创业效率、加强创新创业的信息沟通上能够起到举足轻重的作用，因此能够推动建立有效的创新创业生态系统。

经过多年发展，中国创新创业教育已经逐渐形成自己的发展特色和体系，取得了卓越成就。为适应新形势，进一步破除阻碍创新创业教育

发展的新问题，本编引入三螺旋理论，构建地方院校的创新创业教育社会大课堂，提升大学生创新创业的能力，使其推进创新创业教育的全面发展。

三螺旋理论为地方院校创新创业教育模式的研究提供了新的视角，高校创新创业教育的建设离不开三螺旋中的企业和政府这两个主体。这三者相互独立存在，却又能相互渗透相互促进，通过政府的宏观政策扶持打通三者之间的隔阂，从而解决和完善创新创业教育中出现的问题。

将三螺旋的理论应用到创新创业教育的社会大课堂中，使教育的主体不仅是高校，还包括企业和政府，其优势在于能够通过寻求不同利益主体之间的合作、沟通、共同创造、平等、自愿和共识等促进高校、政府和企业之间目标保持一致，三大行为主体之间具有更好的互动性，并且通过协同机制确保创新创业教育的政策连续性，推动创新创业教育的社会大课堂能够实现其目标。

通过加强高校、企业和政府合作，设计三螺旋理论下高校、高校合作模式，高校、企业合作模式，高校、政府合作模式以及高校、政府、企业的协同合作模式，明确三者在创新创业教育大课堂中的职能定位，通过相关案例阐述工作措施和路径，使三者紧密联系形成动态合作，使地方不同层次院校的人才培养能够有力地促进当地的经济发展，构建新时代创新创业教育体系，不断提升育人实效，最终使创新创业教育能够达到螺旋上升的效果。高校、企业、政府的协同合作不是仅仅停留在简单的层面，而是需要根据协同的内部、外部动力，确定高校、政府和企业的协同要素，进一步完善领导机制、运行机制和反馈机制，提出创新创业教育社会大课堂的高校、企业和政府之间的协同路径，为保证协同的效果和创新创业教育的社会大课堂顺利开展奠定良好基础。三者中，由高校构建创新创业教育共同体，发挥在创新创业教育大课堂中的主体地位；政府加强顶层设计，落实各项政策，如社会保障政策、财税金融支持政策、宣传引领政策等；企业要发挥支撑作用，切实促进创新创业成果落地和转化；同时协同社会资源打造长效机制，优化创新创业教育的社会环境。协同机制需要进一步完善创新创业教育的法律法规，建设参与和退出机制、利益分配等，优化高校、企业和政府之间的合作机制，将各个主体的优势统一于创新领域的价值目标，实现政产学研有效结合。

在利用三螺旋理论推动创新创业教育社会大课堂的实践过程中，大量高校坚持将创新创业教育贯穿人才培养全过程，形成具有各自特色的创新创业工作体系，构建了创新创业生态链条。教育部每年评选全国创新创业典型经验 50 强高校，并进行经验推广，能够帮助各类地方院校深入实施创新驱动发展战略，强化成果应用，主动面向产业，精准服务地方，致力于提升大学生的创新创业能力和水平，更好地服务地方经济社会发展。

参考文献

[美] 德鲁克：《创新与企业家精神》，蔡文燕译，机械工业出版社 2008 年版。

[美] 约翰·波拉克：《创新的本能：类比思维的力量》，青立花、胡红玲、陆小虹译，中信出版社 2016 年版。

[美] 彼得·斯卡金斯基、大卫·克劳斯怀特：《创新方法——来自实战的创新模式和工具》，陈劲、蒋石梅、吕平译，电子工业出版社 2016 年版。

蔡克勇、冯向东：《大学第二课堂》，人民教育出版社 1988 年版。

陈晓暾、陈李彬、田敏：《创新创业教育入门与实战》，清华大学出版社 2017 年版。

代磊、张大权主编：《创新创业政策汇编》，经济管理出版社 2017 年版。

黄德胜主编：《医学生创新创业思维与方法》，科学出版社 2019 年版。

雷朝滋主编：《2016 年度全国创新创业 50 所典型经验高校经验汇编》，北京航空航天大学出版社 2017 年版。

李春江：《新工科背景下大学生创新创业教育及其融合递进支持体系的探索与实践》，中国纺织出版社 2021 年版。

梁樑：《大学生第二课堂指南》，合肥工业大学出版社 2020 年版。

刘志阳、林嵩、路江涌：《创新创业基础》，机械工业出版社 2021 年版。

马英红、赵湘轶：《高校创新教育理论与实践》，清华大学出版社 2022 年版。

石鹏健主编：《2017 年度全国创新创业 50 所典型经验高校经验汇编》，北京航空航天大学出版社 2018 年版。

王伯庆主编：《就业蓝皮书：2020年中国本科生就业报告》，社会科学文献出版社2020年版。

王国辉：《高等学校第二课堂素质拓展学分化研究》，辽宁大学出版社2006年版。

王竹立：《你没听过的创新思维课》，电子工业出版社2015年版。

由建勋：《创新创业实务》，高等教育出版社2020年版。

张理剑：《构建教育体系：提高大学生创新创业能力》，延边大学出版社2020年版。

张香兰：《大学生创新创业基础》，清华大学出版社2018年版。

中国科技部火炬高技术产业开发中心：《2020年中国创业孵化发展报告》，科学技术文献出版社2020年版。

蔡克勇、冯向东：《第二课堂的产生是教育思想上的一次变革》，《高等教育研究》1985年第4期。

蔡翔：《创新、创新族群、创新链及其启示》，《研究与发展管理》2002年第6期。

陈晗：《高校共青团"第二课堂成绩单"教育模式创新创业模块的优化研究——以内蒙古高校使用现状为例》，《科技风》2020年第34期。

陈婧：《论基于混合式教学的高校创新人才培养模式》，《中国人民大学教育学刊》2022年第1期。

陈敏：《蔡克勇教授早期高等教育研究与探索》，《高等教育研究》2010年第9期。

陈伟斌：《基于"三螺旋"理论的地方高校校政企深度融合机制构建》，《福州大学学报》（哲学社会科学版）2019年第6期。

陈锡坚、梁坚梅、陈英俊：《供给侧改革视阈下应用型本科院校创新创业教育的探索与实践——以肇庆学院为例》，《应用型高等教育》2018年第2期。

陈向明：《对通识教育有关概念的辨析》，《高等教育研究》2006年第3期。

陈晓红、刘国权、胡春华：《地方高科院校创新创业教育课程质量提升路径研究》，《中国大学教学》2018年第3期。

陈元媛：《行动者网络理论视域下高校创新创业教育体系研究》，《高等教育管理》2022 年第 4 期。

仇存进：《我国高校创新创业教育课程体系研究》，《江苏高教》2018 年第 4 期。

邓卫卫：《新时代高校创新创业师资队伍建设问题与对策》，《经济师》2022 年第 2 期。

邓知辉、刘锰：《"传帮带"模式下高职创新创业师资团队建设的思考与实践》，《河北职业教育》2020 年第 1 期。

丁善婷、钟毓宁：《基于 QFD 的高校教学质量保证体系》，《中国质量》2008 年第 10 期。

董健：《地域文化资源对地方高校大学生创新创业教育的影响》，《黑龙江人力资源和社会保障》2022 年第 6 期。

范闫翻：《QFD 理论在高校创新创业教育课程设计中的应用研究》，《当代教育理论与实践》2021 年第 13 期。

高志刚、战燕、王刚：《论高校创新创业教育课程教学体系构建》，《黑龙江高教研究》2016 年第 3 期。

何李方：《创新创业教育融入人才培养全过程的思考》，《中国高校科技》2018 年第 7 期。

胡日：《温州经济模式下创业教育的实践探索》，《中国职业技术教育》2006 年第 12 期。

湖南工艺美术职业学院：《湖南工艺美术职业学院 2020 年高等职业教育质量年度报告》，2021 年。

黄守峰、王祥熙：《高等院校创新创业师资"供给侧"改革现实困境及路径选择》，《天津科教院学报》2019 年第 5 期。

黄兆信、黄扬杰：《创新创业教育质量评价探新——来自全国 1231 所高等学校的实证研究》，《教育研究》2019 年第 7 期。

黄兆信、王志强：《论高校创业教育与专业教育的融合》，《教育研究》2013 年第 12 期。

李德丽、刘俊涛、于兴业：《融入与嵌入：创新创业课程体系建设与模式转型》，《高教探索》2019 年第 3 期。

李同果：《试论高校第二课堂活动课程的发展趋势》，《中共乐山市委党校学报》2012 年第 3 期。

柳艾岭：《"三螺旋"视角下政府、高校、企业协同共建众创空间的探索实践》，《宁波工程学院学报》2017年第4期。

吕宏凌、陈金庆、田兆富：《大学生创新创业第二课堂教育的问题与对策》，《教育与职业》2016年第10期。

马家喜：《高校—企业协同创新体系建设的理论构建》，《经济师》2017年第6期。

马永霞、孟尚尚：《高质量发展背景下创新创业教育质量提升路径研究——基于50所高校的模糊集定性比较分析》，《高教探索》2022年第2期。

马中青、孙伟圣、李光耀：《浙江农林大学林业工程类专业人才培养体系的构建与实践》，《教育教学论坛》2019年第3期。

清华大学二十国集团创业研究中心、北京华普亿方教育科技有限公司：《全球创业观察（GEM）中国报告（2019/2020）》，2021年12月。

权培培、段禹、崔延强：《文科之"新"与文科之"道"——关于新文科建设的思考》，《重庆大学学报》（社会科学版）2021年第1期。

山东商业职业技术学院：《山东商业职业技术学院2020年高等职业教育质量年度报告》，2021年。

沈彬、谭桂斌、罗嘉文等：《新型研发机构促进理工科高校科技成果转化的路径分析》，《科技管理研究》2021年第4期。

宋达飞：《基于创新创业型人才培养的"第二课堂"梯度建设研究》，《思想理论教育》2017年第4期。

宋明顺、孙卫红、赵春鱼：《地方工科高校创新创业教育：困境与突破》，《中国大学教学》2017年第12期。

苏克治、宋丹、赵哲：《大学创新创业教育的逻辑构成、现实困阻与长效机制》，《现代教育管理》2022年第3期。

孙洪斌：《"新文科"理念下艺术复合型人才创新性培养模式探索与实践》，《音乐探索》2020年第4期。

滕智源：《高校"两融四合"创新创业实践课程体系建设》，《社会科学家》2021年第2期。

滕智源：《"双创"环境下高校创新创业教育课程体系构建初探》，《中国成人教育》2017年第6期。

田静：《基于职业教育的高校创新创业教育生态系统模型构建》，《继续教育研究》2022年第5期。

汪玲：《基于三螺旋理论的应用型本科创新创业教育模式研究》，《科技与创新》2022年第7期。

王成军：《大学—产业—政府三重螺旋研究》，《中国科技论坛》2005年第1期。

王传涛、姚圣卓、田洪森：《新工科视域下地方工科高校创新创业课程体系探析》，《教育与职业》2020年第21期。

王宏伟：《工科地方高校大学生创新创业能力培养与实践——以辽宁工程技术大学为例》，《高教学刊》2016年第13期。

王健：《基于科技园平台高校创业孵化器建设探索》，《中国高校科技》2021年第5期。

王彦飞：《地方高校协同创新的内在逻辑与实践路径》，《教育评论》2021年第1期。

王雁红、缪旭峰：《基于三螺旋理论的地方高校协同创新研究：以宁波大学为例》，《宁波开放大学学报》2022年第3期。

王永丽：《高校创新创业人才培养路径研究——基于"利益相关者"视角》，《当代教育实践与教学研究》2017年第11期。

王永铨：《新时代大学生创新创业素养培育路径》，《教育评论》2022年第1期。

王宇静：《地方本科院校大学生学科竞赛参与现状调查及政策建议》，《教育现代化》2020年第34期。

王悦、王莉静、舒喆醒：《理工科专业创新创业课程改革研究》，《黑龙江教育》（高教研究与评估）2020年第10期。

王占仁：《中国高校创新创业教育的学科化特性与发展取向研究》，《教育研究》2016年第3期。

韦联桂：《我国职业院校开展创业教育的障碍及有效突破》，《教育理论与实践》2018年第12期。

魏芬：《"双创"背景下高校创新创业教育师资队伍建设的探索与实践》，《上海理工大学学报》（社会科学版）2019年第1期。

魏欣、马良、张惠珍等：《融入人文素养教育的"运筹学"（通识课程）

教学研究》，《上海理工大学学报》（社会科学版）2021年第3期。

吴芳：《"三位一体"创新创业教育师资保障体系研究》，《才智》2020年第9期。

吴金明、邵昶：《产业链形成机制研究——"4+4+4"模型》，《中国工业经济》2006年第4期。

吴岩：《建设中国"金课"》，《中国大学教学》2018年第12期。

吴杨伟、李晓丹：《基于ADDIE模型的智慧课堂教学模式设计研究》，《安顺学院学报》2021年第6期。

夏淑琴：《地方高校推进创新创业教育的实践探索与需求分析》，《宁夏大学学报》2021年第6期。

项贤钦、蔡艺玮：《地方师范院校创新创业教育模式探索——以杭州师范大学为例》，《开封文化艺术职业学院学报》2020年第10期。

徐峰、樊丽娜：《专创融合理念下的高职院校创业教育：理性反思与实践探索》，《高等工程教育研究》2022年第2期。

徐伟明、肖洒：《供给侧结构性改革视域下高校创新创业型人才培养路径》，《科技管理研究》2022年第6期。

徐新洲：《"三链融合"培养创新型和应用型人才研究》，《学校党建与思想教育》2021年第24期。

许礼刚、周怡婷、徐美娟：《多元主体协同驱动下创新教育四螺旋模式研究》，《中国科技论坛》2021年第12期。

杨冬：《我国高校创新创业教育政策变迁的轨迹、机制与省思》，《高校教育管理》2021年第15期。

杨伟民：《组织社会学的产生和发展》，《社会学研究》1989年第1期。

叶朗：《当前文史哲系科改革和发展的几个问题》，《大连大学学报》1997年第1期。

殷铭：《基于OBE的竞赛选手培养模式实践》，《当代教育实践与教学研究》2019年第6期。

余东升、郭战伟：《专业教育：概念与历史》，《高等工程教育研究》2019年第3期。

袁传思、贾晓、袁俪欣：《高校科技成果转化实施模式与路径的探索研究》，《科技管理研究》2020年第3期。

曾令奇、王益宇：《高校创新创业教育师资队伍建设的审思与推进》，《上海第二工业大学学报》2020年第3期。

詹泽慧、李克东、林芷华：《面向文化传承的学科融合教育（C-STEAM）：6C模式与实践教学》，《现代远程教育研究》2020年第32期。

张福昌：《官产学研合作——当代创新设计教育的现实选择》，《美与时代》2013年第8期。

张建云：《职业教育产教融合园：内涵、动力及功能》，中国高教研究2020年第11期。

张硕：《基于第二课堂建设对创新创业教育中创新思维培养的研究》，《当代教育实践与教学研究》2017年第12期。

张炜：《新工科教育的创新内涵与美国工科教育的观念演变》，《中国高教研究》2022年第1期。

张喜才：《京津冀高等教育链与产业链协同发展研究》，《现代管理科学》2018年第10期。

张兄武：《高校创业教育社会支持体系构建》，《科技创业》2021年第1期。

赵东霞：《国外大学科技园"官产学"比较研究——三螺旋理论的视角》，《中国高等教育》2016年第11期。

赵辉、张建卫、张振：《心智模式及其与创造力相关概念关系研究评述》，《科技进步与对策》2020年第11期。

赵慧臣、周昱希、李彦奇等：《跨学科视野下"工匠型"创新人才的培养策略——基于美国STEAM教育活动设计的启示》，《远程教育杂志》2017年第35期。

赵岩：《高校"第二课堂"与大学生创新创业教育》，《教育教学研究》2016年第10期。

郑刚、梅景瑶、何晓斌：《创业教育对大学生创业实践究竟有多大影响——基于浙江大学国家大学科技园创业企业的实证调查》，《中国高教研究》2017年第10期。

郑国凤：《美国创业教育的主要特征及对我国的启示》，《教育理论与实践》2018年第18期。

钟石根、康乃美、雷志忠等：《新工科创新创业教育的目标与课程体系探索》,《创新与创业教育》2018 年第 9 期。

周春彦、[美]亨利·埃茨科威兹:《双三螺旋:创新与可持续发展》,《东北大学学报》(社会科学版) 2006 年第 3 期。

周浩、谭清方:《党团工作融入高职学生创新创业教育的路径研究——以深圳职业技术学院为例》,《轻工科技》2020 年第 2 期。

周颜玲:《"第一课堂+第二课堂+基地实践"创新创业教育体系构建探析》,《中国大学生就业》2017 年第 6 期。

朱恬恬、舒霞玉:《我国高校创新创业教育课程建设的调研与改进》,《大学教育科学》2021 年第 3 期。

《"蓝火计划"助推江苏区域经济社会发展》,http://www.moe.gov.cn/jyb_xwfb/s6192/s222/moe_1741/201310/t20131021_158598.html。

《"挑战杯"全国大学生课外学术科技作品竞赛和中国大学生创业计划竞赛》,http://www.tiaozhanbei.net/focus。

《财政部、工业和信息化部、科技部关于支持打造特色载体推动中小企业创新创业升级工作的通知》(财建〔2018〕408 号),http://www.most.gov.cn/xxgk/xinxifenlei/fdzdgknr/fgzc/gfxwj/gfxwj2018/201808/t20180810_141177.html。

《关于 2021 年创新驱动发展和科技创新能力提升成效明显地方的名单公示》,https://www.most.gov.cn/tztg/202203/t20220325_180008.html。

《关于第三批"全国高校实践育人创新创业基地"遴选结果的公示》,http://www.moe.gov.cn/jyb_xxgk/s5743/s5745/A12/201712/t20171220_322082.html。

《国办印发意见 关于进一步支持大学生创新创业的指导意见》,http://www.moe.gov.cn/jyb_xwfb/s5147/202110/t20211013_571832.html。

《国务院办公厅关于进一步支持大学生创新创业的指导意见》,http://www.moe.gov.cn/jyb_xwfb/s5147/202110/t20211013_571832.html。

《国务院办公厅关于发展众创空间推进大众创新创业的指导意见》(国办发〔2015〕9 号),http://www.gov.cn/zhengce/content/2015-03/11/content_9519.htm。

《国务院办公厅关于加强普通高等学校毕业生就业工作的通知》,http://www.moe.gov.cn/jyb_xxgk/moe_1777/moe_1778/tnull_44272.html。

《国务院办公厅关于建设大众创业万众创新示范基地的实施意见》，http：//www. gov. cn/zhengce/content/2016 - 05/12/content_5072633. htm。

《国务院办公厅关于建设第二批大众创业万众创新示范基地的实施意见》，http：//www. gov. cn/zhengce/content/2017 - 06/21/content_5204264. htm。

《国务院办公厅关于建设第三批大众创业万众创新示范基地的通知》，http：//www. gov. cn/zhengce/content/2020 - 12/24/content_5572999. htm。

《国务院办公厅关于进一步支持大学生创新创业的指导意见》，http：//www. gov. cn/premier/2021 - 06/23/content_5620380. htm。

《国务院办公厅关于深化高等学校创新创业教育改革的实施意见》（国办发〔2015〕36 号），http：//www. gov. cn/zhengce/content/2015 - 05/13/content_9740. htm。

《国务院办公厅关于提升大众创业万众创新示范基地带动作用 进一步促改革稳就业强动能的实施意见》（国办发〔2020〕26 号），http：//www. gov. cn/zhengce/content/2020 - 07/30/content_5531274. htm。

《国务院办公厅关于同意建立推进大众创业万众创新部际联席会议制度的函》（国办函〔2015〕90 号），http：//www. gov. cn/zhengce/content/2015 - 08/20/content_10109. htm。

《国务院关于大力推进大众创业万众创新若干政策措施的意见》（国发〔2015〕32 号），http：//www. gov. cn/zhengce/content/2015 - 06/16/content_9855. htm。

《国务院关于加快构建大众创业万众创新支撑平台的指导意见》（国发〔2015〕53 号），http：//www. gov. cn/zhengce/content/2015 - 09/26/content_10183. htm。

《国务院关于强化实施创新驱动发展战略进一步推进大众创业万众创新深入发展的意见》（国发〔2017〕37 号），http：//www. gov. cn/zhengce/content/2017 - 07/27/content_5213735. htm。

《国务院关于推动创新创业高质量发展 打造"双创"升级版的意见》（国发〔2018〕32 号），http：//www. gov. cn/zhengce/content/2018 - 09/26/content_5325472. htm。

《教育部办公厅关于公布 2018 年度全国创新创业典型经验高校名单的通

知》，http：//www.moe.gov.cn/srcsite/A15/s7063/201807/t20180723_343639.html。

《教育部办公厅关于公布 2019 年度全国创新创业典型经验高校名单的通知》，http：//www.moe.gov.cn/srcsite/A15/s7063/201908/t20190822_395517.html。

《教育部办公厅关于公布"全国高校实践育人创新创业基地"入选名单的通知》，http：//www.moe.gov.cn/srcsite/A12/moe_1407/s6870/201507/t20150729_196582.html。

《教育部办公厅关于公布全国万名优秀创新创业导师人才库首批入库导师名单的通知》，http：//www.moe.gov.cn/srcsite/A08/s5672/201711/t20171102_318271.html。

《教育部办公厅关于公布首批深化创新创业教育改革示范高校名单的通知》，http：//www.moe.gov.cn/srcsite/A08/s5672/201702/t20170216_296445.html。

《教育部办公厅关于建设全国万名优秀创新创业导师人才库的通知》，http：//www.moe.gov.cn/srcsite/A08/s5672/201611/t20161129_290306.html。

《教育部办公厅关于印发〈促进高等学校科技成果转移转化行动计划〉的通知》（教技厅函〔2016〕115 号），http：//www.moe.gov.cn/srcsite/A16/moe_784/201611/t20161116_288975.html。

《教育部办公厅关于印发〈普通本科学校创业教育教学基本要求（试行）〉的通知》，http：//www.moe.gov.cn/srcsite/A08/s5672/201208/t20120801_140455.html。

《教育部　财政部关于"十二五"期间实施"高等学校本科教学质量与教学改革工程"的意见》，http：//www.moe.gov.cn/srcsite/A08/s7056/201107/t20110701_125202.html。

《教育部　财政部关于印发"高等学校创新能力提升计划"实施方案的通知》，http：//www.moe.gov.cn/srcsite/A16/kjs_2011jh/201205/t20120504_172764.html。

《教育部关于大力推进高等学校创新创业教育和大学生自主创业工作的意见》，http：//www.moe.gov.cn/srcsite/A08/s5672/201005/t20100513_

120174. html。

《教育部关于公布 2020 年度普通高等学校本科专业备案和审批结果的通知》，http：//www. moe. gov. cn/srcsite/A08/moe_1034/s4930/202103/t20210301_516076. html。

《教育部关于公布首届中国国际"互联网+"大学生创新创业大赛获奖名单的通知》，http：//www. moe. gov. cn/srcsite/A08/s5672/201512/t20151218_225415. html。

《教育部关于批准实施"十二五"期间"高等学校本科教学质量与教学改革工程"2012 年建设项目的通知》，http：//www. moe. gov. cn/srcsite/A08/s5664/moe_1623/s3845/201201/t20120120_130542. html。

《教育部关于深化本科教育教学改革 全面提高人才培养质量的意见》（教高〔2019〕6 号），http：//www. moe. gov. cn/srcsite/A08/s7056/201910/t20191011_402759. html。

《教育部关于印发〈国家级大学生创新创业训练计划管理办法〉的通知》（教高函〔2019〕13 号），http：//www. moe. gov. cn/srcsite/A08/s5672/201907/t20190724_392132. html。

《教育部关于做好 2021 届全国普通高校毕业生就业创业工作的通知》，http：//www. moe. gov. cn/srcsite/A15/s3265/202012/t20201201_502736. html。

《教育部关于做好"本科教学工程"国家级大学生创新创业训练计划实施工作的通知》（教高函〔2012〕5 号），http：//www. moe. gov. cn/srcsite/A08/s7056/201202/t20120222_166881. html。

《教育部召开支持大学生创新创业部际工作座谈会》，http：//www. moe. gov. cn/jyb_zzjg/huodong/202111/t20211126_582669. html。

《李克强对全国就业创业工作暨普通高等学校毕业生就业创业工作电视电话会议作出重要批示强调提供更多市场化就业创业机会 支持和规范发展新就业形态 努力完成全年就业目标任务》，http：//www. moe. gov. cn/jyb_xwfb/s6052/moe_838/202106/t20210603_535458. html。

《李克强主持召开国务院常务会议 部署"十四五"时期纵深推进大众创业万众创新 更大激发市场活力促发展扩就业惠民生等》，http：//www. gov. cn/premier/2021-06/23/content_5620380. htm。

《面向 21 世纪教育振兴行动计划》，http：//www. moe. gov. cn/jyb_sjzl/

moe_177/tnull_2487.html。

《全国大学生电子商务"创新、创意及创业"挑战赛》，http://www.3chuang.net/single/1。

《深入推进创新创业教育改革 培养大众创业万众创新生力军》，http://www.moe.gov.cn/jyb_xwfb/moe_176/201510/t20151026_215488.html。

《十四部门关于切实做好2006年普通高等学校毕业生就业工作的通知》，http://www.moe.gov.cn/srcsite/A15/s3265/200605/t20060529_80071.html。

《营造创新创业生态，进一步激励大众创新创业》，http://www.most.gov.cn/ztzl/qgkjgzhy/2016/2016zw2016/201601/t20160111_123676.html。

《中国教育现代化2035》，http://www.gov.cn/xinwen/2019-02/23/content_5367987.htm。

北京市教育委员会：《北京市2021年度国家级大学生创新创业训练计划项目进展报告》，http://gjcxcy.bjtu.edu.cn/UpLoadFile/bjsjw81107845.pdf。

福建省教育厅：《福建省2021年国家级大学生创新创业训练计划年度进展报告》，http://gjcxcy.bjtu.edu.cn/UpLoadFile/fjsjyt57826384.pdf。

广西壮族自治区教育厅：《广西壮族自治区2021年度国家级大学生创新创业训练计划项目进展报告》，http://gjcxcy.bjtu.edu.cn/UpLoadFile/gxjyt68155270.pdf。

贵州省教育厅：《贵州省2021年国家级大学生创新创业训练计划年度报告》，http://gjcxcy.bjtu.edu.cn/UpLoadFile/gzsjyt12622371.pdf。

河南省教育厅：《2021年国家级大学生创新创业训练计划项目年度进展报告》，http://gjcxcy.bjtu.edu.cn/UpLoadFile/henansjyt57580120.pdf。

邱勇：《创新创业教育融入培养体系》，http://www.moe.gov.cn/jyb_xwfb/moe_2082/zl_2015n/2015_zl50/201510/t20151022_214926.html。

全国高等学校学生信息咨询与就业指导中心：《打造"两育两化两平台双师双线双扶持"全过程的双创育人模式 全面提升学生创新创业能力》，hesicc.chsi.com.cn/zxgw/cxcydxjy/201903/20190305/1770628168.html。

陕西省教育厅：《陕西省2021年度国家级大学生创新创业训练计划项目进展报告》，http://gjcxcy.bjtu.edu.cn/UpLoadFile/sxsjyt73005721.pdf。

上海市教育委员会:《上海2021年国创计划年度报告》,http://gjcxcy.bjtu.edu.cn/UpLoadFile/shsjw70693913.pdf。

中国高等教育学会:《2021年全国普通大学生竞赛分析报告发布》,www.cahe.edu.cn/site/content/14825.html。